中国古代名著全本译注丛书

管子译注

上

谢浩范 朱迎平 译注

图书在版编目(CIP)数据

管子译注／谢浩范,朱迎平译注. —上海：上海古籍出版社，2020.12（2024.6重印）
（中国古代名著全本译注丛书）
ISBN 978-7-5325-9818-2

Ⅰ.①管… Ⅱ.①谢… ②朱… Ⅲ.①法家 ②《管子》—译文 ③《管子》—注释 Ⅳ.①B226.1

中国版本图书馆CIP数据核字(2020)第231760号

中国古代名著全本译注丛书

管子译注

（全二册）

谢浩范　朱迎平　译注

上海古籍出版社出版发行

（上海市闵行区号景路159弄1-5号A座5F　邮政编码201101）
　（1）网址：www.guji.com.cn
　（2）E-mail：guji1@guji.com.cn
　（3）易文网网址：www.ewen.co
江阴市机关印刷服务有限公司印刷

开本890×1240　1/32　印张30.375　插页10　字数819,000
2020年12月第1版　2024年6月第2次印刷
ISBN 978-7-5325-9818-2
B·1187　定价：138.00元
如有质量问题，请与承印公司联系

前　言

在先秦两汉的诸子著述中，《管子》是自成一家、别具特色的一部。它虽然"简篇错乱，文字夺误"，"号称难读"（郭沫若《管子集校叙录》），但又确是"天下之奇文"（张嵲《读管子》）；它虽然丛集诸说，涉及百家，"庞杂重复"（黄震《黄氏日抄》），但又确是包罗宏富的宝库。《管子》堪称中国文化史上的一朵奇葩，今天，抖落掉历史蒙上的灰尘，这朵奇葩正放射出日益夺目的光彩。

一

《管子》旧题为管仲所撰。管仲（？—公元前645年）名夷吾，颖上（今安徽颖上）人，是春秋初期齐国著名的政治家、改革家。他出身贫贱，经好友鲍叔牙推荐，被齐桓公任命为齐相。依托齐国东面临海的地理位置，管仲在经济、政治、军事等领域实行了一系列改革，"通货积财，富国强兵，与俗同好恶"（《史记·管晏列传》），使齐国很快富强起来。他为政"善因祸而为福，转败而为功，贵轻重，慎权衡"，终于"九合诸侯，一匡天下"（同上），辅佐齐桓公实现了霸业。孔子对管仲的功绩曾给予高度的评价，他说："管仲相桓公，霸诸侯，一匡天下，民到于今受其赐。微管仲，吾其被发左衽矣！"（《论语·宪问》）管仲为一代名相，但《管子》一书是否为管仲所著呢？前人很早就对此提出了疑问。晋代傅玄说："管仲之书，过半便是后之好事者所加。"（刘恕《通鉴外纪》引）宋代朱熹则确认《管子》"非管仲所著"，并说他绝不是有闲工夫著书的人，著书者，是不见用之人也（《朱子语类》）。现代更有学者考定战国以前没有私家著作。（见罗根泽《诸子考索》）因此，《管子》的全部或一部分，都不可能为管仲所著，这基本上可作为定论。

古代文献中最早提到《管子》的是《韩非子》，其《五蠹》篇中说："今境内之民皆言治，藏商、管之法者家有之。"可见在战国末叶，《管子》书已传播很广。西汉时期，《管子》继续广泛流传，贾谊、晁错、桑弘羊等政治家都读过《管子》，司马迁在《史记·管晏列传》中说："吾读管氏《牧民》《山高》《乘马》《轻重》《九府》……详哉其言之也。""至其书，世多有之，是以不论。"至汉成帝时，刘向受命主持校勘古文献，其中包括《管子》。他广泛搜罗了皇宫秘藏、太史府藏和私人藏书中的《管子》共五百六十四篇，经比勘文字、审定篇第、删除重复，最后定著八十六篇，并依例撰成上奏成帝的《管子叙录》一文。（见本书附录）这就是流传后世的《管子》母本。但据刘向之子刘歆编撰的目录著作《七略》称："《管子》十八篇，在法家。"（张守节《史记正义》引）则当时还有一种归属法家的十八篇的《管子》别本流行，但这十八篇应包括在五百六十四篇之内。

经刘向定著的八十六篇《管子》，由于内容丰繁，有必要进行分类编排。这种情况在诸子著作中不乏其例，如《庄子》分为内篇、外篇、杂篇三组，《吕氏春秋》分为十二纪、八览、六论三组等。《管子》则被编排为八组，分别为"经言"九篇、"外言"八篇、"内言"九篇、"短语"十八篇、"区言"五篇、"杂篇"十三篇、"管子解"五篇和"管子轻重"十九篇。这种分类编排，当是刘向在定著时所确定的，而且一定有它的依据，可惜现在已无从考知。从八组的名称和篇章内容看，"经言"大约较多地保存了管仲治齐的原始思想，故被奉为经典；"外言"和"内言"的区分不明，但"内言"诸篇较多地记载了管仲的功业和言行;"短语"似指篇幅短小,但其中却又有《君臣》《侈靡》这样的特长篇;"区言"所指不详;"杂篇"当言其内容驳杂;"管子解"是对若干篇目的诠解,所解对象,四篇属"经言",一篇属"区言",它们或许原先属同一系统;至于"管子轻重",则是一组论题集中的专题论文,自成体系,与其他篇章有明显的区别。

《管子》的八组文章,又有多种不同的体裁。《四库总目提要》已注意及此,它说:"意其中孰为手撰,孰为记其绪言如语录之类,孰为述其逸事如家传之类,孰为推其义旨如笺疏之类,当时必有分别。"统观全书,主要有论文、问答、记述、疏解四类文体。围绕一个或几个中心展开论述的论文体,在全书中占大部分,如"经言"中《牧民》到《版法》诸篇以及"外言""短语""区言"中的大多数篇章。以问答形式,主要是假托桓公、管子问答构成的篇章,在书中也有相当数量,如"管子轻重"中除《国蓄》《轻重己》之外,几乎都是此体。以记载管仲言行为主的记述体多集中在"内言";采用逐句诠解的疏解体,除了"管子解"诸篇外,《宙合》等也是此类。此外,书中还有格言体(如《枢言》《弟子职》)、律令体(如《法禁》)、著述体(如《幼官》《地员》)等,至于全部由五十余个问题组成的纲目体《问》篇,更是被郭沫若誉为"可与《楚辞·天问》并美"的"奇文"(《管子集校》)。在一部著作中包含有这样丰富多彩的体裁,这在诸子书中也是绝无仅有的。

那么,八十六篇《管子》究竟是何人于何时所著呢?目前学术界一致的看法是"非一人之笔,亦非一时之书"(叶适《水心集》)。至具体的作者和成书时间,则分歧颇大。有的学者认为,"经言"中的《牧民》《形势》《权修》《乘马》等篇是管仲思想的记录,保存了管仲的遗说;《大匡》《中匡》《小匡》三篇是关于管仲事迹的记述,它们都应产生于春秋时期,其他各篇大约是战国中期至西汉中期的作品(见张岱年《中国哲学史史料学》)。有些学者主张,《管子》是"稷下丛书"性质(见顾颉刚《周公制礼的传说和〈周官〉一书的出现》),是"齐国稷下学者的著作总集"(见冯友兰《中国哲学史史料学初稿》),都产生于战国时代。有些学者提出,"《管子》一书乃战国、秦、汉文字总汇,秦汉之际诸家学说尤多汇集于此"(见郭沫若《管子集校校毕书后》),其"著作年代,早者在战国,晚者在汉初文、景、武、昭之世;唯《幼官图》似在汉后,但只此一篇耳"。(见罗根泽《管子探源》)有的学者则认定"管子轻重"一组文章与《管子》其他各篇不是一个思想体系,它是西汉末年王莽时代的人所作(见马非百《管子轻重篇新诠》)。我们认为,《管子》书中具体篇章的作者或年代的确定,仍是一个需要深入研究的课题,但从全书整体着眼,这部著作当是一批以齐国为中心的崇尚管仲的治国功业和理想的思想家,也可称之为"管仲学派"的著作汇集。其中少数篇章产生于战国初期,但其主体部分应是战国中、后期稷下学宫兴盛时稷下学者们的作品,也有一部分则晚于秦汉之际,但最迟不会超过西汉中期。也可以说,从战国初期至西汉中叶,数代"管仲学派"的著述,共同假托《管子》之名以求流传,最后经刘向"定著",才成为流传至今的《管子》一书。

二

作为"管仲学派"的著作汇编,《管子》一书的内容表现出包罗万象、宏博精深的鲜明特点。早在 20 世纪 20 年代末,罗根泽就提出,《管子》"在先秦诸子,衷为巨帙,远非他书可及。《心术》《白心》,诠释道体,老、庄之书,未能远过;《法法》《明法》,究论法理,韩非《定法》《难势》,未敢多让;《牧民》

《形势》《正世》《治国》，多政治之言；《轻重》诸篇，又为理财之语；阴阳则有《宙合》《侈靡》《四时》《五行》；用兵则有《七法》《兵法》《制分》；地理则有《地员》；《弟子职》言礼；《水地》言医；其他诸篇，亦皆率有孤诣。各家学说，保存最伙，诠发甚精，诚战国、秦、汉学术之宝藏也"。(《管子探源叙目》)而从现代学科体系的角度来看，在这部综合性的巨帙中，举凡哲学、政治、法律、行政管理、军事、财政、经济、教育、伦理、心理、史学、文学、音乐、医学，以至农学、水文、地理、天文等学科的理论和知识，几乎无不涉及，其中关于哲学、政治、军事、经济方面的思想尤其丰富而精粹，构成了《管子》思想的主要框架。

《管子》的哲学思想以道家思想为核心，这已为学术界所公认，《汉书·艺文志》将《管子》列于道家，主要依据恐怕也在于此。书中《心术》上下、《白心》《内业》《宙合》等篇章，继承和发展了老子的学说，将古代哲学思想向前推进了一大步。老子的宇宙观以"道"为"万物之宗"，认为"道生万物"，《管子》中同样将"道"奉为无上无穷、无形无象的最高范畴，如说："道也者，通乎无上，详乎无穷，运乎诸生"(《宙合》)，"凡道，无根无茎，无叶无荣，万物以生，万物以成"，"不见其形，不闻其声，而序其成，谓之道"(《内业》)，"虚无无形谓之道，化穷万物之谓德"(《心术上》)。但是，《管子》又认为"道"自身并不是抽象的"无"："天道者，所以充形也"(《内业》)，而"气者，身之充也"(《心术下》)，可知"道"也就是物质的"气"。在这种"道—气"一元论的基础上，《管子》进而明确提出了以"精气"为化生世界万物的元素，《内业》篇说："精也者，气之精者也。"又说："凡物之精，化则为生。下生五谷，上为列星；流于天地之间，谓之鬼神；藏之胸中，谓之圣人。"也就是说，一切的物质和精神现象都是"精气"的产物。

这一观点触及生命和精神的本质，并将老子的唯心主义宇宙观导向了唯物主义，对其后的哲学发展产生了深远影响。此外，书中提出的天地包裹万物，天地之外又为无边无际的"宙合"所包裹（见《宙合》）的"浑天说"，认为人可以"昭知万物"，"遍知天下"（《内业》），强调加强认识主体修养，才能正确认识客体的认识论等，也都在哲学史上有重要意义。

《管子》在哲学领域另一值得重视的方面是推衍了"五行相生"的学说。《周易》论阴阳而不及五行，《尚书·洪范》论五行而不言阴阳，《管子》中的《幼官》《四时》《五行》《轻重己》诸篇则将阴阳和五行结合起来，将五行配于四时，并将时令、方物以至治国、用兵之道都与四时、五行相联系，论述了"阴阳至运""五行相生""天人感应"等思想。约与此同时的稷下学者邹衍则着重阐发了"五行相克"的学说，并将其引入社会历史变化规律的考察，形成"五德终始论"。这种"五行相生相克"的学说，对中国传统的政治、文化思想的影响，同样是十分深远的。

历代学者大多将《管子》作为法家著作看待，这主要是从全书的政治思想着眼，但《管子》的学说是"齐法家"的一派，有自己鲜明的特色。战国时期，法家鼓吹"法治"，排斥文教德行；儒家强调"德治"，重视道德教化。这两种针锋相对的政治思想在《管子》中都有体现。《法禁》《重令》《法法》《任法》《明法》《正世》等篇章集中论述了"以法治国"的理论。它强调"置法出令"的重要意义："法者，存亡治乱之所从出"（《任法》），"凡国君之重器莫重于令。令重则君尊，君尊则国安；令轻则君卑，君卑则国危"（《重令》）。它将法治思想贯穿于君、臣、民三者关系："夫生法者，君也；守法者，臣也；法于法者，民也。君臣、上下、贵贱皆从法。"（《任法》）要求君主"以身先之"，才能令行禁止；主张置法治民要"期于利民而止"（《正世》）。而《牧民》《权修》《五辅》《君臣》《四称》等篇章中则较多地反映了儒家的"德政"思想。如《牧民》将国家兴废与民心相联系:"政之所兴,在顺民心;政之所废,在逆民心。"《五辅》提出"德有六兴",即厚其生、输之以财、遗之以利、宽其政、匡其急、振其穷,"六者既布,则民之所欲无不得矣"。《权修》篇倡导重视修身,施行礼教,《四称》篇强调对君臣的道义要求等,也都是这一思想的体现。但是,《管子》的政治思想更多地表现出在法家思想中融汇进儒家思想,将法与教、刑与德统一起来,礼法并用,法教兼重的特色。《牧民》篇以"礼义廉耻"为国之"四维",并强调"四维张则君令行"。《版法》篇一方面主张"正法直度,罪杀无赦,杀僇必信,民畏而惧",一方面要求"法天合德,象地无亲","修长在乎任贤,安高在乎同利"。《权修》篇则主张对百姓"厚爱利足以亲之,明智礼足以教之,上身服以先之,审度量以闲之,乡置师以说道之。然后申之以宪令,劝之以庆赏,振之以刑罚",而"教训成俗而刑罚省"。这类论述,全书所在多是。这种既肯定法制的重要,又不忽视道德教化的政治学说,切合实际,又较为全面,成为全书的思想核心。它于法、儒之外别树一帜,对古代政治思想的发展作出了重要贡献。

先秦齐国有悠久的兵家传统,"兵圣"孙武即是齐人,《孙子兵法》之后,齐国又相继诞生了《孙膑兵法》《司马法》等军事名著。《管子》中《七法》《兵法》《幼官》《参患》《制分》《地图》《势》等篇章,也都是集中论述军事的论文,包含着丰富的军事思想。对于战争的态度,《管子》一方面提出"君之所以卑尊,国之所以安危者,莫要于兵"(《参患》),表现了对战争的高度重视;一方面又说"贫民伤财莫大于兵,危国忧主莫速于兵"(《法法》),强调了战争的危害。因此它主张兵"不可废",但又"不勤于兵",即既充分重视又不轻易用兵。它还提出了在战争中"强未必胜"(《制分》),"行义胜之理"(《幼官》),触及对战争性质的认识。《管子》军事思想最有特色的是治军思想。它提出国家要"强其兵",即建设强大军队的思想,"不能强其兵,而能必胜敌国者,未之有也"(《七法》)。要达到这一目标,首先要富国,"国富者兵强,兵强者战胜"(《重令》);还要重视武器装备,"故凡兵有大论,必先论其器"(《七法》),"器械功则伐而不费"(《兵法》)。它还提出了加强军队教育训练的思想,主张重视士兵的挑选,设计了加强教育训练的一整套方法(见《幼官》),并要求论功计劳,赏罚分明,用以激励士兵,"赏罚明,则勇士劝也"(《兵法》),"禄予有功,则士轻死节"(《重令》)。它又提出了一系列的作战指导思想,包括要"明于机数"(《七法》),善于把握战机;"遍知天下"(同上),做到知己知彼;"无方胜之几"(《兵法》),灵活机动地改变作战方法以及"释实而攻虚,释坚而攻脆,释难而攻易"(《霸言》)的攻击策略等。所有这些,都是对战争规律的努力探索,极大地丰富了古代军事思想。

在诸子著作中,《管子》一书更以全面而独到的经济思想而著称。全书大部分篇章都涉及社会经济,有二十余篇更是集中论述经济问题,这在先秦诸子中是仅见的。《管子》的经济思想涉及面极广,其核心可归纳为目标论、生产论、分配论、消费论和轻重论。

"富国富民"是《管子》的经济目标论。谋求国富是《管子》经济思想的出发点和归宿,全书开宗明义第一句便称"凡有地牧民者,务在四时,守在仓廪。国多财则远者来,地辟举则民留处,仓廪实则知礼节,衣食足则知荣辱"。(《牧民》)富国的途径则是富民:"凡治国之道,必先富民","民事农则田垦,田垦则粟多,粟多则国富"(《治国》)。民富是国富的源泉,也是国富的前提,"民富君无与贫,民贫君无与富"(《山至数》)。但两者有时也会有矛盾,那就要运用减轻赋敛、赈济贫困、盐铁专卖及各种轻重之术来进行调节(见《五辅》《海王》等篇),从而达到富国富民的双重目标。

《管子》将富国富民的基点放在发展生产上,"务本饬末则富"(《幼官》)。《管子》力主重农,强调:粟者,王者之本事也,人主之大务,有人之途,治国之道也(《治国》)。它不但要求"务五谷",还主张"养桑麻,育六畜"(《牧民》),发展多种副业。同时,《管子》又将士、农、工、商四民并称为"国之石民",对他们在社会中的构成和作用进行了详尽论述(见《小匡》),它重视手工业提供生产工具、作战兵器和生活用品的作用,重视商业互通有无、促进农业的作用。因此,《管子》重农本但并不排斥工商末业,而是主张进行整治,形成了"务本饬末"的发展生产的纲领。

对于社会财富的分配,《管子》的基本思想是国家轻征薄敛以保证生产者拥有一定的产品。它主张"均分地力",与民"分货"(《乘马》),主张减轻税率,并考虑到年成的丰歉、土地的肥瘠(见《大匡》《乘马》)。在财富再分配方面,《管子》一方面主张"其绩多者其食多,其绩寡者其食寡,无绩者不食"(《权修》),一方面要求"均齐贫富"。"散积聚,钧羡不足,分并财利"(《国蓄》)。这样,既鼓励了"绩多食多",又避免了"贫富无度"。

《管子》消费论的出发点是"俭则伤事,侈则伤货"(《乘马》),即认为节俭不利生产,奢侈消耗财富。由此出发,《管子》首先大力倡导节俭消费,"能节宫室、适车舆以实藏,则国必富,位必尊;能适衣服、去玩好以奉本,而用必赡,身必安"(《禁藏》),强调"实藏""奉本",并防止社会风气的败坏。但在特定条件下,它又主张侈靡消费,提倡饮食、车马、游乐、丧葬等追求奢侈,甚至"雕卵然后瀹之,雕橑然后爨之"(《侈靡》),认为这样可以增加就业,赈济灾荒,刺激生产,促进流通。

"轻重论"是《管子》经济思想中的独特范畴,它集中体现在全书《轻重》十九篇（今存十六篇）中。"轻重"一词在全书中最基本的含义有两方面：一是对市场供求关系及其对物价影响的认识："夫物多则贱，寡则贵，散则轻，聚则重"（《国蓄》）；二是指国家利用上述物价规律来牟取厚利："夫民有余则轻之，故人君敛之以轻；民不足则重之，故人君散之以重。敛积之以轻，散行之以重，故君必有什倍之利，而财之櫎可得而平也。"（同上）根据这两项基本原则，书中阐述了一系列的"轻重之策"，如国家掌握全部经济统计数字，国家垄断货币铸造、盐铁专卖、自然资源等，依照年成情况、季节地区差价、囤积作用、政令缓急等各种因素人为抬高谷价以牟利等等。书中还将这种"轻重之术"推广到政治、军事、外交等各个领域。"轻重论"的核心是利用国家垄断重要产业和流通手段，依靠物价变动取得利润，以满足国家财政需要。虽然这种理论代表的是封建国家的利益，但其中对于商品货币、市场作用、物价规律的认识，关于国家垄断和财政收入的观点，以及经济竞争中的谋略思想等，都大大推动了古代经济思想的发展。《管子》中丰富的经济思想，使它成为中国经济思想史上的一部名著。

由于《管子》非一人一时之作，因此全书缺乏严整的理论体系；但《管子》又决非各家各派学说的杂凑，它是数代"管仲学派"的学者继承和发展了管仲的治国思想，并融汇了多家学说之后形成的有鲜明特色的自成一家之说。这一鲜明特色就是齐文化的特色，先秦齐国是产生这派学说的土壤，因此，《管子》成为齐文化的杰出代表。自姜尚封疆营丘始建齐国，中经桓公称霸、田氏改革、稷下学宫，齐文化的发展绵绵不绝，并形成鲜明的地域特征。《史记·货殖列传》说："齐带山海，膏壤千里，宜桑麻，人民多文采、布帛、鱼盐……其俗宽缓阔达，而足智，好议论。地重，难动摇，怯于众斗，勇于持刺，故多劫人者，大国之风也。其中具五民。"以依山面海的地理位置和丰饶的物产为基础，齐文化表现在经济上农商并重，政治上尊贤尚功，学术上兼容并包，形成以开放、务实为基本特征的文化思想。它与相邻的鲁文化有着明显差异，更有别于楚、燕、晋等其他地域文化。齐文化的杰出代表有姜尚、管仲、晏婴、孙武、孙膑、田文、田单以及荀卿、邹衍、淳于髡、环渊、田骈、慎到、宋钘、尹文等稷下学士，而其思想精华则荟萃于《管子》一书。可以说，"管仲学派"撰成的这部巨著，代表了齐文化的正宗，它对道、法、儒、阴阳、名、兵、农诸家思想的融会贯通，它对社会经济问题的深入探讨，都典型地体现了齐文化的基本特征。今天，深入挖掘《管子》这座中国文化宏富精深的宝库，深入研究以开放、务实为根本特征的齐文化的历史价值，也具有现实的意义。

三

刘向校定的《管子》问世之后，由于儒学定于一尊，齐学渐趋式微，因而整个六朝时期，这部别具特色的子书一直不受重视。傅玄讥其"鄙俗"（《傅子》），刘勰也只是从文学角度加以称道（《文心雕龙·诸子》）。至唐初，《管子》书已有缺佚，李善注《文选》陆机《猛虎行》诗称："今检《管子》，近亡数篇"，即可为证；又《管子·封禅》尹注："原篇亡，以司马迁《封禅书》所载管子言以补之。"唐代《管子》受到重视，出现了魏徵《管子治要》、杜佑《管子指略》等著述，尤其是产生了尹知章的注本。流传至今的题为房玄龄注的本子，一般认为是尹知章所撰，因为《新唐书·艺文志》著录有"尹知章注《管子》三十卷"，而不载房注。在敦煌残卷中，则保存有今存最早的《管子》古写本的片段。《管子》付梓刊行始于宋代，今存宋刊本即题刊于"大宋甲申"的杨忱本。郭沫若曾考定此"甲申"当为元初世祖二十一年（公元1284年）（见《管子集校叙录》），而近年有学者考得杨忱为北宋人，"甲申"为庆历四年（公元1044年），而此本已不见传，今存最早的宋本是南宋初张嵲的校正本，书后载有张氏《读管子》一文。（即《四部丛刊》影印之宋本。此说见周洪才《管子版本考述》，载《管子学刊》1990年第2期）宋本《管子》已亡佚《王言》《谋失》《正言》《言昭》《修身》《问霸》《牧民解》《问乘马》《轻重丙》《轻重庚》凡十篇。

　　明、清两代，《管子》的刊本和研究著述大量涌现。明刻以刘绩的《管子补注》本和赵用贤的《管韩合刻》本为代表，后者尤以大量补正脱误号称精善，其后诸刻大多脱胎于此，成为影响最大、流传最广的一种刊本。清代则以校释类著述最为发达，其中王念孙的《管子杂志》采用多家论说，最为精审；而戴望的《管子校正》收罗诸家校释，尤为繁富，影响最大。20世纪以来，《管子》研究继续发展。20年代末罗根泽的《管子探源》，对全书各篇的作者和时代逐一详加考辨，开辟了研究《管子》的新天地。由许维遹、闻一多发其凡，郭沫若于50年代集其成的《管子集校》，更是汇集了历代数十家校释成果中的精华，为深入研究《管子》打下了坚实的基础。马非百《管子轻重篇新诠》深入探讨了今存"管子轻重"十六篇，提出了许多独到的见解。80年代后期，随着全国《管子》学术讨论会及《管子》和齐文化国际学术讨论会的相继召开，随着《管子学刊》的创刊，《管子》和齐文化的研究全面展开，呈现方兴未艾之势，并逐渐走向世界。

　　作为《中国古代名著全本译注丛书》之一种，本书旨在为广大读者提供一部全注全译的《管子》读本。本书采用通行的明赵用贤本（上海古籍出版社影印清光绪二年浙江书局刻本）为底本进行标点，《管子》原文一律不改字，凡有校改都入注文。注释主要依据历代校释，亦有译注者的意见；校释主要参阅了郭沫若《管子集校》（人民出版社《郭沫若全集》）等，并参考了马非百

《管子轻重篇新诠》、中国人民大学《管子经济篇文注释》和赵守正《管子通释》等著述，凡有所据，一概注明。译文尽量采用直译，力求切合原文之意。由于译注者水平所限，书中一定有许多不当之处，切盼专家和广大读者指正。

谢浩范　朱迎平
1993 年 10 月于上海
2020 年 7 月修订

目　　录

前言	1
经言	1
牧民第一	1
形势第二	9
权修第三	19
立政第四	31
乘马第五	46
七法第六	62
版法第七	77
幼官第八	81
幼官图第九	103
外言	111
五辅第十	111
宙合第十一	123
枢言第十二	146
八观第十三	165
法禁第十四	179
重令第十五	190
法法第十六	200

兵法第十七 ……………………………………… 223

内言

大匡第十八 ……………………………………… 233
中匡第十九 ……………………………………… 261
小匡第二十 ……………………………………… 267
王言第二十一（亡）
霸形第二十二 …………………………………… 304
霸言第二十三 …………………………………… 312
问第二十四 ……………………………………… 325
谋失第二十五（亡）
戒第二十六 ……………………………………… 334

短语

地图第二十七 …………………………………… 345
参患第二十八 …………………………………… 348
制分第二十九 …………………………………… 353
君臣上第三十 …………………………………… 357
君臣下第三十一 ………………………………… 374
小称第三十二 …………………………………… 391
四称第三十三 …………………………………… 399
正言第三十四（亡）
侈靡第三十五 …………………………………… 406
心术上第三十六 ………………………………… 448
心术下第三十七 ………………………………… 459
白心第三十八 …………………………………… 465

水地第三十九	476
四时第四十	485
五行第四十一	495
势第四十二	506
正第四十三	512
九变第四十四	515

区言 ········ 517

任法第四十五	517
明法第四十六	528
正世第四十七	532
治国第四十八	538
内业第四十九	545

杂篇 ········ 555

封禅第五十	555
小问第五十一	559
七臣七主第五十二	575
禁藏第五十三	589
入国第五十四	603
九守第五十五	609
桓公问第五十六	615
度地第五十七	618
地员第五十八	630
弟子职第五十九	652
言昭第六十（亡）	

修身第六十一（亡）
问霸第六十二（亡）

管子解 ········· 659
牧民解第六十三（亡）
形势解第六十四 ········· 659
立政九败解第六十五 ········· 704
版法解第六十六 ········· 711
明法解第六十七 ········· 727

管子轻重 ········· 752
臣乘马第六十八 ········· 752
乘马数第六十九 ········· 757
问乘马第七十（亡）
事语第七十一 ········· 762
海王第七十二 ········· 766
国蓄第七十三 ········· 771
山国轨第七十四 ········· 785
山权数第七十五 ········· 796
山至数第七十六 ········· 810
地数第七十七 ········· 828
揆度第七十八 ········· 837
国准第七十九 ········· 855
轻重甲第八十 ········· 859
轻重乙第八十一 ········· 885
轻重丙第八十二（亡）

轻重丁第八十三 ················· 903
轻重戊第八十四 ················· 926
轻重己第八十五 ················· 938
轻重庚第八十六（亡）

附录 ···························· 947

经　言

牧　民　第　一

【题解】

　　牧民即治民。本篇阐述治理国家、统治百姓的理论和原则，包括"国颂""四维""四顺""士经""六亲五法"五节。"国颂"节阐明治国的原则在于"张四维"，而"张四维"的前提在于"仓廪实""衣食足"；"四维"节阐述四维的含义及其重要性；"四顺"节阐明治民的原则在于"顺民心"，并具体说明了百姓的"四欲"和"四恶"；"士经"当作"十一经"，阐述治民的十一项经常性措施；"六亲五法"节说明君主治国的一系列具体准则。

　　凡有地牧民者，务在四时，[1]守在仓廪。[2]国多财则远者来，地辟举则民留处，[3]仓廪实则知礼节，衣食足则知荣辱，上服度则六亲固，[4]四维张则君令行。[5]故省刑之要在禁文巧，[6]守国之度在饰四维，[7]顺民之经在明鬼神、祇山川、敬宗庙、恭祖旧。[8]不务天时则财不生，不务地利则仓廪不盈，野芜旷则民乃菅，[9]上无量则民乃妄，文巧不禁则民乃淫，不璋两原则刑乃繁，[10]不明鬼神则陋民不悟，[11]不祇山川则威令不闻，不敬宗庙则民乃上校，[12]不恭祖旧则孝悌不备。四维不张，国乃灭亡。

　　右国颂。

【注释】

〔1〕四时：即四季。 〔2〕仓廪(lǐn 凛)：储藏米谷的仓库。谷藏叫仓，米藏叫廪。一说方称仓，圆称廪。 〔3〕辟举：尹知章云："举，尽也。言地尽辟，则人留而安居处也。" 〔4〕上服度则六亲固：尹知章云："服，行也。上行礼度，则六亲各得其所，故能感恩而结固也。六亲谓父母兄弟妻子。" 〔5〕四维：指礼、义、廉、耻。 〔6〕文巧：华丽的服饰、精巧的玩物，指奢侈品。 〔7〕饰四维：俞樾云："饰"当读为饬。饬四维者，正四维也。 〔8〕顺民之经：俞樾云："顺"当读为训。训民之经言教训其民之道。祇(zhī 支)：敬。祖旧：颜昌峣云："祖谓宗亲，旧谓故旧。" 〔9〕菅：猪饲彦博云：疑当作"荒"，惰也。译文从"荒"。 〔10〕璋：梅士享云：璋当为"障"。译文从"障"。两原：尹知章云："谓妄之原，上无量也；淫之原，不禁文巧也。"原，同"源"。 〔11〕悟：猪饲彦博云：疑当作"信"。译文从"信"。 〔12〕上校：颜昌峣云："校，亢也。"上校即抗上。

【译文】

大凡拥有封地、统治百姓的君主，必须致力于四季的农事，掌管好粮仓的储备。国家财富丰饶，远民就会前来归顺；土地多多开发，百姓就会滞留安居；粮仓充实，百姓才懂得礼节制度；衣食丰足，百姓才知道荣誉耻辱；君主遵行礼度，六亲才能团结；四维广为推行，君主才能令行禁止。因此，精简刑法的关键在于禁止奢侈，巩固国家的原则在于整顿四维，训导百姓的要旨在于崇奉鬼神、祭祀山川、敬重祖宗、尊重亲旧。不重视天时，财富就不会产生；不重视地利，粮仓就不会充盈；田野荒芜，百姓就会怠惰；君主无节制，百姓就会妄为；奢侈不禁，百姓就会放纵；不堵塞"两源"，刑法就会繁多；不崇奉鬼神，小民就不会信从；不祭祀山川，威令就不会播扬；不敬重祖宗，百姓就会犯上作乱；不尊重亲旧，孝悌之德就不算完备。总之，不推行礼、义、廉、耻这四维，国家就要灭亡。

以上"国颂"。

国有四维，[1]一维绝则倾，二维绝则危，三维绝则覆，四维绝则灭。倾可正也，危可安也，覆可起也，灭不可复错也。[2]何谓四维？一曰礼，二曰义，三曰廉，四曰耻。礼不逾节,义不自进,[3]廉不蔽恶,耻不从枉。故不逾节则上位安,不自进则民无巧诈,不蔽恶则行自全,[4]不从枉则邪事不生。

右四维。

【注释】
〔1〕四维:维本是系物的大绳,猪饲彦博云:"四维者喻系四角也。"这里喻指维系国家命运的关键。 〔2〕复错:张文虎云:"错字疑衍。"译文从张说。 〔3〕自进:尹知章云:"谓不由荐举也。"即自行钻营。〔4〕全:张文虎云:疑当作"正"。译文从"正"。

【译文】
　　立国的根本在于有四维维系。一维断绝,国将倾倒;二维断绝,国将危险;三维断绝,国将翻覆;四维断绝,国将灭亡。倾倒可以扶正,危险可转安定,翻覆可再振起,灭亡就不能再恢复了。什么叫四维?一称为礼,二称为义,三称为廉,四称为耻。遵守礼,就不会超越规范;讲求义,就不会自行钻营;做到廉,就不会掩饰过错;懂得耻,就不会追随邪曲。因此,不超越规范,君主的地位就稳固;不自行钻营,百姓就不会投机取巧;不掩饰过错,品行就自然端正;不追随邪曲,坏事就不会产生。
　　以上"四维"。

　　政之所兴,[1]在顺民心;政之所废,在逆民心。民恶忧劳,我佚乐之;民恶贫贱,我富贵之;民恶危坠,我存安之;民恶灭绝,我生育之。能佚乐之,则民为之忧劳;能富贵之,则民为之贫贱;能存安之,则民为之危坠;能生育之,则民为之灭绝。故刑罚不足以畏其意,杀戮不足以服其心。故刑罚繁而意不恐,则令不行矣;杀戮众而心不服,则上位危矣。故从其四欲,则远者自亲；行其四恶，则近者叛之。故知予之为取者，政之宝也。

右四顺。

【注释】

〔1〕兴：《群书治要》《艺文类聚》等引此句，并作"行"。译文从"行"。

【译文】

政令能够推行，在于它顺从民心；政令所以废弛，因为它违背民心。百姓厌恶劳苦忧患，我就要使他们安逸快乐；百姓厌恶贫困低贱，我就要使他们富足显贵；百姓厌恶危险灾祸，我就要使他们生存安定；百姓厌恶灭种绝后，我就要使他们生养繁衍。能使百姓安逸快乐，他们就会为此任劳任怨；能使百姓富足显贵，他们就会为此暂处贫贱；能使百姓生存安定，他们就会为此赴汤蹈火；能使百姓生养繁衍，他们就会为此献出生命。因此严刑重罚不足以使百姓心存畏惧，大量杀戮不足以使百姓心悦诚服。刑罚繁重而民意不畏惧，政令就不能推行；杀戮众多而民心不悦服，君主的地位就危险了。所以能顺应百姓的四种欲望，那么远方的百姓也会亲近归顺；使百姓陷于四种厌恶的境地，那么亲近的属民也会背离叛逃。可见懂得给予就是取得的道理，这是从政的法宝啊！

以上"四顺"。

错国于不倾之地，〔1〕积于不涸之仓，藏于不竭之府，〔2〕下令于流水之原，〔3〕使民于不争之官，〔4〕明必死之路，开必得之门，不为不可成，不求不可得，不处不可久，不行不可复。错国于不倾之地者，授有德也；积于不涸之仓者，务五谷也；藏于不竭之府者，养桑麻、育六畜也；下令于流水之原者，令顺民心也；使民于不争之官者，使各为其所长也；明必死之路者，严刑罚也；

开必得之门者，信庆赏也；[5]不为不可成者，量民力也；不求不可得者，不强民以其所恶也；不处不可久者，不偷取一世也；[6]不行不可复者，不欺其民也。[7]故授有德，则国安；务五谷，则食足；养桑麻、育六畜，则民富；令顺民心，则威令行；[8]使民各为其所长，则用备；严刑罚，则民远邪；信庆赏，则民轻难；[9]量民力，则事无不成；不强民以其所恶，则诈伪不生；不偷取一世，则民无怨心；不欺其民，则下亲其上。

右士经。[10]

【注释】

〔1〕错：同"措"，处置。〔2〕"积于"句：郭沫若云："'积'下当夺'食'字，'藏'下当夺'富'字。"译文从郭说。〔3〕"下令"句：这里用水自源头顺流而下比喻政令顺应民心，易于推行。〔4〕官：这里指职业、行业。〔5〕信：守信，兑现。庆赏：奖赏。〔6〕世：何如璋云：世疑作"时"，以音近而讹。译文从"时"。〔7〕"不行"句：尹知章云："欺民之事，不可重行也。"〔8〕威令：猪饲彦博云："威令之令疑衍。"译文从之。〔9〕轻难：不怕死难。〔10〕士经：顾广圻云："'士'字当是'十一'二字并写之误。"尹知章云："经，常也。"译文从之。

【译文】

将国家建立在稳固的基础之上，将粮食积聚在取之不尽的粮仓中，将财富贮藏在用之不竭的府库里，将政令下达在水流的源头上，将百姓安置在互不相争的行业里，向百姓指明犯罪必死的道路，向百姓敞开有功必赏的大门，不从事不能成功的事业，不追求难以达到的目标，不留恋不能长久的利益，不去干不可重复的行为。将国家建立在稳固的基础之上，就要授政于有德行的人；将粮食积聚在取之不尽的粮仓中，就要致力于种植五谷；将财富贮藏在用之不竭的府库里，就要栽桑种麻、繁殖六畜；将政令下达在水流的源头上，是为了让政令顺应民心；将百姓安置在互不相争的行业里,是为了让他们发挥各自的特长;向百姓指明犯罪必死的道路,就要严格执行刑罚;向百姓敞开有功必赏的大门,就要及时兑现奖赏;不从事不能成功的事业,因为要度量百姓的承受能力;不追求难以达到的目标,因为不能用百姓厌恶的去勉强他们;不留恋不能长久的利益,因为不可只图一时的苟安;不去干不可重复的行为,因为不可欺骗自己的百姓。因此,授政于有德行的人,国家就安定;致力于种植五谷,粮食就充足;栽桑种麻、繁殖六畜,百姓就富裕;政令顺应民心,威信就树立;让百姓发挥各自的特长,器用就完备;严格执行刑罚,百姓就远避邪恶;及时兑现奖赏,百姓就不怕死难;度量民力而行,事业没有不成功的;不勉强人去做他所厌恶的事,欺诈虚伪就不会发生;不图一时的苟安,百姓就没有怨恨之心;不欺骗自己的百姓,百姓就会亲近自己的君主。

以上"十一经"。

以家为乡,乡不可为也;[1]以乡为国,国不可为也;以国为天下,天下不可为也。以家为家,以乡为乡,以国为国,以天下为天下。毋曰不同生,[2]远者不听;毋曰不同乡,远者不行;毋曰不同国,远者不从。如地如天,何私何亲?如月如日,唯君之节![3]

【注释】

〔1〕"以家"二句:刘绩云:"言以为家者为乡,则乡必不治。"为,治理。 〔2〕生:俞樾云:"'生'与'姓'古字通。"译从。 〔3〕"如地"四句:谭戒甫云:"本云'唯君之节,无私无亲,如地如天,如月如日',错综出之,用以叶韵耳。节,度也。"译文从之。

【译文】

用治家的办法去治乡,乡不可能治理好;用治乡的办法去治国,国不可能治理好;用治国的办法去治天下,天下不可能治理好。要以治家的办法去治家,治乡的办法去治乡,治国的办法去治国,治天下的办法去治天下。不要因为不同姓,就不听取关系疏远者的意见;不要因为不同乡，就不采纳关系疏远者的建议；不要因为不同国，就不遵从关系疏远者的主张。君主治理天下的准则，就要不分亲疏，要像天地那样覆载万物，要像日月那样普照寰宇。

御民之辔，[1]在上之所贵；道民之门，[2]在上之所先；召民之路，在上之所好恶。故君求之则臣得之，君嗜之则臣食之，君好之则臣服之，君恶之则臣匿之。毋蔽汝恶，毋异汝度，贤者将不汝助。言室满室，言堂满堂，[3]是谓圣王。

【注释】
〔1〕辔：缰绳。这里指关键。〔2〕道：同"导"。〔3〕"言室"二句：闻一多云："满谓声满。言于室而声满于室，令一室之人皆闻之。言于堂亦然。"这里指君主说话施政，要开诚布公。

【译文】
驾驭百姓的关键，在于君主重视什么；引导百姓的法门，在于君主带什么头；招引百姓的途径，在于君主喜爱什么、厌恶什么。因此君主追求的物品，臣下就会去求得；君主爱吃的食物，臣下就会去试尝；君主爱好的东西，臣下就会去宣扬；君主厌恶的东西，臣下就会去藏匿。因而不要掩饰你的过错，不要改变你的法度，否则有才德的贤人将不帮助你。在室内说的话要让满室的人都听到，在堂上说的话要让满堂的人都听到，这才称得上高明的君主啊！

城郭沟渠，不足以固守；兵甲强力，不足以应敌；博地多财，不足以有众。惟有道者，能备患于未形也，故祸不萌。天下不患无臣，患无君以使之；天下不患无财，患无人以分之。[1]故知时者可立以为长，无私者可置以为政，审于时而察于用，而能备官者，[2]可奉以为君也。缓者后于事，吝于财者失所亲，信小人者失士。
　　右六亲五法。[3]

【注释】
　　[1] 分：指合理分配。　[2] 审于时、察于用、备官：指通晓时势、明察财用、任用官吏。　[3] "右六"句：旧注多谓"六亲"与"五法"当分章，但二者在文中均无确指，难以诠解。

【译文】
　　光凭坚固的防御工事，不足以坚守城池；光凭强大的装备兵力，不足以抵挡敌人；光凭广博的土地、丰饶的财富，不足以拥有百姓。只有掌握了治国法则的君主，才能在祸患发生之前就加以防止，所以灾祸就不会发生。天下不怕没有臣子，只怕没有高明的君主去使用他们；天下不怕没有财富，只怕没有精明的人才去合理分配。因此，把握时势的人可以任用为官吏，不营私利的人可以安排为执政，而能通晓时势、懂得财用而且善于任用官吏的人，才可以尊奉为君主。处事迟钝的人往往落后于形势，吝惜财物的人往往失去亲信，信用小人的人往往失去贤士的支持。
　　以上"六亲五法"。

形 势 第 二

【题解】

　　形势指事物存在的形态和发展的趋势。猪饲彦博云:"山高、渊深,形也;羊至、玉极,势也。取篇首两句之意以为名耳。"本篇又名《山高》。《史记集解》引刘向《别录》曰:"《山高》一名《形势》。"这是取篇首二字为名。

　　本篇探讨事物的形态和趋势之间的因果关系,也就是事物的规律性,其核心思想是"道"。"道"是自然界事物发展的客观规律,"万物之生也,异趋而同归,古今一也",这就是"天道"。天道是不可违背的,"顺天者有其功,逆天者怀其凶";但天道又是可以认识(闻道)、可以掌握(得道)、可以运用(道之用)的。君主在治理国家时能真心诚意地奉行天道,就能拥有天下,即所谓"四方所归,心行者也"。本篇从"天道"论到"君道",而重点则在后者,也就是着重探讨了君主治国应遵行的规律。

　　本书《形势解第六十四》是对本篇的逐句诠解,应参照阅读。

　　山高而不崩,则祈羊至矣;[1]渊深而不涸,[2]则沉玉极矣。[3]天不变其常,地不易其则,春秋冬夏不更其节,[4]古今一也。蛟龙得水而神可立也,[5]虎豹得幽而威可载也,[6]风雨无乡而怨怒不及也。[7]贵有以行令,[8]贱有以忘卑,[9]寿夭贫富,无徒归也。[10]

【注释】

　　〔1〕祈羊:尹知章曰:"烹羊以祭,故曰祈羊。"即指祭祀所用之羊。

古代将禽兽血涂于器物上祭祀山林称"祈"。〔2〕涸(hé 何)：干枯。〔3〕沉玉：指祭祀河川用的玉器。古代将祭品投入水中祭祀河川称"沉"。极：至，到。〔4〕节：指四季对物候的调节。〔5〕神：指神威。〔6〕得：宋本和《形势解》均作"托"。译文从"托"。幽：幽深，指深山丛林。载：安井衡云：载读为戴。戴，尊奉。〔7〕乡：同"向"。无向谓不分贵贱、美恶。〔8〕贵：尊贵，此指君主。〔9〕贱：低贱，此指百姓。〔10〕徒：凭空。归：归向。

【译文】

　　山岭高峻而不崩溃，人们就要用羊去祭祀；水潭幽深而不干枯，人们就要用玉去祭祀。天不改变它的常规，地不变易它的法则，春秋冬夏四季不更换它们对万物的调节，从古到今都是相同的。蛟龙依靠深渊，它的神威才得以显示；虎豹凭借丛林，它的威力才得到尊奉；风雨吹打，没有固定的方向，因而不会招致人们的怨怒。君主能推行政令，百姓能忘却卑辱，人们有的长寿、有的短命，有的贫穷、有的富贵，这些都不是无缘无故形成的。

　　衔命者，[1]君之尊也；受辞者，[2]名之运也。[3]上无事，则民自试；[4]抱蜀不言，[5]而庙堂既修。[6]鸿鹄锵锵，[7]唯民歌之；济济多士，[8]殷民化之，[9]纣之失也。飞蓬之问，[10]不在所宾；[11]燕雀之集，道行不顾。[12]牺牷圭璧，[13]不足以飨鬼神；[14]主功有素，[15]宝币奚为？[16]羿之道非射也，[17]造父之术非驭也，[18]奚仲之巧非斲削也。[19]召远者使无为焉，[20]亲近者言无事焉，[21]唯夜行者独有也。[22]

【注释】

　　[1]衔命：猪饲彦博云："'衔'者奉而守之也，言民奉命令则君尊。"《管子·形势解》作"衔令"。[2]辞：言辞。此谓君主的指示。[3]名：声名。运：运行，播扬。[4]"上无"二句：郭沫若云："此言

无为而治,'试'即尝试之试。"自试指自由发展。〔5〕抱蜀:尹知章云:"抱,持也。蜀,祠器也。"此谓拿着祭祀祖先的祭器。〔6〕庙堂:君主祭祀祖先的地方,此指国家。修:治理。〔7〕鸿鹄:天鹅。锵锵:《管子·形势解》作"将将"。孙蜀丞云:锵锵当作"将将"。"《广雅·释诂》'将,美也',重言之则曰'将将'"。〔8〕济济:众多的样子。〔9〕化:感化。〔10〕"飞蓬"句:闻一多云:"《广雅·释诂》三'问,遗也',赠遗曰问。飞蓬言其轻也。"〔11〕宾:以礼迎接。闻一多云:"言客来所遗者薄,则不接受之也,与下'燕雀之集,道行不顾',语意相仿。"这里不取《形势解》的解说。〔12〕道行:闻一多云:道行当作"行道",谓行道之人也。这里不取《形势解》的解说。〔13〕牺牷:《形势解》作"牺牲",指祭祀用的牛羊。圭璧:《形势解》作"珪璧",指祭祀用的玉器。〔14〕飨:同"享",敬献。〔15〕主功:君主的功业。素:根本。〔16〕宝币:泛指珍贵的礼品。〔17〕羿(yì 义):后羿。传说中的古代部落首领,善于射箭。〔18〕造父:传说是周穆王时的一个赶车、驯马的能手。驭:驾驶马车。〔19〕奚仲:传说是夏禹时的能工巧匠,善于造车。斲(zhuó 茁):砍。〔20〕召远者:招徕远方百姓(指他国)。召同"招"。使:使者。〔21〕亲近者:亲近身边百姓(指本国)。言:言语。〔22〕"唯夜"句:《形势解》作"唯夜行者独有之乎"。夜行:暗行,即下文"心行"。夜行者,指诚心推行大道的君主。

【译文】
　　百姓奉行命令,是君主尊严的体现;百姓接受指示,是声名播扬的征兆。君主无为而治,百姓就自由发展;君主拿着祠器不用说话,国家就得到治理。美丽的天鹅,百姓歌咏它;周朝众多的人才,感化了殷商百姓,这是商纣失天下的原因。礼品微薄,不会受到贵宾的礼遇;燕雀群集,不会引起路人的注意。用牛羊、玉器敬献鬼神,不一定得到保佑;君主的功业自有根基,珍贵的礼品又有什么用?后羿善射箭,在于掌握要领,而不在拉弓发箭的动作;造父善驾车,在于掌握方法,而不在操纵缰绳的动作;奚仲善造车,在于掌握技巧,而不在运斧用刀的动作。要招徕远方百姓,使者没有用处;要亲近身边百姓,言语没有作用;只有诚心实行大道的君主,才能拥有天下的百姓。

平原之隰,[1]奚有于高?[2]大山之隈,[3]奚有于深?訾謷之人,[4]勿与任大。[5]譕臣者,[6]可以远举;[7]顾忧者,[8]可与致道。[9]其计也速而忧在近者,往而勿召也。[10]举长者,可远见也;[11]裁大者,[12]众之所比也;[13]美人之怀,定服而勿厌也。[14]

【注释】

〔1〕"平原"句:王念孙云:"此当作'平隰之封,奚有于高'。"隰(xí席):低湿之地。封:积土,小土丘。 〔2〕奚有:有什么。 〔3〕隈(wēi危):山凹,小坑。 〔4〕訾(zǐ子):诽谤贤人。謷(wèi卫):吹捧恶人。尹知章云:"訾,毁贤;謷,誉恶也。如此之人则乱大邦也。" 〔5〕任大:委以重任。 〔6〕"譕臣"句:猪饲彦博云:譕,古"谟"字,臣当作"巨"。谟,谋虑。巨,远大。 〔7〕以:《形势解》作"与"。猪饲彦博云:"言谋虑巨大者,可与举远久之事也。" 〔8〕顾忧:考虑忧患。 〔9〕致道:致力于实行大道。 〔10〕召:召回。 〔11〕尹知章云:"举用长利,众皆见之,故曰远见。"长利,指为天下谋利益的贤人。远见,指百姓能见到好处。 〔12〕裁:孙星衍云:裁古通作"材"字。材,资质。 〔13〕比:猪饲彦博云:比当作"庇",依赖也。译文从之。 〔14〕"美人"二句:俞樾云:"此句之义为不可晓",据《管子·形势解》,"《管子》原文本作'欲人之怀,必服而勿厌也'"。译文从俞说。怀:归向,归顺。服:奉行,此谓奉行德政。

【译文】

沼泽中的小土丘,怎能称高?高山上的小土坑,怎能称深?专门诽谤贤人、吹捧恶人的小人,不能让他担负重任。谋虑远大的人,可以同他从事大业;考虑忧患的人,可以同他实行大道;主意出得快,而不考虑后患的人,走开了就不必召回。推举贤人,百姓才能得到利益;君主资质深广,众人才有所依赖;要别人归顺,就要奉行德政,并坚持不厌。

必得之事,不足赖也;必诺之言,[1]不足信也。小谨者不大立,[2]訾食者不肥体。[3]有无弃之言者,[4]必参于天地也。[5]坠岸三仞,[6]人之所大难也,而猿猱饮焉。[7]故曰伐矜好专,[8]举事之祸也。不行其野,不违其马,[9]能予而无取者,[10]天地之配也。[11]

【注释】

〔1〕诺:应允。 〔2〕"小谨"句:何如璋云:"谨,《说文》'慎也'。小谨则过拘。……大立谓树立远大。小谨者其树立固不大也。"〔3〕訾(zǐ子)食:厌食,挑食。《形势解》作"餐"。肥体:此指身体健康。 〔4〕弃:废弃。无弃之言谓不可废弃之言,即谈论大道之言。〔5〕参:参合,融合。 〔6〕坠岸:从高崖上跳下。三仞:形容崖高。古代七尺为一仞。 〔7〕猿猱(náo挠):猿猴。 〔8〕伐矜:自负贤能,自以为是。好专:独断专行。刘绩云:故曰二字疑衍。译文从之。〔9〕违:去,抛弃。 〔10〕予:给予。取:索取。 〔11〕配:匹配。

【译文】

自以为一定做到的事,依赖不得;口头上一定应允的话,信任不得。拘泥小事,不能成就伟业;厌恶进食,身体不会健康。谈论大道的人,一定融合了天地的精神。从高崖上跳下喝水,对人很困难,猿猴却能做到。自以为是、独断专行,是做事的祸害。不去原野奔驰,也不能丢弃马匹。能做到只给予而不索取,就可以与天地匹配。

急倦者不及,[1]无广者疑神。[2]神者在内,[3]不及者在门。[4]在内者将假,[5]在门者将待。[6]曙戒勿怠,[7]后稚逢殃。[8]朝忘其事,夕失其功。邪气入内,正色乃衰。[9]君不君则臣不臣,父不父则子不子。上失其位,则下逾其节。[10]上下不和,令乃不行。衣冠不正,则宾者不肃。[11]进退无仪,[12]则政令不行。且怀且威,[13]则君道备矣。莫乐之则莫哀之,[14]莫生之则莫死之。[15]往者不至,来者不极。[16]

【注释】

〔1〕怠倦：怠惰疲沓。不及：落后。 〔2〕"无广"句：猪饲彦博云："'广'疑当作'旷'，'无旷'谓惜寸阴也，与怠倦反。"刘师培云：疑与"拟"同。此谓勤奋努力的人，办事如神。 〔3〕神者：猪饲彦博云："此承上句言，神上脱'疑'字。"在内：入室内。 〔4〕在门：在门外。 〔5〕假：闻一多云：假读为"暇"。指悠闲自得。 〔6〕待：闻一多云：待读为"殆"。指疲惫不堪。 〔7〕曙戒：闻一多云：天将曙戒鼓鸣时谓之曙戒。勿读为忽，忽，亦怠也。此谓早晨忽怠。 〔8〕后稚：闻一多云：稚读为迟，迟，犹暮也。此谓晚上遭殃。 〔9〕入内：《形势解》作"袭内"。正色：端庄的神色。 〔10〕"上失"二句：此谓君主不依照他所处的地位行事，臣下就会超越自己行为的规范。 〔11〕"衣冠"二句：俞樾云：宾读为"傧"。傧者，接待宾客的官吏。肃：敬肃，肃然起敬。 〔12〕进退：举止行动。仪：法度。 〔13〕怀：关怀。威：威势。 〔14〕乐之：指君主使民安居乐业。哀之：指百姓为君分担忧患。 〔15〕生之：指君主使民生长繁育。死之：指百姓乐于为君牺牲。 〔16〕往者：指君主的恩德。来者：指百姓的报答。

【译文】

懒惰疲沓的人，必定落后；勤奋努力的人，办事如神。办事如神的人进入室内，落在后面的人还在门外。室内的人悠闲自得，门外的人疲惫不堪。天亮时松散怠惰，傍晚时就会遭殃。早晨忘掉该做的事，晚上就不见功效。邪气侵入体内，端庄的神色就会衰变。君主不像君主的样子，臣子就不像臣子的样子；父亲不像父亲的样子，儿子就不像儿子的样子。君主的行为与地位不相称，臣子的行为就会超越规范。上下不和睦，政令就难以实行。君主衣冠不端正，礼宾人员就不敬肃。君主举止行为不合法度，政令就不能推行。对百姓既给予关怀，又运用威势，这才是君主治国完备的方法。君主不能使百姓乐业，百姓就不会为他分忧；君主不能使百姓繁育，百姓就不会为他牺牲。君主不给百姓好处，百姓就不会回报君主。

道之所言者一也，[1]而用之者异。有闻道而好为家者，[2]一家之人也；[3]有闻道而好为乡者，一乡之人也；有闻道而好为国者，一国之人也；有闻道而好为天下者,天下之人也;有闻道而好定万物者,[4]天下之配也。[5]道往者其人莫来,[6]道来者其人莫往。[7]道之所设,身之化也。[8]持满者与天,[9]安危者与人。[10]失天之度,虽满必涸;[11]上下不和,虽安必危。欲王天下而失天之道,天下不可得而王也。得天之道,其事若自然;失天之道,虽立不安。其道既得,莫知其为之;[12]其功既成,莫知其释之。[13]藏之无形,天之道也。疑今者察之古,[14]不知来者视之往。[15]万事之生也,异趣而同归,[16]古今一也。

【注释】
〔1〕道之所言:指道的基本内容。〔2〕闻道:认识了道。为:治理。〔3〕一家之人:治家的人才。〔4〕定:安定,支配。〔5〕天下:王念孙云:"'天下'当为'天地'。"译文从之。〔6〕道往:猪饲彦博云:"道往,失道也。"此谓违背了道,人们不再回来。〔7〕道来:猪饲彦博云:"道来,得道也。"此谓实行了道,人们不再离去。〔8〕身之化也:许维遹云:"疑当作'身与之化也'。"此谓自身与道完全融合。〔9〕持满:保持强盛。与天:顺从天道。〔10〕安危:安定危亡。与人:顺从人心。〔11〕涸:干枯,衰败。〔12〕为:做,作用。〔13〕释:舍,离开。〔14〕察之古:考察古代。〔15〕视之往:看看过去。〔16〕趣:同"趋"。

【译文】
道的基本内容是一样的,只是运用它各不相同。有人认识了道,并能用来治理家,他就是治家的人才;有人认识了道,并能用来治理乡,他就是治乡的人才;有人认识了道,并能用来治理国,他就是治国的人才;有人认识了道,并能用来治理天下,他就是治天下的人才;有人认识了道,并能用来支配万物,他就能与天地匹配。违背了道,人们不再回来;实行了道,人们不再离去。掌握了道,自身的言行就与它融合在一起。保持强盛,就要顺从天道;安定危难,就要顺从人心。违背了天的法则，强盛的也必将衰败；君主和臣民对立，安定的也必将危亡。要想称王天下，却又违背天道，这是不可能达到目的的。掌握了天道，办事自然而然地成功；违背了天道，即使暂时成功也要失败。掌握了道，不知道它怎样发生作用；事业成功，不知道它怎样离去。隐蔽而不见它的形体，这就是天道啊！对现在有怀疑，可以考察古代；对将来不明白，可以看看过去。万事万物的产生发展千变万化，但根本的规律相同，古往今来是一样的。

生栋覆屋，怨怒不及；[1]弱子下瓦，慈母操箠。[2]天道之极，[3]远者自亲；人事之起，[4]近亲造怨。万物之于人也，无私近也，无私远也。巧者有余，而拙者不足。其功顺天者天助之，其功逆天者天违之。天之所助，虽小必大；天之所违，虽成必败。顺天者有其功，逆天者怀其凶，不可复振也。[5]

【注释】

〔1〕生栋：猪饲彦博云："以新伐之木为栋也。"覆屋：使房屋倒塌。尹知章云："言人以生栋造舍，虽至覆屋，但自咎而已，不敢怨及他人。" 〔2〕弱子：小孩子。下瓦：从房上拆瓦。箠（chuí 垂）：鞭子。尹知章云："弱子下瓦，所损不多，慈母便操箠而怒之。" 〔3〕天道之极：指彻底奉行天道。 〔4〕人事：指违背天道的私心。 〔5〕怀：尹桐阳云："怀，致也。"振：挽救。

【译文】

用新伐的木材做栋梁，造成房屋倒塌，人们不会抱怨；孩子爬上房顶拆瓦，连慈母也会举鞭打他。彻底奉行天道，疏远的人也会亲近；私心一旦萌发，亲近的人也会生怨。万物对于人一视同仁，没有远近之分，但是灵巧的人用起来有余，笨拙的人用起来不足。功业顺从天道，天帮助他；行事违背天道，天遗弃他。天所帮助的，虽弱小必然壮大；天所遗弃的，虽成功必然失败。顺应天道的君主，就能成就功业；违背天道的君主，就会招致祸患，而且不能再次挽救。

乌鸟之狡,[1]虽善不亲。不重之结,[2]虽固必解。道之用也,贵其重也。毋与不可,毋强不能,毋告不知。[3]与不可,强不能,告不知,谓之劳而无功。见与之交,[4]几于不亲;见哀之役,[5]几于不结;见施之德,[6]几于不报。四方所归,心行者也。[7]独王之国,[8]劳而多祸;独国之君,[9]卑而不威;自媒之女,[10]丑而不信。未之见而亲焉,可以往矣;[11]久而不忘焉,可以来矣。[12]

【注释】

〔1〕乌鸟之狡:《管子·形势解》作"乌集之交",是。交,交结。此谓乌鸦聚集式的交往。 〔2〕不重:不慎重,轻率。结:交结。 〔3〕毋与不可:指不要结交不该交往的人。毋强不能:指不要勉强能力不够的人。毋告不知:指不要告诉不懂道理的人。 〔4〕见与之交:《形势解》作"见与之友"。见同"现",显示。 〔5〕见哀之役:《形势解》作"见爱之交"。 〔6〕施:给予。德:恩德。 〔7〕心行者:指真心诚意实行大道的君主。 〔8〕独王之国:《形势解》作"独任之国"。独任指自以为是、独断专行。 〔9〕独国之君:即独任之国的君主。 〔10〕自媒:指自己作媒。 〔11〕往:去投奔。 〔12〕来:使百姓归附,即百姓去归附。

【译文】

乌鸦聚集式的交往,虽然表面热闹,但不亲密。轻率地与人结交,虽然一时牢固,必将分裂。所以,道的运用,重要的在于慎重。不要结交不该交往的人,不要勉强能力不够的人,不要告诉不懂道理的人。结交不该交往的人,勉强能力不够的人,告诉不懂道理的人,这就叫白白辛苦而没有功效。表面上显示友好,将得不到亲近;表面上显示亲爱,将得不到结交;表面上显示恩德,将得不到回报。只有真心诚意实行大道的君主,四面八方的人才会归附。君主自以为是、独断专行,这样的国家,疲于奔命,祸患不断;这样的君主,地位卑下,没有威势;就像自己作媒的女子，丢丑而得不到信任。没见过就想亲近他的君主，可以去投奔；能长久地不被遗忘的君主，可以去归附。

日月不明，天不易也；[1]山高而不见，地不易也。[2]言而不可复者，[3]君不言也；行而不可再者，[4]君不行也。凡言而不可复、行而不可再者，有国者之大禁也。

【注释】
〔1〕"日月"二句：尹知章云："日月无不明，假令不明，是天有云气而不易也。" 〔2〕"山高"二句：尹知章云："山高无不见，假令不见，是地多险阻不平易也。" 〔3〕言而不可复者：不可重复之言，指背离大道之言。 〔4〕行而不可再者：不可重复之行，指背离大道之行。

【译文】
日月不明亮，这是天不清的缘故；山高看不见，这是地不平的缘故。不能重复说的话，君主决不说；不能重复做的行为，君主决不做。凡是不能重复的话、不能重复的行为，都是君主最大的禁忌。

权修第三

【题解】

权修即"修权",指巩固国家的统治权力。

本篇开宗明义,提出"操民之命,朝不可以无政",全篇围绕这一中心,全面阐述了巩固统治权力的一系列政策:在政治方面,主张根据劳绩大小,"察能授官,班禄赐予";在经济方面,要求轻赋敛,惜民力,"取民有度,用之有止",主张重本业,禁末产,反对轻地利,反对工商业与农业"争民""争货""争贵";在法制方面,注重法律在巩固统治权力中的各项作用,强调赏罚分明;在教化方面,要求推行礼义廉耻,禁止邪行,强调从小事做起,并阐述了培育人才的重要性。

万乘之国,兵不可以无主;土地博大,野不可以无吏;百姓殷众,[1]官不可以无长;操民之命,朝不可以无政。[2]

【注释】

〔1〕殷:众多。 〔2〕政:政令。

【译文】

拥有万辆兵车的大国,军队不可以没有主帅;土地广阔,郊野不可以没有官吏;百姓众多,官府不可以没有首长;掌握百姓的命运,朝廷不可以没有政令。

地博而国贫者，野不辟也；民众而兵弱者，民无取也。[1]故末产不禁则野不辟，[2]赏罚不信则民无取。野不辟，民无取，外不可以应敌，内不可以固守。故曰：有万乘之号，而无千乘之用，而求权之无轻，[3]不可得也。

【注释】

〔1〕民无取：何如璋云：取读如督趣之趣。民无取者，谓兵无主以督趣之，乃众而弱。 〔2〕末产：末业，指工商业，与农业（本业）相对称。〔3〕轻：指削弱。

【译文】

土地广阔而国家贫穷，那是因为土地没有开垦；百姓众多而军队软弱，那是因为百姓没有督促。因而不禁止末业，土地就得不到开垦；不兑现赏罚，百姓就得不到督促。土地不开垦，百姓不督促，对外不能抗击敌人，对内不能固守国土。因此说，虽有万乘兵车的名义，却没有千乘兵车的实力，这样的国家，要想君主的权力不被削弱，是不可能的。

地辟而国贫者，舟舆饰、台榭广也；[1]赏罚信而兵弱者，轻用众、[2]使民劳也。舟车饰、台榭广，则赋敛厚矣；[3]轻用众、使民劳，则民力竭矣。赋敛厚，则下怨上矣；民力竭，则令不行矣。下怨上，令不行，而求敌之勿谋己，不可得也。

【注释】

〔1〕台榭：泛指楼台殿阁。 〔2〕轻：轻易，随便。 〔3〕赋敛：指杂税。

【译文】

土地开垦了,国家仍然贫穷,那是因为君主装饰了豪华的车船、建造了太多的楼台殿阁;赏罚兑现了,军队仍然软弱,那是因为君主轻率地役使百姓,使百姓劳苦不堪。装饰车船、建造楼阁,这样杂税必然增多;轻率役使、百姓劳苦,这样民力必然衰竭。杂税增多,百姓就会怨恨君主;民力衰竭,政令就不能推行。百姓怨恨君主,政令不能推行,要想敌国不来侵犯,是不可能的。

欲为天下者,必重用其国;[1]欲为其国者,必重用其民;欲为其民者,必重尽其民力。无以畜之,[2]则往而不可止也;无以牧之,则处而不可使也。[3]远人至而不去,则有以畜之也;民众而可一,则有以牧之也。

【注释】

〔1〕重:慎重,珍惜。 〔2〕畜(xù 续):容留,留住。 〔3〕处:留处,居住。

【译文】

要治理好天下,必须慎重地使用国力;要治理好国家,必须慎重地对待百姓;要治理好百姓,必须慎重地使用民力,不能用尽。君主留不住百姓,百姓要离去也无法阻止;君主治不好百姓,百姓留下来也不听役使。远方的百姓来投奔而不离去,这说明君主能留住百姓;百姓众多而能步调一致,这说明君主能治理百姓。

见其可也,喜之有征;[1]见其不可也,恶之有刑。[2]赏罚信于其所见,虽其所不见,其敢为之乎?见其可也,喜之无征;见其不可也,恶之无刑。赏罚不信于其所见,而求其所不见之为之化,[3]不可得也。厚爱利足以亲之,[4]明智礼足以教之,上身服以先之,[5]审度量以闲之,[6]乡置师以说道之。[7]然后申之以宪令,[8]劝之以庆赏,[9]振之以刑罚。[10]故百姓皆说为善,[11]则暴乱之行无由至矣。

【注释】

〔1〕征:征验。 〔2〕刑:猪饲彦博云:"《韩子》作'形',是。"形,显露。 〔3〕化:感化。郭沫若云:"谓赏罚于所见者既无信必可言,则求所不见者为之感化,殊不可得。即赏罚不信,则不能赏罚一人而劝惩百人。" 〔4〕厚爱利:指多向百姓施恩。 〔5〕身服:自身遵行。先:引导,示范。 〔6〕审:明确。闲:阻隔,防范。 〔7〕说:许维遹云:"'说'字疑涉下文而衍。译文从许说。道:同"导"。 〔8〕申:申明,约束。宪令:法令。 〔9〕庆赏:奖赏。 〔10〕振:闻一多云:振读为"震",威也。 〔11〕说:同"悦"。

【译文】

君主见到合于政令的,就要及时加以奖赏;见到不合政令的,就要及时加以处罚。君主见到的能赏罚分明,那么,即使他见不到,人们还敢随心所欲吗?君主见到合于政令的,不及时奖赏;见到不合政令的,不及时处罚。君主见到的都不能赏罚分明,那么,要想让他所见不到的被感化,是不可能的。君主多向百姓施恩,百姓就能亲近君主;君主说明是非礼仪,百姓就能得到教化。君主以身作则进行示范,明确限制加以防范,设置乡师加以引导,然后再用法令进行约束,用奖赏加以勉励,用刑罚进行威慑,这样,百姓都乐于实行政令,暴力动乱的行为就不会发生。

地之生财有时,民之用力有倦,而人君之欲无穷。以有时与有倦,养无穷之君,而度量不生于其间,则上下相疾也。[1]是以臣有杀其君,子有杀其父者矣。故取于民有度,用之有止,[2]国虽小必安;取于民无度,用之不止,国虽大必危。

【注释】

〔1〕相疾：相互仇视。 〔2〕止：止境。

【译文】

土地生长产物有季节的限制，百姓使用体力有疲倦的时候，而君主的欲望却是无限的。用有限的财物和民力，供养欲望无限的君主，如果中间没有一定的限度，那么君主和百姓就要相互仇视。因而就会发生臣子杀死君主、儿子杀死父亲的现象。所以，君主征取财物要有限度，使用民力要有止境，这样，国家虽小，必然安定；如果征取财物没有限度，使用民力没有止境，这样，国家虽大，必然危亡。

地之不辟者，非吾地也；民之不牧者，非吾民也。凡牧民者，以其所积者食之，[1]不可不审也。其积多者其食多，其积寡者其食寡，无积者不食。或有积而不食者，则民离上；[2]有积多而食寡者，则民不力；有积寡而食多者，则民多诈；有无积而徒食者，则民偷幸。[3]故离上、不力、多诈、偷幸，举事不成，应敌不用。故曰：察能授官，班禄赐予，[4]使民之机也。[5]

【注释】

〔1〕积：同"绩"。劳绩。食（sì 四）：指给予俸禄。 〔2〕离上：与君主离心离德。 〔3〕偷幸：苟且侥幸。 〔4〕班禄：分别爵禄等级。〔5〕机：枢机，关键。

【译文】

没有开垦的土地，不能算我的土地；没有归顺的百姓，不能算我的百姓。凡是治理百姓，要根据劳绩大小给予俸禄，这不能不慎重对待。劳绩大的俸禄多，劳绩小的俸禄少，没有劳绩的不给俸禄。如果有劳绩而得不到俸禄，百姓就和君主离心离德；劳绩大而俸禄少，百姓就不愿尽力；劳绩小而俸禄多，百姓就伪诈欺骗；没有劳绩而白得俸禄，百姓就苟且侥幸。如果百姓离心离德、不愿尽力、伪诈欺骗、苟且侥幸，那么办事就不会成功，抗敌就不会取胜。因此说，考察能力授予官职，分别等级赐予俸禄，这是治理百姓的关键。

野与市争民，[1]家与府争货，[2]金与粟争贵，[3]乡与朝争治。[4]故野不积草，农事先也；府不积货，藏于民也；市不成肆，[5]家用足也；朝不合众，乡分治也。故野不积草，府不积货，市不成肆，朝不合众，治之至也。

【注释】
〔1〕"野与"句：尹知章云："民务本业，则野与市争民。"
〔2〕"家与"句：尹知章云："下务藏积，则家与府争货。" 〔3〕"金与"句：尹知章云："所宝惟谷，故金与粟争贵。" 〔4〕"乡与"句：尹知章云："官各务其职，故乡与朝争治。" 〔5〕肆：市场上排列的货摊。

【译文】
田野与集市争夺劳力，民家与国库争夺财物，黄金与粮食争夺贵重，地方与朝廷争夺治理。因而田野不荒芜，是由于农业优先；国库不积聚财物，是由于藏财于民；市场不排列货摊，是由于家用丰足；朝廷不召集百官，是由于分乡治理。田野不积草荒芜，国库不积聚财物，市场不排列货摊，朝廷不召集百官，这是治理国家的最高水平。

人情不二，故民情可得而御也。审其所好恶，则其长短可知也；观其交游，则其贤不肖可察也。二者不失，则民能可得而官也。[1]

【注释】
〔1〕官：指使用。

【译文】

人情没有什么两样,因而百姓的情况是可以了解和驾驭的。考察他们的喜好、憎恶,就可以知道他们的长处和短处;观察他们的交往对象,就可以知道他们贤明还是无能。把握住以上两点,百姓的能力就可以了解并使用了。

地之守在城,城之守在兵,兵之守在人,人之守在粟。故地不辟则城不固。有身不治,奚待于人?[1]有人不治,奚待于家?有家不治,奚待于乡?有乡不治,奚待于国?有国不治,奚待于天下?天下者,国之本也;[2]国者,乡之本也;乡者,家之本也;家者,人之本也;人者,身之本也;身者,治之本也。故上不好本事,则末产不禁;末产不禁,则民缓于时事而轻地利;[3]轻地利而求田野之辟、仓廪之实,不可得也。

【注释】

〔1〕"有身"二句:许维遹云:"待,犹至也。……言身之尚不能治,何能至于治人。" 〔2〕"天下"二句:俞正燮云:言天下以国为本。……下仿此。 〔3〕时事:杨树达云:"时事"谓春耕夏耘、秋收冬藏。

【译文】

守卫国土的关键在城池,守卫城池的关键在武器,使用武器的关键在人,养活人的关键在粮食。因而土地不开垦,城池就不坚固。自身不能治理,怎能治理别人?一人不能治理,怎能治理一家?一家不能治理,怎能治理一乡?一乡不能治理,怎能治理一国?一国不能治理,怎能治理天下?天下以国为根本,国以乡为根本,乡以家为根本,家以人为根本,人以自身为根本,自身以治理为根本。因而君主不重视农业,工商末业就不能禁止;工商末业不禁止,百姓就放松四时农事,轻视土地收益。轻视土地收益,要使田野得以开垦,粮仓得以充实,是不可能的。

商贾在朝，则货财上流；[1]妇言人事，则赏罚不信；男女无别，则民无廉耻。货财上流，赏罚不信，民无廉耻，而求百姓之安难，[2]兵士之死节，[3]不可得也。朝廷不肃，贵贱不明，长幼不分，度量不审，衣服无等，上下凌节，[4]而求百姓之尊主政令，不可得也。上好诈谋间欺，臣下赋敛竞得，使民偷一，[5]则百姓疾怨，而求下之亲上，不可得也。有地不务本事，君国不能一民，[6]而求宗庙社稷之无危，不可得也。上恃龟筮，[7]好用巫医，[8]则鬼神骤祟。[9]故功之不立，名之不章，[10]为之患者三：有独王者，[11]有贫贱者，[12]有日不足者。[13]

【注释】

〔1〕货财上流：指将行贿受贿带入上层。〔2〕安难：安于危难。〔3〕死节：为国而死。〔4〕凌节：超越规范。〔5〕使：猪饲彦博云："使，役也。"偷一：尹知章云："偷取一时之快。"〔6〕君国：统治国家。一民：使民一致。〔7〕龟筮(shì是)：龟甲和蓍草，都是占卜的用具。这里指用龟筮占卜凶吉。〔8〕巫医：专以祈祷求神来治病和占卜凶吉的人。〔9〕骤祟：频繁作怪。〔10〕章：同"彰"。〔11〕独王者：指自以为是、独断专行的君主。〔12〕贫贱者：指国家贫穷、地位卑贱的君主。〔13〕日不足者：指每况愈下、一天不如一天的君主。

【译文】

商人进入朝廷，就会将贿赂带入上层；妇女议论国事，就会使赏罚不守信用；男女不加区别，就会使百姓失去羞耻。贿赂带入朝廷，赏罚不守信用，百姓失去羞耻，要使百姓安于危难，战士为国捐躯，是不可能的。朝廷不整肃，贵贱不分明，长幼不区别，标准不明确，服制不分等级，上下超越规范，要使百姓尊重君主的政令，是不可能的。君主喜好诡诈欺骗，臣下争相收取赋税，役使百姓，贪图一时的好处，百姓此痛恨怨怒,要使百姓亲近君主,是不可能的。拥有土地却不去从事农业,统治国家却不能统一民心,要使国家没有危险,是不可能的。君主依靠占卜决定凶吉,喜欢使用巫医求神,这样鬼神就频繁作怪。君主这样治理国家,功业不成就,声名不显著,并将造成三种祸患:将成为自以为是、独断专行的君主,将成为国家贫穷、地位卑贱的君主,将成为每况愈下、一天不如一天的君主。

一年之计,莫如树谷;十年之计,莫如树木;终身之计,莫如树人。一树一获者,谷也;一树十获者,木也;一树百获者,人也。我苟种之,[1]如神用之,举事如神,唯王之门。[2]

【注释】
〔1〕苟:如果。种之:指培育人才。 〔2〕唯王之门:谓这是称王天下的必经门径。

【译文】
作一年的打算,没有比种植谷物更恰当的;作十年的打算,没有比培植果木更恰当的;作终身的打算,没有比培育人才更恰当的。种植一次而有一次的收获,这是谷物;培植一次而有十次的收获,这是果木;培育一次而有百次的收获,这是人才。我如果能精心地培育人才,巧妙如神地使用人才,那么,从事大业就能得心应手,这是称王天下必经的门径。

凡牧民者,使士无邪行,[1]女无淫事。士无邪行,教也;女无淫事,训也;教训成俗而刑罚省,数也。凡牧民者,欲民之正也,[2]欲民之正,则微邪不可不禁也。微邪者,大邪之所生也,微邪不禁,而求大邪之无伤国,不可得也。凡牧民者,欲民之有礼也,欲民之有礼，则小礼不可不谨也。小礼不谨于国，而求百姓之行大礼，不可得也。凡牧民者，欲民之有义也，欲民之有义，则小义不可不行。小义不行于国，而求百姓之行大义，不可得也。凡牧民者，欲民之有廉也，欲民之有廉，则小廉不可不修也。[3]小廉不修于国，而求百姓之行大廉，不可得也。凡牧民者，欲民之有耻也，欲民之有耻，则小耻不可不饰也。[4]小耻不饰于国，而求百姓之行大耻，不可得也。凡牧民者，欲民之修小礼、行小义、饰小廉、谨小耻、[5]禁微邪，此厉民之道也。[6]民之修小礼、行小义、饰小廉、谨小耻、禁微邪，治之本也。

【注释】

〔1〕士：此指男子。 〔2〕正：指走正道。 〔3〕修：修治。〔4〕饰：同"饬"，整饬。 〔5〕据上文，应为"谨小礼、行小义、修小廉、饰小耻"。下同。 〔6〕厉：同"砺"，砥砺，这里指教育。

【译文】

统治百姓，就要使男子没有邪僻行为，女子没有淫乱行为。男子没有邪僻行为，要靠教育；女子没有淫乱行为，要靠训诫。经过教育和训诫成为习俗，就能少用刑罚，这是自然规律。统治百姓，就要百姓走正道，要百姓走正道，不能不禁止小的邪恶。小的邪恶是大的邪恶产生的根源，不禁止小的邪恶，要想大的邪恶不危害国家，是不可能的。统治百姓，就要百姓遵守礼节，要百姓遵守礼节，不可不重视小礼。国家不重视小礼，要想百姓遵守大礼，是不可能的。统治百姓，就要百姓实行仁义，要百姓实行仁义，不可不推行小义。国家不推行小义，要想百姓实行大义，是不可能的。统治百姓，就要百姓做到清廉，要百姓做到清廉，不可不修治小廉。国家不修治小廉，要百姓做到大廉，是不可能的。统治百姓，就要百姓懂得羞耻，要百姓懂得羞耻，不可不整顿小耻。国家不整顿小耻,要百姓懂得大耻,是不可能的。总之,统治百姓,要百姓重视小礼、推行小义、修治小廉、整顿小耻、禁止小邪,这是教育百姓的方法。百姓能够重视小礼、推行小义、修治小廉、整顿小耻、禁止小邪,这就是治理国家的根本所在。

凡牧民者,欲民之可御也,欲民之可御,则法不可不审。[1]法者,将立朝廷者也,将立朝廷者,则爵服不可不贵也。[2]爵服加于不义,则民贱其爵服;民贱其爵服,则人主不尊;人主不尊,则令不行矣。法者,将用民力者也,将用民力者,则禄赏不可不重也。[3]禄赏加于无功,则民轻其禄赏;民轻其禄赏,则上无以劝民;[4]上无以劝民,则令不行矣。法者,将用民能者也,将用民能者,则授官不可不审也。授官不审,则民间其治;[5]民间其治,则理不上通;理不上通,则下怨其上;下怨其上,则令不行矣。法者,将用民之死命者也,[6]用民之死命者,则刑罚不可不审。刑罚不审,则有辟就;[7]有辟就,则杀不辜而赦有罪;杀不辜而赦有罪,则国不免于贼臣矣。[8]故夫爵服贱、禄赏轻、民间其治、贼臣首难,[9]此谓败国之教也。[10]

【注释】
〔1〕审:《北堂书钞》《太平御览》引作"重"。译文从"重"。
〔2〕爵服:爵位服饰。 〔3〕禄赏:俸禄赏赐。 〔4〕劝:勉励。
〔5〕间:间隔,隔阂。 〔6〕用民之死命:指决定百姓生死。 〔7〕辟就:猪饲彦博云:"辟、避同。言有罪避刑,无辜就戮。"即指包庇坏人、冤枉好人。 〔8〕贼臣:指妄图篡位的大臣。 〔9〕首难:指带头作乱。
〔10〕败国之教:国家败亡之道。

【译文】

　　统治百姓，就要百姓服从治理，要百姓服从治理，不可不重视法律的地位。法律是用来树立朝廷权威的，要树立朝廷的权威，不可不重视爵位服饰的封授。爵位服饰授给不义之徒，百姓就要鄙视爵位服饰；百姓鄙视爵位服饰，君主就得不到尊重；君主得不到尊重，政令就不能推行。法律是用来使百姓出力的，要使百姓出力，不可不重视俸禄赏赐的分发。俸禄赏赐分给无功的人，百姓就要轻视俸禄赏赐；百姓轻视俸禄赏赐，君主就失去了勉励百姓的手段；君主失去了勉励百姓的手段，政令就不能推行。法律是用来发挥百姓才能的，要发挥百姓的才能，不可不慎重对待委派官职。委派官职不慎重，百姓就要与官府隔阂；百姓与官府隔阂，正当要求就不能上达君主；正当要求不能上达，百姓就抱怨君主；百姓抱怨君主，政令就不能推行。法律是用来决定百姓生死的，要决定百姓的生死，不可不慎重对待使用刑罚。使用刑罚不慎重，就会包庇坏人、冤枉好人；包庇坏人、冤枉好人，就会错杀无辜，赦免有罪；错杀无辜，赦免有罪，国家就难免被贼臣篡位。因此，百姓鄙视爵位服饰、轻视俸禄赏赐、与官府隔阂、贼臣带头作乱，这就叫做国家败亡的征兆。

立 政 第 四

【题解】

"立政"即"莅政"(用闻一多说),指君主临政治国。又《群书治要》引作"立君",则为"人君所以自立"之意(用安井衡说)。

本篇阐述君主临政的一系列重大问题,提出了一套比较完整的治国纲领和政策措施。全篇共分九节。"三本"指用人方面的三项根本原则,它决定国家的治乱;"四固"指鉴别人才的四项重大政策,它决定国家的安危;"五事"指经济方面的五件大事,它决定国家的贫富。三本、四固、五事合称"三经",是治国的纲领。"首宪"阐述国家的行政组织结构和法令颁布、传达、执行的程序。"首事"阐述具体办事的规则。"省官"列举各类官吏的职责,以为检查的标准。"服制"说明君主臣民服饰享用的制度。"九败"指使国家败亡的九种错误的思想观点。"七观"当作"七期",阐述从教化到施政七个方面所期望达到的成效,也即理想的治国远景。

本书《立政九败解第六十五》是对本篇中"九败"一节的逐句诠解,应参照阅读。

国之所以治乱者三,杀戮刑罚,不足用也。国之所以安危者四,城郭险阻,不足守也。国之所以富贫者五,轻税租,薄赋敛,不足恃也。治国有三本,而安国有四固,而富国有五事。五事,五经也。[1]

【注释】

〔1〕"五事"二句：谭戒甫云：治、安、富三者并重，不应独以五事为"五经"。疑原文本作"三者，三经也"。译文从之。

【译文】

决定国家治乱的因素有三方面，光靠杀戮刑罚，不能达到大治。决定国家安危的因素有四方面，光靠城墙险要，不能守卫。决定国家富贫的因素有五方面，光靠减轻租税，少收杂税，不能做到富强。因而，使国家大治有"三本"，使国家安定有"四固"，使国家富强有"五事"：这三项是治理国家的纲领。

君之所审者三：〔1〕一曰德不当其位，〔2〕二曰功不当其禄，三曰能不当其官。此三本者，治乱之原也。〔3〕故国有德义未明于朝者，则不可加于尊位；功力未见于国者，〔4〕则不可授以重禄；临事不信于民者，则不可使任大官。故德厚而位卑者谓之过，德薄而位尊者谓之失。宁过于君子，而毋失于小人。过于君子，其为怨浅；失于小人，其为祸深。是故国有德义未明于朝而处尊位者，则良臣不进；〔5〕有功力未见于国而有重禄者，则劳臣不劝；〔6〕有临事不信于民而任大官者，则材臣不用。〔7〕三本者审，则下不敢求；〔8〕三本者不审，则邪臣上通，而便辟制威。〔9〕如此则明塞于上，〔10〕而治壅于下，〔11〕正道捐弃，而邪事日长。三本者审，则便辟无威于国，道途无行禽，〔12〕疏远无蔽狱，〔13〕孤寡无隐治。〔14〕故曰：刑省治寡，朝不合众。〔15〕

右三本。

【注释】

〔1〕审：审慎，注意。　〔2〕不：黄巩云："'必'伪'不'，下同。"译文从"必"。　〔3〕原：同"源"。　〔4〕功力：功绩、能力。见：同"现"。　〔5〕良臣不进：优良的大臣得不到引荐。　〔6〕劳臣不劝：勤奋的大臣得不到勉励。　〔7〕材臣不用：有才能的大臣得不到重用。　〔8〕求：指谋求高爵要职。　〔9〕便辟：指靠阿谀奉承得宠于君主的佞臣。制威：专权。　〔10〕明塞于上：指君主受蒙蔽。　〔11〕治壅于下：指政令不能向下推行。　〔12〕行禽：俞樾云："此承上文'便辟无威于国'而言，禽，犹囚也。"　〔13〕蔽狱：冤狱。　〔14〕隐治：俞樾云："治亦讼也。……'隐治'与'蔽狱'一也。"　〔15〕朝不合众：谓朝廷不聚集群臣议论政事。

【译文】

君主用人必须注意三方面：一是他的品德必须与爵位相称，二是他的功绩必须与俸禄相称，三是他的才能必须与官职相称。这三个根本问题是国家治乱的根源。因而道义品德没有在朝廷显露出来的人，不能给予尊贵的爵位；功绩能力没有在国内表现出来的人，不能授给优厚的俸禄；治理政事不能取得百姓信任的人，不能担任重要的官职。品德淳厚而爵位卑微，这叫做用人失当；品德低劣而爵位尊贵，这叫做用人错误。宁可安排君子失当，也不可错误使用小人。安排君子失当，招来的怨恨浅；错误使用小人，造成的祸患深。如果有人道义品德没有在朝廷显露出来，却处于尊贵的爵位，那么贤良的大臣就得不到引荐；如果有人功绩能力没有在国内表现出来，却拥有优厚的俸禄，那么勤奋的大臣就得不到勉励；如果有人处理政事不能取得百姓的信任，却担任重要的官职，那么有才能的大臣就得不到重用。认真注意这三个根本问题，小人就不敢谋求高爵要职。这三个根本问题处理不当，阿谀奉承的邪佞之徒就会上通君主，专权施威，这样君主会受蒙蔽，政令不能推行，治国的正路被抛弃，坏事日益滋长。这三个根本问题处理得当，邪佞之徒不敢滥施淫威，道路上见不到囚犯，边远地区不会产生冤狱，孤儿寡母不会无处申冤。因此说，刑罚少用了，政事减少了，朝廷就不用经常召集群臣议事。

以上"三本"。

君之所慎者四：一曰大德不至仁，^[1]不可以授国柄；^[2]二曰见贤不能让，不可与尊位；三曰罚避亲贵，^[3]不可使主兵；^[4]四曰不好本事，不务地利，而轻赋敛，^[5]不可与都邑。^[6]此四务者，^[7]安危之本也。故曰卿相不得众，国之危也；大臣不和同，^[8]国之危也；兵主不足畏，国之危也；民不怀其产，^[9]国之危也。故大德至仁，则操国得众；^[10]见贤能让，则大臣和同；罚不避亲贵，则威行于邻敌；好本事，务地利，重赋敛，^[11]则民怀其产。

右四固。

【注释】

〔1〕"一曰"句：郭沫若云："'大'与'至'均是动词。……'大德不至仁'者即徒以德为大而不至于仁，所谓伪君子也……"〔2〕国柄：国家大权。〔3〕罚避亲贵：指对亲戚、权贵该罚不罚。〔4〕主兵：统帅军队。〔5〕轻赋敛：轻率地征收赋税。〔6〕都邑：指做地方官吏。〔7〕四务：当作"四固"。〔8〕和同：协调一致。〔9〕怀其产：怀恋自己的产业。〔10〕操国：掌握国家大权。〔11〕重：慎重。

【译文】

君主必须慎重对待四种人：一是标榜道德但做不到仁，这样的人不能授予国家大权；二是见到贤能但不能谦让，这样的人不能授予尊贵的爵位；三是对亲戚、权贵该罚不罚，这样的人不能统帅军队；四是不重视农业，不努力生产，却轻率地征收赋税，这样的人不能担任地方官吏。这四项巩固权力的措施，是国家安危的根本。所以，掌握大权的卿相得不到众人支持，国家就危险了；地位尊贵的大臣不协调一致，国家就危险了；统帅军队的将领不能使人畏惧，国家就危险了；百姓不怀恋自己的产业，国家就危险了。因此标榜道德又做到仁义，掌握大权就能得到众人支持；见到贤能就能谦让，大臣就能协调一致；亲戚、权贵该罚就罚，国家的威势就能震慑敌国；重视农业，努力生产，慎重地征收赋税，百姓就怀恋自己的产业。

以上"四固"。

君之所务者五：一曰山泽不救于火，[1]草木不植成，[2]国之贫也；二曰沟渎不遂于隘，[3]鄣水不安其藏，[4]国之贫也；三曰桑麻不植于野，五谷不宜其地，国之贫也；四曰六畜不育于家，瓜瓠荤菜百果不备具，[5]国之贫也；五曰工事竞于刻镂，[6]女事繁于文章，[7]国之贫也。故曰山泽救于火，草木殖成，国之富也；沟渎遂于隘，障水安其藏，国之富也；桑麻植于野，五谷宜其地，国之富也；六畜育于家，瓜瓠荤菜百果备具，国之富也；工事无刻镂，女事无文章，国之富也。

右五事。

【注释】

〔1〕救于火：许维遹云："《说文》'救，止也'，《周礼·司救注》'救犹禁也'。"救于火谓防火灾。 〔2〕植成：同"殖成"。繁殖成熟。〔3〕沟渎：沟渠。遂：畅通。隘：狭地。 〔4〕鄣水：同"障水"，指用堤坝围起来的水。不安其藏：指水泛滥。 〔5〕瓠(hù户)：葫芦一类蔬菜。荤：葱蒜一类蔬菜。 〔6〕工事：指工匠的制作。刻镂：雕刻。〔7〕女事：指妇女的刺绣。文章：文饰。

【译文】

君主必须努力注意五件大事：一是山林沼泽不能防止火灾，草木不能繁殖成长，国家就贫困；二是沟渠不畅通，堤坝不牢固，大水泛滥成灾，国家就贫困；三是桑麻不遍种于野，五谷种植没有因地制宜，国家就贫困；四是六畜不遍养于农家，蔬菜瓜果品种不齐备，国家就贫困；五是工匠制造只在雕刻上竞争，妇女刺绣只追求文饰繁缛，国家就贫困。因此，山林沼泽能防止火灾，草木繁殖成长，国家就富足；沟渠畅通，堤坝牢固，国家就富足；桑麻遍种于田野，五谷因地制宜，国家就富足；农家遍养六畜，蔬菜瓜果品种齐备，国家就富足；工匠制造不讲究雕刻，妇女刺绣不追求文饰，国家就富足。

以上"五事"。

分国以为五乡，[1]乡为之师；[2]分乡以为五州，州为之长；分州以为十里，里为之尉；分里以为十游，游为之宗；十家为什，五家为伍，什伍皆有长焉。筑障塞匿，[3]一道路，博出入。[4]审闾闬，[5]慎管键，[6]管藏于里尉。置闾有司，[7]以时开闭。闾有司观出入者，以复于里尉。[8]凡出入不时，衣服不中，[9]圈属群徒不顺于常者，[10]闾有司见之，复无时。[11]若在长家子弟、臣妾、属役、宾客，[12]则里尉以谯于游宗，[13]游宗以谯于什伍，什伍以谯于长家，谯敬而勿复。[14]一再则宥，[15]三则不赦。凡孝悌、忠信、贤良、俊材，[16]若在长家子弟、臣妾、属役、宾客，则什伍以复于游宗，游宗以复于里尉，里尉以复于州长，州长以计于乡师，[17]乡师以著于士师。[18]凡过党，[19]其在家属，及于长家；其在长家，及于什伍之长；其在什伍之长，及于游宗；其在游宗，及于里尉；其在里尉，及于州长；其在州长，及于乡师；其在乡师，及于士师。三月一复，六月一计，十二月一著。凡上贤不过等，[20]使能不兼官，罚有罪不独及，[21]赏有功不专与。[22]

【注释】

〔1〕国：都城城郊以内称国，以外称野。乡：乡与下文中州、里、

游、什、伍都是国以下各级行政单位。〔2〕师：乡师与下文中州长、里尉、游宗、什长、伍长都是各级官吏。〔3〕障塞：障碍，指围墙之类。匿：孙星衍云："匿"字衍。译从。〔4〕博出入：猪饲彦博云："'博'当为'抟'，同'专'，一也。"专出入谓设一个出入口。〔5〕闬闭(hàn 旱)：里门。〔6〕管键：钥匙和插关。〔7〕闬有司：看管里门的小吏，即门卫。〔8〕复：报告。〔9〕不中：指不合规定。〔10〕圈属群徒：指里内的居民和外来的雇工、宾客，即下文所谓"子弟、臣妾、属役、宾客"。〔11〕复无时：指随时报告。〔12〕长家：大户之家。臣妾：家内男女奴仆。属役：服役的奴仆。〔13〕谯：同"诮"。责备。〔14〕敬：戴望云：敬与"儆"同，戒也。谯敬，指责备和警告。〔15〕宥(yòu 右)：原谅。〔16〕俊材：优秀人才。〔17〕计：统计、汇总。〔18〕著：著录，登记备案。士师：朝廷掌管刑赏的官吏。〔19〕过党：责罚同党，即处罚连坐制度中受牵连的人。〔20〕上贤：闻一多云：上读为尚，举也。不过等：不越级。〔21〕不独及：指不单处罚犯罪者本人。〔22〕不专与：指不单赏赐有功者本人。

【译文】

将都城地区分为五个乡，每乡设一个乡师；将一乡分为五个州，每州设一个州长；将一州分为十个里，每里设一个里尉；将一里分为十个游，每游设一个游宗；十户人家组成一个什，五户人家组成一个伍，什和伍都设什长、伍长。修筑围墙，统一道路，控制出入。细心看管里门，留心掌管门锁，钥匙由里尉保管，专设看门小吏，按时开闭里门。门卫负责监督出入里门的人，向里尉报告。凡是不按时进出、衣服不合规定、里内居民和外来客人表现异常的，门卫发现后要随时报告。如果是大户人家的子弟、奴仆、雇工、宾客，里尉要责备游宗，游宗要责备什长、伍长，什长、伍长要责备大户的家长，责备和警告之后，就不用向上报告。一次、两次可以原谅，三次就不能宽恕。凡是孝亲敬长、忠诚守信、品行优良、才能出众的人才，如果是大户人家的子弟、奴仆、雇工、宾客，什长、伍长要报告游宗，游宗要报告里尉，里尉要报告州长，州长汇总上报乡师，乡师登记上报士师。凡是责罚罪犯同党，家属犯罪，就要追究家长；家长犯罪，就要追究什长、伍长；什长、伍长犯罪，就要追究游宗；游宗犯罪，就要追究里尉；里尉犯罪，就要追究州长；州长犯罪，就要追究乡师；乡师犯罪，就要追究士师。三个月上报一次，六个月统计一次，十二个月登记一次。凡是举荐贤才不得越级，使用能人不得兼职,处罚罪犯不只限于本人,奖赏功臣不只专给本人。

孟春之朝,[1]君自听朝,论爵赏、校官,[2]终五日。季冬之夕,[3]君自听朝,论罚罪、刑杀,亦终五日。正月之朔,[4]百吏在朝,君乃出令,布宪于国。[5]五乡之师、五属大夫,[6]皆受宪于太史。[7]大朝之日,五乡之师、五属大夫,皆身习宪于君前。[8]太史既布宪,入籍于太府,[9]宪籍分于君前。五乡之师出朝,遂于乡官,[10]致于乡属,[11]及于游宗,皆受宪。宪既布,乃反致令焉,[12]然后敢就舍。[13]宪未布,令未致,不敢就舍,就舍谓之留令,[14]罪死不赦。五属大夫,皆以行车朝,出朝不敢就舍,遂行。至都之日,[15]遂于庙,致属吏,皆受宪。宪既布,乃发使者致令,以布宪之日,蚤晏之时。[16]宪既布,使者以发,[17]然后敢就舍。宪未布,使者未发,不敢就舍,就舍谓之留令,罪死不赦。宪既布,有不行宪者,谓之不从令,罪死不赦。考宪而有不合于太府之籍者,[18]侈曰专制,[19]不足曰亏令,[20]罪死不赦。首宪既布,[21]然后可以布宪。[22]

右首宪。

【注释】

〔1〕孟春之朝(zhāo 招):正月月初。 〔2〕校官:考核官吏。 〔3〕季冬之夕:十二月底。 〔4〕朔:指初一。 〔5〕布宪:公布法令。 〔6〕五属大夫:野分五属,每属设一大夫,统称五属大夫。 〔7〕太史:掌管典籍、记载历史的官吏。 〔8〕习宪:熟习法令。 〔9〕籍:简册,此指法令的底本。太府:收藏典籍之处。 〔10〕遂:到达。乡官:王引之云:"乡官谓乡师治事处也。" 〔11〕致于:王引之云:"'致'下不

当有'于'字,此涉上下两'于'字而衍。" 〔12〕反:同"返"。致令:回复命令。 〔13〕就舍:回到住所。 〔14〕留令:留滞法令,不及时传达法令。 〔15〕都:《左传·庄公二十八年》:"凡邑,有宗庙先君之主曰都,无曰邑。"此指属的行政中心。 〔16〕蚤晏:早晚。 〔17〕以:同"已"。 〔18〕考宪:颜昌峣云:"考宪,岁终考成也。"指考核法令执行情况。 〔19〕侈:超出,增多。专制:专断。 〔20〕亏令:指削减法令。 〔21〕首宪:指君主年初颁布的法令。 〔22〕布宪:丁士涵云:"布宪,当为'行宪'。"译文从之。

【译文】
　　正月月初,君主临朝听政,评议对官吏的考核和赏赐,共用五天时间。十二月底,君主临朝听政,决定对罪犯的处罚和量刑,也用五天时间。正月初一,所有官吏上朝,君主公布法令,并颁行全国。五乡的乡师、五属的大夫,都到太史那里领受法令。朝会的日子,五乡的乡师、五属的大夫都要亲自在君主面前熟习法令。太史颁布法令后,将记载法令的简册在君主面前分发给乡师和大夫,并将法令的底本存放进太府。五乡的乡师离开朝廷,回到乡的治所,马上召集下属官吏,直到游宗,都来领受法令。颁布法令后,就返朝回复命令,然后才敢回到住所。法令没有颁布,命令没有回复,不敢回住所休息,否则就叫做留滞法令,罪行当死,不得赦免。五属的大夫,都坐车入朝,离开朝廷不敢回住所,马上出发。回到属的治所的当天,立即前往宗庙,召集下属官吏,让他们都来领受法令。颁布法令后,就派使者向君主回复命令,使者要在颁布法令的当天不论时间早晚,马上出发。法令已经颁布,使者已经派出,然后才敢回到住所。法令没有颁布,使者没有派出,不敢回住所休息,否则也叫做留滞法令,罪行当死,不得赦免。法令既已颁布,有不遵照执行的,叫做不服从法令,罪行当死,不得赦免。考核法令执行情况,有与太府所藏的法令底本不相符的,增多的叫做专断独行,不足的叫做削减法令,都罪行当死,不得赦免。因此,从君主年初的法令颁布之后,就应该遵照执行。
　　以上"首宪"。

　　凡将举事,令必先出。曰事将为,[1]其赏罚之数,必先明之。立事者谨守令以行赏罚,[2]计事致令,[3]复赏罚之所加。有不合于令之所谓者，虽有功利，[4]则谓之专制，罪死不赦。首事既布，[5]然后可以举事。

右首事。

【注释】

〔1〕曰：语气助词。〔2〕立事：同"莅事"，指具体办事。谨：严格。〔3〕计事：指总结工作。〔4〕功利：成效，好处。〔5〕首事：指君主最初发布的举事命令。

【译文】

凡是准备兴办事项，必须先出台有关的法令。将要做某件事，必须先明确赏罚的规定。具体办事的人要严格遵照君主的法令进行赏罚，总结情况，回复命令，上报执行赏罚的结果。如果有和法令相违背的，即使事有成效，也叫做专断独行，罪行当死，不得赦免。君主最初的举事法令公布之后，就可以照此办事。

以上"首事"。

修火宪，[1]敬山泽林薮积草，[2]夫财之所出，[3]以时禁发焉，[4]使民于宫室之用、薪蒸之所积，[5]虞师之事也。[6]决水潦，[7]通沟渎，修障防，安水藏，[8]使时水虽过度，[9]无害于五谷，岁虽凶旱，有所秎获，[10]司空之事也。[11]相高下，视肥硗，[12]观地宜，明诏期，[13]前后农夫，[14]以时均修焉，[15]使五谷桑麻皆安其处，由田之事也。[16]行乡里，[17]视宫室，观树艺，[18]简六畜，[19]以时钩修焉，[20]劝勉百姓，使力作毋偷，怀乐家室，重去乡里，[21]乡师之事也。论百工，审时事，[22]辨功苦，[23]上完利，[24]监一五乡，[25]以时钩修焉，使刻镂文采，毋敢造于乡，工师之事也。[26]

右省官。

【注释】

〔1〕修火宪：制定防火法令。 〔2〕敬：赵用贤云：敬同"儆"，戒也。指警戒。薮（sǒu 叟）：水浅草茂的沼泽。积草：指草甸子。〔3〕夫财：丁士涵云："'夫财'当作'天财'。"天财指自然物产。〔4〕禁发：封禁和开发。 〔5〕"使民"句：戴望云："'民'下当脱'足'字，'所'字疑衍。"译文从之。 〔6〕虞师：主管山泽的官吏。〔7〕水潦（lǎo 老）：积水。 〔8〕安水藏：指加固水库。 〔9〕时水：季节性雨水。 〔10〕粉（fèn 份）获：收获。 〔11〕司空：即司工，主管水利、建筑工程的官吏。 〔12〕硗（qiāo 敲）：瘠薄的土地。 〔13〕诏期：诏同"召"。张佩纶云："谓征召之期。"指征召服役的日期。 〔14〕前后农夫：指安排农民务农和服役的先后次序。 〔15〕均修：调节，治理。〔16〕由田：刘师培云："'由'当作'申'。"申田即司田，主管农业的官吏。 〔17〕行：巡视。 〔18〕树艺：种植，此指树木和庄稼。〔19〕简：察看。 〔20〕钧修：同"均修"。下同。 〔21〕重去乡里：指不轻易离开家乡。 〔22〕时事：指各季节的工作任务。 〔23〕功苦：《荀子》杨倞注："功谓器之精好者，苦谓滥恶者。"指产品质量的好坏。〔24〕上：同"尚"。完利：指坚固适用。 〔25〕监一：监督统一。〔26〕工师：主管手工业的官吏。

【译文】

制定防火法令，警戒好山林、湖泊、沼泽、草甸这些出产自然物产的地方，按季节封禁和开放，使百姓不缺少建房的木材和烧柴的储备，这是虞师的职责。排除积水，疏通沟渠，修筑堤防，加固水库，即使雨水过多，也不会损害庄稼，即使遭受严旱，也能够有所收获，这是司空的职责。测量地势高低，视察土地肥瘠，调查土壤适宜的作物品种，说明征召服役的日期，安排农民生产和服役的先后次序，按季节进行调节，使五谷、桑麻得到合理种植，这是申田的职责。巡视乡里，视察住房，检查树木、庄稼的种植，察看六畜的饲养，按季节进行调节，勉励百姓努力劳动不偷懒，关心家庭，安居乐业，不轻易离开故乡，这是乡师的职责。评定工匠的优劣，审查四季的生产任务，检查产品质量的好坏，提倡坚固适用的产品，监督统一五乡的制造业，按季节进行调节，使没有人敢生产讲究雕刻装饰的产品,这是工师的职责。

以上"省官"。

度爵而制服,量禄而用财。饮食有量,衣服有制,宫室有度,六畜人徒有数,[1]舟车陈器有禁。[2]修生则有轩冕、服位、谷禄、田宅之分,[3]死则有棺椁、绞衾、圹垄之度。[4]虽有贤身贵体,毋其爵不敢服其服;虽有富家多资,毋其禄不敢用其财。天子服文有章,[5]而夫人不敢以燕以飨庙,[6]将军大夫以朝,[7]官吏以命,[8]士止于带缘。[9]散民不敢服杂采,[10]百工商贾,不得服长鬈貂。[11]刑余戮民,[12]不敢服绋,[13]不敢畜连乘车。[14]

右服制。

【注释】

〔1〕人徒:奴仆。〔2〕陈器:陈设的器物。〔3〕"修生"句:王念孙云:"'生'上不当有'修'字,此涉上文'钧修'而衍。"服位:职位。谷禄:俸禄。分(fèn份):应得的待遇。〔4〕棺椁(guǒ 果):棺材;内棺为棺,外棺为椁。绞衾(qīn 侵):捆尸衣的带子、盖尸体的单被。圹(kuàng 矿)垄:墓穴、坟堆。〔5〕服文有章:指衣服有纹饰。〔6〕燕:指燕服,家居的衣服。〔7〕朝:指朝服,朝会的衣服。〔8〕命:指命服,按官爵等级应穿的衣服。〔9〕带缘:衣带和衣服缘边。〔10〕散民:指平民。杂采:杂有文采。〔11〕长鬈(quán 权):指羔皮。貂:指貂皮。〔12〕刑余戮民:服过刑和正在服刑的人。〔13〕绋:一本作"丝"。〔14〕畜连:同"蓄辇",备有小车。

【译文】

根据爵位高低制订服用的标准,按照俸禄多少规定花费的数量。饮食有一定标准,衣着有一定的规定,住房有一定限度,六畜和奴仆有一定数量,车船和陈设的器物有一定限制。活着的时候,在车马、衣帽、职位、俸禄、田宅等方面有应得的待遇；死了以后，在棺材、衣被、坟墓等方面有相应的制度。即使有尊贵的身份，没有相应的爵位就不敢穿规定的衣服；即使有富饶的家产，没有相应的俸禄就不敢作规定的花费。天子的衣服有一定的文饰，夫人不敢穿着居家的衣服祭祀祖先，将军大夫穿朝服上朝，官吏穿命服治事，士人只能在衣带缘边标志身份。平民不敢穿杂有文采的衣服。工匠商人不能穿羔皮或貂皮的衣服。服过刑和正在服刑的人不敢穿丝织衣服，也不敢备车和乘车。

以上"服制"。

寝兵之说胜，[1]则险阻不守。兼爱之说胜，[2]则士卒不战。全生之说胜，[3]则廉耻不立。私议自贵之说胜，[4]则上令不行。群徒比周之说胜，[5]则贤不肖不分。金玉货财之说胜，[6]则爵服下流。[7]观乐玩好之说胜，[8]则奸民在上位。请谒任举之说胜，[9]则绳墨不正。[10]谄谀饰过之说胜，[11]则巧佞者用。

右九败。

【注释】

〔1〕寝兵：息兵，停息兵备。胜：占上风。〔2〕兼爱：彼此相爱，泛爱。〔3〕全生：保全生命。〔4〕私议自贵：私自立说，自命不凡。〔5〕群徒比周：结党营私。〔6〕金玉货财：贪图财富。〔7〕爵服下流：使官爵随意流入下层，指卖官鬻爵。〔8〕观乐玩好：吃喝玩乐，指追求享乐。〔9〕请谒：请托、拜见，指干求官爵。任举：指私人保举。〔10〕绳墨：木匠取直用的墨线，此指用人标准。〔11〕谄谀饰过：阿谀奉承，文过饰非。

【译文】

如果停息兵备的观点占上风，那么险要的阵地也守不住。如果彼此相爱的观点占上风，那么士兵相互间就不肯交战。如果保全生命的观点占上风，那么廉耻的品德就不能树立。如果自命不凡的观点占上风，那么君主的政令就不能推行。如果结党营私的观点占上风，那么贤良和不才就难以区分。如果贪图财富的观点占上风，那么就会出现卖官鬻爵。如果追求享受的观点占上风，那么小人就会占据高位。如果干求保举的观点占上风，那么用人的标准就会遭歪曲。如果文过饰非的观点占上风，那么阿谀奉承的佞人就会被任用。

以上"九败"。

期而致，[1]使而往，百姓舍己以上为心者，[2]教之所期也。始于不足见，终于不可及，[3]一人服之，[4]万人从之，训之所期也。未之令而为，未之使而往，上不加勉，而民自尽竭，俗之所期也。[5]好恶形于心，[6]百姓化于下，罚未行而民畏恐，赏未加而民劝勉，诚信之所期也。为而无害，成而不议，得而莫之能争，天道之所期也。[7]为之而成，求之而得，上之所欲，小大必举，事之所期也。令则行，禁则止，宪之所及，俗之所被，如百体之从心，[8]政之所期也。

右七观。[9]

【注释】

〔1〕期：指征召。致：同"至"，指应召。 〔2〕以上为心：将君主作为自己的主宰。 〔3〕"始于"二句：指开始时不知不觉，最终则功效显著，难以追及。 〔4〕一人：指君主。服：从事。 〔5〕俗：风俗。 〔6〕好恶：指君主的好恶。 〔7〕天道：郭沫若云："'天'疑'大'字之讹。"译文从"大"。 〔8〕百体之从心：人体各部分受心脏支配。 〔9〕七观：丁士涵云："'观'当作'期'。"

【译文】

听到征召马上来到，受到差遣立即前往，百姓放弃自己的意愿而将君主作为主宰，这是施行教化所期望的成效。开始时不知不觉，最终则功效显著，难以追及，君主身体力行，万民紧相随从，这是进行训导所期望的成效。没有下令就主动去做，没有指使就自觉前往，不用君主勉励，百姓自动尽心竭力，这是改易风俗所期望的成效。君主的好恶刚产生在心中，百姓就自觉地化为行动，刑罚没有施行百姓就感到畏惧，赏赐没有颁发百姓就受到鼓励，这是倡导诚信所期望的成效。做任何事都没有后患，完成后也没有异议，得到成果谁也不争，这是推行大道所期望的成效。做事必能成功，要求必能达到，君主所希望的事，大小都能实现，这是办事所期望的成效。有令就能推行，有禁就能制止，凡法令所达到和风俗所影响到的地方，百姓服从君主，就像人体各部分受心脏支配一样，这是施政所期望的成效。

以上"七观"。

乘马第五

【题解】

乘马指计算筹划。乘即乘除之类计算，马即"算数之筹"，今称砝码、筹码。(用何如璋说)因此，"乘马"即用运算的筹码进行经济方面的计算筹划。

本篇论述了治理国家在经济方面的一系列原则和具体措施，分为立国、大数、阴阳、爵位、务市事、士农工商、圣人、失时、地里九节。"立国"论述营建都市选择地势的原则。"大数"概述帝业、王业、霸业的为政方针和君道、臣道的重要原则。"阴阳"以下四节，内容与标题不完全相符，主要围绕土地、市场、货币、军赋等经济制度展开论述，主张整顿土地制度，作为治国的根本；改革赋税制度，保证国家收入；改革生产关系，促进生产发展。具体措施有：开放山林河泽，扩大赋税来源；根据土质、面积、销售确定征税标准；建立耕战相结合的组织体制；采用"均地分力"的个体生产方式，实行"与民分货"提高劳动者积极性等。"圣人"强调"托业于民"。"失时"强调不失农时。"地里"计算土地等级及其负担能力。总之，本篇为治理国家勾画出一个较为系统的经济纲领。

凡立国都,[1]非于大山之下，必于广川之上。高毋近旱而水用足，下毋近水而沟防省。[2]因天材,[3]就地利,[4]故城郭不必中规矩,[5]道路不必中准绳。[6]

右立国。[7]

【注释】

〔1〕国都：都城，都市。 〔2〕沟防：排水沟和堤防。 〔3〕天材：指自然资源。 〔4〕地利：指有利的地理环境。 〔5〕规矩：圆规和曲尺。此指方圆的规定。 〔6〕准绳：水平仪和墨线。此指平直标准。 〔7〕立国：建立都市。

【译文】

凡是建立大小都市，不在大山脚下，也要在大河旁边。建立高地的，不能靠近干旱地区，要求水源充足；建在低地的，不能靠近水涝洼地，才能省去沟堤。凭借自然资源，依靠地理环境，因此建设城墙不一定符合方圆的规定，修筑道路不一定符合平直的标准。

以上"立国"。

无为者帝，[1]为而无以为者王，[2]为而不贵者霸。[3]不自以为所贵，则君道也；贵而不过度，[4]则臣道也。

右大数。[5]

【注释】

〔1〕帝：成帝业。 〔2〕无以为：没有什么可做。王：成王业。 〔3〕不贵：不自以为贵，不妄自尊大。霸：成霸业。 〔4〕度：指等级名分。 〔5〕此节阐述为政的方针、原则，故称大数。

【译文】

顺其自然、无为而治的君主可以成就帝业，治理有方而不需亲自操劳的君主可以成就王业，有所作为而不妄自尊大的君主可以成就霸业。不自高自大、自恃尊贵，是当君主的准则；不因地位高而逾越等级名分，是当臣子的准则。

以上"大数"。

地者，政之本也；朝者，义之理也；[1]市者，货之准也;[2]黄金者,用之量也;[3]诸侯之地千乘之国者,器之制也。[4]五者其理可知也,为之有道。[5]

【注释】

〔1〕朝:朝廷。义之理:谓等级名分的体现。 〔2〕市:市场。货之准:谓物资流通的标志。 〔3〕用之量:谓财用计算的尺度。 〔4〕器之制:谓规定军赋的标准。 〔5〕为:谓。

【译文】

土地是治理国家的根本,朝廷是等级名分的体现,市场是物资流通的标志,黄金是财用计算的尺度,一国拥有的土地和兵车的数量,是规定军赋的标准。懂得了这五方面的道理,就可以说掌握了治国的原则。

地者,政之本也,是故地可以正政也。[1]地不平均和调,[2]则政不可正也,政不正则事不可理也。[3]春秋冬夏,阴阳之推移也;[4]时之短长,[5]阴阳之利用也;[6]日夜之易,阴阳之化也。然则阴阳正矣,[7]虽不正,有余不可损,不足不可益也,天地莫之能损益也。[8]然则可以正政者,地也,故不可不正也。正地者,其实必正。[9]长亦正,短亦正,小亦正,大亦正,长短大小尽正。正不正则官不理,[10]官不理则事不治,事不治则货不多。是故何以知货之多也?曰事治;何以知事之治也?曰货多。货多事治,则所求于天下者寡矣,为之有道。

右阴阳。[11]

【注释】

〔1〕正:整顿,整治。 〔2〕平均和调:指土地分配合理、管理完

善。〔3〕事：指生产活动。〔4〕推移：相互作用。〔5〕时：指昼夜。〔6〕利用：作用。〔7〕正：指正常。〔8〕郭沫若云："原文当为'天也，莫之能损益也'，上'也'误益为'地'。"译文从之。〔9〕实：土地的实际收益，引申为纳税制度。〔10〕正不正：猪饲彦博云："上'正'字当作'地'。"译文从之。〔11〕阴阳：此节阐述"地者政之本"，题为"阴阳"，取节内二字名之，与内容不符。张文虎云："题谬甚。此等皆后人妄增。"

【译文】

　　土地是治理国家的根本，因此，利用土地可以整治国家的政治。土地分配不合理、管理不完善，国政就得不到整治；国政得不到整治，生产就得不到发展。春夏秋冬四季，是阴阳相互运动的结果；昼夜短长，是阴阳作用的结果；日夜更替，是阴阳变化的结果。阴阳的运动一般是正常的，即使偶有不正常，多余时无法减少，不足时不能增加，这是自然现象，没有人能够改变它。然而，可以用来整治国政的土地却是可以改变的，因而不可不进行整顿。整顿土地，就必须整顿土地的纳税制度。长的土地要整顿，短的土地也要整顿，小块土地要整顿，大块土地也要整顿，不论长短大小都要整顿。土地纳税制度不整顿，官府就不能治理；官府无法治理，生产就不会发展；生产不得发展，物资就不会增多。那么怎样知道物资的增多呢？回答是看生产的发展；怎样知道生产的发展呢？回答是看物资的增多。物资增多了，生产发展了，那么求助于别国的也就少了，这就可以说掌握了治国的原则。

　　以上"阴阳"。

　　朝者，义之理也，是故爵位正而民不怨，[1]民不怨则不乱，然后义可理。理不正则不可以治，而不可不理也。[2]故一国之人，不可以皆贵，皆贵则事不成而国不利也；为事之不成、国之不利也，[3]使无贵者则民不能自理也。是故辨于爵列之尊卑，则知先后之序、贵贱之义矣，为之有道。

　　右爵位。[4]

【注释】

〔1〕爵位：此泛指等级名分制度。 〔2〕"理不"二句：丁士涵云："'不正'谓爵禄不正也，对上'爵位正'言之。'理'字涉上'义可理'而衍。'而不可不理也'当作'而不可理也'，对上'义可理'言之。"译文从丁说。 〔3〕为：因为。 〔4〕此节阐述"朝者义之理"。

【译文】

朝廷是等级名分的体现，因而爵位制度合理，百姓就不会怨恨，百姓不怨恨，就不会犯上作乱，这样等级名分才能体现出来。爵位制度不合理，就无法治理国家，等级名分也不能体现。所以，一国的臣民不可以全都尊贵，全都尊贵就无人进行生产，对国家也不利；因为无人进行生产，对国家不利，因而假如没有少数尊贵者，百姓就不能自己管理自己。因此，辨明爵位的尊卑高下，就可以懂得先后的次序、贵贱的区别，这就可以说掌握了治国的原则。

以上"爵位"。

市者，货之准也，是故百货贱则百利不得，[1]百利不得则百事治，[2]百事治则百用节矣。[3]是故事者生于虑，成于务，失于傲。不虑则不生，不务则不成，不傲则不失。故曰：市者可以知治乱，可以知多寡，而不能为多寡，为之有道。

右务市事。[4]

【注释】

〔1〕百利不得：指得不到各种超额利润。 〔2〕"百利"句：郭沫若云：货物贱则利润少，不能作超额剥削。剥削少则市场稳定、百姓安居乐业。 〔3〕节：调节平衡。 〔4〕本节阐述"市者货之准"。

【译文】

市场是物资流通的标志，因而各种物资价格低廉，商人就得不到超额利润,商人得利少,各项生产就能发展,生产得到发展,各种需求就能调节平衡。因而生产的发展产生于周密计划,成功于辛勤努力,失败于骄傲懈怠。不周密计划就不会产生,不辛勤努力就不会成功,不骄傲懈怠就不会失败。因此说,通过市场,可以看出国家的治乱,可以了解物资的多少,但不能生产出物资本身,这就可以说掌握了治国的原则。

以上"务市事"。

黄金者,用之量也,辨于黄金之理则知侈俭,[1]知侈俭则百用节矣。故俭则伤事,[2]侈则伤货。[3]俭则金贱,金贱则事不成,故伤事;侈则金贵,金贵则货贱,故伤货。货尽而后知不足,[4]是不知量也;事已而后知货之有余,[5]是不知节也。不知量,不知节,不可,谓之有道。[6]

【注释】

〔1〕侈俭:指国家财用的奢侈或节俭。 〔2〕伤事:指抑制生产。〔3〕伤货:指浪费物资。 〔4〕货尽:指物资用完。 〔5〕事已:指生产完成。 〔6〕此节阐述"黄金者用之量"。

【译文】

黄金是财用计算的尺度,懂得了黄金的这个作用,就可以了解国用的奢侈或节俭,知道了国用奢侈或节俭的情况,各种需求就能调节平衡。国用过于节俭,就会抑制生产;过于奢侈,就会浪费物资。因为过于节俭,金价就低贱,金价低贱,就不利生产发展,因而就会抑制生产;过于奢侈,金价就贵重,金价贵重,物价就下跌,因而就会浪费物资。物资消耗完才知道不足,这是不了解所需的数量;生产完成后才知道有余,这是不懂得物资的调节。不了解所需的数量,不懂得物资的调节,都是不允许的,这就可以说掌握了治国的原则。

天下乘马服牛,[1]而任之轻重有制。[2]有一宿之行,[3]道之远近有数矣。是知诸侯之地千乘之国者,所以知地之小大也,[4]所以知任之轻重也。[5]重而后损之,是不知任也;轻而后益之,是不知器也。不知任,不知器,不可,谓之有道。[6]

【注释】
〔1〕乘马服牛:驾驶马车、牛车。 〔2〕任:负担。制:限制。 〔3〕一宿:一夜。 〔4〕"所以"句:王念孙云:"'地之小大'当作'器之小大'。"此谓军赋的多少,据兵车可统计。 〔5〕任之轻重:此谓百姓负担的轻重,据土地可统计。 〔6〕此节阐述"诸侯之地千乘之国者器之制"。

【译文】
　　天下所有的马车、牛车,载重量的多少都有一定限度。知道了它一夜的行程,就能推算出道路的远近。同样的道理,知道了一国拥有的兵车和土地的数量,就可以推算出军赋的多少和负担的轻重。负担过重然后再减少,这是不了解所需军赋的数量;负担太轻然后再增加,这是不了解承担军赋的能力。不了解所需军赋的数量,不了解承担军赋的能力,都是不允许的,这就可以说掌握了治国的原则。

　　地之不可食者,[1]山之无木者,百而当一。[2]涸泽,百而当一。地之无草木者,百而当一。樊棘杂处,[3]民不得入焉,百而当一。薮,[4]镰缠得入焉,[5]九而当一。[6]蔓山,[7]其木可以为材,可以为轴,斤斧得入焉,九而当一。汎山,[8]其木可以为棺,可以为车,斤斧得入焉,十而当一。流水,[9]网罟得入焉,[10]五而当一。[11]林,其木可以为棺,可以为车,斤斧得入焉,五而当一。泽,网罟得入焉,五而当一。命之曰:地均以实数。[12]

【注释】
[1] 不可食：指不生长五谷。 [2] 百而当一：百亩相当于一亩耕地。 [3] 樊棘杂处：王引之云："'樊'当为'楚'，字形相似而误。楚，荆也，'楚棘杂处'谓荆棘丛生也。"译文从王说。 [4] 薮：植物繁茂的沼泽。 [5] 镰缠：刘绩云："镰，刈割器。缠，捆缚索。"王念孙云："'缠'当从宋本作'缰'。" [6] 九而当一：丁士涵云："此与下'蔓山九而当一'，两'九'字皆当为'十'。"译文从丁说。
[7] 蔓山：丘陵山地。 [8] 汎山：指高山。于省吾云："'汎'同'泂'，古'盘'字。……盘山谓山之盘旋者，蔓山谓山之蔓延者，相对为文。" [9] 流水：江河。 [10] 网罟（gǔ 古）：渔网。 [11] 五而当一：张文虎云："山林宜以类相从，'流水'三句当移'林'下，与'泽'乃类。"译文从张说。 [12] 地均以实数：指按照实际出产将山林河泽等各类土地折算成耕地面积。

【译文】
不生五谷的平地，不长树木的山地，百亩折合一亩。干枯的湖泊，百亩折合一亩。不长草木的平地，百亩折合一亩。荆棘丛生、无法进入的荒地，百亩折合一亩。可带镰刀绳索进去砍伐的沼泽，十亩折合一亩。丘陵山地，生长的树木可以当木料，可以做车轴，而且可带刀斧进去砍伐，十亩折合一亩。高山地区，生长的树木可以做棺木、可以做大车，而且可带刀斧进去砍伐的，十亩折合一亩。森林地带，生长的树木可以做棺木，可以做大车，而且可带刀斧进去砍伐的，五亩折合一亩。江河水面，可以下网捕鱼的，五亩折合一亩。湖泊沼泽，可以下网捕鱼的，五亩折合一亩。这就叫按实际出产将各类土地折算成耕地面积。

方六里命之曰暴，[1] 五暴命之曰部，五部命之曰聚。聚者有市，无市则民乏。五聚命之曰某乡，四乡命之曰方，官制也。[2] 官成而立邑：[3] 五家而伍，[4] 十家而连，五连而暴，五暴而长，命之曰某乡，四乡命之曰都，邑制也。邑成而制事：[5]四聚为一离，[6]五离为一制，五制为一田，二田为一夫，三夫为一家，事制也。事成而制器：[7]方六里为一乘之地也；一乘者，四马也；一马，其甲七，[8]其蔽五；[9]四乘，[10]其甲二十有八，其蔽二十，白徒三十人奉车两，[11]器制也。

【注释】

〔1〕方六里：方圆六里。暴：与下文的部、聚、乡、方均为行政组织的名称。〔2〕官制：指行政组织制度。〔3〕邑：居民聚居点。〔4〕伍：与下文的连、暴、长、乡、都，均为居民点的名称。〔5〕制事：指确定生产活动。〔6〕聚：与下文的离、制、田、夫、家均为生产组织的名称。〔7〕制器：指确定承担军赋。〔8〕甲：指披铠甲的士兵。〔9〕蔽：指防护兵车的盾牌兵。〔10〕四乘：丁士涵云："'四乘'乃是'一乘'之讹。"译文从之。〔11〕白徒：指不执武器的后勤人员。奉：跟随。两：同"辆"。

【译文】

方圆六里的地区称为暴，五暴称为部，五部称为聚。聚要有集市，没有集市百姓日用供给将缺乏。五聚称为乡，四乡称为方，这是行政组织体制。行政体制确立后，就要建立居民点：五家组成一伍，十家组成一连，五连组成一暴，五暴组成一长，称为乡，四乡称为都，这是居民组织体制。居民体制确立后，就要确定生产活动：四聚作为一离，五离作为一制，五制作为一田，二田作为一夫，三夫作为一家，这是生产组织体制。生产体制确立后，就要确定承担军赋：方圆六里的地方要承担一乘兵车的军赋。一乘兵车有四匹马，一匹马配备甲士七人，盾牌手五人；一乘兵车需配备甲士二十八人，盾牌手二十人，另需不执武器的三十人，跟随兵车负责供应给养，这就是军赋承担制度。

方六里，一乘之地也；方一里，九夫之田也。黄金一镒，[1]百乘一宿之尽也。[2]无金则用其绢，季绢三十三制当一镒。[3]无绢则用其布,经暴布百两当一镒,[4]一镒之金,食百乘之一宿。[5]则所市之地六步一㪷,[6]命之曰中岁。[7]

【注释】

〔1〕镒(yì益):重量单位,二十四两为一镒。 〔2〕尽:猪饲彦博云:"尽、赆同,行费也。"此指百乘一夜行进所需费用。 〔3〕季绢:闻一多云:"'季'读为繐。……《说文》'繐,细疏布也'。……季绢即繐绢,绢之轻细疏薄者也。"制:布长一丈八尺为一制。 〔4〕经暴布:经当作"絟"。闻一多云:"絟暴布"谓以荃葛织成之薄布。两:匹。 〔5〕食:供给食物。 〔6〕所市之地:疑指承担军赋的地区。㪷:斗的俗字。 〔7〕中岁:指中等年成的税率。

【译文】

方圆六里的地区,要承担一乘兵车的军赋;方圆一里的土地,是九个农夫耕种的标准。一镒黄金是百乘兵车一夜的费用。没有黄金可用丝绢代替,细绢三十三制折合黄金一镒。没有丝绢可用葛布代替,细布一百匹折合黄金一镒。一镒黄金可以供给百乘兵车一夜的食用,这样,承担军赋的地区每方圆六步就要征粮一斗,这就是中等年成的税率。

有市,无市则民不乏矣。[1]方六里名之曰社,[2]有邑焉,名之曰央。亦关市之赋。[3]黄金百镒为一箧,[4]其货一谷笼为十箧。[5]其商苟在市者三十人,其正月十二月,黄金一镒,命之曰正分。[6]春日书比,[7]立夏日月程,[8]秋日大稽,[9]与民数得亡。[10]

【注释】

〔1〕"有市"二句:安井衡曰:"此二句当在'曰央'下,而又衍'不'字。"译文从之。 〔2〕社:指居民活动区域的名称。 〔3〕亦

郭沫若云:"'亦'当是'立'字之误。"译文从郭说。关市之赋:指征收关税和市场税。〔4〕箧(qiè 妾):小箱子,此指征税数量单位。〔5〕谷笼:盛谷的筐,此指货物数量单位。〔6〕正分:征税率。〔7〕书比:公布税率。〔8〕立夏:孙诒让云:"夏上'立'字疑衍。"译文从孙说。月程:按月核实征税情况。〔9〕大稽:汇总统计征税数。〔10〕与民数得亡:俞樾云:"'与'与'举'字通,'举民数得亡'谓记录民数之得失也。"民数指入市参加交易的人数。

【译文】

方圆六里的地区称为社,其中有人聚居的地方称为央。央要有集市,没有集市百姓日用供给将会缺乏。建立关税和市场税。黄金一百镒算作一箧,货物一谷笼就要交税十箧;集市商人如果达到三十人,在正月、十二月收税的时候,要征收黄金一镒,这就叫征税率。每年春天公布税率,夏季按月核实征税情况,秋季汇总统计征税数,记录入市交易人数的多少。

三岁修封,[1]五岁修界,[2]十岁更制,[3]经正也。[4]十仞见水不大潦,[5]五尺见水不大旱。十一仞见水轻征,十分去二三,二则去三四,四则去四,五则去半,[6]比之于山。五尺见水,十分去一,四则去三,三则去二,二则去一,三尺而见水,比之于泽。[7]

【注释】

〔1〕修封:修整田埂。〔2〕修界:修整田界。〔3〕更制:更定田界。〔4〕经正:于省吾云:"'正'当读为政,'经政'犹今人言常例。"〔5〕十仞:俞樾云:"'十仞'当为'一仞'。一仞见水,其地较高,故不大潦;五尺见水,其地较卑,故不大旱。若作'十仞',则太悬绝矣。"仞,古代七尺为一仞。译文从俞说。潦,涝。〔6〕"十一"五句:王引之云:以"'五则去半'推之,则当为'一仞见水轻征,十分去一,二则去二,三则去三,四则去四,五则去半'。"译文从王说。〔7〕"五尺"七句:俞樾云:"当作'五尺见水,十分去一,四则去二,

三则去三，二则去四，一尺而见水，比之于泽'。"译文从俞说。

【译文】
　　三年修整一次田埂，五年修整一次田界，十年重新划定田界，这是常例。地面之下一仞能见水的不容易受涝，五尺能见水的不容易受旱。地下一仞见水的田地易旱，应减轻租税十分之一，二仞见水的减轻十分之二，三仞见水的减轻十分之三，四仞见水的减轻十分之四，五仞见水的减轻一半，相当于山地租率。地下五尺见水的田地易涝，应减轻租税十分之一，四尺见水的减轻十分之二，三尺见水的减轻十分之三，二尺见水的减轻十分之四，一尺见水的，就比照沼泽征税。

　　距国门以外，[1]穷四竟之内，[2]丈夫二犁，[3]童五尺一犁，[4]以为三日之功。[5]正月令农始作，服于公田农耕。[6]及雪释，[7]耕始焉，芸卒焉。[8]士闻见、博学、意察而不为君臣者，[9]与功而不与分焉。[10]贾知贾之贵贱、日至于市而不为官贾者，[11]与功而不与分焉。工治容貌功能、日至于市而不为官工者，[12]与功而不与分焉。不可使而为工，[13]则视贷离之实，[14]而出夫粟。

【注释】
　　〔1〕距：从。国门：国都大门。　〔2〕穷：止。竟：同"境"，边境。〔3〕丈夫：指成年男子。犁：指一副犁一天所能耕的土地。　〔4〕童五尺：五尺童子，指未成年男子。　〔5〕功：劳役，服役。　〔6〕服：从事。公田：国家的耕地。　〔7〕释：融化。　〔8〕芸：同"耘"，除草。〔9〕闻见：见多识广。意察：断事精明。　〔10〕与：参与。下同。分：分取土地收益。　〔11〕知贾：同"知价"。官贾：官营商业的商人。〔12〕治：讲求。容貌功能：指物品的式样功用。官工：官营作坊的工匠。〔13〕工：同"功"。　〔14〕贷离：陈奂云："犹差贷也。"指差额、亏欠数。

【译文】

　　从国都郊外到边境之内,成年男子按两副犁、未成年男子按一副犁一天的耕作定额,为国家服三天劳役。正月农夫开始农事,就要安排到国家的公田里耕作,一直到冰雪融化,耕种开始,以及除草结束。士人中见多识广、学问渊博、断事精明但还未成为国家官吏的,也要无偿服役三天。商人中了解物价行情、天天入市交易但不是官商的,也要无偿服役三天。工匠中讲求产品的式样功用、天天入市交易但不是官工的,也要无偿服役三天。不能完成三天劳役的,则按照欠缺的差额交纳粮食来充抵。

　　是故智者知之,愚者不知,不可以教民。巧者能之,拙者不能,不可以教民。非一令而民服之也,不可以为大善。[1]**非夫人能之也,**[2]**不可以为大功。是故非诚贾不得食于贾,**[3]**非诚工不得食于工,非诚农不得食于农,非信士不得立于朝。是故官虚而莫敢为之请,**[4]**君有珍车珍甲而莫之敢有,君举事臣不敢诬其所不能。**[5]**君知臣,臣亦知君、知己也,故臣莫敢不竭力,俱操其诚以来。**

【注释】

　　[1]为大善:指使国家大治。　[2]夫人:许维遹云:"'夫人'与上'一令'相对,夫人,犹众人也。"　[3]诚:诚实。食于贾:依靠经商为生。　[4]官虚:官职有缺额。　[5]诬:说谎,谎报。

【译文】

　　只有聪明人能明白、而愚蠢者不能明白的道理,不能用来教育百姓;只有灵巧人能做到、而笨拙者不能做到的技能,不能用来教会百姓。不是下一道命令就能使百姓心悦诚服的政策,不能使国家大治;不能让众人都发挥出各自的能力特长的君主,不能成就大功业。不是诚实的商贾,不得依靠经商为生;不是诚实的工匠,不得依靠做工为生;不是诚实的农夫,不得依靠务农为生;不是诚信的士人,不得在朝廷做官。因此即使官职有缺额,也没有人敢自求补缺;即使君主有珍贵的车、甲,也没有人敢私自置备;即使君主要兴办事业,臣子也没有人敢谎报自己力不胜任的事。君主了解臣子,臣子也了解君主、了解自己,所以臣子没有敢不尽心竭力、怀着虔诚之心来为君主效力的。

道曰:[1]均地,分力,[2]使民知时也。民乃知时日之蚤晏、[3]日月之不足、饥寒之至于身也。是故夜寝蚤起,父子兄弟不忘其功,为而不倦,民不惮劳苦。[4]故不均之为恶也,地利不可竭,民力不可殚。[5]不告之以时而民不知,不道之以事而民不为。[6]与之分货,[7]则民知得正矣,[8]审其分,[9]则民尽力矣。是故不使而父子兄弟不忘其功。

右士农工商。[10]

【注释】

〔1〕道曰:郭沫若云:"'道曰'同于'语曰'。"译从。〔2〕均地:将土地分给农民耕种。分力:分散耕种,即实行一家一户的个体生产。〔3〕蚤晏:早晚。〔4〕惮(dàn旦):害怕。〔5〕殚(dān单):用尽。〔6〕道:告知。事:农事。〔7〕与之分货:与农民分取农产品,指国家按土地征收租税。〔8〕得:自己应得的收益。正:同"征",应纳的租税。〔9〕分:指分货的标准、得征的比例。〔10〕士农工商:文内言及士农工商,但以此作标题,不能概括这一部分内容。

【译文】

俗话说:均分土地,分散耕种,使百姓不误农时。这样,百姓才懂得季节的早晚、时间的宝贵和饥寒的威胁。这样,百姓就会晚睡早起,全家老小关心生产,不知疲倦,不辞辛劳。而不把土地分给百姓的坏处在于:土地的收益不能充分利用,百姓的劳力不能充分发挥。不告知农时季节,百姓就不会抓紧;不告知农事安排,百姓就不会生产。国家与农民分取收获,按地征税,百姓就懂得了自己该获得的和该交纳的,适当地确定这两者的标准,百姓就会努力生产了。因此即使不加驱使,全家老小也会热心生产。

以上"士农工商"。

圣人之所以为圣人者,善分民也。[1]圣人不能分民,则犹百姓也。于己不足,安得名圣?是故有事则用,[2]无事则归之于民,唯圣人为善托业于民。[3]民之生也,辟则愚,闭则类。[4]上为一,下为二。[5]

右圣人。

【注释】

[1]分民:猪饲彦博云:"谓分利于民,上云'与之分货',即是。"[2]用:征用。 [3]托业于民:将产业托付给百姓。 [4]王念孙云:"'生'读为性。'闭'当为'闲',字之误也。《广雅》曰'闲,正也',《尔雅》曰'类,善也'。"译文从王说。愚,昏乱而入邪道。[5]此谓君主的所作所为,百姓会加倍仿效。

【译文】

圣人之所以成为圣人的原因,在善于与百姓分利益。圣人如果不能做到这一点,就同百姓一样了。如果自己总是不满足,怎么能称为圣人呢?因此国家有需要,就向百姓征用财货以供使用;没有需要,就让财货留在百姓那里。只有圣人善于将产业托付给百姓。百姓的本性是:放纵它就会走上邪路,约束它就会走上正道。君主做出好的榜样,百姓就会加倍仿效。

以上"圣人"。

时之处事精矣,[1]不可藏而舍也。[2]故曰:今日不为,明日忘货,[3]昔之日已往而不来矣。

右失时。

【注释】

〔1〕时：指农时。事：指农事。精：宝贵。 〔2〕藏：留。舍：止。〔3〕忘：通"亡"。安井衡云："亡，失也。货生于为，不为故亡之。"

【译文】

农时对农事来说十分宝贵，但不能留滞而使它停止。因此说：今天不抓紧劳作，明天就没有收获，过去的时光一去不复返。

以上"失时"。

上地方八十里，[1]万室之国一，[2]千室之都四。中地方百里，万室之国一，千室之都四。下地方百二十里，万室之国一，千室之都四。以上地方八十里，与下地方百二十里，通于中地方百里。[3]

右地里。

【注释】

〔1〕上地：上等土地，以下类推。 〔2〕室：家，户。国：与下"都"均指城市。 〔3〕通于：相当于，折合。

【译文】

方圆八十里的上等土地，可以承担一座万户城市、四座千户城市的需要。方圆一百里的中等土地，可以承担一座万户城市、四座千户城市的需要。方圆一百二十里的下等土地，可以承担一座万户城市、四座千户城市的需要。因此，方圆八十里的上等土地和一百二十里方圆的下等土地，都可折合成方圆一百里的中等土地。

以上"地里"。

七法第六

【题解】

　　七法指治国、治军的七项基本原则,即:则(寻求规律)、象(了解情况)、法(掌握标准)、化(施行教化)、决塞(善于权衡)、心术(把握思想)、计数(精于计算),合称"七法"。

　　本篇从分析政治和军事的关系入手,着重阐述了较为系统的军事思想,分为七法、四伤、为兵之数、选陈共四节。"七法"节首先提出,"治民"是"为兵"的前提,"为兵"直接为"胜敌国""正天下"的政治目的服务;接着详述七法的具体内容和不明七法的后果,强调运用七法的重要意义。"四伤"节指出百匿、奸吏、奸民、盗贼四种人对国家的危害,主张君主实行法治,以为治军的根本。"为兵之数"提出了治军的八项具体方法,即聚财(积聚财富)、论工(选择工匠)、制器(制造兵器)、选士(选拔士兵)、政教(加强管教)、服习(抓紧训练)、遍知天下(掌握情报)、明于机数(懂得时机策略),阐明了军事与经济、政治的关系。"选陈"即选阵,阐述了出兵攻战、克敌制胜的一系列原则和军队主帅的职责。总之,全篇以论兵为核心,是全书中一篇重要的军事论文。

　　言是而不能立,言非而不能废,有功而不能赏,有罪而不能诛:[1]若是而能治民者,未之有也。是必立,非必废,有功必赏,有罪必诛:若是安治矣?[2]未也。是何也?曰:形势、器械未具,[3]犹之不治也。[4]形势、器械具,四者备,[5]治矣。不能治其民,而能强其兵者,未之有也；能治其民矣，而不明于为兵之数，[6]犹之不可。不能强其兵，而能必胜敌国者，未之有也；能强其兵，而不明于胜敌国之理，[7]犹之不胜也。兵不必胜敌国，而能正天下者，[8]未之有也；兵必胜敌国矣，而不明正天下之分，[9]犹之不可。故曰：治民有器，[10]为兵有数，胜敌国有理，正天下有分。

【注释】

〔1〕诛：指惩处。〔2〕安：许维遹云："下文皆但言'治'，是'安'犹则也。"〔3〕形势：指治理百姓各方面的客观形势。器械：工具，指治理百姓的具体设施。〔4〕犹：仍然，还是。〔5〕四者：尹知章云："谓立是、废非、赏功、诛罪。"〔6〕数：方法。〔7〕理：道理。〔8〕正：匡正。〔9〕分：名分。〔10〕器：指上述形势、器械等治民的条件。

【译文】

　　意见正确而不能树立，意见错误而不能废止，有功绩而得不到奖赏，有罪错而不受惩处：像这样能够治理百姓的，从来没有过。正确的必须树立，错误的必须废止，有功绩必须奖赏，有罪错必须惩处：像这样就能治理了吗？还不能。什么原因呢？因为客观形势和具体设施还没有具备，所以仍然不能治理。等到客观形势和具体设施都已具备，而正确必立、错误必废、有功必赏、有罪必惩四方面也都已做到，这时就能治理百姓了。不能治理百姓，却能使军队强大的，从来没有过；能治理百姓，却不懂得治理军队的方法，仍然不能做到。不能使军队强大，却必定能战胜敌国的，从来没有过；能使军队强大，却不懂得战胜敌国的道理，仍然不能战胜。军队不一定能战胜敌国，却能一统天下的，从来没有过；军队必定能战胜敌国，却不懂得一统天下的名分，仍然不能做到。因此说：治理百姓有条件，治理军队有方法，战胜敌国有道理，一统天下有名分。

则、象、法、化、决塞、心术、计数。[1]根天地之气,[2]寒暑之和,水土之性,人民、鸟兽、草木之生,物虽不甚多,皆均有焉,[3]而未尝变也,谓之则。义也、名也、时也、似也、类也、比也、状也,[4]谓之象。尺寸也、绳墨也、规矩也、衡石也、斗斛也、角量也,[5]谓之法。渐也、顺也、靡也、久也、服也、习也,[6]谓之化。予夺也、险易也、利害也、难易也、开闭也、杀生也,[7]谓之决塞。实也、诚也、厚也、施也、度也、恕也,[8]谓之心术。刚柔也、轻重也、大小也、实虚也、远近也、多少也,谓之计数。

【注释】
〔1〕则:法则,规律。象:表象,情况。法:法度,标准。化:变化,教化。决塞:打开或堵塞,引申为对事物的判别、权衡。心术:指思想品行。计数:计算、筹划。 〔2〕根:寻根,探索。 〔3〕许维遹云:"'不'字衍。'均有'当作'有均'。……'均'引申为法则。"译文从许说。 〔4〕义:同"仪",事物的外形。似:相似。类:类别。比:并列。 〔5〕衡石:称量轻重的器具。斗斛:量器。角量:丁士涵云:"'角'与'斠'同。《说文》'斠,平斗斛量也'。" 〔6〕猪饲彦博云:"渐谓渐进以化,顺谓随顺不逆。靡,切靡也。'久'当作'灸',薰灸也。"切靡谓琢磨,薰灸谓薰染。服:驯服。习:习惯。 〔7〕杀生:杀死与使生。 〔8〕厚:宽厚。施:博施。度:大度。恕:容让。

【译文】
　　七法就是:寻求规律、了解情况、掌握标准、施行教化、善于权衡、把握思想、精于计算。探索天地间的元气、寒暑的调和、水土的特性以及人类、鸟兽和草木的生长,世间万物虽然繁多,但却有一个共同不变的法则,这就叫规律。事物的外形、名称、时间、相似物、类别、并列物、状貌,都称作情况。度量衡中的尺寸、绳墨、规矩、衡石、斗斛、角量,都称作标准。使百姓渐进、顺应、琢磨、熏染、驯服、习惯,都称作教化。斟酌予和夺、险和易、利和害、难和易、开和闭、死和生,都称作权衡。待人忠实、诚恳、宽厚、博施、大度、容让，都称作好的品行。辨别刚柔、轻重、大小、实虚、远近、多少，都称作计算。

不明于则，而欲出号令，[1]犹立朝夕于运均之上，[2]檐竿而欲定其末。[3]不明于象，而欲论材审用，[4]犹绝长以为短，续短以为长。不明于法，而欲治民一众，犹左书而右息之。[5]不明于化，而欲变俗易教，[6]犹朝揉轮而夕欲乘车。[7]不明于决塞，而欲驱众移民，[8]犹使水逆流。不明于心术，而欲行令于人，犹倍招而必拘之。[9]不明于计数，而欲举大事，犹无舟楫而欲经于水险也。[10]故曰：错仪画制，[11]不知则不可；论材审用，不知象不可；和民一众，[12]不知法不可；变俗易教，不知化不可；驱众移民，不知决塞不可；布令必行，不知心术不可；举事必成，不知计数不可。

右七法。

【注释】

〔1〕"不明"二句：丁士涵云："当作'不明于则，而欲错仪画制'。"译文从丁说。　〔2〕"犹立"句：尹知章云："均，陶者之轮也。立朝夕，所以正东西也。"朝夕指测日影的标杆。　〔3〕檐：王引之云："'檐'当为'揞'，'揞'古'摇'字。……言钧运则不能定朝夕，竿摇则不能定其末也。"译文从王说。　〔4〕论材审用：量材适当用人。　〔5〕息：尹知章云："息，止也。"　〔6〕变俗易教：改变风俗习惯。　〔7〕揉轮：弯木制造车轮。　〔8〕驱众移民：驱赶迁移百姓。　〔9〕"犹倍"句：王引之云："'倍'与'背'同。招，射之的也。……'拘'当为'射'字之误也。"译文从王说。　〔10〕舟楫：船和桨。　〔11〕错仪画制：制定法令制度。　〔12〕和民：陶鸿庆云："'和'当为'治'。"译文从之。

【译文】

不寻求规律,要想制定法令制度,就好像要在转动的陶轮上树立标杆,又好像要固定摇动的竹竿的末端一样。不了解情况,要想量材用人,就好像把长材截短、短材接长一样。不掌握标准,要想治理百姓、统一民众,就好像用左手写字,而用右手阻止一样。不施行教化,要想改变风俗习惯,就好像早晨造出车轮、晚上就要乘车一样。不善于权衡,要想驱赶迁移百姓,就好像让河水倒流一样。不把握思想,要想对别人发号施令,就好像背对靶子却要射中目标一样。不精于计算,要想举办大事业,就好像没有船和桨却要渡过急流险滩一样。因此说:制定法令制度,不寻求规律不行;量材用人,不了解情况不行;治理百姓、统一民众,不掌握标准不行;改变风俗习惯,不施行教化不行;驱赶迁移百姓,不善于权衡不行;公布政令必定推行,不把握思想不行;举办事业必定成功,不精于计算不行。

以上"七法"。

百匿伤上威,[1]奸吏伤官法,[2]奸民伤俗教,贼盗伤国众。威伤,则重在下;[3]法伤,则货上流;[4]教伤,则从令者不辑;[5]众伤,则百姓不安其居。重在下,则令不行;货上流,则官徒毁;[6]从令者不辑,则百事无功;百姓不安其居,则轻民处而重民散;[7]轻民处重民散,则地不辟;地不辟,则六畜不育;六畜不育,则国贫而用不足;国贫而用不足,则兵弱而士不厉;[8]兵弱而士不厉,则战不胜而守不固;战不胜而守不固,则国不安矣。故曰:常令不审,[9]则百匿胜;官爵不审,则奸吏胜;符籍不审,[10]则奸民胜;刑法不审,则盗贼胜。国之四经败,[11]人君泄见危。[12]人君泄,则言实之士不进;言实之士不进,则国之情伪不竭于上。[13]

【注释】

〔1〕匿：邪恶。王念孙云："'匿'与'慝'同。百匿，众慝也。言奸慝甚多，共持国柄，则上失其威矣。"〔2〕官法：国家的法令。〔3〕重在下：指权力下移。〔4〕货上流：猪饲彦博云："谓货赂公行。"〔5〕从令者：指臣民。辑：和睦，团结。〔6〕徒：郭沫若云："'徒'疑'德'字之误。"译文从之。〔7〕轻民：指从事工商业和游手好闲的人。重民：指从事农业生产的人。〔8〕厉：勇猛。〔9〕常令：国家法令。审：严格。〔10〕符籍：泛指各种凭证和登记册。〔11〕四经：指上述国家的四种根本制度。〔12〕泄见危：此指权力分散。泄，发散、分散。王念孙云："'见'当为'则'。"译文从之。〔13〕情伪：真假，指国家的真实情况。

【译文】

朝廷中坏人当政，就会损害君主的权威；奸吏掌权，就会破坏国家的法令；百姓中奸民得势，就会败坏风俗和教化；盗贼逞强，就会伤害国内的民众。君主的权威受到损害，朝廷的大权就会落到佞臣手中；国家的法令受到破坏，贿赂的财货就会上流进奸吏的腰包；风俗教化被败坏，臣民不能和睦团结；国内民众被伤害，百姓不能安居乐业。大权下移，政令就不能推行；财货上流，道德就遭到毁坏；臣民不和睦团结，任何事也做不成；百姓不安居乐业，做工经商的人和无业游民就会增多，从事农业的人就会离散。末业、游民增多，本业、农民离散，土地就无人耕种；土地无人耕种，六畜就不得繁育；六畜不得繁育，国家就贫困，财用就不足；国家贫困，财用不足，军队就衰弱，战士不勇猛；军队衰弱，战士不勇，攻战就不胜，守卫就不牢；攻战不胜、守卫不牢，国家就不能安定。因此说：国家法令不严格，坏人就会当政；官爵升迁不严格，奸吏就会掌权；户籍登记不严格，奸民就会得势；刑罚法律不严格，盗贼就会逞强。国家的四种根本制度被破坏，君主的权力就会分散，地位就会危险。君主的权力分散，忠诚直言的臣下就不能进谏，忠诚直言的臣下不能进谏，国家的真实情况君主就无法全面掌握。

世主所贵者宝也，[1]所亲者戚也，所爱者民也，所重者爵禄也。亡君则不然，[2]致所贵非宝也，[3]致所亲非戚也，致所爱非民也，致所重非爵禄也。故不为重宝亏其命，[4]故曰令贵于宝；不为爱亲危其社稷，[5]故曰社稷戚于亲；[6]不为爱人枉其法，[7]故曰法爱于人；不为重禄爵[8]分其威，故曰威重于爵禄。不通此四者，则反于无有。[9]故曰：治人如治水潦，养人如养六畜，用人如用草木。居身论道行理，[10]则群臣服教，百吏严断，莫敢开私焉。[11]论功计劳，未尝失法律也。[12]便辟，[13]左右、大族、尊贵、大臣，不得增其功焉；疏远、卑贱、隐不知之人，[14]不忘其劳。故有罪者不怨上，爱赏者无贪心，[15]则列陈之士，[16]皆轻其死而安难，[17]以要上事，[18]本兵之极也。[19]

右四伤百匿。[20]

【注释】

〔1〕世主：当代一般君主。〔2〕亡君：猪饲彦博云："'亡'当作'明'。"译文从之。〔3〕致：最。〔4〕亏：损害。命：政令。〔5〕"不为"句：丁士涵云："当作'不为亲戚危其社稷'。"译文从丁说。〔6〕"故曰"句：依上文例当作"故曰社稷亲于戚"。〔7〕爱人：同"爱民"。下同。〔8〕安井衡云："'禄爵'恐倒。"〔9〕反：同"返"。〔10〕"居身"句：丁士涵云："'居'乃'君'之误字。《尔雅》曰'身，亲也'。君对下群臣百吏言之。"译文从丁说。〔11〕开私：指枉法。〔12〕失：违背。〔13〕便辟：善于阿谀奉承的小人。〔14〕隐不知之人：指没有地位、无人知晓的人。〔15〕爱：猪饲彦博云："'爱'当作'受'。"译文从之。〔16〕列陈之士：此谓参加作战的士兵。陈同"阵"。〔17〕安难：不怕危难。〔18〕以要上事：要，求取。此谓用来为国立功受奖。〔19〕本兵之极：孙蜀丞云："本者，主也。"极，根本。〔20〕百匿：猪饲彦博云："'百匿'二字衍。"译文从之。

【译文】

当代一般的君主看重的是珍宝,亲近的是亲属,爱护的是百姓,重视的是爵位俸禄。英明的君主却不是这样,他最看重的不是珍宝,最亲近的不是亲属,最爱护的不是百姓,最重视的不是爵位俸禄。不因为贵重珍宝而损害政令,因而说政令比珍宝更贵重;不因为亲近亲属而危害国家,因而说国家比亲属更亲近;不因为爱护百姓而违反法律,因而说法律比百姓更值得爱护;不因重视爵位俸禄而分散权威,因而说权威比爵位俸禄更为重要。不懂得这四方面的道理,权力就将丧失得一无所有。因此说治理百姓就像治理积水,养育百姓就像养育六畜,使用百姓就像使用草木。君主以身作则,按道理行事,那么群臣俯首服从教训,百官严格执行法律,没有人敢徇私枉法。根据实绩论功行赏,不能违背法令的规定。邪佞小人、左右侍从、豪门大族、尊贵之家、朝廷大臣,不因为地位高而增加功劳;关系疏远、地位卑贱、不知名的人物,不因为地位低而埋没功劳。这样,有罪过的不怨恨君主,受奖赏的不贪得无厌,而列阵参战的士兵,都舍生忘死,不避危难,力争为国立功受奖,这就是治军的根本原则啊!

以上"四伤"。

为兵之数:存乎聚财,而财无敌;[1]存乎论工,[2]而工无敌;存乎制器,而器无敌;存乎选士,而士无敌;存乎政教,[3]而政教无敌;存乎服习,[4]而服习无敌;存乎遍知天下,[5]而遍知天下无敌;存乎明于机数,[6]而明于机数无敌。故兵未出境,而无敌者八。[7]是以欲正天下,财不盖天下,[8]不能正天下;财盖天下,而工不盖天下,不能正天下;工盖天下,而器不盖天下,不能正天下;器盖天下,而士不盖天下,不能正天下;士盖天下,而教不盖天下,不能正天下;教盖天下,而习不盖天下,不能正天下;习盖天下,而不遍知天下,不能正天下;遍知天下,而不明于机数,不能正天下。故明于机数者,用兵之势也,大者时也，小者计也。[9]

【注释】

〔1〕财无敌：指使财富的数量无敌于天下。〔2〕论工：考论工匠的技巧，指选择工匠。〔3〕政教：指加强军队的管理教育。〔4〕服习：操练，指军事训练。〔5〕遍知天下：指掌握各国情报。〔6〕明于机数：指懂得把握时机和运用策略。〔7〕"故兵"二句：林圃云："今《通典》一百四十八引此文作'此八者皆须无敌，故兵未出境而无敌者八悉备，然后能正天下'。"译文从林说。〔8〕盖天下：超过天下，领先天下。〔9〕计：计谋，策略。

【译文】

治军的方法：在于积聚财富，使财富的数量无敌于天下；在于选择工匠，使工匠的技巧无敌于天下；在于制造兵器，使兵器的质量无敌于天下；在于选拔士兵，使士兵的素质无敌于天下；在于加强管理教育，使管教的水平无敌于天下；在于抓紧军事训练，使训练的水平无敌于天下；在于掌握各国情报，使情报工作的水平无敌于天下；在于懂得时机策略，使时机的把握、策略的运用无敌于天下。这八项工作都要做到天下一流，因此军队还未开出国境，而无敌于天下的八项条件都已具备，这样才能统一天下。因而要统一天下，财富数量不能领先天下不行；财富数量领先天下，而工匠技巧不能领先天下也不行；工匠技巧领先天下，而兵器质量不能领先天下也不行；兵器质量领先天下，而士兵素质不能领先天下也不行；士兵素质领先天下，而管教水平不能领先天下也不行；管教水平领先天下，而训练水平不能领先天下也不行；训练水平领先天下，而不能掌握各国情报也不行；掌握了各国情报，而不懂得时机策略也不行。因此，能把握时机、运用策略，这就造成了用兵的气势，这种气势的主要部分是时机，次要部分是策略。

王道非废也，而天下莫敢窥者，王者之正也。衡库者，天子之礼也。[1]

【注释】

〔1〕戴望云："此数句与上下文义不贯，疑是错简。"尹知章云："衡者所以平轻重，库者所以藏宝物，不令外知者也。言王者用心常当准平天下，既知轻重，审用于心，无令长耳目者所得，此则天子之礼然也。"

【译文】

王道政治不可废止，天下之所以不敢觊觎推行王道国家的原因，在于王道的正义。经常衡量天下的利害得失，这就是天子应遵守的礼数。

是故器成卒选，则士知胜矣。遍知天下，审御机数，则独行而无敌矣。所爱之国，[1]而独利之；所恶之国，[2]而独害之，则令行禁止。是以圣王贵之。[3]胜一而服百，则天下畏之矣；立少而观多，[4]则天下怀之矣；[5]罚有罪，赏有功，则天下从之矣。故聚天下之精财，[6]论百工之锐器，春秋角试，[7]以练精锐为右，[8]成器不课不用，[9]不试不藏。收天下之豪杰，有天下之骏雄，[10]故举之如飞鸟，[11]动之如雷电，发之如风雨，莫当其前，莫害其后，独出独入，莫敢禁圉。[12]成功立事，必顺于礼义。故不礼不胜天下，不义不胜人。故贤知之君，[13]必立于胜地，故正天下而莫之敢御也。

右为兵之数。

【注释】

〔1〕所爱之国：指友好国家。 〔2〕所恶之国：指敌对国家。 〔3〕圣王：高明的君主。贵之：重视用兵。 〔4〕观多：指给多数示范。 〔5〕怀：归附。 〔6〕财：王念孙云："'财'当为'材'。"译文从之。 〔7〕角试：比较检验。练：选择。 〔8〕右：上等。 〔9〕成器：制成的

兵器。课：检查。〔10〕骏雄：指勇士。〔11〕举：与下文"动""发"都指投入战斗。〔12〕禁圉：同"禁御"，抵抗。〔13〕贤知：同"贤智"。

【译文】
　　因此兵器制作精良，士卒经过选拔，这样军队就有必胜信心；掌握各国情报，善用时机策略，这样军队就会所向无敌。友好的国家，专门给予扶持；敌对的国家，特意加以打击，这样就能号令天下。因此高明的君主格外重视用兵。战胜一个国家，使更多的国家臣服，天下就会畏惧；扶植少数国家，给更多的国家示范，天下就会归附；惩罚有罪之人，奖赏有功之臣，天下就会服从。汇聚天下精良的材料，考察工匠锐利的兵器，春秋两季进行比较检验，选择最精锐的列为上等。制成的兵器，不经检查试用，不能使用，不能入库。招罗天下的豪杰，拥有天下的勇士，一旦投入战斗，矫捷像飞鸟，迅猛像雷电，狂暴像风雨，前方无人能阻挡，后面无人能暗算，单独出击，没有人敢于抵抗。成就功绩，创立事业，一定要顺应礼义。不合礼就不能战胜天下，不合义就不能战胜敌人。因此，贤能明智的君主，一定要立于不败之地，这样才能统一天下而没有人敢抗拒。
　　以上"为兵之数"。

　　若夫曲制时举，[1]不失天时，[2]毋圹地利，[3]其数多少，[4]其要必出于计数。[5]故凡攻伐之为道也，计必先定于内，然后兵出乎境，计未定于内，而兵出乎境，是则战之自胜，[6]攻之自毁也。是故张军而不能战，[7]围邑而不能攻，得地而不能实，[8]三者见一焉，则可破毁也。故不明于敌人之政，不能加也；[9]不明于敌人之情，不可约也；[10]不明于敌人之将，不先军也；[11]不明于敌人之士，不先陈也。[12]是故以众击寡，以治击乱，以富击贫，以能击不能，以教卒练士击驱众白徒，[13]故十战十胜，百战百胜。

【注释】

〔1〕曲制时举：何如璋云："曲，部曲也。曲制，部曲之制也。"即今言军队建制，此指军队。时举谓应时而举，即利用有利时机发兵。〔2〕天时：指季节和气候。 〔3〕圹：同"旷"，废弃。地利：指有利的地形地物。 〔4〕数：指军队行动所需的人员、装备、军需的数量。〔5〕"其要"句：丁士涵云："此言数之多少必出于计，'计'下不当有'数'字。"译文从丁说。 〔6〕"是则"句：丁士涵云："此'胜'字误，当作'败'，'是'字衍文。"译文从丁说。 〔7〕张军：指摆开阵势。 〔8〕实：巩固。 〔9〕加：加兵，出兵。 〔10〕约：约战，宣战。〔11〕军：指进攻。 〔12〕陈：同"阵"，列阵。 〔13〕教卒练士：经过教育训练的士兵。驱众白徒：没有经过训练的乌合之众。

【译文】

至于军队利用时机发兵进攻，不要丧失有利的季节气候，不要放弃有利的地形地物，需要的人员、装备、军需数量的多少，关键在于要经过精确计算。凡是攻战的原则，一定要先在国内周密计划，然后才派兵出境，计划没有确定就出兵，攻战就必然自取失败。因此摆开阵势却不能交战，包围城市却不能进攻，夺取阵地却不能巩固，这三种情况中出现一种，就可能使军队败亡。因此，不了解敌人的政治，不能出兵；不了解敌人的军情，不能宣战；不了解敌人的将帅，不能抢先进攻；不了解敌人的士卒，不能率先列阵。因此，必须用多数去进攻少数，用治国去进攻乱国，用富国去进攻穷国，用贤能的将帅去进攻无能的将帅，用训练有素的士兵去进攻乌合之众，这样才能做到十战十胜，百战百胜。

故事无备，兵无主，则不蚤知；[1]野不辟，地无吏，[2]则无蓄积；官无常，[3]下怨上，[4]而器械不功；[5]朝无政，[6]则赏罚不明；[7]赏罚不明，则民幸生。[8]故蚤知敌人如独行，[9]有蓄积则久而不匮，器械功则伐而不费，[10]赏罚明则人不幸，[11]人不幸则勇士劝之。[12]故兵也者，审于地图，[13]谋十官日，[14]量蓄积，齐勇士，[15]遍知天下，审御机数，兵主之事也。

【注释】

〔1〕则不蚤知:丁士涵云:"'知'下当脱'敌'字。"译文从之。 〔2〕地无吏:土地没有官吏管理。 〔3〕官:指管理手工业的官府。常:常规。 〔4〕下:指工匠。上:指官府。 〔5〕而:猪饲彦博云:"'而'当作'则'。"译文从之。功:同"工",精良。 〔6〕朝无政:指朝廷政令不修。 〔7〕"则赏"句:猪饲彦博云:"以上文推之,此五字宜衍。"故译文略去。 〔8〕幸生:侥幸偷生。 〔9〕"故蚤"句:丁士涵云:"案当作'蚤知敌则独行'。"译文从之。 〔10〕费:损坏。 〔11〕不幸:安井衡云:"不幸,不幸生也,不言生者,蒙上省文。" 〔12〕之:闻一多云:"'之'为草书'矣'之坏字。"译文从之。 〔13〕地图:指地形地势等地理状况。 〔14〕谋十官日:何如璋云:"'十'乃'于'之坏,'官日'二字倒易,当作'谋于日官',与上句'审于地图'对文。谋日官,察天时也。"译文从何说。 〔15〕齐:统一。

【译文】

对战争没有准备,军队没有主帅,就不能预先掌握敌情;荒野没有开垦,土地无人管理,国家就没有物资积蓄;官府没有常规,工匠怨恨官吏,造出的兵器就不会精良;朝廷政令不修,奖惩赏罚不明,百姓就侥幸偷生。因此,预先掌握敌情就能所向无敌,拥有物资积蓄就能持久作战而不会短缺,兵器制作精良就能连续进攻而不易损坏,奖惩赏罚分明,百姓就不会侥幸偷生;百姓不侥幸偷生,勇士就奋力向前。所以,用兵的规律就是详尽地了解地形地势,反复地研究天文气象,准确地计算物资积蓄,严格地统一士兵训练,全面地掌握敌国情报,谨慎地把握时机,运用策略,这些就是军队主帅的职责。

故有风雨之行,[1]故能不远道里矣;有飞鸟之举,故能不险山河矣;有雷电之战,故能独行而无敌矣;有水旱之功,[2]故能攻国救邑;[3]有金城之守,[4]故能定宗庙、育男女矣;有一体之治,[5]故能出号令、明宪法矣。风雨之行者,速也;飞鸟之举者,轻也;雷电之战者,士不齐也;^[6]水旱之功者,野不收、耕不获也;金城之守者,用货财、设耳目也;^[7]一体之治者,去奇说、禁雕俗也。^[8]不远道里,故能威绝域之民;不险山河,故能服恃固之国;^[9]独行无敌,故令行而禁止;故攻国救邑,^[10]不恃权与之国,^[11]故所指必听;定宗庙、育男女,天下莫之能伤,然后可以有国;制仪法,出号令,莫不响应,然后可以治民一众矣。

右选陈。

【注释】

〔1〕故:张文虎云:"'故'字衍,观下文自明。"译文从张说。〔2〕水旱之功:指如同水灾旱灾般的破坏力。〔3〕"故能"句:猪饲彦博云:"'救'当作'拔',下同。"戴望云:"'邑'下当脱'矣'字。"译文从之。〔4〕金城:坚固的城池。〔5〕一体之治:像一个人的身体般协调统一。〔6〕士不齐:指敌军阵势不齐。〔7〕"金城"二句:猪饲彦博云:"谓散货财以设间者。"〔8〕雕俗:指崇尚奢侈的风俗。〔9〕恃固:凭借天险。〔10〕故:猪饲彦博云:"'故'字衍。"译文从之。〔11〕恃:王念孙云:"'恃'当为'待'。"译文从之。权与之国:盟国。

【译文】

军队的行动,如同风雨席卷般行进,因而不怕路途遥远;如同飞鸟高翔般前跃,因而不怕山河险阻;如同雷鸣电闪般进击,因而能所向无敌;如同水灾旱灾般破坏,因而能攻克敌国,攻占城市;如同金城般固守,因而能安定国家,传宗接代;如同身体般协调,因而能发号施令、严明法制。风雨席卷般行进,指速度飞快;飞鸟高翔般前跃,指身体轻捷;雷鸣电闪般进击,指使敌人溃不成军;水灾旱灾般破坏,指荒野田地没有收获;金城般固守,指使用财货、收买间谍;身体般协调,指取缔异端邪说、禁绝奢侈风俗。不怕路途遥远,因此能震慑僻远地方的百姓;不怕山河险阻,因此能制服凭借天险的敌国;所向无敌,因此能有令必行、有禁必止；攻克敌国，攻占城市，不等盟国援助，因此所向披靡；安定国家，传宗接代，天下没有敢伤害的，因此能牢固地掌握政权；制定法律，发号施令，天下没有不响应的，因此能治理百姓、统一天下。

以上"选陈"。

版 法 第 七

【题解】

版法指书写在木版上的常法。尹知章云:"选择政要,载之于版,以为常法。"可为确解。

本篇阐述君主临政的一些重要原则。文章先提出"三经",即端正自己的心志,不违背自然规律,处理好各种人际关系。文章提出,君主的胸怀要"兼爱无遗";君主治国要"审用财力",要"正法直度";君主要效法天地、日月、四时,才能得民心,避祸乱,长治久安,巩固君位。

凡将立事,[1]正彼天植,[2]风雨无违,[3]远近高下,各得其嗣。[4]三经既饬,[5]君乃有国。喜无以赏,[6]怒无以杀。喜以赏,怒以杀,怨乃起,令乃废。骤令不行,[7]民心乃外。外之有徒,[8]祸乃始牙。[9]众之所忿,置不能图。[10]举所美必观其所终,废所恶必计其所穷。庆勉敦敬以显之,[11]富禄有功以劝之,[12]爵贵有名以休之。[13]兼爱无遗,是谓君心。必先顺教,[14]万民乡风。[15]旦暮利之,[16]众乃胜任。取人以己,成事以质。[17]审用财,[18]慎施报,察称量。[19]故用财不可以啬,用力不可以苦。[20]用财啬则费,[21]用力苦则劳。民不足,令乃辱;[22]民苦殃,令不行。施报不得,祸乃始昌;[23]祸昌不寤,民乃自图。[24]正法直度,罪杀不赦,杀僇必信,[25]民畏而惧。武威既明,令不再行。顿卒怠倦以辱之,[26]罚罪宥过以惩之,[27]杀僇犯禁以振之。[28]植固不动,[29]倚邪乃恐。[30]倚革邪化,[31]令往民移。法天合德,象法无亲,[32]参于日月,佐于四时。[33]悦在施,[34]有众在废私,召远在修近,[35]闭祸在除怨。[36]修长在乎任贤,[37]高安在乎同利。[38]

【注释】

〔1〕立事:即莅事,指君主临政治事。 〔2〕天植:指君主的心志。〔3〕风雨:指以风雨为代表的自然规律。 〔4〕嗣:于省吾云:"金文嗣、辭通用。……'嗣'古'治'字。此言'远近高下,各得其治'也。"译文从于说。 〔5〕三经:尹知章云:"三经谓上天植、风雨、高下也。是三者既以饬整,故君可以有国也。" 〔6〕喜无以赏:不以一己之喜而滥赏。下仿此。 〔7〕骤令:屡次下令。 〔8〕徒:指结党。〔9〕牙:同"芽",萌发。 〔10〕置不能图:《版法解》作"寡不能图"。译文从之。 〔11〕庆勉:猪饲彦博云:"庆,赏也。"庆勉指奖赏勉励。敦敬:敦厚恭敬。 〔12〕富禄:丁士涵云:"'富禄'当作'禄富',与'爵赏'对文。谓以禄富有功,以爵赏有名。"译文从丁说。〔13〕休:猪饲彦博云:"休,美也。" 〔14〕顺教:刘师培云:"'顺教'当作'教顺'……'教顺'即教训也。"译文从刘说。 〔15〕乡风:同"向风",趋从教化。 〔16〕旦暮:早晚,指经常。 〔17〕"取人"二句:尹知章云:"将欲取人,必先审己才略,能用彼不。质谓准的。将欲成事,必先立其准的,事不违质,然后为善。" 〔18〕审用财:丁士涵云:"'财'下脱一'力'字。下文'用财''用力'对举,此不当专言'财'。"译文从丁说。 〔19〕施报:施惠和酬报。称量:衡量轻重利害。〔20〕苦:此指使用民力过度。 〔21〕费:丁士涵云:"'费'读为悖,悖,逆也。" 〔22〕辱:闻一多云:"'辱'读为缛,繁也。"〔23〕昌:闻一多云:"《广雅·释诂》'昌,始也'。" 〔24〕自图:指自谋出路。 〔25〕僇:同"戮"。 〔26〕顿卒:猪饲彦博云:"顿,挫也。'卒'当作"啐",戒也,呵也。"顿卒谓斥责。 〔27〕宥过:《版

法解》作"有过"。〔28〕振:闻一多云:振读为"震",威也,惧也。
〔29〕植:猪饲彦博云:植即"天植"。 〔30〕倚邪:猪饲彦博云:"倚、奇同。"奇邪指乖异邪僻。 〔31〕革:变革。化:化移,变化。
〔32〕象法:《版法解》作"象地"。尹知章云:"地之资生,无所亲私。"
〔33〕佐于四时:《版法解》作"伍于四时"。谓与四时为伍。 〔34〕悦在施:刘绩云:"按当作'悦众在爱施',《解》作'说在爱施',脱一'众'字。"译文从刘说。施,恩惠。爱施指施爱加惠。 〔35〕修近:指修治内部。 〔36〕闭祸:避免祸乱。 〔37〕修长:王念孙云:"'修长'当从后《解》作'备长',言备长久之道,在乎任贤也。"译文从王说。
〔38〕高安:王念孙云:"'高安'当从后《解》作'安高',言安上之道在乎与民同利也。"译文从王说。

【译文】

　　大凡君主临政治事,要端正心志,不要违背自然规律,要处理好与远近高下各类人的关系,使他们各得其所。三项原则得到整饬,君主才能拥有国家。不以一己之喜而滥赏,不以一己之怒而滥杀。凭一己之喜而赏,凭一己之怒而杀,民怨就会产生,政令就会废弛。屡次下令不能推行,民心就会向外,存有外心的结为党徒,祸患就开始萌发。众人爆发出来的怨怒,少数人难以应付。兴办喜爱之事,一定要考虑它的结局;废除厌恶之事,一定要估计它的后果。用奖赏勉励敦敬之人来进行显扬,用俸禄加富有功之人来进行劝勉,用爵位增贵有名之人来进行称誉。广施仁爱,没有遗弃,这才是君主的胸怀。一定要先进行教训,使万民趋从教化,经常给他们利益,百姓才会承担责任。用人先要审察自己,成事先要树立标准。仔细斟酌财力的使用,谨慎地对待施惠和酬报,反复地衡量轻重和利害。因而使用财力不可吝啬,使用民力不可过度。用财吝啬就会引起悖逆,用力过度就会造成疲劳。百姓贫困不足,政令就更加繁缛;百姓吃苦遭殃,政令就不能推行。施惠和酬报都无从实行,祸患就将开始发展。祸患发展而君主还不觉悟,百姓就将自谋出路。法令公正,制度平等。杀戮有罪不予赦免,执行刑戮必守信用,百姓就会畏惧。武力威势既已宣明,法令就不必重申。斥责怠惰的人对之加以羞辱,处罚有错的人对之加以惩治,杀戮犯罪的人加以震慑。君主执法的意志牢固不动摇,乖异邪僻之徒就会恐惧。乖异邪僻之徒得到改造,君主法令下达,百姓就会顺令而动。君主效法上天,合于公德，模仿大地，无所私亲，与日月参合，与四时相伍。取悦民众在于施爱加惠，拥有百姓在于废除私心，招致远民在于修治内部，避免祸乱在于消除怨恨，长治久安在于任用贤人，巩固君位在于与民同利。

幼官第八

【题解】

　　幼官应作"玄宫",何如璋、闻一多、郭沫若论之甚详,可为定论。玄宫即指明堂,为古代帝王宣明政教的地方,凡朝会、祭祀、庆赏、选士、养老、教学等大典,均在此进行。《淮南子·本经训》高诱注云:"明堂,王者布政之堂,上圆下方,四出各有左右房,谓之个,凡十二所。王者月居其房,告朔朝历颁宣其令,谓之明堂。"本篇按中、东、南、西、北的方位依次排列,形似一明堂图案,故以此名篇。郭沫若曾据此恢复成图形文字,称为"玄宫图",附于《管子集校》中,可参看。

　　本篇将阴阳五行思想和故事、军事相联系,阐述时令、方物和治国、治兵之道。全篇共分十节,按《幼官图》标目,依次为中方本图、东方本图、南方本图、西方本图、北方本图、中方副图、东方副图、南方副图、西方副图、北方副图。每节包含两层内容:先述时令、方物,即君主在不同时节衣、食、住、行的行为规范和旗帜、兵器、刑法的使用规定。后述治国、治兵之道:大致"本图"部分论治国之道,多与阐述政治思想诸篇相通,如"九守""八揆""七胜""六纪""五终""三本""八观""九败"等;而"副图"部分论治兵之道,多与阐述军事思想的《七法》《兵法》诸篇相通,并提出了"至善不战""至善之为兵也,非地是求也,非人是君也"等战争的最高准则。

　　郭沫若提出:本篇"以五行方位纪时令,而以一篇政论文割裂作双重,分配于五方。本文次第……除表示时令与方物者外,原政论文字当从所谓'中方本图'读起,转至'中方副图',转至'东方副图''南方副图''西方副图''北方副图',再转至'东方本图''南方本图''西方本图''北方本图'。如此读去,文成条贯,且与《兵法篇》文次约略相同。"此说可供阅读时参考。

若因：[1]夜虚守静，人物人物则皇。[2]五和时节，[3]君服黄色，[4]味甘味，[5]听宫声，[6]治和气，[7]用五数，饮于黄后之井，[8]以倮兽之火爨。[9]藏温濡，[10]行驱养，[11]坦气修通；[12]凡物开静，[13]形生理。

【注释】

〔1〕若因：刘师培云："疑'若图'之讹。"郭沫若云："唯'若'乃'右'之误，'若因'即'右图'也。"译文从刘说郭说。 〔2〕"夜虚"二句：此有错简。丁士涵云："此十字下当接下文'常至命'云云。"郭沫若云：原文当为"人人物物"，谓人与物各得其适也。译文从郭说丁说。夜虚守静：当依《幼官图》作"处虚守静"。皇：指成就皇业。 〔3〕五和时节：本节所述，属五行中之"土"。尹知章云："土生数五，土气和则君顺时节而布政。"以下所述都是与土相应的规定。〔4〕黄色：五色之一。五色为黄、青、赤、白、黑。 〔5〕甘味：五味之一。五味为甘、酸、苦、辛、咸。 〔6〕宫声：五声之一。五声为宫、角、羽、商、徵。 〔7〕治和气：尹知章云："土主和，故治和气。"〔8〕黄后之井：尹知章云："中央井也。" 〔9〕倮(luǒ 裸)兽：短毛野兽，如虎豹之类。倮兽之火指中央之火。爨(cuàn 窜)：烧火。〔10〕藏温濡：尹知章云："藏谓包之在心，君之所藏者，温和濡缓，所以助土气。" 〔11〕行驱养：刘绩云："'行'对'藏'而言，谓行之于身也。"丁士涵云："'驱'读为呕。《广雅》'呕呕，乐也'，'呕呕，喜也'。……《韩诗外传》云'闻其徵声，使人乐养而好施'，下文'藏不忍，行驱养'，义亦同。" 〔12〕坦气修通：坦气指平和之气。闻一多云："'修'疑当为'循'。"译文从"循"。 〔13〕开静：开通安静。

【译文】

右图：土气和顺时节，君主服装穿黄色，食物尝甜味，音乐听宫声，调治和顺之气，数字用五，饮水用中央之井，烧火用中央之火。心怀温和濡缓，身行乐养好施，平和之气循环流通；万物开通安静，形体生成，合于天理。

常至命,[1]尊贤授德则帝。身仁行义,[2]服忠用信则王。[3]审谋章礼,[4]选士利械则霸。定生处死,[5]谨贤修伍则众。[6]信赏审罚,爵材禄能则强。计凡付终,[7]务本饬末则富。明法审数,立常备能则治。[8]同异分官则安。[9]

【注释】
〔1〕此句前当有"处虚守静,人人物物则皇"十字,译文补出。张佩纶云:"按'常至命'上当是'率'字。……率,循也。"〔2〕身仁行义:躬行仁义。〔3〕服:用。〔4〕章:同"彰",明。〔5〕定生处死:闻一多云:"定、处义近。……此'处'字亦训安,谓安葬之。"〔6〕修伍:修治百姓。〔7〕计凡:计算总数。付:同"符",检验。终:结果。此句谓建立经济核算制度。〔8〕立常:猪饲彦博云:"立典常也。"〔9〕丁士涵云:"以上文句例求之,脱去四字。"尹知章云:"同异之职,分官而治。"译文从之。

【译文】
君主恪守虚静,无为而治,各种人物各得其适,这样就能成就皇业。遵循常道,达于天命,尊重贤能,任用贤德,这样就能成就帝业。身体力行仁义之举,选拔使用忠信之臣,这样就能成就王业。审用谋略,彰明礼节,精选士卒,磨利兵器,这样就能成就霸业。安定生者,安葬死者,敬重贤德,修治百姓,这样就能赢得民心。奖赏守信,处罚谨慎,才士封爵,能人加禄,这样就能国力强盛。计算总数,检验结果,努力从事本业,整顿末业,这样就能经济富足。修明法令,慎用政策,确立常规,配备能臣,这样就能国内大治。按照不同职务,实行分官治理,这样就能国家安定。

通之以道,[1]畜之以惠,亲之以仁,养之以义,报之以德,结之以信,接之以礼,和之以乐,期之以事,攻之以官,[2]发之以力,威之以诚。[3]一举而上下得终,[4]再举而民无不从,三举而地辟散成,[5]四举而农佚粟十,[6]五举而务轻金九,[7]六举而絜知事变,[8]七举而外内为用,八举而胜行威立,九举而帝事成形。[9]

【注释】
〔1〕通之以道:用道理开导臣民。以下数句均指君主对臣民而言。〔2〕攻之以官:猪饲彦博云:"'攻'疑当作'考','官'作'言'为是。"译文从之。〔3〕诚:安井衡云:"'诚'当为'诫'字之误。"译文从安说。〔4〕一举而上下得终:何如璋云:"举,犹行也,谓行政也。……'一举'谓一岁首举。"〔5〕散成:张佩纶云:"当作'谷成'。篆书'槃'脱禾字,与'散'形近。"译文从张说。〔6〕十:郭沫若云:"'十'乃'丰'之坏字,'丰'假为'豐'。"译文从郭说。〔7〕务轻金九:郭沫若云:"'务'谓徭役也。……'金九'九字疑'充'字之残。"译文从之。〔8〕絜(xié协):尹知章云:"絜,围度也。"此指衡量。〔9〕帝事成形:郭沫若云:"原文有韵,'形'当为'功'。"译文从郭说。帝事指帝王之事。

【译文】
君主用道理开导臣民,用恩惠畜养臣民,用仁爱亲近臣民,用道义培养臣民,用仁德回报臣民,用信用结交臣民,用礼节接待臣民,用音乐和悦臣民,观行事检验臣民,听言语考察臣民,用威力激发臣民,用训诫威慑臣民。这样施政一年,君上臣下,有始有终;施政两年,万民百姓,无不服从;施政三年,土地开辟,五谷收获;施政四年,农民佚乐,粮食丰收;施政五年,徭役减轻,国库充足;施政六年,世事变化,规律掌握;施政七年,外交内政,为我所用;施政八年,实现优胜,确立权威;施政九年,帝王大业,事就功成。

九本搏大,[1]人主之守也;八分有职,[2]卿相之守也;十官饰胜备威,[3]将军之守也;六纪审密,[4]贤人之守也;五纪不解,[5]庶人之守也。动而无不从,静而无不同。[6]治乱之本三,[7]卑尊之交四,[8]富贫之终五,[9]盛衰之纪六,[10]安危之机七,[11]强弱之应八,[12]存亡之数九。[13]练之以散群偹署,[14]凡数财署。[15]杀僇以聚财,[16]劝勉以选众。[17]使二分具本,[18]发善必审于密,[19]执威必明于中。[20]

此居图方中。

【注释】

〔1〕九本搏大:何如璋云:"'九本'即杂篇《九守》。"指九种必须遵守的根本原则。猪饲彦博云:"'搏'当作'博',言宏博宽大,人主之所守。"译文从之。 〔2〕八分有职:指八种测度、衡量的依据各有职司。何如璋云:"'八分'即《君臣上》'八揆'。" 〔3〕"十官"句:张佩纶云:"'官饬'二字错置在此。当作'七胜备威'。'七胜'见《枢言篇》。"指七种必胜的规律、树立军威。 〔4〕六纪:指六条决定盛衰的纲纪。郭沫若云:"'六纪'当即下文'盛衰之纪六'。" 〔5〕五纪不解:指五条决定贫富的规则不可松懈。郭沫若云:"'五纪'当作'五终',下文云'富贫之终五'。……终者,总也,统也。'不解'当是'不懈'。" 〔6〕猪饲彦博云:"二句又见'东方方外',此误重出。"故译文略去。 〔7〕治乱之本三:《立政》:"国之所以治乱者三。" 〔8〕卑尊之交四:张佩纶云:"疑'安危之机七'与'卑尊'互讹,亦当作'安危之机四''卑尊之交七'。"《立政》:"国之所以安危者四。"译文从之。 〔9〕富贫之终五:《立政》:"国之所以富贫者五。" 〔10〕盛衰之纪六:张佩纶云:"六秉是也。" 〔11〕安危之机七:当作"卑尊之交七"。张佩纶云:"'交'当作'效',七法是也。"见《七法》。 〔12〕强弱之应八:张佩纶云:"八观是也。"见《八观》。 〔13〕存亡之数九:张佩纶云:"九败是也。"见《立政》。 〔14〕郭沫若云:练"此处亦可读为统或董"。练之谓总上而言。闻一多云:"散群偹署"即《庄子》中"列士坏植散群",'署'即'书社','偹'之言犹崩也,崩,亦坏也"。此谓解散徒众、不立朋党。 〔15〕凡数财署:郭沫若云:"盖'风教则著'之误,四字同误……" 〔16〕僇:同"戮"。尹知章云:"或因亡国,或因灭家,莫不藉没其财。" 〔17〕选众:郭沫若云:选当作"迁"。移风易俗之谓也。 〔18〕使二分具本:指使以下两方面都要具备文本。 〔19〕发善:尹知章云:"谓行赏。"

〔20〕执威：尹知章云："谓行刑。"中：国中。

【译文】

　　九项根本的原则，宏博宽大，是君主必须遵守的；八项测度的标准，各有职司，是卿相必须遵守的；七项必胜的规律，备显军威，是将军必须遵守的；六项决定盛衰的纲纪，详审严密，是贤才必须遵守的；五项决定贫富的规则，不可懈怠，是庶民必须遵守的。决定国家治乱的根本有三项，决定国家安危的关键有四项，决定国家贫富的规则有五项，决定国家盛衰的纲纪有六项，决定国家尊卑的法则有七项，决定国家强弱的效应有八项，决定国家存亡的规律有九项。总之，解散朋党，上下齐心，风俗教化，变化显著。杀戮罪犯以聚敛财货，奖励善行以移风易俗，两方面都必须具备文本：行赏必须严密审核，行刑必须宣明国中。

　　以上处于"玄宫图"方中。

　　春行冬政肃，[1]行秋政雷，[2]行夏政阉。[3]十二地气发，[4]戒春事；十二小卯，[5]出耕；十二天气下，赐与；十二义气至，[6]修门闾；十二清明，发禁；十二始卯，[7]合男女；十二中卯，十二下卯，三卯同事。[8]八举时节，[9]君服青色，味酸味，听角声，治燥气，[10]用八数，饮于青后之井，[11]以羽兽之火爨。[12]藏不忍，行驱养，坦气修通；凡物开静，形生理。

【注释】

　　[1]许维遹云："《礼记·月令篇》'季春行冬令，则寒气时发，草木皆肃'，郑《注》'……肃谓枝叶缩栗'。"政：指政令。　[2]行秋政雷：丁士涵云："'雷'乃'霜'字误。"译文从丁说。　[3]阉：尹知章云："春既阳，夏又阳，阳气猥并，故掩闭也。"阉，掩蔽。　[4]十二地气发：十二，当指十二天。本篇四时共三十个十二天，恰为一年之天数，故十二可能为当时一个节气的周期。"十二"之下"地气发"等名，可能即为当时节气名。　[5]小卯：惠栋云："《说文》曰'卯，冒

也。二月万物冒地而出，象开门之形，故二月为天门'。……故春言三卯。"　〔6〕义气：丁士涵云："'义气'不可解，'义'当为'和'，声之误也。"译文从之。　〔7〕始卯：宋本作"始毌"。译从。陈奂云："'毌'当作'毌'，音贯，古毌、卵声同。"始卯谓开始产卵，动物交尾产卵多在春秋二季。　〔8〕三卯：指小卯、中卯、下卯。同事：指三个季气行事相同。　〔9〕八举：尹知章云："木成数八，木气举，君则顺时节布政。"　〔10〕治燥气：尹知章云："春多风而旱，故治燥气。"　〔11〕青后之井：尹知章云："东方井也。"　〔12〕羽兽之火：尹知章云："羽兽，南方朱鸟。用南方之火，故曰羽兽之火。"

【译文】
　　春季如果实行冬季的政令，就会草木肃杀；如果实行秋季的政令，就会出现降霜；如果实行夏季的政令，就会阳气掩蔽。从初春开始的节气和行事：十二天为"地气发"，准备耕种之事；十二天为"小卯"，适宜开始耕地；十二天为"天气下"，适宜颁行赏赐；十二天为"和气至"，适宜修整门闾；十二天为"清明"，适宜开放禁令；十二天为"始毌"，适宜男女婚嫁；十二天为"中卯"，十二天为"下卯"，三卯行事相同。木气扬举时节，君主服装穿青色，食物尝酸味，音乐听角声，调治干燥之气，数字用八，饮水用东方之井，烧火用南方之火。心怀不忍之心，身行乐养好施，平和之气循环流通；万物开通安静，形体生成，合于天理。

　　合内空周外，^{〔1〕}强国为圈，^{〔2〕}弱国为属。动而无不从，静而无不同。举发以礼，时礼必得。^{〔3〕}和好不基，^{〔4〕}贵贱无司，^{〔5〕}事变日至。^{〔6〕}
　　此居于图东方方外。

【注释】
　　〔1〕空：戴望云："'空'即'内'字之误而衍者。"译文从"内"。　〔2〕圈：猪饲彦博云："'圈'亦当作'眷'。"译文从"眷"。　〔3〕许维遹云："时，犹处也。"　〔4〕不基：尹桐阳云："'基'同'惎'，憎恶也。'不基'者即《月令》所谓'不可以称兵'是。"　〔5〕贵贱无

司：尹桐阳云："'司'同'伺'，罪也。'无司'者即《月令》所谓'止狱讼'是。"〔6〕事变日至：尹桐阳云："'至'同'窒'，塞也。"

【译文】
　　天地四方内外，强国为亲眷，弱国为藩属。君主有所行动，各国无不跟从；君主静守无为，各国无不随同。兴举事业，必据礼数，处事循礼，必有所得。保持和好，互不仇视，贵贱相安，不兴狱讼，这样，意外的事变将被阻塞防止。
　　以上处于"玄宫图"东方方外。

　　夏行春政风，行冬政落，重则雨雹，〔1〕行秋政水。十二小郢，至德；〔2〕十二绝气下，下爵赏；〔3〕十二中郢，赐与；十二中绝，收聚；十二大暑至，尽善；十二中暑，十二小暑终，〔4〕三暑同事。七举时节，〔5〕君服赤色，味苦味，听羽声，治阳气，用七数，饮于赤后之井，〔6〕以毛兽之火爨。〔7〕藏薄纯，〔8〕行笃厚，〔9〕坦气修通；凡物开静，形生理。

【注释】
　　〔1〕"行冬"二句：尹桐阳云："'落'同'零'，雨雹也。……其灾重则雨雹。《礼记·月令》'仲夏行冬令，则雹冻伤谷'。"〔2〕何如璋云："'郢'当作'盈'，以'郢'有盈音而误。'盈'亦通'嬴'。……盈，满也。嬴，亦满也。今历立夏后为小满，即本此。'至德'谓招致有德之人也。"译文从何说。〔3〕丁士涵云："案此当衍一'下'字，应读'绝气下'句，'爵赏'句。"〔4〕吴志忠云："大暑小暑，以下文'十二大寒终'例之，则大小二字当互易。"是。〔5〕七举：尹知章云："火成数七，火气举，君则顺时节而布政。"〔6〕赤后之井：尹知章云："南方井也。"〔7〕毛兽之火：尹知章云："毛兽，西方白虎，用西方之火，故曰毛兽之火。"〔8〕藏薄纯：尹知章云："盛阳之性，失在奢纵，故所藏者省薄纯素也。"〔9〕行笃厚：

尹知章云："阳性宽和，故行笃厚。"

【译文】
　　夏季如果实行春季的政令，就会刮起大风；如果实行冬季的政令，就会雨水不绝，严重会下冰雹；如果实行秋节的政令，就会多水成灾。从初夏开始的节气和行事：十二天为"小郢"，适宜招致贤德；十二天为"绝气下"，适宜封爵加赏；十二天为"中郢"，适宜颁行赏赐；十二天为"中绝"，适宜收获聚敛；十二天为"小暑至"，适宜尽行善事；十二天为"中暑"，十二天为"大暑终"，三暑行事相同。火气扬举时节，君主服装穿赤色，食物尝苦味，音乐听羽声，调治盛阳之气，数字用七，饮水用南方之井，烧火用西方之火。心怀省薄纯素，身行诚笃忠厚，平和之气循环流通；万物开通安静，形体生成，合于天理。

　　定府官，[1]明名分，而审责于群臣有司，[2]则下不乘上，[3]贱不乘贵。法立数得，而无比周之民，则上尊而下卑，远近不乖。[4]
　　此居于图南方方外。

【注释】
　　[1]定府官：指确定高低官阶。　[2]审责：小心监督。　[3]乘：越，犯。　[4]乖：乖错，指越轨行为。

【译文】
　　确定高低官阶，明确上下名分，小心监督群臣和官府，就能下不犯上，贱不犯贵。法令确立，规律掌握，百姓中没有结党营私之徒，那么上尊下卑，远近百姓都不会越轨。
　　以上处于"玄宫图"南方方外。

　　秋行夏政叶，行春政华，行冬政耗。[1]十二期风至，[2]戒秋事；十二小卯，薄百爵；[3]十二白露下，收聚；十二复理，赐与；十二始节，赋事；十二始卯，[4]合男女；十二中卯，十二下卯，三卯同事。[5]九和时节，[6]君服白色，味辛味，听商声，治湿气，用九数，饮于白后之井，[7]以介虫之火爨。[8]藏恭敬，行搏锐，[9]坦气修通；凡物开静，形生理。

【注释】

〔1〕耗：尹知章云："盛阴肃杀，故虚耗也。" 〔2〕期：丁士涵云："'期'乃'朗'字误。朗风，凉风也。"译文从丁说。 〔3〕安井衡云："'卯'当作'酉'。……酉位在西，主秋，故以名节。薄，勉也；百爵，百官也。"译从。 〔4〕始卯：应同春季作"始毋"，即同"始卯"。 〔5〕此"中卯""下卯""三卯"应同上作"中酉""下酉""三酉"。 〔6〕九和：尹知章云："金成数九，金气和，君则顺时节而布政。" 〔7〕白后之井：尹知章云："西方井也。" 〔8〕介虫之火：尹知章云："介虫，北方玄武，用北方之火，故曰介虫之火。" 〔9〕行搏锐：郭沫若云："'搏'犹博也，'锐'当为'悦'，言心地宽博而愉悦。"译文从郭说。

【译文】

秋季如果实行夏季的政令，就会枝叶繁茂；如果实行春季的政令，就会开花发荣；如果实行冬季的政令，就会虚耗果实。从初秋开始的节气和行事：十二天为"朗风至"，准备秋收之事；十二天为"小酉"，适宜勉励百官；十二天为"白露下"，适宜收获聚敛；十二天为"复理"，适宜颁行赏赐；十二天为"始节"，适宜征收赋税；十二天为"始毋"，适宜男女婚嫁；十二天为"中酉"，十二天为"下酉"，三酉行事相同。金气和顺时节，君主服装穿白色，食物尝辛味，音乐听商声，调治潮湿之气，数字用九，饮水用西方之井，烧火用北方之火。心怀恭敬谨慎，身行宽厚悦人，平和之气循环流通；万物开通安静，形体生成，合于天理。

间男女之畜，[1]修乡间之什伍，[2]量委积之多寡，[3]

定府官之计数。养老弱而勿通,[4]信利周而无私。[5]

此居于图西方方外。

【注释】

〔1〕间:丁士涵云:"'间'与'简'通。《广雅》'简,阅也'。"指视察。 〔2〕"修乡"句:尹知章云:"杀气方至,可以出师征伐,故修什伍。" 〔3〕委积:积累,贮藏。 〔4〕通:吴志忠云:"'通'疑'遗'字之误。"译从。 〔5〕利周:《幼官图》作"利害"。此处译从"利害"。

【译文】

视察男女的畜养情况,整治乡间的什伍编制,计量物资储备的多少,核定各级官阶的数量。奉养老弱而不可遗弃,申明利害而不谋私利。

以上处于"玄官图"西方方外。

冬行秋政雾,行夏政雷,行春政烝泄。[1]十二始寒,尽刑;十二小郢,[2]赐予;十二中寒,收聚;十二中郢,大收;十二寒,至静;[3]十二大寒之阴,十二大寒终,三寒同事。六行时节,[4]君服黑色,味咸味,听徵声,治阴气,用六数,饮于黑后之井,[5]以鳞兽之火爨。[6]藏慈厚,行薄纯,坦气修通;凡物开静,形生理。

【注释】

〔1〕烝:许维遹云:"'烝'字盖因涉《注》文而衍。"译文从许说。 〔2〕章炳麟云:郢榆即"呈儒",亦即"盈緌"。此取盈緌引申之义谓长短。于夏言小郢、中郢,于冬言小榆、中榆,则以其日之长短言之。 〔3〕丁士涵云:"当作'十二大寒至静'。"译文从丁说。 〔4〕六行:尹知章云:"水成数六,水气行,君则顺时节而布政也。" 〔5〕黑后之井:尹知章云:"北方井也。" 〔6〕鳞兽之火:尹知章云:"鳞兽,东方

青龙也，用东方之火，故曰鳞兽之火。"

【译文】
　　冬季如果实行秋季的政令，就会阴雾弥漫；如果实行夏季的政令，就会雷声阵阵；如果实行春季的政令，就会地气消泄。从初冬开始的节气和行事：十二天为"始寒"，适宜尽行刑法；十二天为"小榆"，适宜颁行赏赐；十二天为"中寒"，适宜收藏聚敛；十二天为"中榆"，适宜全面收藏；十二天为"大寒"，适宜进入静养；十二天为"大寒之阴"，十二天为"大寒终"，三寒行事相同。水气运行时节，君主服装穿黑色，食物尝咸味，音乐听徵声，调治盛阴之气，数字用六，饮水用北方之井，烧火用东方之火。心怀仁慈淳厚，身行省薄纯俭，平和之气循环流通；万物开通安静，形体生成，合于天理。

　　器成于僇，[1]教行于钞，[2]动静不记，[3]行止无量。戒审四时以别息，[4]异出入以两易，[5]明养生以解固，[6]审取予以总之。[7]一会诸侯令曰：非玄帝之命，毋有一日之师役。[8]再会诸侯令曰：养孤老，食常疾，收孤寡。[9]三会诸侯令曰：田租百取五，市赋百取二，关赋百取一，毋乏耕织之器。四会诸侯令曰：修道路，偕度量，一称数，[10]薮泽以时禁发之。五会诸侯令曰：修春秋冬夏之常祭，食天壤山川之故祀，[11]必以时。六会诸侯令曰：以尔壤生物共玄官，[12]请四辅，[13]将以礼上帝。七会诸侯令曰：官处四体而无礼者，[14]流之焉莽命。[15]八会诸侯令曰：立四义而毋议者，[16]尚之于玄官，[17]听于三公。九会诸侯令曰：以尔封内之财物，国之所有为币。[18]九会大命焉出，常至。[19]千里之外，二千里之内，诸侯三年而朝，习命；二年，三卿使四辅；一年正月朔日，令大夫来修，[20]受命三公。二千里之外，三千里之内，诸侯五年而会至，[21]习命；三年，名卿请事；[22]二年，大夫通吉凶。十年，重適入，正礼义；五年，大夫请受变。[23]三千里之外，诸侯世一至，[24]置大夫以为廷安，[25]人共受命焉。[26]

此居于图北方方外。

【注释】

〔1〕僇：郭沫若云："'僇'同'缪'，犹今言周到。" 〔2〕钞：郭沫若云："'钞'同'妙'，则今言仔细也。" 〔3〕记：郭沫若云："'记'当为'纪'，言动静失其纪，则行止无度量。"译文从郭说。〔4〕审：丁士涵云："'审'字涉下文'审取予'而衍。戒，慎也。"译文从丁说。 〔5〕郭沫若云："'出入'犹出纳，'易'谓交易。'两'以上下文例之，当为动词。" 〔6〕固：张佩纶云："'固'或作'故'，《大宗伯注》'故谓凶栽'。"栽同"灾"。 〔7〕之：戴望云："'之'疑'乏'字之误，言审取予以总会其匮乏也。"译文从"乏"。 〔8〕"非玄"二句：尹知章云："玄帝，北方之帝。齐桓初会，命诸侯，不使非时出师，故令曰：若非玄帝有命之时，毋得有一日之师役。一日尚不可，况多乎？" 〔9〕孤寡：戴望云："当为'鳏寡'。"译文从之。〔10〕尹知章云："偕，同也。称，斤两也。数，多少也。" 〔11〕俞樾云："'食'者'饬'之坏字，'修'与'饬'义相近。"译文从俞说。〔12〕张佩纶云："'玄官'当作'玄宫'。"译文从之。 〔13〕四辅：尹知章云："四辅，即三公、四辅也，所以助祭行礼。" 〔14〕四体：郭沫若云："'四体'当指视言貌听之官而言，所谓'非礼勿视，非礼勿听，非礼勿言，非礼勿动'也。'官'疑'体'字之古注而误衍者。"译文从之。 〔15〕莠命：尹知章云："莠命者，谓秽乱教命，若莠之秽苗也。" 〔16〕"立四"句：俞樾云："'义'读为俄。……立四义而毋俄，谓不倾邪也。郭沫若云："'义'字当为'仪'。"立四仪而毋俄'即处四体而有礼之意。译文从之。 〔17〕尚：郭沫若云："'尚'读为赏。"〔18〕币：古时称进贡的礼物。 〔19〕"九会"二句：猪饲彦博云："焉，犹言于此也。言九会诸侯，天下命令于是出自我，诸侯率服，朝聘不绝。下文所云即是也。" 〔20〕令大夫：丁士涵云："'令大夫'即'命大夫'也。《管子》它处两见，位在'列大夫'之上。'来修'谓诸侯使

命大夫来修好也。"〔21〕至：丁士涵云："'至'字疑衍。"译从。〔22〕名卿：章炳麟云："'名卿'即'命卿'，谓命于天子之卿也。"〔23〕五年，大夫请受变：俞樾云："此二句当在下文'三千里之外，诸侯世一至'之下。"译文从俞说。重適：尹知章云："重適谓承重也。適，诸侯之世子也。"变：丁士涵云："'变'读为辩。《说文》曰'辩，治言也'。"〔24〕世：古称三十年为一世。〔25〕廷安：郭沫若云："'安'殆'官'字之误，'廷官'谓质也。"译文从郭说。〔26〕入共：郭沫若云："'入共'犹'入贡'。"

【译文】
　　器物由于制作精细而成功，教化由于施教细致而得以实行，动静失去了纲纪，行止就没有规范。谨慎地按照四时来变化作息，区分财物出入来整治交易，学会养生之道来解除灾祸，查验出入多少来总计匮乏。第一次会集诸侯说：没有玄帝的命令，一天战事也不允许发生。第二次会集诸侯说：奉养孤儿老人，供养久病之人，收养鳏夫寡妇。第三次会集诸侯说：田租只可收取百分之五，市场税收百分之二，关税收百分之一，不要让百姓缺少从事耕织的工具。第四次会集诸侯说：修筑道路，统一度量衡标准，林薮沼泽要按时禁闭开发。第五次会集诸侯说：整顿一年中春秋冬夏、天地山川的常规祭祀，一定要按时进行。第六次会集诸侯说：将你们土地的出产物进贡玄官，请四辅协助，礼祭天帝。第七次会集诸侯说：在视、言、貌、听四方面有不合礼法的，以秽乱教化的罪名流放。第八次会集诸侯说：在视、言、貌、听四方面能树立仪则的，在玄官进行赏赐，由三公决定。第九次会集诸侯说：将你们封国内的财物和特产，作为礼品进贡。九次会合诸侯，从中发布命令，诸侯以后朝聘不断。距离在一千里之外、二千里之内的诸侯，三年来朝一次，修习命令；每二年派三卿出使朝廷，向四辅报告国情；每年正月初一，派大夫来朝修好，到三公处接受命令。距离在二千里之外、三千里之内的诸侯，五年来朝一次，修习命令；每三年派命卿来朝请求指示；每二年派大夫来朝通报国情。距离在三千里之外的诸侯三十年来朝一次，每十年派世子来朝，以尽礼仪；每五年派大夫来朝请求接受治国的指示；另外安排大夫作为常驻朝廷的官吏，负责交纳贡物，接受命令。
　　以上处于"玄宫图"北方方外。

必得文威武，[1]官习胜之务。[2]时因胜之终，[3]无方胜之几，[4]行义胜之理，名实胜之急，[5]时分胜之事，[6]察伐胜之行，[7]备具胜之原，[8]无象胜之本。[9]定独威胜，[10]定计财胜，[11]定闻知胜，定选士胜，定制禄胜，[12]定方用胜，[13]定纶理胜，[14]定死生胜，定成败胜，定依奇胜，[15]定实虚胜，定盛衰胜。举机诚要，则敌不量；[16]用利至诚，则敌不校。[17]明名章实，则士死节；奇举发不意，[18]则士欢用。交物因方，[19]则械器备；因能利备，则求必得。[20]执务明本，则士不偷；[21]备具无常，无方应也。[22]

【注释】

〔1〕必得文威武：何如璋云："'得'当为'德'。"此谓必须文有德、武有威。 〔2〕"官习"句：王念孙云："'习胜'者，习胜敌之术也。'胜'下不当有'之'字。" 〔3〕时因胜之终：张佩纶云："'时因'当作'因时'。'终'，'纪'之误。"此谓因时而动，为取胜之纲纪。 〔4〕无方：没有固定的法度。几：征兆。 〔5〕名实：指宣扬将士的战绩。名，作动词。 〔6〕时分：时刻，时间。指抓紧时间，分秒必争。 〔7〕察伐：量察功伐。行：行进，推动。 〔8〕备具：完备攻战的器具。 〔9〕无象：指行动隐蔽、无迹可寻。 〔10〕定：审定。独威：指有独特威力。 〔11〕尹知章云："计谋财用，先审定者胜。" 〔12〕制禄：指因功颁禄。 〔13〕方用：指制造军器上的因方致用。 〔14〕纶理：王念孙云："'纶理'即'伦理'。"指用兵的条理顺序。 〔15〕依奇：何如璋云："'依奇'之'依'当作'正'。"译文从何说。 〔16〕"举机"二句：尹知章云："发举兵机，诚得其要，则敌不能量也。" 〔17〕"用利"二句：尹知章云："用兵便利，又能至诚，则敌不敢校也。"校：抗拒，对抗。 〔18〕发：郭沫若云："'发'乃'举'字之古注，误衍入正文者。"译文从郭说。 〔19〕交：俞樾云："'交'读为校，谓考校其物，必因其方也。" 〔20〕"因能"二句：尹知章云："因彼所能所利，而以备之，则所求必得。"指因材用人，有备无患。

〔21〕"执务"二句：尹知章云："执所营之务，明所为之本，则士不苟且。"指军中职责分明。 〔22〕"备具"二句：郭沫若云："'常'读为尚。'无方应'谓敌人无法以应付也。"

【译文】

必须做到文职有德、武职有威，各级官吏都修习胜敌的方法。把握时机是胜敌的纲领，兵法无常是胜敌的前提，维护正义是胜敌的常理，宣扬战绩是胜敌的急务，抓紧时间是胜敌的大事，明察功绩是胜敌的动力，完备军械是胜敌的源头，隐蔽无形是胜敌的根本。能审定有独特威力的必胜，能审定计谋财用的必胜，能审定敌情真伪的必胜，能审定士卒优劣的必胜，能审定因功颁禄的必胜，能审定因方制用的必胜，能审定条理秩序的必胜，能审定将士生死的必胜，能审定攻战成败的必胜，能审定用兵奇正的必胜，能审定敌军虚实的必胜，能审定兵势盛衰的必胜。把握时机，击中要害，敌人就难以估量；利用优势，毫不掩饰，敌人就不敢对抗。宣扬名声，表彰战绩，将士就甘心死节；发举奇兵，出敌不意，将士就乐于被用。考校军备，讲究方法，军械就必然完备；因材用人，有备无患，人才就有求必得。按照职务，明确本分，将士就不敢苟且；完备军械，天下无比，敌人就无法应付。

听于钞故能闻未极，[1]视于新故能见未形，[2]思于浚故能知未始，[3]发于惊故能至无量，[4]动于昌故能得其宝，[5]立于谋故能实不可故也。[6]器成教守，则不远道里；号审教施，则不险山河；博一纯固，[7]则独行而无敌；慎号审章，则其攻不待权与。[8]明必胜则慈者勇，器无方则愚者智，攻不守则拙者巧，数也。动慎十号，[9]明审九章，[10]饰习十器，[11]善习五官，[12]谨修三官。必设常主，[13]计必先定。求天下之精材，论百工之锐器，器成角试否臧；[14]收天下之豪杰，有天下之称材，[15]说行若风雨，[16]发如雷电。

此居于图方中。

【注释】
〔1〕"听于"句：何如璋云："'钞'当作'眇'，细微也。听而得之，则远而无极者能闻矣。"译文从何说。 〔2〕"视于"句：安井衡云："新，初也，视于事初，故能见未成形之时也。" 〔3〕浚：深远。 〔4〕"发于"句：尹知章云："发举可惊，故敌不能量。" 〔5〕"动于"句：戴望云："'昌'当为'冒'，'宝'当为'实'，皆字之误也。《说文》曰'冒，蒙而前也'，段氏《注》'蒙者，覆也，引申之，有所干犯而不顾亦曰冒'。……'实'者，军实也。"译文从戴说。军实指军器。 〔6〕"立于"句：戴望云："'故'当为'攻'字之误。'立于谋'，故能兵甲坚实，使敌不可攻也。"译文从戴说。 〔7〕博：王念孙云："'博'当为'搏'，字之误也。'搏'即专字也。'专一'与'独行'义正相承。"译文从王说。 〔8〕权与：王念孙云："'权与'，谓与国也，言能慎号审章，则攻人之国，不待与国之相助也。" 〔9〕动：郭沫若云："'动'当为'勤'，字之误也。"译文从郭说。 〔10〕九章：九种旗章，见《兵法》篇。 〔11〕饰：同"饬"。十器：十种兵器。《兵法》有"九器"。 〔12〕五官：洪颐煊云："《兵法篇》云'三官不谬，五教不乱，九章著明'，此'五官'当作'五教'。"译文从洪说。 〔13〕必设常主：丁士涵云："当作'主必常设'，与下'计必先定'，两必字相对成文。设、定皆立也。"译文从丁说。 〔14〕角试否臧：指比试优劣。 〔15〕称材：郭沫若云："此'材'字乃士卒之谓……'称材'犹言好手也。" 〔16〕说行若风雨：郭沫若云："'说'读为脱，古字通用。当衍'行'字。脱有急骤意……"

【译文】
听得到细微，因而能听到无极的声音；看得到萌芽，因而能看到未成形的物体；想得到深远，因而能知晓未开始的事情；发动得突然，因而能达到出敌不意；敢于冒险，因而能夺得敌人的军备；深于计谋，因而能兵甲坚实，敌不敢攻。兵器完备，严守训令，因而不怕长途跋涉；号令严明，施行教练，因而不怕山高水险；目标专一，意志坚定，因而能所向无敌；号令审慎，旗章辨明，因而能攻无不克，不需外援。看到了必胜的结局，仁慈的人也会变得勇猛；对人的才能不加约束，愚蠢的人也会变得聪明；攻打不设防的阵地，笨拙的人也会变得灵巧；这些都是自然的道理。要勤于审察十种号令，明确分辨九种旗章，督促操练十种兵器，善于演习五种判断，严格修习三种标识。军中主帅必须常设不缺，谋略计划必须预先制定。征集天下精良的材料，评定百工锋利的兵器，制成后必须比试优劣；招收天下的英雄豪杰，拥有天下的良将好手，一旦发兵，急骤如狂风暴雨，爆发如雷鸣电闪。

以上处于"玄官图"方中。

旗物尚青，[1]兵尚矛，刑则交寒害钛。[2]

器成不守经不知，教习不著发不意。[3]经不知，故莫之能圉；发不意，故莫之能应。莫之能应，故全胜而无害；莫之能圉，故必胜而无敌。四机不明，[4]不过九日而游兵惊军；[5]障塞不审，[6]不过八日而外贼得间；由守不慎，[7]不过七日而内有谗谋；诡禁不修，[8]不过六日而窃盗者起；死亡不食，[9]不过四日而军财在敌。

此居于图东方方外。

【注释】

〔1〕旗物尚青：尹知章云："木用事，故尚青。" 〔2〕许维遹云："'交'为'校'字之省，《说文》'校，木囚也'，段《注》云……'木囚者，以木羁之也'。……'寒'当从于说读作键，'害'当从刘说读作辖，'钛'，《说文》'胫钳也'。校、辖皆木械类。此以木用事，故用木刑。"译文从许说。 〔3〕"器成"二句：王念孙云："经，过也，谓兵过敌境而敌不知也。"张佩纶云："'守''著'，皆当作'若'，字之误也。器成、教习，兵之正法……'器成不若经不知，教习不若发不意'，此兵之奇也。"译文从王说张说。 〔4〕四机：何如璋云："'四机'即《兵法篇》敌政、敌情、敌将、敌士，四者乃兵机之要也。" 〔5〕游兵惊军：使军心游离、惊恐。 〔6〕障塞：尹知章云："障塞者，所以防守要路也。" 〔7〕由：俞樾云："'由'疑'申'字之误。"申守指再次加强守备。 〔8〕诡禁：尹知章云："所以禁诡常也。"指防范欺

诈行为。〔9〕亡：王引之云："'亡'盖'士'之讹，死士，敢死之士也。食，犹飨也。"译文从王说。

【译文】

旌旗、饰物用青色，兵器用矛，刑具用木械。

兵器完备，不如过境而使敌不知；教练熟习，不如发兵而出敌不意。过境而敌不知，敌人就无法防御；发兵而出敌不意，敌人就无法应付。无法应付，我军就能全胜而不受损失；无法防御，我军就能必胜而没有敌手。不懂得四项机要，不出九天，军心就会涣散动摇；不注重防御工事，不出八天，敌兵就会趁隙而入；不谨慎加强戒备，不出七天，谗言就会在内产生；不防范欺诈行为，不出六天，盗窃就会纷纷发生；不犒赏敢死之士，不出四天，财富就会落入敌手。

以上处于"玄宫图"东方方外。

旗物尚赤，[1]兵尚戟，刑则烧交疆郊。[2]

必明其一，[3]必明其将，必明其政，必明其士。四者备，则以治击乱，以成击败。数战则士疲，数胜则君骄，骄君使疲民则国危。至善不战，[4]其次一之。[5]大胜者，[6]积众胜无非义者焉，可以为大胜。大胜无不胜也。

此居于图南方方外。

【注释】

〔1〕旗物尚赤：尹知章云："火用事，故尚赤。"〔2〕"刑则"句：章炳麟云："'交'借为'烄'……《说文》'烄，交木然也'……与'烧'义相承。"许维遹云："'疆郊'当读为僵槁。……此以火用事，故用火刑。"译文从之。〔3〕一：何如璋云："'一'当作'情'，涉下'一'字而误。……'四者'即上'四机'之谓。"译文从何说。〔4〕不战：指不战而胜。〔5〕一之：指一战胜敌。〔6〕大胜者：戴望云："'大胜者'三字衍文。"译文从戴说。

【译文】

　　旌旗、饰物用赤色，兵器用戟，刑法用火刑。

　　必须了解敌方军情，必须了解敌方将领，必须了解敌方政事，必须了解敌方士兵。这四方面能充分掌握，就能做到用治军击乱军，用必胜之军击必败之军。多次交战使士兵疲倦，多次取胜使君主骄傲，骄傲的君主驱使疲倦的士兵去作战，国家就危险了。最完美的军事是不战而胜，其次是一战胜敌。积累多次正义的胜利，就成为大胜。取得了大胜，就无往不胜。

　　以上处于"玄宫图"南方方外。

　　旗物尚白，[1]兵尚剑，刑则绍昧断绝。[2]

　　始乎无端，卒乎无穷。始乎无端，道也；卒乎无穷，德也。道不可量，德不可数。不可量，则众强不能图；不可数，则为诈不敢乡。[3]两者备施，动静有功。畜之以道，养之以德。畜之以道则民和，养之以德则民合。和合故能习，习故能偕，[4]偕习以悉，莫之能伤也。

　　此居于图西方方外。

【注释】

　　[1]旗物尚白：尹知章云："金用事，故尚白。"　[2]"刑则"句：章炳麟云："'绍昧'亦与断绝同义……皆谓斩断之刑。"许维遹云："此以金用事，故用金刑。"　[3]"则为"句：孙星衍云："'为'读作伪。"刘绩云："乡、向同。"　[4]习：丁士涵云："'习'为'辑'之假借，辑，合也。谐，和也。"译文从之。

【译文】

　　旌旗、饰物用白色，兵器用剑，刑法用金刑。

　　战争发生时找不到它的开端，战争结束时看不见它的尽头。找不到开端就像道，看不见尽头就像德。道无法度量，德无法计数。无法度量，众多的强国不能图谋我军；无法计数，伪诈的敌军不敢正对我军。双管齐下,我军无论出动或静守,都能成功。养兵的法则要合于道德。合于道百姓就和睦,合于德百姓就团结,和睦团结就能结聚力量,结聚力量就能相互协调。百姓的力量能结聚协调,万众一心,谁也不能损害。

以上处于"玄宫图"西方方外。

旗物尚黑,[1]兵尚胁盾,刑则游仰灌流。[2]

察数而知治,审器而识胜,明谋而适胜,[3]通德而天下定。定宗庙,育男女,官四分,[4]则可以立威行德,制法仪,出号令。[5]至善之为兵也,非地是求也,罚人是君也。[6]立义而加之以胜,至威而实之以德,[7]守之而后修胜,[8]心焚海内。[9]民之所利立之,所害除之,则民人从。立为六千里之侯,则大人从。[10]使国君得其治,[11]则人君从。会请命于天,地知气和,[12]则生物从。计缓急之事,则危危而无难。明于器械之利,则涉难而不变。察于先后之理,则兵出而不困。通于出入之度,则深入而不危。审于动静之务,则功得而无害。著于取与之分,则得地而不执。[13]慎于号令之官,则举事而有功。

此居于图北方方外。

【注释】

〔1〕旗物尚黑:尹知章云:"水用事,故尚黑。" 〔2〕"刑则"句:许维遹云:"'仰'疑为'休'字之误,《说文》'休,没也,读与溺同'。……此以水用事,故用水刑。"译文从许说。 〔3〕"明谋"句:王念孙云:"'適胜'当为'胜適',適,即敌字也。"译文从王说。 〔4〕官四分:郭沫若云:"'官四分'云者,'官'同'管',四分当即四民——士农工商。" 〔5〕出号令:许维遹云:"据《七法》《兵法》两篇互证之,此文'出号令'下疑夺'则可以一众治民'七字。"译文从

许说。〔6〕罚：张佩纶云："'罚'当作'非'，言非求其地，君其民。"译文从之。〔7〕至：刘师培云："'至'即'致'省。"译文从刘说。〔8〕"守之"句：郭沫若云："'修'当为'备'字之误也。'守之而后备胜'，言以文守之，胜乃完备也。"译文从郭说。〔9〕心焚：猪饲彦博云："'心焚'当作'必樊'，言能守仁义威德而后举兵胜敌，则必服海内，如在樊篱之中也。"译文从之。〔10〕大人：尹知章云："大人谓天子三公、四辅也。"〔11〕国君：尹知章云："国君谓天下同盟诸侯。"〔12〕尹桐阳云："'会'同'袷'，除疾殃祭也。""'知'同'漬'，土得水沮也。《集韵》云'水土和'。"〔13〕执：俞樾云："'执'读为慹……《说文·心部》'慹，悑也'。'悑'即今'怖'字。"

【译文】

旌旗、饰物用黑色，兵器用胁盾，刑法用水刑。

考察用兵方法就能懂得治军，审查武器优劣就能识别胜负，掌握谋略就能战胜敌人，实行德政就能安定天下。能够安定宗庙、繁育儿女、管好四民，就可以树立权威、推行德政；能够制定仪法，颁行号令，就可以统一军队、治理百姓。用兵的最终目标，不是要去占领别国土地，统治别国百姓。树立正义，用战胜加强它的力量；造成威慑，用德政充实它的内容。用文教德化来保持胜利成果，才是完备的胜利，必定能进而征服海内。兴百姓之利，除百姓之害，百姓就会服从。在六千里范围内封侯，大臣就会服从。让各国君主都能治理好国家，君主就会服从。祭天除病，水土相和，一切生灵都会服从。分清战事的缓急，极度危险也不会遭难；了解武器的精良，碰到危难也不变颜色；明察先发、后发的道理，出兵早晚都不会陷困境；精通离敌、接敌的适度，深入敌境都没有危险；明白出动、静守的作用，成功必得而毫无损害；明确该取、该予的关系，占领土地而没有忧虑；谨慎地对待发号施令，一旦行动就必定成功。

以上处于"玄官图"北方方外。

幼官图第九

【题解】

幼官图应作"玄官图"。安井衡云:"此篇名'图',则当陈列《幼官》所不及以为十图。今不惟无图,其言又与前篇无异;盖原图既佚,后人因再抄《幼官》以充篇数耳,非《管子》之旧也。"郭沫若则认为,《幼官》篇"文字本布置为图形,录为直行文字,故每夹注以标识图位。而仍以图附于文后,故既有《幼官篇》,又有《幼官图》。刊本所谓'图'亦只文字直录,与《幼官篇》无别,而于图位乃增多一重说明。此又后之抄书者所改易"。

本篇内容与《幼官》篇完全相同,唯各节次序不同。本篇次序为:中方本图、中方副图、东方本图、东方副图、南方本图、南方副图、西方本图、西方副图、北方本图、北方副图。宋本《管子》本篇次序则为:西方本图、西方副图、南方本图、中方本图、北方本图、南方副图、中方副图、北方副图、东方本图、东方副图。

本篇原文照录,与《幼官》篇个别文字相异处加注释,译文全部省略,可参看前篇。

若因:处虚守静,人物则皇。[1]五和时节,君服黄色,味甘味,听宫声,治和气,用五数,饮于黄后之井,以倮兽之火爨。藏温濡,行驱养,坦气修通,凡物开静,形生理。

常至命,尊贤授德则帝。身仁行义,服忠用信则王。审谋章礼,选士利械则霸。定生处死,谨贤修伍则众。信赏审罚，爵材禄能则强。计凡付终，务本饰末则富。[2]明法审数，立常备能则治。同异分官则安。

通之以道，畜之以惠，亲之以仁，养之以义，报之以德，结之以信，接之以礼，和之以乐，期之以事，攻之以言，[3]发之以力，威之以诚。一举而上下得终，再举而民无不从，三举而地辟散成，四举而农佚粟十，五举而务轻金九，六举而絜知事变，七举而内外为用，[4]八举而胜行威立，九举而帝事成形。

九本搏大，人主之守也；八分有职，卿相之守也；七官饰胜备威，[5]将军之守也；六纪审密，贤人之守也；五纪不解，庶人之守也。动而无不从，静而无不同。治乱之本三，卑尊之交四，富贫之终五，盛衰之纪六，安危之机七，强弱之应八，存亡之数九。练之以散群僃署，凡数财署。杀僇以聚财，劝勉以选众。使二分具本，发善必审于密，执威必明于中。

此居图方中。

右中方本图。

【注释】

〔1〕人物：《幼官》作"人物人物"，当作"人人物物"，见前篇注释。〔2〕饰末：《幼官》作"饬末"。〔3〕攻：安井衡云："古本'攻'作'敀'。"〔4〕内外：《幼官》作"外内"。〔5〕七官饰胜：当作"七胜"，见前篇注释。

必得文威武，官习胜之务。时因胜之终，无方胜之几，行义胜之理，名实胜之急，时分胜之事，察伐胜之行，备具胜之原，无象胜之本。定独威胜，定计财胜，定知闻胜，定选士胜，定制禄胜，定方用胜，定纶理胜，定死生胜，定成败胜，定依奇胜，定实虚胜，定盛衰胜。举机诚要，则敌不量；用利至诚，则敌不校；明名章实，则士死节；奇举发不意，则士欢用。交物因方，则械器备；因能利备，则求必得。执务明本，则士不偷；备具无常，无方应也。

听于钞故能闻无极，视于新故能见未形，思于浚故能知未始，发于惊故能至无量，动于昌故能得其宝，立于谋故能实不可故也。器成教守，则不远道里；号审教施，则不险山河；博一纯固，则独行而无敌；慎号审章，则其攻不待权与。明必胜则慈者勇，器无方则愚者智，攻不守则拙者巧，数也。动慎十号，明审九章，饰习十器，善习五官，谨修三官。必设常主，计必先定。求天下之精材，论百工之锐器，器成角试否臧；收天下之豪杰，有天下之称材，说行若风雨，发如雷电。

此居于图方中。

右中方副图。

春行冬政肃，行秋政雷，行夏政则阉。[1]十二地气发，戒春事；十二小卯，出耕；十二天气下，赐与；十二义气至，修门间；十二清明，发禁；十二始卯，合男女；十二中卯，十二下卯，三卯同事。八举时节，君服青色，味酸味，听角声，治燥气，用八数，饮于青后之井，以羽兽之火爨。藏不忍，行驱养，坦气修通，凡物开静，形生理。

合内空周外，强国为圈，弱国为属。动而无不从，静而无不同。举发以礼，时礼必得。和好不基，贵贱无司，事变日至。

此居于图东方方外。

右东方本图。

【注释】

〔1〕《幼官》无"则"字。

旗物尚青，兵尚矛，刑则交寒害钛。

器成不守经不知，教习不著发不意。经不知，故莫之能围；发不意，故莫之能应。莫之能应，故全胜而无害；莫之能围，故必胜而无敌。四机不明，不过九日而游兵惊军；障塞不审，不过八日而外贼得间；由守不慎，不过七日而内有逸谋；诡禁不修，不过六日而窃盗者起；死亡不食，不过四日而军财在敌。

此居于图东方方外。

右东方副图。

夏行春政风，行冬政落，重则雨雹，行秋政水。十二小郢，至德；十二绝气下，下爵赏；十二中郢，赐与；十二中绝，收聚；十二大暑至，尽善；十二中暑，十二小暑终，三暑同事。七举时节，君服赤色，味苦味，听羽声，治阳气，用七数，饮于赤后之井，以毛兽之火爨。藏薄纯，行笃厚，坦气修通，凡物开静，形生理。

定府官，明名分，而审责于群臣有司，则下不乘上，贱不乘贵。法立数得，而无比周之民，则上尊而下卑，远近不乖。

此居于图南方方外。

右南方本图。

旗物尚赤，兵尚戟，刑则烧交疆郊。

必明其一，必明其将，必明其政，必明其士。四者备，则以治击乱，以成击败。数战则士疲，数胜则君骄，骄君使疲民则危国。[1]至善不战，其次一之。大胜者，积众胜而无非义者焉，[2]可以为大胜。大胜无不胜也。

此居于图南方方外。

右南方副图。

【注释】

〔1〕危国：《幼官》作"国危"。〔2〕《幼官》无"而"字。

秋行夏政叶，行春政华，行冬政耗。十二期风至，戒秋事；十二小卯，薄百爵；十二白露下，收聚；十二复理，赐予；十二始前节，[1]第赋事；[2]十二始卯，合男女；十二中卯，十二下卯，三卯同事。九和时节，君服白色，味辛味，听商声，治湿气，用九数，饮于白后之井，以介虫之火爨。藏恭敬，行搏锐，坦气修通，凡物开静，形生理。

间男女之畜，修乡里[3]之什伍，量委积之多寡，定府官之计数。养老弱而勿通，信利害而无私。

此居于图西方方外。

右西方本图。

【注释】

〔1〕始前节：《幼官》作"始节"。〔2〕第赋事：《幼官》无"第"字。〔3〕修乡里：《幼官》作"修乡闾"。

旗物尚白，兵尚剑，刑则绍昧断绝。

始乎无端，卒乎无穷。始乎无端，道也；卒乎无穷，德也。道不可量，德不可数。不可量，则众强不能图；不可数，则为诈不敢乡。两者备施，动静有功。畜之以道，养之以德。畜之以道则民和，养之以德则民合。和合故能习，习故能偕，偕习以悉，莫之能伤也。

此居于图西方方外。

右西方副图。

冬行秋政雾，行夏政雷，行春政蒸泄。十二始寒，尽刑；十二小榆，赐予；十二中寒，收聚；十二中榆，大收；十二寒，至静；十二大寒之阴，十二大寒终，三寒同事。六行时节，君服黑色，味咸味，听徵声，治阴气，用六数，饮于黑后之井，以鳞兽之火爨。藏慈厚，行薄纯，坦气修通，凡物开静，形生理。

器成于僇，教行于钞，动静不记，行止无量。戒审四时以别息，异出入以两易，明养生以解固，审取以总之。一会诸侯令曰：非玄帝之命，毋有一日之师役。再会诸侯令曰：养孤老，食常疾，收孤寡。三会诸侯令曰：田租百取五，市赋百取二，关赋百取一，毋乏耕织之器。四会诸侯令曰：修道路，偕度量，一称数，毋征薮泽以时禁发之。[1]五会诸侯令曰：修春秋冬夏之常祭，食天壤山川之故祀，必以时。六会诸侯令曰：以尔壤生物共玄官，请四辅，将以祀上帝。[2]七会诸侯令曰：官处四体而无礼者，流之焉莠命。八会诸侯令曰：立四义而无议者，[3]尚之于玄官，听于三公。九会诸侯令曰：以尔封内之财物，国之所有为币。九会大令焉出，常至。千里之外，二千里之内，诸侯三年而朝，习命；二年，三卿使四辅；一年正月朔日，令大夫来修，受命三公。二千里之外，三千里之内，诸侯五年而会至，习命；三年，名卿请事；二年，大夫通吉凶。七年，[4]重適人，正礼义；五年，大夫请变。[5]三千里之外，诸侯世一至，置大夫以为廷安，入共受命焉。

此居于图北方方外。

右北方本图。

【注释】

〔1〕《幼官》无"毋征"二字。〔2〕祀：古本作"礼"。〔3〕无：《幼官》作"毋"。〔4〕七年：《幼官》作"十年"。〔5〕请变：古本"请"下有"受"字。

旗物尚黑，兵尚胁盾，刑则游仰灌流。

察数而知治，审器而识胜，明谋而適胜，通德而天下定。定宗庙，育男女，官四分，则可以立威行德，制法仪，出号令。至善之为兵也，非地是求也，罚人是君也。立义而加之以胜，至威而实之以德，守之而后修胜，心焚海内。民之所利立之，所害除之，则民人从。立为六千里之侯，则大人从。使国君得其治，则人君从。会请命于天，地知气和，则生物从。计缓急之事，则危危而无难。明于器械之利，则涉难而不变。察于先后之理，则兵出而不困。通于出入之度，则深入而不危。审于动静之务，则功得而无害也。[1]著于取与之分，则得地而不执。慎于号令之官，则举事而有功。

此居于图北方方外。

右北方副图。

【注释】
〔1〕《幼官》无"也"字。

外 言

五辅第十

【题解】

　　五辅，指德、义、礼、法、权五种治国措施。郭沫若云："题名'五辅'者，'辅'乃'布'之假，即五种措施也。"本篇开篇提出君主要功名显耀于天下，必须"得人"，而"得人之道，莫如利之；利之之道，莫如教之以政"。政之成败直接关系到功名的成败。本篇着重论述德、义、礼、法、权的具体措施，即所谓德有六兴，义有七体，礼有八经，法有五务，权有三度。六兴是为了让百姓满足生活的欲望，七体是为了使百姓公正，八经是为了使百姓知礼恭敬，五务是为了使人们一心一意地从事本务，三度是为了使百姓举措得宜。本篇最后提出，要贯彻六兴、七体、八经、五务、三度，必须打击歪风邪气，加强农业生产，禁止奢侈品的生产，举用贤人能人，减轻百姓负担。

　　古之圣王，所以取明名广誉，[1]厚功大业，显于天下，不忘于后世，非得人者，未之尝闻。暴王之所以失国家，危社稷，覆宗庙，灭于天下，[2]非失人者，未之尝闻。今有土之君，皆处欲安，动欲威，战欲胜，守欲固，大者欲王天下，小者欲霸诸侯，而不务得人。是以小者兵挫而地削，大者身死而国亡。故曰：人不可不务也，此天下之极也。[3]

【注释】

〔1〕明名：盛名。明，盛。《淮南子·说林训》："长而愈明。"注："明，犹盛也。" 〔2〕灭：灭绝，不留痕迹。"灭于天下"与上文"显于天下"相对文。 〔3〕极：最高的位置。此指最重要的。

【译文】

古代的圣王，之所以取得盛大的名声、广泛的荣誉，丰功伟业，显扬于天下，为后世所不忘，不是因为获得人心的，从来没有听说过。暴君之所以失去国家，危及社稷，倾覆宗庙，在天下声名狼藉，不是因为失去人心的，也从来没有听说过。如今有国土的君主，都希望平时能安定，行动有威势，征战能取胜，防守能坚固，大国的君主想要称王天下，小国的君主想要称霸诸侯，却都不去努力争取人心。因此祸小的兵败地削，祸大的身死国亡。所以说：人心不可不注意，这是天下最重要的问题。

曰：然则得人之道，莫如利之；[1]利之之道，莫如教之以政。[2]故善为政者，田畴垦而国邑实，朝廷闲而官府治，公法行而私曲止，[3]仓廪实而囹圄空，[4]贤人进而奸民退。其君子，上中正而下谄谀；[5]其士民，贵武勇而贱得利；[6]其庶人，好耕农而恶饮食，[7]于是财用足而饮食薪菜饶。是故上必宽裕而有解舍，[8]下必听从而不疾怨，上下和同而有礼义。故处安而动威，战胜而守固，是以一战而正诸侯。不能为政者，[9]田畴荒而国邑虚，朝廷凶而官府乱，[10]公法废而私曲行，仓廪虚而囹圄实，贤人退而奸民进。其君子，上谄谀而下中正；其士民，贵得利而贱武勇；其庶人，好饮食而恶耕农，于是财用匮而食饮薪菜乏。[11]上弥残苟而无解舍，[12]下愈覆鸷而不听从，[13]上下交引而不和同。[14]故处不安而动不威，战不胜而守不固。是以小者兵挫而地削，大者身死而国亡。故以此观之，则政不可不慎也。

【注释】

〔1〕许维遹云："此篇多自问自答之辞，疑当作'何以知其然也？曰：得人之道，莫如利之'。"即"曰"字前宜加"何以知其然也"，删除"曰"字后的"然则"二字。译文从许说。 〔2〕孙星衍云："《治要》引无'以政'二字。"郭沫若云："以政"二字不当有。译文从之。 〔3〕私曲：歪曲公法的私议。"私议"与"公法"相对。《管子·法法篇》云："私议立则主道卑矣。" 〔4〕仓廪：指粮仓。囹圄(líng yǔ 灵宇)：监狱。 〔5〕上：通"尚"，崇尚。《汉书·匡衡传》："治天下者，审所上而已。"下：贬低，鄙视。 〔6〕贱得利：看轻贪得私利。尹知章注："贱苟得之利也。" 〔7〕恶饮食：意谓痛恨大吃大喝。 〔8〕解舍：即弛舍，意谓宽免赋役。尹知章注："解，放也；舍，免也。" 〔9〕能：善于。《荀子·劝学》："非能水也。"《注》："能，善也。" 〔10〕凶：通"讻"，吵闹。《说文》："凶，扰恐也。" 〔11〕食饮：上文均作"饮食"。 〔12〕残苟：刘绩云："当作'残苛'，乃字之误也。"译文从之。 〔13〕覆鸷：意谓凶狠。覆读为"愎(bì 壁)"，《广雅》："愎，鸷很也。"鸷(zhì 至)，凶猛的鸟。《汉书·匈奴传》："天性忿鸷。"颜师古注："鸷，很也。" 〔14〕"上下"句：尹知章注："上引下以供御，下引上以恩覆，二俱不得，故不和同也。"上下交引，意谓上下相互争利。

【译文】

怎么知道是这样的呢？回答说：争取人心的方法，最好是让百姓得到利益；让百姓得到利益的方法，最好是教导百姓。所以善于管理政事的君主，总是使得田野开垦而国家富足，朝廷安闲而官府得治，公法推行而私议禁止，粮仓充实而监狱空虚，贤人进用而奸民废退。他的官吏，崇尚公平正直而鄙视阿谀逢迎；他的士兵，看重武艺勇气而看轻贪得私利；他的百姓，喜好农业生产而痛恨大吃大喝，因此财用充足而食用物品丰富。这样，上面必定宽松而有减免，下面必定听从而不怨恨，上下协调而有礼节。所以平时安定而行动有威势，征战能取胜而防守能坚固，因此一战就能使诸侯得到匡正。不善于管理政事的君主，总是使田野荒芜而国家贫穷,朝廷纷扰而官府混乱,公法废弃而私议横行,仓廪空虚而监狱爆满,贤人废退而奸民进用。他的官吏,崇尚阿谀逢迎而鄙视公平正直;他的士兵们,看重贪得私利而看轻武艺勇气;他的百姓,喜好大吃大喝而厌恶农业生产,因此财用匮乏而食用物品短缺。上面十分残暴苛刻而没有减免,下面更加凶狠而不肯听从,上下相互争利而不协调。所以平时不安定而行动没有威势,征战不能取胜而防守不能坚固。因此祸害小的是国家兵败地削,祸害大的是君主身死国亡。由此看来,国家的政事不可不慎重。

德有六兴,义有七体,礼有八经,法有五务,权有三度。

【译文】
德有六个方面的事情要兴办,义有七个方面的体制要建立,礼有八个方面的准则要规范,法有五个方面的事务要安排,权有三个方面的适度要考查。

所谓六兴者何?曰:辟田畴,利坛宅,[1]修树艺,劝士民,勉稼穑,[2]修墙屋,此谓厚其生。发伏利,[3]输墆积,[4]修道途,便关市,慎将宿,[5]此谓输之以财。导水潦,利陂沟,决潘渚,[6]溃泥滞,通郁闭,慎津梁,[7]此谓遗之以利。[8]薄征敛,轻征赋,弛刑罚,赦罪戾,宥小过,[9]此谓宽其政。养长老,慈幼孤,恤鳏寡,问疾病,吊祸丧,此谓匡其急。衣冻寒,食饥渴,匡贫窭,[10]振罢露,[11]资乏绝,此谓振其穷。凡此六者,德之兴也。六者既布,则民之所欲,无不得矣。夫民必得其所欲,然后听上;听上,然后政可善为也。故曰:德不可不兴也。

【注释】

〔1〕利坛：王念孙云：利当为"制"，字之误也。译文从之。制，建造。坛读为"廛（chán 蝉）"。（见《说文·广部》"廛"字段玉裁注）〔2〕稼穑：播种和收获，泛指农业劳动。《尚书·无逸》："厥父母勤劳稼穑，厥子乃不知稼穑之艰难。" 〔3〕伏利：未开发的财利。尹知章注："利人之事积久隐伏者。" 〔4〕垤（dié 迭）：屯积，贮蓄。尹知章注："垤，贮积也。" 〔5〕将宿：送迎。金廷桂云："《尔雅·释言》：'将，送也。'""《仪礼·士冠礼》：'乃宿宾。'《注》：'宿，进也。'宿又通'速'，召请也。然则'将宿'者送迎也。" 〔6〕潘渚：洪水泛滥。尹知章注："潘，溢也。""潘音'翻'。"渚，水中陆地。 〔7〕洪颐煊云："'慎'读为顺。" 〔8〕遗（wèi 畏）：赠送。 〔9〕宥（yòu 又）：宽宥，宽恕。《易经·解》："君子赦过宥罪。" 〔10〕窭（jū 居）：贫寒。《诗经·邶风·北门》："终窭且贫，莫知我艰。" 〔11〕振："赈"的本字。赈，救济。罢：通"疲"，疲敝。露：败坏，衰败。《方言》："露，败也。"

【译文】

所谓要兴办的六个方面的事情是指什么呢？就是：开辟田野，建造民房，重视种植，勉励士民，鼓励收种，修筑墙院，这些是丰富百姓的生活物资。开发潜藏的财利，输送积贮的物资，修筑道路，方便关市，慎重送迎客商，这些是为百姓输送财货。疏导滞留的积水，修通壅塞的水沟，排放泛滥的洪水，清除淤积的泥沙，开通堵塞的河道，修筑渡口的桥梁，这些是给百姓提供便利。薄收捐税，轻征田赋，放宽刑罚，赦免罪恶，宽恕小过失，这些是对百姓实行宽大政策。供养长老，慈爱幼孤，救济鳏寡，问候疾病，慰问祸丧，这些是帮助百姓解救急难。送寒衣给受冻的人，送饮食给饥渴的人，帮助贫寒百姓，赈济衰落人家，资助面临绝境的人，这些是救济百姓的穷困。共计这六个方面的事情，是兴办慈善的工作。六个方面的事情都已发布实施，百姓所需要的，没有得不到的了。百姓一定要得到所需要的，然后才能听从上面的；百姓听从上面，然后国家的政事才好做。所以说：德事不可不兴办。

曰：民知德矣，而未知义，然后明行以导之义，[1] 义有七体。七体者何？曰：孝悌慈惠，以养亲戚；[2] 恭敬忠信,以事君上;中正比宜,[3]以行礼节;整齐撙诎,[4]以辟刑僇;[5]纤啬省用,[6]以备饥馑;敦懞纯固,[7]以备祸乱;和协辑睦,[8]以备寇戎。凡此七者,义之体也。夫民必知义然后中正,中正然后和调,和调乃能处安,处安然后动威,动威乃可以战胜而守固。故曰:义不可不行也。

【注释】
　　〔1〕行:行义。尹知章注:"行,即七义。"　〔2〕亲戚:古指父母兄弟。　〔3〕比宜:合宜、合适。尹知章注:"比,合也。"　〔4〕撙诎(zǔn qū 尊上屈):谦逊,节制。尹知章注:"撙,节也,言自节而卑屈也。"诎,通"屈",屈曲。　〔5〕辟:通"避",避免。僇:通"戮",杀戮。　〔6〕纤啬:亦作"孅啬",计较细微。尹知章注:"纤,细也;啬,吝也。"　〔7〕敦懞纯固:意谓敦厚朴实、专心一意。懞,忠厚的样子。尹知章注:"懞,厚也。"《国语·周语》"敦厐纯固",韦昭注:"纯,专也。……固,一也。"　〔8〕辑睦:和睦。

【译文】
　　管子说:百姓懂得德了,还不懂得义,这样就公开地推行义来引导百姓。义有七个方面的体制要建立。七个方面的体制是指什么呢?就是:以孝敬父兄慈爱和顺,用来供养家属;以恭敬忠诚,用来侍奉君主;以公正合宜,用来实行礼节;以严整谦逊,用来避免犯罪;以节俭省用,用来防备饥荒;以纯朴专一,来防备祸乱;以协调和睦,来防备敌寇。共计这七个方面,是义的体制。百姓必须懂得义然后才能公正,公正然后才能协调,协调才能处于安定,处于安定然后行动才有威势,行动有威势才可能征战取胜,防守坚固。所以说:义不可不推行。

　　曰:民知义矣,而未知礼,然后饰八经以导之礼。[1]所谓八经者何?曰:上下有义,[2]贵贱有分,长幼有等,贫富有度。[3]凡此八者,礼之经也。故上下无义则乱，贵贱无分则争，长幼无等则倍，[4]贫富无度则失。[5]上下乱，贵贱争，长幼倍，贫富失，而国不乱者，未之尝闻也。是故圣王饬此八礼以导其民。八者各得其义，则为人君者中正而无私，为人臣者忠信而不党，为人父者慈惠以教，为人子者孝悌以肃，[6]为人兄者宽裕以诲，为人弟者比顺以敬，[7]为人夫者敦懞以固，为人妻者劝勉以贞。夫然，则下不倍上，臣不杀君，[8]贱不逾贵，少不陵长，[9]远不间亲，新不间旧，小不加大，[10]淫不破义。凡此八者，礼之经也。夫人必知礼然后恭敬，恭敬然后尊让，尊让然后少长贵贱不相逾越，少长贵贱不相逾越，故乱不生而患不作。故曰：礼不可不谨也。

【注释】

〔1〕饰：通"饬"。下文作"饬"。饬，整饬、整顿。 〔2〕义："仪"的古字。仪，礼仪。 〔3〕度：限度。 〔4〕倍：通"背"，背弃。《礼记·缁衣》："信以结之，则民不倍。" 〔5〕失：失去节制。尹知章注："失其节制。" 〔6〕肃：恭敬。 〔7〕比顺：和顺。尹知章注："比，和。" 〔8〕杀：古本作"弒"。 〔9〕陵：欺侮。《礼记·中庸》："在上位，不陵下。" 〔10〕加：凌驾。《论语·公冶长》："我不欲人之加诸我也，吾亦欲无加诸人。"

【译文】

管子说：百姓懂得义了，而还不懂得礼，这样就要整顿八个方面的准则来引导百姓懂得礼。所谓八个方面的准则是指什么呢？就是：上下各有礼仪，贵贱各有本分，长幼各有等次，贫富各有限度。总计这八个方面，是礼的准则。所以上下没有礼仪就要发生混乱，贵贱没有本分就要发生争执，长幼没有等次就要发生背弃，贫富没有限度就要失去节制。上下发生混乱，贵贱发生争执，长幼发生背弃，贫富失去节制，而国家不混乱的，不曾听说过。所以圣明君主总是整顿这八个方面的礼来引导百姓。八个方面各得其宜，做君主的就能公正而无偏私，做臣子的就能忠诚而不结私党，做父母的就能以慈爱和顺的态度来教育子女，做子女的就能以孝顺敬重的行动来恭敬父母，做兄长的就能以宽厚的态度来教诲弟妹，做弟妹的就能以和顺的态度来尊敬兄长，做丈夫的就能老实而专一，做妻子的就能劝勉而守贞。能做到这样，下面就不会背离上面，臣子就不会杀害君主，低贱的就不会超越高贵的，年少的就不会欺侮年长的，疏远的就不会间隔亲近的，新来的就不会间隔故旧，小的就不会凌驾到大的上面，放荡也不致破坏礼仪。这八个方面，是礼的准则。人们必须懂得礼然后才能恭敬，恭敬然后才能谦让，谦让然后才能少长贵贱不相超越，少长贵贱不相超越，所以混乱就不会发生，祸患就不会产生。所以说：礼是不可不谨慎的。

曰：民知礼矣，而未知务，[1]然后布法以任力。任力有五务。五务者何？曰：君择臣而任官，大夫任官辩事，[2]官长任事守职，士修身功材，[3]庶人耕农树艺。君择臣而任官，则事不烦乱；大夫任官辩事，则举措时；官长任事守职，则动作和；士修身功材，则贤良发；[4]庶人耕农树艺，则财用足。故曰：凡此五者，力之务也。[5]夫民必知务，然后心一，心一然后意专，心一而意专，然后功足观也。故曰：力不可不务也。[6]

【注释】

〔1〕务：丁士涵云："'务'当为'法'，此涉下文'五务'而误。"译从。 〔2〕辩：治理。《左传·昭公元年》："主齐盟者，谁能辩焉。"杜预注："辩，治也。"下同。 〔3〕功材：犹言学习才艺。功，通"工"，从事。材，同"才"。 〔4〕发：生发，成长。安井衡云："发，兴也。" 〔5〕张佩纶云："'力之务也'当作'法之务也'。"译文从之。 〔6〕力：丁士涵云："'力'当作'法'，此涉上文'力之务'句而误。"译从。

【译文】

　　管子说:百姓懂得礼了,却还不懂得法,这样就要宣布法令来安排人力。安排人力有五个方面的事务。五个方面的事务是指什么呢?就是:君主选择臣子而任命官职,大夫担任官职而治理政事,长官承办事务而坚守职分,士人修养品德而学习才艺,百姓从事农业生产劳动。君主选择臣子而任命官职,政事就能不烦琐混乱;大夫担任官职而治理政事,举措就能及时;长官承办事务而坚守职分,动作就能协调;士人修养品德而学习才艺,贤良就能成长;百姓从事农业生产劳动,财用就能充足。所以说:这五个方面,是人力安排要做的事。百姓必须懂得法,然后才能做到思想一致,思想一致然后才能做到意志专一,思想一致而意志专一,然后功业就足有可观。所以说:法不可不注重。

　　曰:民知务矣,[1]而未知权,然后考三度以动之。所谓三度者何?曰:上度之天祥,下度之地宜,中度之人顺,此所谓三度。故曰:天时不祥,则有水旱;地道不宜,则有饥馑;人道不顺,则有祸乱。此三者之来也,政召之。[2]曰:审时以举事,[3]以事动民,以民动国,以国动天下,天下动,然后功名可成也。故民必知权,然后举错得,[4]举错得则民和辑,民和辑则功名立矣。故曰:权不可不度也。

【注释】

　　[1]务:丁士涵云:此"'务',亦当为法,庶与上下文一例"。[2]召:招致,导致。《左传·襄公二十三年》:"祸福无门,唯人所召。"　[3]时:时机,指有利时机。尹知章注:"时则天祥、地宜、人顺之时也,得其时,则事可成。"　[4]错:通"措",措施。

【译文】

　　管子说:百姓懂得法了,还不懂得权衡,这样就要考察三个方面的适度来动员百姓。所谓三个方面的适度是指什么呢?就是:上考度天时,下考度地利，中考度人和，这就是所谓三个方面的适度。所以说：天时不吉祥，就有水旱之灾；地利不适宜，就有饥荒发生；人道不和顺，就有祸乱发生。这三种情况的出现，是政事导致的。所以说：要审度好时机来兴办事业，以事业的名义来动员百姓，以百姓的名义来动员全国，以一个国家的名义来动员普天下，普天下都动员起来了，然后功业和名声可以成功了。所以百姓必须懂得权衡，然后举措才能得宜，举措得宜百姓就能和睦，百姓和睦功业和名声就能创立了。所以说：权衡不可不审度。

故曰：[1]五经既布，[2]然后逐奸民，诘诈伪，[3]屏谗慝，[4]而毋听淫辞，[5]毋作淫巧。若民有淫行邪性，树为淫辞，作为淫巧，以上谄君上而下惑百姓，移国动众，以害民务者，其刑死流。[6]故曰：凡人君之所以内失百姓，外失诸侯，兵挫而地削，名卑而国亏，社稷灭覆，身体危殆，[7]非生于谄淫者，[8]未之尝闻也。何以知其然也？曰：淫声谄耳，淫观谄目。耳目之所好，谄心。心之所好，伤民。民伤而身不危者，未之尝闻也。曰：实圹虚，[9]垦田畴，修墙屋，则国家富；节饮食，抟衣服，[10]则财用足；举贤良，务功劳，布德惠，则贤人进；逐奸人，诘诈伪，去谗慝，则奸人止；修饥馑，[11]救灾害，振罢露，则国家定。

【注释】

〔1〕故曰：孙星衍云："'故曰'二字，因上文（上句）而衍。"译文从孙说。　〔2〕五经：即"德有六兴""义有七体""礼有八经""法有五务"和"权有三度"。　〔3〕诘：查究、究办。《左传·襄公二十一年》："子盍诘盗？"　〔4〕慝（tè 忒）：邪恶。《尚书·毕命》："旌别淑慝。"　〔5〕淫辞：夸大失实的言辞。《孟子·公孙丑上》："淫辞知其所谄。"谄，巴结奉承。　〔6〕死流：处死或流放。尹知章注："大罪死，

小罪流。"〔7〕危殆(dài代)：危险。殆，危险。〔8〕谄(tāo滔)淫：当依朱本作"淫谄"。疑惑。〔9〕圹虚：空旷无人的地方。圹，通"旷"，旷废。〔10〕撙(zǔn尊上)：节制，节省。许维遹云：撙与"劗"同。《说文》："劗，减也。"〔11〕修："备"字之误，形相近也。

【译文】
　　五种措施已发布实施，然后驱逐奸民，查办诈骗，摒弃进谗行恶的人，不听信夸大不实的谎言，不准做奢侈浪费的物品。如果有人行为放荡，性情邪恶，制造夸大不实的谎言，制作奢侈浪费的物品，上用来欺骗君主，下用来迷惑百姓，改变风俗，动摇民心，有害百姓劳动的，要处以死刑或流放。所以说：大凡君主之所以国内失掉百姓，国外失掉诸侯，兵败而地削，名声卑下，国家亏损，社稷覆灭，自身危险，不是由于被夸大不实的谎言所迷惑而发生的，从没有听说过。怎么知道是这样的呢？是因为：放荡的声音迷惑了耳朵，放荡的观赏迷惑了眼目。耳目所喜好的，迷惑了心。心被所喜好的迷惑，就做出伤害百姓的事来。百姓被伤害，而君主自身不危险的，从没有听说过。是因为：移民荒野，开垦田地，修筑墙院，国家就能富裕；节制饮食，节省衣服，财用就能充足；推举贤良，重视功劳，布施德惠，贤人就能进用；驱逐奸人，查办诈骗，弃去进谗行恶的人，奸人就能止住；防备饥荒，救济灾害，赈济衰败，国家就能安定。

　　明王之务，在于强本事，去无用，〔1〕然后民可使富；论贤人，〔2〕用有能，而民可使治；薄税敛，毋苟于民，〔3〕待以忠爱，而民可使亲。三者霸王之事也。事有本，而仁义其要也。今工以巧矣，〔4〕而民不足于备用者，其悦在玩好；农以劳矣，而天下饥者，其悦在珍怪，方丈陈于前；〔5〕女以巧矣，而天下寒者，其悦在文绣。是故博带梨，〔6〕大袂列。〔7〕文绣染，刻镂削，雕琢采；〔8〕关几而不征，〔9〕市鄽而不税。〔10〕古之良工，不劳其知巧以为玩好。[11]是故无用之物，守法者不失。[12]

【注释】

〔1〕尹知章注："本事谓农桑也，无用谓末作也。"末作，指奢侈品的生产。 〔2〕论：评选。许维遹云："'论'与'抡'通，《说文》：'抡，择也。'" 〔3〕苟：猪饲彦博云："'苟'亦当作'苛'。"译文从"苛"。 〔4〕以：通"已"，已经。下文同。 〔5〕方丈陈于前：丁士涵云："此五字衍文"，似为解文误入正文。译文从丁说。 〔6〕梨：通"剺"。划开，划破。尹知章注："梨，割也。" 〔7〕列：通"裂"。分裂，割裂。《说文》："列，分解也。" 〔8〕采：王引之云：平"形与'采'相似，故误为'采'也"。译文从王说。 〔9〕几：查察，查看。《周礼·地官·司关》："国凶札，则无关门之征，犹几。"亦作"讥"。 〔10〕鄽：通"廛"。市廛，市房。《礼记·王制》："市，廛而不税。"郑玄注："廛，市物邸舍，税其舍不税其物。" 〔11〕知：通"智"，才智。 〔12〕失：郭沫若云："当为'生'，生者产也。"译文从之。

【译文】

圣明君主的要务，在于加强农业生产，舍弃奢侈品的制作，然后才能使百姓富裕；选择贤良的人，任用有能力的臣子，而后才可能治理好百姓；薄收赋税，对百姓不苛刻，以忠诚爱护的态度相对待，而后百姓才可能来亲附。这三方面是关系到称霸称王的事情。事情有根本，而仁义是其中的关键。如今工匠已很巧妙了，而百姓的用具仍不充足，是因为君主的兴趣在于玩好之物；农夫已经很劳累了，而天下仍有饥饿的人，是因为君主的兴趣在于珍奇食品；女工已经很灵巧了，而天下仍有受冻的人，是因为君主的兴趣在于华丽的刺绣。因此阔带子应该割成窄带子，大衣袖应该做成小袖子，华丽的刺绣应该染成素色，刻镂的装饰应该削去，雕琢的花纹应该磨成平面；关卡只查察而不收税，市房只收租而不税物。古代的良工巧匠，不用他们的聪明巧手来制作玩好物品。因此，奢侈品，守法的人是不生产的。

宙合第十一

【题解】

宙合，本篇云："宙合之意，上通于天之上，下泉于地之下，外出于四海之外，合络天地以为一裹（包裹）。"意谓天上地下、东南西北、古往今来无不囊括其中。宙，指时间。《淮南子·齐俗训》："往古来今谓之宙。"合，六合。《庄子·齐物论》成玄英疏："六合，天地四方。"本篇论述的内容十分广泛，君臣之道、顺时处世、盛衰、修身待物、明哲远虑、天地人事、美恶等十多个方面的问题都有所论及，几乎是一篇论道的文章，富有哲理。本篇的体例是先经后解。经文是全文的提纲，十分简略，解文是对经文的解释和发挥，是本篇的主要论述。

左操五音，[1]右执五味。[2]

【注释】

〔1〕据下解文，是喻指君道，意谓君主出令能顺理成章，像协调五音能成乐章。五音，指宫、商、角、徵、羽五个音级。〔2〕据下解文，是喻指臣道，意谓臣子出力治理能像调和五味而成功。五味，指甜、酸、苦、辣、咸五种味道。

【译文】

君主出令像协调五音，臣子出力像调和五味。

怀绳与准钩，[1]多备规轴，减溜大成，[2]是唯时德之节。[3]

【注释】
〔1〕绳与准钩：喻指国家的法度。绳，准绳，用来取正或取直；准，平准器，用来取平；钩，圆规。《汉书·扬雄传上》"带钩矩而佩衡兮"，颜师古注引应劭曰："钩，规也；矩，方也；衡，平也。" 〔2〕减溜：下解文云："减，尽也；溜，发也。"意谓各种准具都发挥作用。〔3〕尹知章在下解文"是唯时德之节"下注："德既周，时又审，二者遇会，若合符契，则何功而不成也。"意谓时机与德望相符合，万事都能成功。

【译文】
怀有准绳、平准器和圆规，齐备规具，使各种规具都发挥作用，就能取得完全的成功，这只要等待时机与德行相结合。

春采生，[1]秋采蓏，[2]夏处阴，冬处阳。大贤之德长。[3]

【注释】
〔1〕生：指初生的嫩芽嫩叶等。本句以下四句喻言应因时而动。〔2〕蓏(luǒ 裸)：瓜类植物的果实。在木曰果，在地曰蓏。〔3〕下解文云："先祖不灭，后世不绝。故曰：大贤之德长。"意谓大贤之德行长久流传。

【译文】
春天采食萌芽，秋天采食瓜果，夏天住在阴凉的地方，冬天住在朝阳的地方。大贤的德行长久流传。

明乃哲，哲乃明，奋乃苓，[1]明哲乃大行。[2]

【注释】

〔1〕下解文云:"奋,盛;苓,落也。盛而不落者,未之有也。"苓,为"零"之借字。 〔2〕大行:正确而重要的行为。《荀子·子道》:"从道不从君,从义不从父,人之大行也。"

【译文】

明智就会聪明,聪明就会明智,兴盛之后就会衰落,明智聪明就会有伟大的行为。

毒而无怒,[1]怨而无言,欲而无谋。[2]

【注释】

〔1〕毒:痛恨。《后汉书·冯衍传》:"毒纵横之败俗。"无:通"毋",不要。《孟子·梁惠王上》:"鸡豚狗彘之畜,无失其时。" 〔2〕欲而无谋:下解文云:"言谋不可泄。"无谋,不要谋于人。

【译文】

有痛恨不要发怒,有怨气不要说出来,有计谋不要和别人商议。

大揆度仪,[1]若觉卧,[2]若晦明,[3]若敖之在尧也。[4]

【注释】

〔1〕揆度(kuí duó 葵夺):度量,估量。《汉书·昌邑哀王传》:"夫国之存亡,岂在臣言哉!愿王内自揆度。"仪:仪态。 〔2〕觉卧:睁着眼睡觉,意谓有警惕性。 〔3〕晦明:黑夜中明察。尹知章下解文注:"若从晦而视明。" 〔4〕敖:传说是尧的儿子。名朱,因居丹水,故称丹朱。他傲慢荒淫,尧对他管教严格。敖,同"傲"。尹知章注:"敖,尧子丹朱,慢而不恭,故曰敖。"

【译文】

　　严肃思考的样子,如同睡觉都睁着眼睛,如同黑夜中也能看得清楚,如同傲慢的丹朱在尧的管教之下。

　　毋访于佞,[1]毋蓄于谄,[2]毋育于凶,[3]毋监于谗。[4]不正,广其荒。[5]

【注释】

　　[1]下解文云:"言毋用佞人也,用佞人则私多行。"佞人,善用巧言献媚的奸人。 [2]下解文云:"言毋听谄,听谄则欺上。"蓄,蓄养。谄,巴结奉承。 [3]下解文云:"言毋使暴,使暴则伤民。" [4]下解文云:"言毋听谗,听谗则失士。"监,通"鉴"。借鉴,参考。 [5]下解文云:"虽广其威,可损也。"荒,空。《国语·吴语》:"荒城不盟。"

【译文】

　　不要寻访奸佞的人,不要听取奉承的话,不要助长暴力,不要听信谗言。治国方针不端正,即使国家再大也是空的。

　　不用其区区。[1]鸟飞准绳。[2]

【注释】

　　[1]区区:陈奂云:疑衍一"区"字。区,下解文云:"区者,虚也。"似指虚空、虚静。 [2]吴汝纶云:"'鸟飞准绳'上,据后《解》文当有'圣人参于天地'六字。"译文从吴说。

【译文】

　　不用虚静的态度。圣人参预天地的变化,要像鸟飞直线似的。

　　谗充末衡,[1]易政利民。[2]

【注释】

〔1〕下解文云:"'谗充',言心也,心欲忠。'末衡',言耳目也,耳目欲端。"郭沫若疑"谗"为"濽"字之误。濽,即"胸"。充,实也,与"忠"义近。末,喻耳目;衡,言平正。 〔2〕易政:与"险政"相对,意谓政治安定。

【译文】

心胸充实,耳目端正,政治安定,有利百姓。

毋犯其凶,毋迩其求,[1]**而远其忧。高为其居,危颠莫之救。**[2]

【注释】

〔1〕下解文云:"言上之败,常贪于金玉马女,而夌(吝)爱于粟米货财也。"迩,近。 〔2〕下解文云:"'高为其居,危颠莫之救',此言尊高满大,而好矜人以丽,主盛处贤,而自予雄也。故盛必失而雄必败。"

【译文】

不要触犯凶险的事,不要追求眼前的享乐,而要有长远的忧虑。居于极高的境地,一旦颠覆危险就没有人能相救。

可浅可深,可浮可沉,可曲可直,可言可默。天不一时,地不一利,人不一事。

【译文】

可能浅可能深,可能浮可能沉,可能曲可能直,可能说话也可能沉默无言。天不只一个时节,地不只一种物利,人不只一件事情。

可正而视,[1]定而履,[2]深而迹。[3]

【注释】
〔1〕而:通"尔",你。视:看法。 〔2〕履:意谓做法。 〔3〕迹:足迹,业绩。

【译文】
要使你的看法正确,使你的做法坚定,使你的业绩加深。

夫天地一险一易,若鼓之有桴,[1]擿挡则击。[2]

【注释】
〔1〕桴:洪颐煊云:当作"枹(fú 扶)",鼓槌。 〔2〕擿挡:读如"叮当",鼓声。尹知章注:擿,丁历反。挡,丁用反。

【译文】
天地间总是有险地有平地,就像鼓有鼓槌,敲起来叮当作响。

天地,万物之橐,[1]宙合有橐天地。[2]

【注释】
〔1〕橐(tuó 驮):袋子。《诗经·大雅·公刘》:"乃裹糇粮,于橐于囊。" 〔2〕有:通"又"。

【译文】
天地是万物的橐囊,宙合又囊括着天地。

"左操五音,右执五味",[1]此言君臣之分也。[2]君出令佚，[3]故立于左；臣任力劳，故立于右。夫五音不同声而能调，此言君之所出令无妄也，[4]而无所不顺，顺而令行政成。五味不同物而能和，此言臣之所任力无妄也，而无所不得，得而力务财多。故君出令，正其国而无齐其欲，[5]一其爱而无独与是，[6]王施而无私，[7]则海内来宾矣；臣任力，同其忠而无争其利，[8]不失其事而无有其名，分敬而无妒，[9]则夫妇和勉矣。君失音则风律必流，[10]流则乱败；臣离味则百姓不养，百姓不养则众散亡。君臣各能其分则国宁矣。故名之曰不德。[11]

【注释】

〔1〕本节起为解文，以上为经文。 〔2〕分：职分。《淮南子·本经训》："各守其分，不得相侵。" 〔3〕佚：通"逸"。《荀子·尧问》："舍佚而为劳。" 〔4〕妄：胡乱，没有章法。《左传·哀公二十五年》："彼好专利而妄。"杜预注："妄，不法。" 〔5〕欲：欲望，爱好。 〔6〕郭沫若云："'与'当依张佩纶说作'其'，''是'当是'足'，与'欲'字韵。言爱恶之情可一，而满足之道多方也"。译文从之。 〔7〕王施：王念孙云："'王'当作'正'，施之无私，故曰'正施'。"译文从之。 〔8〕李哲明云："'忠'疑当为'患'，形近而讹。'患'与'利'对文。同其患难，正臣任力之事也。"译文从之。 〔9〕分敬：安井衡云："'分'犹交也，谓交相敬。"相互尊敬。 〔10〕风律：犹言音律，声律。《淮南子·原道训》："扬郑卫之浩乐，结激楚之遗风。"高注："遗风，犹余声也。" 〔11〕不：通"丕"，大。

【译文】

"左操五音，右执五味"，这是说君主和臣子的职分。君主发令是安逸的，所以居于左；臣子出力是劳累的，所以居于右。五音不同声而能协调，这是说君主发出的政令不是没有准则的，因而就没有不顺的，顺就政令畅行政事成功。五味不同物而能调和，这是说臣子出力做事不是没有准则的，因而就没有不成的，用力工作财货丰多。所以君主发令，是为了纠正国家的政策，而并不是为了划一百姓的喜好；是为了统一百姓的爱憎，而不是使用一种方法来达到目的，公正施惠而没有偏私，这样，天下的百姓就都来归顺了。臣子出力，是为了与百姓共患难，而不是为了与民争利；是为了使百姓的事业不失误，而不是为了谋取自己的名声，互相尊敬而没有嫉妒，这样，天下的夫妇就都和好共勉了。君主发令不协调，效果就必然失去，失去效果就国家混乱；臣子做事不协调，百姓就无法生活，百姓无法生活就民众离散逃亡。君臣各能尽其职分，国家就安宁了。所以称之为伟大的德行。

"怀绳与准钩，多备规轴，减溜大成，是唯时德之节。"夫绳，扶拨以为正；[1]准，坏险以为平；钩，入枉而出直。此言圣君贤佐之制举也。[2]博而不失，[3]因以备能而无遗。国犹是国也，民犹是民也，桀纣以乱亡，汤武以治昌。章道以教，[4]明法以期，[5]民之兴善也如此，[6]汤武之功是也。多备规轴者，成轴也。夫成轴之多也，其处大也不究，[7]其入小也不塞，犹迹求履之宪也。[8]夫焉有不适？善适，善备也，仙也，[9]是以无乏。故谕教者取辟焉。[10]天涓阳，[11]无计量；地化生，无法崖。[12]所谓是而无非，非而无是，是非有，必交来。苟信是，以有不可先规之，[13]必有不可识虑之，[14]然将卒而不戒。[15]故圣人博闻多见，畜道以待物，物至而对形，曲均存矣。[16]减，尽也；溜，发也。言遍环毕，[17]莫不备得。故曰：减溜大成。成功之术，必有巨获，[18]必周于德，审于时，时德之遇，事之会也，若合符然。故曰：是唯时德之节。

【注释】

〔1〕拨：不正。《荀子·正论》："不能以拨弓曲矢中。"〔2〕制：制度，法制。举：全，健全。〔3〕博：多，全面。〔4〕章：彰明。《荀子·正名》："章之以论，禁之以刑。"〔5〕期：必，坚决。《左传·哀公十六年》："期死，非勇也。"〔6〕如此：王念孙云："'如此'当依宋本作'如化'。"译文从之。〔7〕究：王念孙云："'究'当为'窕'，字之误也。"窕，不充满。《淮南子·兵略训》："入小而不逼，处大而不窕。"〔8〕迹：足迹。宪：古通"楦"，即鞋楦子，木制的鞋形模具。〔9〕仙：郭沫若云："'仙'当读为选，或本'僎'之讹。"选，选择。〔10〕辟：通"譬"，比喻。《荀子·王霸》："是过者也，过犹不及也，辟之是犹立直木而求其影之枉也。"〔11〕渻阳：读为"育养"。渻，通"育"。丁士涵云："'阳'字当为'养'，假借字。"〔12〕法：王引之云：当为"泮"。"涉《注》文'法天地'而误。"《诗经·小雅·氓》："隰则有泮。"《笺》："泮读为畔。畔，涯也。"涯，边际。〔13〕以：丁士涵云："乃'必'字之误。"译文从之。规：通"窥"。《韩非子·制分》："其务令之相规其情者也。"〔14〕识虑：辨认细想。〔15〕卒：同"猝"，突然。〔16〕曲均：郭沫若云：犹言曲直耳，即是非曲直。〔17〕遍环：犹言所有的、全体。毕：郭沫若云："审尹《注》'物尽发于善、亦既尽善'云云，则'毕'下当脱一'善'字。"译文从之。〔18〕安井衡云："'巨'古'矩'字，'获'当为'镬'，字之误也。矩、镬皆法也。"译文从之。

【译文】

"怀绳与准钩，多备规轴，减溜大成，是唯时德之节。"准绳，可扶偏歪而为正；准器，可破险地而为平；钩，可在弯曲中量出直径。这是说圣君贤相的法制完善。法制完善而不缺少，能依靠法制完备的功能而无遗漏。国家还是这个国家，百姓还是这些百姓，桀纣因乱而衰亡，汤武因治而昌盛。宣传治国方针来教育百姓，公布法制来约法三章，使百姓从善而成习俗，汤武的功业就是这样成功的。所谓"多备规轴"，就是要准备各种工具。工具繁多，用在大地方不会有空缺，进入小地方不会有堵塞，好像依照脚样寻求鞋楦子一样，怎么会有不合适的呢？都十分合适，是因为准备得十分齐全，可以挑选使用，所以没有不够用的情况。因此从事宣传教育的人就取来作比喻。上天养育万物，多得无法计算；大地生长万物，多得没有边际。所谓是就不能说成非，非不能说成是，但是非常有，并必然同时来到。如果是非遇到这样的复杂，就必定不能预先来窥视它，就必定不能预先来识别它，它这样突然地来到，而使人们毫无准备。因此圣人只能增加自己的见闻，积累自己识辨的经验来等待是非，是非来到就加以比照，是非曲直也就能识辨了。减，是尽的意思；溜，是发的意思。这是说所有的工具都起了好作用，就没有不取得成功的。所以说"减溜大成"。成功的诀窍，必在于有准则，必在于有完善的品德，能看清客观的时机，客观的时机与主观的品德相结合，便是事业成功的机会，就像符契相合一样。所以说"是唯时德之节"。

"春采生，秋采蓏，夏处阴，冬处阳。"此言圣人之动静、开阖、诎信、涅儒、取与之必因于时也。[1]时则动，不时则静，是以古之士有意而未可阳也。[2]故愁其治言，[3]含愁而藏之也。[4]贤人之处乱世也，知道之不可行，则沉抑以辟罚，[5]静默以侔免。[6]辟之也，[7]犹夏之就清，[8]冬之就温焉，可以无及于寒暑之灾矣。[9]非为畏死而不忠也。夫强言以为僇，[10]而功泽不加，进伤为人君严之义，退害为人臣者之生，[11]其为不利弥甚。故退身不舍端，[12]修业不息版，[13]以待清明。故微子不与于纣之难，[14]而封于宋，以为殷主，先祖不灭，后世不绝。故曰：大贤之德长。

【注释】

〔1〕开阖：同"开合"。诎信：同"屈伸"。涅儒：当为"逞偄"，通"盈偄"，犹言"盈缩"。 〔2〕阳：宣扬。《释名》："阳，扬也。气在外发扬也。" 〔3〕愁：同"揫（揪）"。收聚，收敛。下句"愁"字同。〔4〕含：王念孙云：当为"阴"字。阴古字为"侌"，误为"含"。阴与上文"阳"相对。 〔5〕辟：通"避"，躲避。 〔6〕侔：通"牟"，谋取。尹知章注："侔，取也。" 〔7〕辟：通"譬"。 〔8〕清：凉。〔9〕及：郭沫若云：古本等均作"反"，读为"犯"。 〔10〕僇：通

"戮"。杀戮,刑戮。〔11〕许维遹云:"'者'当作'偷'。"译文从之。〔12〕耑:戴望云:"当读为'专',假借字也。"译文从之。《说文》:"专,六寸簿也。"段玉裁注:"六寸簿,盖笏也。"笏,朝笏。〔13〕修:郭沫若云:"疑'休'字声误。"译文从郭说。版:古时书写用的木片。尹知章注:"版,牍也。"〔14〕微子:商纣的庶兄,名启,封于微(今山东梁山西北)。因见商将亡,数谏纣王,王不听,遂出走。周武王灭商时,向周求降,被封于宋,为宋国的始祖。

【译文】

"春采生,秋采蓏,夏处阴,冬处阳。"这是说圣人的动静、开合、屈伸、进退、取与都必定根据时宜。合于时宜就行动,不合时宜就静止,所以古代的贤士有意向却不作宣扬。他隐藏治国的意见,不宣扬而隐藏起来。贤人处在乱世,知道他的治国之道是不能施行的,就潜伏不动来躲避刑罚,静默无言来求得免罪。好比是:像夏天到清凉的地方,冬天到温暖的地方,就可以不遭受寒冷和酷暑的灾害了,这并不是因为怕死而不忠于国君。因为勉强进言就会遭受刑戮,而功效毫无,对上伤害了君主尊严的准则,对下妨害了臣子生存的机会,那不利是十分严重的。所以他隐退而不舍弃笏板,停职而不放下版书,为的是等待清明的时世。所以微子不跟随纣王赴难,因此被封于宋地,而成为殷商遗民的领袖,使祖先不灭亡,后代不断绝。所以说:大贤的德行长久流传。

"明乃哲,哲乃明,奋乃苓,明哲乃大行。"此言擅美主盛自奋也,[1]以琅汤凌轹人,[2]人之败也常自此。是故圣人著之简策,[3]传以告后进曰:奋,盛;苓,落也。盛而不落者,未之有也。故有道者不平其称,[4]不满其量,不依其乐,[5]不致其度。[6]爵尊则肃士,[7]禄丰则务施,[8]功大而不伐,业明而不矜。[9]夫名实之相怨久矣,[10]是故绝而无交,[11]惠者知其不可两守,[12]乃取一焉,[13]故安而无忧。

【注释】

〔1〕擅美主盛自奋：均指骄傲自满。擅，独专。奋，奋发，发扬。
〔2〕踉汤：丁士涵云：读为"浪荡"，犹言放荡。轹(lì历)：意同"凌"，欺凌。《汉书·酷吏传序》："刻轹宗室，侵辱功臣。"颜师古注："轹，谓陵践也。" 〔3〕简策：即简册，古代的书籍。 〔4〕称：同"秤"。
〔5〕不依其乐：俞樾云："依"读为"殷"，声之误也。《说文·月部》："作乐之盛称殷。"不殷其乐，意谓不可使音律过高过大，俗谓调子不要太高。 〔6〕度：指计量长短的丈、尺。《尚书·舜典》："同律度量衡。"郑玄注："度，丈、尺也。" 〔7〕肃：恭敬。《尚书·洪范》："恭作肃。" 〔8〕施：施舍。 〔9〕明：犹言盛大。《淮南子·说林训》："长而愈明。"高诱注："明，犹盛也。" 〔10〕怨：犹违，违反。《广雅》："怫，怨也。"怫，同"违"。 〔11〕交：交合，相合。
〔12〕惠：通"慧"，聪明。《后汉书·孔融传》："将不早惠乎？"
〔13〕乃取一焉：据文义，实指弃名取实。

【译文】

"明乃哲，哲乃明，奋乃苓，明哲乃大行。"这是说自以为独专其美，独自盛大，独自奋发，常以放肆的态度欺凌他人，一个人的失败常常从这里开始。因此圣人写在书本上，传告后进之士说：奋，就是兴盛；苓，就是衰落。兴盛以后不衰落的事，是从没有过的。所以有修养的人不自以为分量十足，不自以为已经满足，不自以为可唱高调，不自以为已达到标准。职位高就尊重人才，俸禄多就注意施舍，功劳大却不自夸，成就大却不骄矜。名望和实际相违反已是很久远的了，因此相互排斥而不能结合，明智的人懂得名实不能兼有，就取实而弃名，所以能安宁而无忧。

"毒而无怒"，此言止忿速济没法也。[1] "怨而无言"，言不可不慎也。言不周密，反伤其身。故曰：[2] "欲而无谋"，言谋不可以泄，谋泄灾极。[3] 夫行忿速遂，[4] 没法贼发，[5] 言轻谋泄，灾必及于身。故曰：毒而无怒，怨而无言，欲而无谋。

【注释】

〔1〕"此言"句：章炳麟云："'没法'二字衍。止忿则事速成，正明所以'毒而无怨'之故，不容有'没法'二字。"译文从之。〔2〕故曰：王念孙云："故曰"二字，涉下文而衍。译文从之。〔3〕极：通"亟"，紧急。《荀子·赋》："出入甚极，莫知其门。"〔4〕遂：成功。《礼记·月令》："百事乃遂。" 〔5〕没法贼发：章炳麟云：当作"没法发贼"。没法，即汉代的没命法。《汉书·酷吏传》："于是作沉命法曰：群盗起不发觉，发觉而弗捕满品者，二千石以下至小吏主者皆死。"应劭注："沉，没也，敢匿盗贼者没其命也。"发贼，犹言捕捉盗贼。章又云：行忿以求速遂，作沉命法以发盗贼，轻言以泄密谋，三者皆病在急躁，足以取祸。

【译文】

"毒而无怨"，这是说止息忿怒就速成其事。"怨而无言"，这是指说话不可不谨慎。说话不周到严密，反而伤害自身。"欲而无谋"，这是说计谋不可以泄露，计谋泄露就灾难即至。用发泄忿怨来求得事成，制订《没命法》来捕捉盗贼，言语轻率而计谋泄露，灾祸必定累及自身。所以说：有痛恨不要发怒，有怨气不要说话，有计谋不要商议。

"大揆度仪，若觉卧，若晦明"，言渊色以自诘也，[1]静默以审虑，[2]依贤可，[3]用也仁良，[4]既明通于可不利害之理，[5]循发蒙也。[6]故曰：若觉卧，若晦明，若敖之在尧也。

【注释】

〔1〕渊色：张佩纶云：当作"渊塞"或"塞渊"，意为诚实深远。译文从之。《诗经·邶风·燕燕》："其心塞渊。"孔颖达疏："其心诚实而深远也。"袁宏《三国名臣序》："公衡冲达，秉心渊塞。"诘：问。〔2〕虑：张佩纶云："虑"下当有"也"字，错于"用"字下。译文从之。 〔3〕张佩纶云："'可'当作'才'。"译文从之。 〔4〕也：上文错置于此，参阅注〔2〕。 〔5〕不：同"否"。《汉书·于定国传》："公卿有可以防其未然救其已然者不？" 〔6〕循：王念孙云："'循'当为

'犹',字之误也。"犹,若、如。

【译文】

"大揆度仪,若觉卧,若晦明",这是说要用老实深沉的态度来自我反省,要用平静沉默的态度来深思熟虑,要依靠贤才的智慧,要采用善良的意见,在精通是非利害的道理之后,就像启发了蒙昧。所以说:如同睡觉都睁着眼,如同夜晚也能看得清楚,如同傲慢的丹朱在尧的管教之下。

"毋访于佞",言毋用佞人也,用佞人则私多行。[1] "毋蓄于谄",言毋听谄,听谄则欺上。"毋育于凶",言毋使暴,使暴则伤民。"毋监于谗",言毋听谗,听谗则失士。夫行私、欺上、伤民、失士,此四者用,所以害君义失正也。[2] 夫为君上者,既失其义正,而倚以为名誉;[3] 为臣者,不忠而邪,以趋爵禄,乱俗败世,以偷安怀乐。虽广其威,可损也。故曰:不正,广其荒。是以古之人,阻其路,塞其遂,[4] 守而物修。[5] 故著之简策,传以告后世人曰:其为怨也深,是以威尽焉。

【注释】

〔1〕私多行:陶鸿庆云:"'私多行'当作'行私','行私'与下文'欺上,伤民,失士'一律。"译文从之。 〔2〕君:张文虎云:"'君'字疑衍。"译从。义:通"仪"。仪法,法度。正:公正。 〔3〕倚:依赖。 〔4〕遂:道,通路。《史记·苏秦列传》:"禽夫差于干遂",司马贞《索隐》:"遂者,道也。" 〔5〕物:郭沫若云:"勿"字之误。译文从"勿"。

【译文】

"毋访于佞",这是说不要任用奸佞的人,任用奸佞的人就会推行私理。"毋蓄于谄",这是说不要听取奉承的话,听取奉承的话就会欺骗君主。"毋育于凶",这是说不要使用暴力,使用暴力就会伤害百姓。"毋监于谗",这是说不要听信谗言,听信谗言就会失去贤士。推行私理,欺骗君主,伤害百姓,失去贤士,这四种弊政用上,就是损害法度失去公正的原因。作为君主,既已失去法度和公正,而还想依赖他们来取得名誉;作为臣子,不忠君主而采用邪行来追逐爵位和俸禄,扰乱习俗,败坏世风,以便偷安取乐;这样即使国家的威势再大,也是可以损坏的。所以说:治国方针不端正,即使国家大也是空的。因此古代的人,阻塞四种弊政的途径,堵住四种弊政的通道,坚守而不放。又写到书本上,流传下来告诉后代的人说:怨恨深重,因此国威殆尽。

"不用其区",区者,虚也。人而无良焉,[1]故曰虚也。凡坚解而不动,[2]陼堤而不行,[3]其于时必失,失则废而不济。失植之正而不谬,[4]不可贤也;植而无能,[5]不可善也。[6]所贤美于圣人者,以其与变随化也。[7]渊泉而不尽,微约而流施,[8]是以德之流润泽均加于万物。[9]故曰:圣人参于天地。"鸟飞准绳",此言大人之义也。夫鸟之飞也,必还山集谷。不还山则困,不集谷则死。山与谷之处也,不必正直,而还山集谷,曲则曲矣,而名绳焉。以为鸟起于北,意南而至于南;起于南,意北而至于北。苟大意得,不以小缺为伤。故圣人美而著之曰:[10]千里之路,不可扶以绳;万家之都,不可平以准。言大人之行,不必以先帝常,[11]义立之谓贤。故为上者之论其下也,不可以失此术也。

【注释】

〔1〕良：良久，长久。《庄子·徐无鬼》："良位其空。"马叙伦《义证》："'良'借为'长'。"　〔2〕坚解：李哲明云："'解'疑为'结'。"坚结，坚硬。　〔3〕楮堤：李哲明云："'楮'读为堵。"堵堤，指河堤、堤坝。　〔4〕失植：许维遹云："'失'当作'天'。《版法篇》'正彼天植'。《解》曰'天植，心也。'心与志同义。"天植，即天志。〔5〕植而无能：郭沫若云："'植而无能'与'正而不谬'对文，'植'字当为'直'。直，犹正也。涉上'植'字而误。"译文从之。〔6〕善：郭沫若云："'善'当是'美'之误。下句正以'贤美'连文。"译文从之。　〔7〕与：参预。《易经·系辞上》："非天下之至变，其孰能与于此。"　〔8〕约：绳子，此处以绳喻水流微细。　〔9〕流：丁士涵云："'流'字涉上文'流施'而衍。"译文从之。　〔10〕著：著书。尹知章注："美鸟飞之事，著之简策也。"　〔11〕先帝常：王念孙云：帝字即"常"字之误而衍。译文从之。

【译文】

"不用其区"，区，是虚的意思。人不能长久不变，所以说要虚静。大凡僵硬而不灵活、停滞而不发展，必然会失去时机，失去时机就坏事而不能成功。即使天赋予的志向端正而不谬误，也不能称贤；即使为人正直而无才能，也不能称美。圣人之所以能称贤称美，是因为圣人参预并顺随天地万物的发展变化。像深泉一样不会枯竭，如一条细绳子那样不断地流给人们，因此润泽的恩德能均匀地施加给万民。所以说：圣人参预天地的变化。"鸟飞准绳"，这是说伟大人物的准则。鸟飞翔最终要飞回到山上，集合在山谷里。因为不飞回到山上就会困顿，不集中在山谷中就会死亡。所处的山谷，不一定正直，而飞回山谷的路线，更是弯曲又弯曲了，却仍说是像准绳一样直。这是因为鸟从北方起飞，意向南方就飞到了南方；或者从南方起飞，意向北方就飞到了北方。如果大的意向达到了，就不必因为有小缺陷而成为伤害。所以圣人赞美并写在书上说：千里长路，不能用绳子来拉成一条直线；万户的大都，不能用准器来拉成一个平面。这是说伟大人物的行动，不必以祖先为常法，只要确立适宜于当时的标准就可称之为贤。所以作为君主在考评他的臣下的时候，是不可丢弃这个方法的。

"谸充",言心也,心欲忠。"末衡",言耳目也,耳目欲端。中正者,[1]治之本也。耳司听,听必顺闻,[2]闻审谓之聪。目司视,视必顺见,见察谓之明。心司虑,虑必顺言,言得谓之知,[3]聪明以知则博,[4]博而不惛,[5]所以易政也。政易民利,利乃劝,[6]劝则告。[7]听不顺不审不聪,[8]不审不聪则缪。[9]视不察不明,不察不明则过。虑不得不知,不得不知则昏。缪过以昏则忧,忧则所以伎苛,[10]伎苛所以险政。政险民害,害乃怨,怨则凶。故曰:谸充末衡,言易政利民也。[11]

【注释】

〔1〕中正:当为"忠正",即上文"心欲忠"的"忠"与"耳目欲端"的"端"。 〔2〕闻:听到。 〔3〕知:通"智"。尹知章注:"心之所虑既顺且得,故谓之智。" 〔4〕博:许维遹案:当作"抟",通"专",专一。下文同。 〔5〕惛:糊涂。《晋书·王沉传》:"智以势惛。" 〔6〕劝:勉励。 〔7〕告:刘绩云:当作"吉"。与下文的"凶"相对文。 〔8〕"听不"句:丁士涵云:"不顺"二字衍。"听不审不聪"与下"视不察不明,虑不得不知",句例相同。译文从之。 〔9〕缪:通"谬"。下同。 〔10〕所以:李哲明云:盖涉下而衍。应删去。伎:假为"忮(zhì 至)",固执己见。《庄子·齐物论》:"大勇不忮。" 〔11〕"言易"句:王念孙云:"'言'字涉下文'言中正以蓄慎也'而衍。此复述上文……不当有'言'字。"译文从之。

【译文】

"谸充",是说心,心要忠。"末衡",是说耳目,耳目要端正。忠正,是治国的根本。耳掌管听,听必定要求顺利地听到,听得详细就称为耳聪。目掌管看,看必定要求顺利地看见,看得清楚就称为目明。心掌管思虑,思虑必定要求顺畅的语言,语言得宜就称为有智慧。耳聪目明又有智慧就能专一,专一而不糊涂,这就是政治安定的原因。政治安定就使百姓有利,百姓有利就受到鼓励,百姓受到鼓励国家就吉祥。听不详就是耳不聪,听不详耳不聪就会陷入谬误。视不清就是目不明,视不清目不明就会发生过错。思不得宜就是心不智,思不得宜心不智就会陷入昏乱。谬误过错又昏乱就会有忧患,有忧患就会发生固执己见、苛刻待人,固执己见苛刻待人,这就是政治险恶的原因。政治险恶就使百姓受害,百姓受害就会有怨恨,百姓有怨恨国家就凶险。所以说:心胸要充实,耳目要端正,政治要安定,要有利百姓。

"毋犯其凶",言中正以蓄慎也。[1]"毋迩其求",言上之败,常贪于金玉马女,而丢爱于粟米货财也,[2]厚藉敛于百姓,则万民怼怨。[3]"远其忧",言上之亡其国也,常迩其乐,立优美,[4]而外淫于驰骋田猎,内纵于美色淫声,下乃解怠惰失,[5]百吏皆失其端,则烦乱以亡其国家矣。"高为其居,危颠莫之救",此言尊高满大,而好矜人以丽,[6]主盛处贤,而自予雄也。[7]故盛必失而雄必败。夫上既主盛处贤,以操士民,国家烦乱,万民心怨,此其必亡也。犹自万仞之山,[8]播而入深渊,[9]其死而不振也必。[10]故曰:毋迩其求,而远其忧,高为其居,危颠莫之救也。

【注释】

〔1〕蓄:张佩纶云:"'蓄'当作'审'。"译文从之。 〔2〕丢爱:吝惜。丢,同"吝"。 〔3〕怼(duì队):怨恨。 〔4〕优美:张佩纶云:"当作'优笑'。"本书《小匡》:"优笑在前。"优笑,即倡优之类。 〔5〕解:通"懈"。失:通"佚",安逸。 〔6〕丽:美丽,光彩。 〔7〕"而自"句:尹知章注:"言君王豪盛,处己以贤,自许以为英雄。予,许也。" 〔8〕仞:古时七尺或八尺为仞。万仞,极言其高。 〔9〕播:舍弃。 〔10〕振:救。《礼记·月令》:"赐贫困,振乏绝。"郑玄注:"振,犹救也。"

【译文】

"毋犯其凶",这是说要处在正中又要十分谨慎。"毋迩其求",这是说君主的败亡,常在于贪婪金玉宝器、骏马美女,又吝惜粮食财物,向百姓横征暴敛,这样万民怨恨。"远其忧",这是说君主亡国,常在于接近淫乐,不离倡优,在外沉溺在奔马田猎,在内纵欲于美色淫声,臣下都懈怠安逸,百官都失去正派的作风,这样政事繁杂混乱,国家走向灭亡。"高为其居,危颠莫之救",这是说君主位高威尊,狂妄自大,喜欢在人们面前炫耀自己的光彩,气势豪盛,以贤君自居,又自许为英雄。所以气盛必失,英雄必败。君主以气盛贤君的自许态度来操持臣民,就会造成国家繁杂混乱,万民怨恨,这就必定要走向灭亡。这正如从万仞的高山之上,抛弃到万丈的深渊里去,他死而不能相救是必然的。所以说:不要只追求眼前的享乐,而要有长远的忧患,居于极高的境地,颠倒危险就没有人能相救。

"可浅可深,可沉可浮,可曲可直,可言可默。"此言指意要功之谓也。[1]天不一时,地不一利,人不一事。是以著业不得不多,[2]人之名位不得不殊方。[3]明者察于事,故不官于物,[4]而旁通于道。[5]道也者,通乎无上,详乎无穷,运乎诸生。[6]是故辩于一言,察于一治,[7]攻于一事者,可以曲说,[8]而不可以广举。圣人由此知言之不可兼也,故博为之治而计其意;知事之不可兼也,故名为之说,[9]而况其功。[10]岁有春秋冬夏,月有上下中旬,日有朝暮,夜有昏晨,半星辰序,[11]各有其司。故曰:天不一时。山陵岑岩,[12]渊泉闳流,[13]泉逾瀷而不尽,[14]薄承瀷而不满,[15]高下肥硗,[16]物有所宜。故曰:地不一利。乡有俗,国有法,食饮不同味,衣服异采,世用器械,规矩绳准,称量数度,品有所成。故曰:人不一事。此各事之仪,[17]其详不可尽也。

【注释】

〔1〕指：于省吾云：读作"稽"，犹计也。《周礼·夏官·大司马》："简稽乡民。"注："稽犹计也。"要：犹言计。《周礼·天官·小宰》："月终则以官府之叙受群吏之要。"孙诒让《正义》："主每月之小计。"　〔2〕不多：许维遹云：当作"不多端"。《淮南子·泰族训》："是以绪业不得不多端，趋行不得不殊方。"是其证。　〔3〕人之：二字为衍文，应删去。注〔2〕引《淮南子·泰族训》也无"人之"二字。〔4〕官：局限。　〔5〕旁通：犹言广通。《易经·乾·文言》："六爻发挥，旁通情也。"　〔6〕诸生：诸物。尹知章注："诸物由道而生。"〔7〕治：即"辞"字，古"治"与"辞"为一字。《淮南子·泰族训》作"辞"。下同。　〔8〕曲说：谓言论偏于一隅，不够全面。　〔9〕名：丁士涵云："名当为'多'。"《淮南子·要略训》："故多为之辞，博为之说。"　〔10〕况：比况。尹知章注为"比况"。　〔11〕半星：中星，在中天的星。半，中。《说文》："半，物中分也。"《玉篇》："中，半也。"辰序：即十二个时辰的次序。　〔12〕岑：小而高的山。岩：山崖。〔13〕闳（hóng 宏）：宏大。　〔14〕瀷（yì 翼）：小而急的水流。《淮南子·览冥训》："泽受瀷而无源者。"尹知章注："瀷，凑漏之流也。"凑漏，意谓会合的小水。　〔15〕薄：俞樾云："泊"之假字。《说文·水部》："泊，浅水也。"　〔16〕硗（qiāo 敲）：土坚硬而瘠薄。《孟子·告子上》："则地有肥硗。"　〔17〕仪：安井衡云：通"宜"。宜，适宜。

【译文】

"可浅可深，可沉可浮，可曲可直，可言可默。"这些话是说行动要考虑意图和功效。天不只一个时节，地不只一种物利，人不只一件事情。因此事业不能不是多种的，名位不能不是多样的。明智的人能看清这种事实，所以不局限于事物，能广泛地体会到事物的本源——道。道，能通达到无上的高处，能详细到无穷的边际，能运用到各种事物上。因此只能说出一种说法，只能说清一个词语，只能适用一种事情，这只能算是片面的理论，而不能广泛地起作用。圣人由此懂得一种言辞不能兼有多义，所以增加言辞来考虑用意；懂得一种事情不能兼备通例，所以增多说法来比较功效。一年有春夏秋冬，一月有上中下旬，一日有早上傍晚，一夜有黄昏凌晨，中星十二辰的运行次序，各有所主。所以说：天不是一个时节。大山小山，土山石山，深渊大河，泉水飞越小水流而不枯竭，湖泊承受小水流而不满溢。土地高下肥瘠，物产各有所宜。所以说：地不只一种物利。乡里有习俗，国家有法度，饮食不同口味，衣服不同色彩，世人所用的器械，像圆规、矩尺、墨绳、准器，以及轻重大小多少长短的计算，标准各有规定。所以说：人不只一件事。天地人事，各有所宜，那详细的情况，不能尽说。

"可正而视"，言察美恶，审别良苦，[1]不可以不审。操分不杂，[2]故政治不悔。"定而履"，言处其位，行其路，为其事，则民守其职而不乱，故葆统而好终。[3]"深而迹"，言明墨章书，[4]道德有常，则后世人人修理而不迷，[5]故名声不息。

【注释】

〔1〕"言察"二句：王念孙云："察美恶，别良苦"，相对为文，"别"上"审"字涉下"审"字而衍。苦(gǔ古)，粗劣。《周礼·天官·典妇功》："辨其苦良。" 〔2〕操：掌握。 〔3〕葆：保持。 〔4〕书：王念孙云：当作"画"，字之误也。画，规划。《楚辞·九章》："章画志墨兮，前图未改。"王逸注："言工明于所画，念其绳墨，循前人之法，不易其道，以言人遵先王之法度，循其仁义，不易其行。" 〔5〕修：王念孙云："'修'当为'循'，字之误也。"译文从"循"。

【译文】

"可正而视"，这是说要分清美恶，辨别优劣，这不能做得不细致。掌握标准，分清美恶优劣而不混杂，政事的治理就不会有悔恨的情况。"定而履"，这是说坐在你的位子上，走你的路，做你的事，百姓就会各守职分而不混乱，所以能保持正统而有好的结果。"深而迹"，这是说公开目标和法度，道德有常规，后代的人就个个都能遵循你的道理而不迷乱，所以名声流传不息。

"夫天地一险一易，若鼓之有楟，擿挡则击。"言苟有唱之，必有和之，和之不差，因以尽天地之道。景不为曲物直,[1]响不为恶声美,是以圣人明乎物之性者,[2]必以其类来也。故君子绳绳乎慎其所先。[3]

【注释】
〔1〕景：通"影",影子。〔2〕性：安井衡云：当作"往"。尹知章注："恶声往,则恶响来。"可见也作"往"。译文从"往"。〔3〕绳绳乎：戒慎貌。先：先行,先导。

【译文】
"夫天地一险一易,若鼓之有桴,摘挡则击。"这是说如果前有所唱,后必有所和,和与唱不会有差错,因为这是反映天地的规律的。影不可能将弯曲的物变成直线,回响不可能将破恶的声音变成美声,因此圣人明白已过去之事,必定以同样的事再现。所以君子十分警惕而小心地做先导。

"天地,万物之橐也,[1]宙合有橐天地。"天地苴万物,[2]故曰：万物之橐。宙合之意,上通于天之上,下泉于地之下,[3]外出于四海之外,合络天地以为一裹。散之至于无间,不可名而山。[4]是大之无外,小之无内,故曰：有橐天地。其义不传,一典品之,不极一簿,[5]然而典品无治也。[6]多内则富,[7]时出则当。[8]而圣人之道,贵富以当。[9]奚谓当？本乎无妄之治,[10]运乎无方之事,应变不失之谓当。变无不至,无有应当,[11]本错不敢忿,[12]故言而名之曰宙合。

【注释】
〔1〕也：经文无"也"字。〔2〕苴：苞苴,包藏。《荀子·大略》："苞苴行与？谗夫兴与？"杨倞注："货贿必以物苞裹,故总谓之苞苴。"

〔3〕泉：王引之云：当为"臮"。古"暨"字也。暨，及也，至也。译文从之。　〔4〕山：刘绩云："'山'乃'止'字误。"译文从之。
〔5〕郭沫若云："谓《宙合》之经言文字甚少，除去衍文，仅二百一十字，如整理之不能尽一簿。""此言'一簿'，当为一方，一版，或即是笏。"又云："'一典品之'，'一'者，一旦也，犹如也。'典品'谓整理。簿、薄字古每混。"　〔6〕治：管理。　〔7〕多内则富：郭沫若云："谓言简意赅，内容丰富。"　〔8〕出：发出，犹今言出版发行。
〔9〕贵富以当：当依古本作"富贵以当"。郭沫若云："言富不足贵，贵在用之得当。"　〔10〕治：郭沫若云：治读为"辞"。　〔11〕"变无"二句：安井衡云："'无'下疑脱'不'字。言变至无穷，而无不有应当其变之道。"　〔12〕本错：当是"本镖"，即"本剽"，犹言始末。忿：乃"分心"二字之误合。分心，犹言离开中心。本条均摘录郭沫若说。

【译文】
　　"天地，万物之橐，宙合有橐天地。"天地包藏万物，所以说是万物的橐囊。宙合的意思，是上通到天之上，下及到地之下，外超出到四海之外，把天地合拢包扎成一个包裹。把它散放开来，可以达到没有间隙的地方，到无可名状的地方而后止。这样大到无外不到，小到无内不入。所以说：又囊括着天地。宙合的理论没有流传开来，如果一旦整理出来，不到一版，然而整理的工作却无人去做。内容很多就十分丰富，及时出版就十分得当。而圣人的主张，内容丰富又更看重得当。什么叫做到得当呢？能根据没有错误的理论，能运用到没法解决的事情上，能适应变化而不出现失误，这就叫做得当。变化是无所不到的，也没有不能适应得当的，万事的始末都不能离开得当的中心，所以把这种理论命名为宙合。

枢言第十二

【题解】

枢言，指重要的言论，意同格言。枢，本指门户的转轴，引申为关键的部分。本篇以治国治天下为中心，广泛地论述天道、君道、臣道，涉及国家的政治、财用、外交等各个方面。重视百姓，重视农业，提倡仁爱诚信，戒骄戒满，推崇先代圣王，这是本篇的特色。郭沫若云："细审此篇主旨，为初期道家者言，以戒满戒斗、寡欲正名为指归，而不非毁礼法与仁义圣智，与《心术》《内业》《白心》诸篇立论相近。"本篇论述每节文字不多，转换快，语言精辟，多用比喻，概括面广，含意深刻，富有哲理。作者篇末自云，怕多事，怕多言，"行年六十而老(口)吃"，可以看出是一个阅历很深的长者所作。郭沫若疑此人即是宋钘。宋钘是齐稷下学宫的先辈，孟子曾称之为"先生"，荀子也尊称他为"子宋子"。

　　管子曰："道之在天者，日也；其在人者，心也。"故曰：有气则生，无气则死，生者以其气；[1]有名则治，[2]无名则乱，治者以其名。

【注释】

　　[1]"有气"三句：尹知章注："日与心以生成为功，而生成以气为主，此言气者道之用也，尤宜重也。" [2]名：名分。

【译文】

　　管子说："道在天上，就是太阳；道在人身，就是心脏。"所以说，有气即生，无气即死，能活着是因为有气；有名分就能治理，无名分就会混乱，能治国是因为有名分。

枢言曰：爱之，利之，益之，安之，[1]四者道之出，[2]帝王者用之，而天下治矣。帝王者，审所先所后，先民与地则得矣，先贵与骄则失矣。是故先王慎贵在所先所后。[3]

【注释】

〔1〕爱之，利之，益之，安之：张佩纶《管子学》："此即《牧民》篇之'四欲'也。民恶忧劳，我佚乐之，即爱之也；民恶灭绝，我生育之，即利之也；民恶贫贱，我富贵之，即益之也；民恶危坠，我存安之，即安之也。"〔2〕"四者"句：尹知章注："四者从道而生，故曰道之出也。"〔3〕贵在：王念孙云："'贵在'二字涉下文'慎贵在举贤'而衍。"译文从之。

【译文】

枢言说：爱惜百姓，有利百姓，使百姓得益，使百姓安全，这四者都是从道生出来的，成帝王事业的君主运用这四者，天下就安定了。成帝王事业的君主要分清什么事放在先什么事放在后，把百姓与土地放在首位就能得天下，把高贵与骄矜放在首位就失去天下。因此先代的圣王慎重地看待把什么事放在先把什么事放在后的问题。

人主不可以不慎贵，[1]不可以不慎民，[2]不可以不慎富。[3]慎贵在举贤，慎民在置官，慎富在务地。[4]故人主之卑尊轻重在此三者，不可不慎。

【注释】

〔1〕贵：使人贵。〔2〕民：指百姓安定。〔3〕富：使百姓富。

〔4〕务地：重视土地的耕作，即重视农业。

【译文】
　　君主不能不慎重地处理使人高贵的问题，不能不慎重地看待百姓安定的问题，不能不慎重地设法使百姓富裕的问题。慎重地处理使人高贵的关键在于举用贤人，慎重地看待百姓安定的关键在于安排官吏，慎重地设法使百姓富裕的关键在于重视农业。君主威望的高低轻重关键在于这三方面，所以不能不慎重。

　　国有宝，有器，有用。城郭、险阻、蓄藏，宝也；〔1〕圣智，器也；〔2〕珠玉，末用也。〔3〕先王重其宝器而轻其末用，故能为天下。

【注释】
　　〔1〕尹知章注："城郭完，险阻修，则寇盗息；蓄藏积，民无饥，故为宝也。"城郭，指内外城墙。险阻，指山川艰险梗塞之地。蓄藏，主要指粮食的贮藏。　〔2〕圣智，器也：尹知章注："圣无不通，智无遗策，二者可操以成事，故曰器。"圣，《尚书·洪范》孔传："于事无不通谓之圣。"　〔3〕珠玉，末用也：尹知章注："珠玉者，饥不可食，寒不可衣，费多而益少，故为末用也。"末，末业，指工商业。

【译文】
　　国家总是有宝物，有器具，有财用。内外城墙、山川险地、粮食贮藏，是国家的宝物；圣明智慧，是国家的器具；珠玉，是工商业的财用。先代的圣王看重国家的宝物器具而看轻珠玉，所以能治理天下。

　　生而不死者二，〔1〕立而不立者四：〔2〕喜也者，怒也者，恶也者，欲也者，天下之败也，而贤者宝之。〔3〕

【注释】

〔1〕"生而"句：郭沫若云："生而不死者二"，指上文气与名。〔2〕"立而"句：郭沫若云：当作："亡而不立者四"，指下文喜、怒、恶、欲。译文从之。　〔3〕宝：当是"寡"字之误。郭沫若云："此喜、怒、恶、欲皆人之情欲也，既斥为'天下之败'，不应言'贤者宝之'。故知'宝'必为'寡'字之误。"

【译文】

能生而不死的因素有两个，被灭亡而不能立国的因素有四个，就是喜、怒、厌恶和欲望，这可使天下败亡，而贤明的君主就少有这些错误。

为善者，[1]非善也。故善无以为也。故先王贵善。

【注释】

〔1〕为：假为"伪"。下文"善无以为也"之"为"同假为"伪"。

【译文】

伪善，不是善。所以善是不能弄虚作假的。因此先代的圣王看重善。

王主积于民，[1]霸主积于将战士，[2]衰主积于贵人，[3]亡主积于妇女珠玉。故先王慎其所积。

【注释】

〔1〕积：积累。　〔2〕将战士：古本等无"战"字。译文从古本。〔3〕积于贵人：意谓扩大官僚阶层。

【译文】

称王的君主聚集增多百姓，称霸的君主聚集增多将士，衰落的君主扩大官僚阶层，败亡的君主搜集妇女珠玉。所以先代的圣王谨慎地对待聚集增多什么的问题。

疾之，[1]疾之，万物之师也。[2]为之，为之，万物之时也。[3]强之，[4]强之，万物之指也。[5]

【注释】
〔1〕疾：快速，意谓要抓紧。〔2〕师：众多。《诗经·大雅·韩奕》："燕师所完。"毛《传》："师，众也。"郭沫若云："万物甚多，不能备知其用，不能尽知其旨，故非疾于从事不可。"〔3〕时：时机。《史记·老子韩非列传》："且君子得其时，则驾；不得其时，则蓬累而行。"〔4〕强：勉力。《礼记·学记》："知困，然后能自强也。"〔5〕指：通"旨"。意旨，意义。

【译文】
抓紧，抓紧，因为万事众多。干吧，干吧，因为万事是有时机的。努力，努力，因为万事的意旨深邃。

凡国有三制：有制人者，有为人之所制者，有不能制人、人亦不能制者。何以知其然？德盛义尊，而不好加名于人；人众兵强，而不以其国造难生患；天下有大事，而好以其国后；如此者，制人者也。德不盛，义不尊，而好加名于人；人不众，兵不强，而好以其国造难生患；恃与国，[1]幸名利；[2]如此者，人之所制也。人进亦进，人退亦退，人劳亦劳，人佚亦佚，进退劳佚，与人相胥，[3]如此者，不能制人，人亦不能制也。

【注释】
〔1〕与国：盟国。〔2〕幸：欢喜。《史记·越王勾践世家》："长男即自入室取金持去，独自欢幸。"〔3〕相胥：相从。牟庭云："'胥'字古音当读曰从，故胥有从意。"

【译文】

　　凡是国家有三种控制：有控制他人的，有为他人所控制的，有不能控制他人、他人也不能控制自己的。为什么能知道有这些情况的呢？恩德盛大，道义高尚，却不喜好把自己的名分施加到他人头上；百姓众多，兵力强大，却不依仗国力制造灾难产生祸患；天下有大的事端，却喜好使自己的国家跟随其后；像这样的国家，是控制他人的国家。恩德不盛大，道义不高尚，却喜好把自己的名分强加到他人头上；百姓不众多，兵力不强大，却喜好依仗国力制造灾难产生祸患；依恃盟国，喜欢名利；像这样的国家，是要为他人所控制的国家。人们前进他也前进，人们后退他也后退，人们劳累他也劳累，人们安逸他也安逸，前进后退，劳累安逸，全都与人相从，像这样的国家，不能控制他人，他人也不能控制自己。

　　爱人甚，而不能利也；憎人甚，而不能害也。[1]故先王贵当贵周。[2]周者，不出于口，不见于色，一龙一蛇，[3]一日五化之谓周。故先王不以一过二，[4]先王不独举，[5]不擅功。

【注释】

　　[1]陶鸿庆云："此言先王之利人害人，不以一己之爱憎耳。下文云'无私爱也，无私憎也'，即其义。"　[2]周：机密。尹知章注："深密不测则周也。"　[3]一龙一蛇：像龙蛇那样变化。《庄子·山木》："一龙一蛇，与时俱化，而无肯专为。"　[4]以一过二：言不夸大。尹知章注："以少喻多，众所惊也。"　[5]举：行动。《周礼·地官·师氏》："凡祭祀、宾客、会同、丧纪、军旅，王举则从。"

【译文】

　　十分地喜爱人，却不能有利人；十分地憎恨人，却不能损害人。所以先代的圣王看重得当，看重机密。机密，就是不从口里说出来，不在脸色上表现出来，像一时变为龙一时变为蛇，一天五次变化称之为机密。所以先代圣王不把一说成超过二，先代圣王不独自行动，不独占其功。

先王不约束，[1]不结纽。约束则解，结纽则绝。故亲不在约束结纽。先王不货交，[2]不列地，[3]以为天下。天下不可改也，[4]而可以鞭箠使也。[5]时也，利也，[6]出为之也。[7]余目不明，[8]余耳不聪，是以能继天子之容。[9]官职亦然，时者得天，义者得人。既时且义，故能得天与人。

【注释】
〔1〕约束：与下句的"结纽"，均喻指结党结盟。约，缠捆。〔2〕货交：用财货建立邦交，意谓收买他国。〔3〕列地：通"裂地"。割地给他国，谋求建立邦交。〔4〕改：郭沫若云：疑为"叚"字之误。叚读为"假"，凭借。〔5〕鞭箠(chuí 垂)：鞭子，喻指武力。〔6〕利：依照下文应作"义"，道义。〔7〕出：许维遹云：当作"诎"，与"曲"同义，"诎为之"犹曲成之。曲，尽也。〔8〕余目：有余多的视力。尹知章注为"目视有余"。下句的"余耳"，即为有余多的听力。尹知章注为"耳听有余"。〔9〕郭沫若云："容者颂也。言天子不多作聪明，故能保持其睿哲之颂声也。"

【译文】
先代的圣王不与别国缠捆在一起，不与别国交相成扣结。缠捆在一起就会解散，交相成扣结就会断绝。所以国与国之间的亲善不在于缠捆在一起或交相成扣结。先代圣王不用财货建交，不用割地建交，而能处理好与天下各国的关系。天下各国是不可依靠的，却可以用鞭子和武力来发使令。合乎天时，合乎道义，就什么事都能成功。不用多余的目明，不用多余的耳聪，因此就能保持天子圣明的颂声。官吏的职分也是这样的，合乎时宜的得到天时，合乎道义的得到人心。既合乎时宜又合乎道义，就能同时得到天时与人心。

先王不以勇猛为边竟，[1]则边竟安。边竟安，则邻国亲。邻国亲，则举当矣。[2]

【注释】

〔1〕竟：同"境"。下同。 〔2〕举：举措，政策。

【译文】

先代圣王不凭借勇敢和猛力来处理边境关系，边境就安宁。边境安宁，邻国就亲善。邻国亲善，举措就得当了。

人故相憎也，[1]人之心悍，[2]故为之法。法出于礼，礼出于治，[3]治、礼，道也。万物待治，礼而后定。

【注释】

〔1〕故：通"固"，本来。 〔2〕悍：凶悍。 〔3〕治：通"辞"。言辞，理论。郭沫若云：辞者名之成条贯者也。名，事物分别的名称。下同。

【译文】

人本来是相互憎恨的，人心凶悍，所以需要法律。法律出自礼，礼出自言辞。言辞和礼，都是道的体现。万事都等待言辞和礼的要求而后才能确定关系。

凡万物阴阳两生而参视，[1]先王因其参而慎所入所出。[2]以卑为卑，卑不可得；以尊为尊，尊不可得；桀舜是也。先王之所以最重也。

【注释】

〔1〕参：同"叁"。视：活。 〔2〕"先王"句：郭沫若云："阴阳'两'也，相合而化生，所生之物即为'参'。此辩证法正、反、合之意。'先王'有见于此故慎所出入。出入亦正反也，出入必有所合，故不能不慎。下文'以卑为卑，卑不可得；以尊为尊，尊不可得'即申述

此意。尊卑相对，无尊不见卑，无卑不见尊。卑者升之则卑者服，尊者自卑则尊愈著。一升一降，即所谓出入。"

【译文】
　　万物都由阴阳两者化合而成第三个事物，先代圣王依据这三个因素而慎重地看待正反两个方面。以卑下来看卑下，卑下不能寻得；以崇高来看崇高，崇高不能寻得；夏桀虞舜就是这样的。这就是先代圣王最重视正反两个方面的原因。

　　得之必生，失之必死者，何也？唯无。[1]得之，尧舜禹汤文武孝己，[2]斯待以成，天下必待以生。故先王重之。

【注释】
　　[1]无：郭沫若云："'无'殆'炁'字之误。……《释文》'炁本亦作气'。'炁'与'无'字相似，故误为'无'也。上文云'有气则生，无气则死，生者以其气'。" [2]"得之"二句：郭沫若云：孝己乃殷高宗之子，不应列于文武之下，当是"老子"之误，后之校书者以老子在管子后，故改易之也。《枢言篇》乃战国时崇尚黄老者所作。译文"孝己"作"老子"。

【译文】
　　得到它必定能生存，失掉它必定要死亡，它是指什么呢？唯有气。得到它的，有尧舜禹汤文武老子，全是依靠它而成功的，天下也必须依靠它才能生存。所以先代的圣王重视它。

　　一日不食，比岁歉；[1]三日不食，比岁饥；五日不食，比岁荒；七日不食，无国土；[2]十日不食，无畴类，[3]尽死矣。

【注释】

〔1〕比：好比，像。《史记·天官书》："太白白比狼，赤比心。"张守节《正义》："比，类也。" 〔2〕土：许维遹云："'土'当作'士'，形之误也。"译文从"士"。 〔3〕畴：通"俦"。同类，伴侣。《荀子·劝学》："草木畴生，禽兽群焉，物各从其类也。"杨倞注："畴与俦同，类也。"

【译文】

一天不吃，好比过歉收年；三天不吃，好比过饥年；五天不吃，好比过荒年；七天不吃，就无所谓国士了；十天不吃，就没有人了，全都死了。

先王贵诚信。诚信者，天下之结也。[1]贤大夫不恃宗，至士不恃外权。坦坦之利不以功，[2]坦坦之备不为用。[3]故存国家，定社稷，在卒谋之间耳。[4]

【注释】

〔1〕结：结交。《史记·吴王濞列传》："乃身自为使，使于胶西，面结之。" 〔2〕坦坦：平常。尹知章注："坦坦，谓平平，非有超而异者。" 〔3〕备：贮备。 〔4〕卒：通"猝"。突然，短暂。

【译文】

先代的圣王重视诚实和信用。诚实和信用，是用来结交天下的。贤良的大夫不依靠宗族门第，最好的士人不依靠国外权势，平常的小利不算是大功劳，平常的贮备当不成大用处。所以保存国家、安定社稷的事，只在顷刻之间谋划罢了。

圣人用其心，沌沌乎博而圜，[1]豚豚乎莫得其门，[2]纷纷乎若乱丝，遗遗乎若有从治。[3]故曰：欲知者知之，欲利者利之，欲勇者勇之，欲贵者贵之。彼欲贵我贵之，人谓我有礼；彼欲勇我勇之，人谓我恭；彼欲利我利之，人谓我仁；彼欲知我知之，人谓我慜。[4]戒之，戒之，微而异之，[5]动作必思之，无令人识之，卒来者必备之。信之者，仁也；不可欺者，智也。既智且仁，是谓成人。[6]

【注释】
〔1〕沌沌：混沌无知貌。博：丁士涵云：当作"抟"，圆。《楚辞·橘颂》："圜果抟兮"，王逸《注》："抟，圜也。楚人名圜为抟。"圜，同"圆"。 〔2〕豚豚：犹言隐隐。豚，丁士涵云："遯"之借字。《广雅》："遯，隐也。" 〔3〕遗遗：郭沫若云：当作"循循"或"逡逡"，有次序貌或退却貌。译文从"循循"。 〔4〕慜：同"敏"，聪敏。〔5〕微而：犹靡能。而、能古字通用。 〔6〕成人：完美无缺的人。《论语·宪问》："子路问成人。"

【译文】
圣人用心思索，好像浑浑沌沌地在打圆转，隐隐地不能寻到门户，混乱地像一团乱丝，有序地又像可以跟着理出头绪。所以说：想要知识的就使他有知识，想要利的就使他得利，想要勇气的就使他有勇气，想要高贵的就使他高贵。他想要高贵我就使他高贵，人们会说我有礼节；他想要勇气我就使他有勇气，人们会说我恭敬；他想要利我就使他得利，人们会说我仁爱；他想要知识我就使他有知识，人们会说我聪敏。警惕，警惕，不能与人不同，要行动必须深思，不要让人识破，突然来的事必须要有防备。守信的人，是仁爱；不能欺骗的人，是聪明。既聪明又仁爱，这叫做完美无缺的人。

贱固事贵，[1]不肖固事贤。贵之所以能成其贵者，以其贵而事贱也；贤之所以能成其贤者，以其贤而事不肖也。恶者，美之充也；[2]卑者，尊之充也；贱者，贵之充也。故先王贵之。

【注释】

〔1〕固:固然。 〔2〕充:许维遹云:"统"之借字。统,根本。《易经》"乾乃统天",郑注:"统,本也。"下文"充"字同。

【译文】

低贱的固然应该侍奉高贵的,不肖的固然应该侍奉贤良的。高贵的之所以能成为高贵的,是因为他能以高贵的身份而侍奉低贱;贤良的之所以能成为贤良的,是因为他能以贤良的身份而侍奉不肖。丑陋,是美的根本;卑下,是崇高的根本;低贱,是高贵的根本。所以先代的圣王重视它们。

天以时使,地以材使,人以德使,鬼神以祥使,禽兽以力使。所谓德者,先之之谓也。故德莫如先,应適莫如后。[1]

【注释】

〔1〕適:安井衡云:通"敌",敌人。本书《兵法》:"利(制)適,器之至也;用敌,教之尽也。"

【译文】

天以时令起作用,地以材物起作用,人以德行起作用,鬼神以吉祥起作用,禽兽以力量起作用。所谓德行,是说要率先施行。所以施德行以领先为好,应敌以后发制人为上。

先王用一阴二阳者,[1]霸;尽以阳者,王;以一阳二阴者,削;尽以阴者,亡。量之不以少多,称之不以轻重,度之不以短长,不审此三者,不可举大事。能戒乎?能敕乎?[2]能隐而伏乎?能而稷乎?[3]能而麦乎?春不生而夏无得乎?众人之用其心也,[4]爱者,憎之始也;

德者,怨之本也。唯贤者不然。先王事以合交,德以合人。二者不合,则无成矣,无亲矣。

【注释】
〔1〕先王:安井衡云:皆当为衍文。郭沫若云:此阴阳犹今言正负,而正多于负者霸,全正者王,负多于正者削,全负者亡。译文从之。〔2〕敕(chì斥):通"饬"。整饬,整顿。 〔3〕而:尔,你。穄,高粱。〔4〕王念孙云:"众人之用其心也"至"唯贤者不然","此六句,皆涉下文而衍"。译文仍译此六句,供参考。

【译文】
　　用一阴二阳的君主,能完成霸业;全用阳的君主,能完成王业;用一阳二阴的君主,就要被削弱;全用阴的君主,就要被灭亡。计量不为了多少,称量不为了轻重,度量不为了长短,不分清楚多少、轻重、长短这三件事,就不能举办大事。能警惕吗?能整顿吗?能隐藏而埋伏吗?能种你的穄吗?能种你的麦吗?知道春季不萌生夏季就无所得吗?众人的心理发展是:爱,是憎恨的开始;德,是怨恨的基础。只有贤良的人不是这样。先代的圣王以事业团结他国,以德行团结百姓。百姓和他国都不能团结,就没有成就了,就没有亲近的人了。

　　凡国之亡也,以其长者也;〔1〕人之自失也,以其所长者也。故善游者死于梁池,〔2〕善射者死于中野。

【注释】
　　〔1〕"以其"句:安井衡云:"以下句例上句,'长'上当有'所'字。"译文从之。 〔2〕梁池:何如璋云:犹言泽梁。善游者狎而玩之,故死于梁池。梁池非险,言失于疏忽。

【译文】
　　凡是国家的败亡,都是因为它的长处;人们的自失,也是因为他的特长。所以善于游泳的人常死在梁池上,善于射猎的人常死在原野之中。

命属于食,治属于事。[1]无善事而有善治者,自古及今,未尝之有也。[2]

【注释】
〔1〕治:郭沫若云:治假为"辞",言辞。言辞为事实的表达。
〔2〕"未尝"句:王引之云:"未尝之有"当作"未之尝有",后人误倒。译文从王说。

【译文】
生命从属于食物,言辞从属于事实。没有好的事实而有好的言辞,从古到今,不曾有过。

众胜寡,疾胜徐,勇胜怯,智胜愚,善胜恶,有义胜无义,有天道胜无天道。凡此七胜者贵众,[1]用之终身者众矣。

【注释】
〔1〕贵众:郭沫若云:"'贵众','众'字疑'聚'字之误,言七胜具备也。"译文从郭说。

【译文】
人多的战胜人少的,快速的战胜缓慢的,勇敢的战胜胆怯的,聪明的战胜愚蠢的,善良的战胜邪恶的,有义的战胜无义的,有天道的战胜无天道的。共计这七个胜利条件,以都具备为好,终身使用这些条件的人很多。

人主好佚欲,亡其身失其国者,[1]殆;其德不足以怀其民者，殆；明其刑而贱其士者，[2]殆；诸侯假之威久而不知极已者，[3]殆；身弥老不知敬其適子者，[4]殆；蓄藏积，陈朽腐，不以与人者，殆。

【注释】

〔1〕"亡其"句：姚永概云："'亡'读为忘，'失'与'及'相近而讹。" 〔2〕贱：古本等作"残"。译文从"残"。 〔3〕极：同"亟"。急。 〔4〕適子：太子。適，读为"嫡"。

【译文】

君主好逸纵欲，忘掉了自身和国家的，危险；君主的德行不足以感怀他的百姓的，危险；君主公开刑罚来残害国士的，危险；君主依靠诸侯的威势长久而不知赶快停止的，危险；君主自己已经衰老而不知尊重太子的，危险；贮藏了许多粮食和财物，已经陈旧腐朽，却不能给人的，危险。

凡人之名三：有治也者，有耻也者，[1]有事也者。事之名二：正之，察之。五者而天下治矣。[2]名正则治，名倚则乱，[3]无名则死。故先王贵名。

【注释】

〔1〕耻：使人受耻辱，意谓执法的人。本书《法法》："废上之法制者，必负以耻。" 〔2〕而：郭沫若云："'而'读为'能'，能者善也。" 〔3〕倚：偏于一边，即不正。《礼记·中庸》："中立而不倚。"

【译文】

人的名分共有三个：有管理的，有执法的，有从事的。事的名分有两个：正名的，检察的。这五方面都完好，天下就安定了。名正就安定，名不正就混乱，无名就死亡。所以先代的圣王重视名分。

先王取天下，远者以礼，近者以体。[1]体礼者，所以取天下。远近者，所以殊天下之际。

【注释】
〔1〕体：亲近。《礼记·学记》："就贤体远。"

【译文】
先代圣王争取天下，远的用礼节，近的用亲近。亲近和礼节，是用来争取天下的方式。远和近，是用来区别天下各国边界的。

日益之而患少者，惟忠；日损之而患多者，惟欲。多忠少欲，智也，为人臣者之广道也。为人臣者，非有功劳于国也，家富而国贫，为人臣者之大罪也；为人臣者，非有功劳于国也，爵尊而主卑，为人臣者之大罪也。无功劳于国而贵富者，其唯尚贤乎？[1]

【注释】
〔1〕唯：郭沫若云："唯"读为"谁"。

【译文】
每日在增多却还担心缺少的，是忠心；每日在减少却还担心太多的，是私欲。增多忠心，减少私欲，这是明智的，是做臣子的广阔的道路。作为臣子，对国家没有功劳，而使家富国贫，这是做臣子的大罪；作为臣子，对国家没有功劳，而使爵尊主卑，这是做臣子的大罪。对国家没有功劳而能富贵的，那谁还崇尚贤良呢？

众人之用其心也，爱者憎之始也，德者怨之本也。生其事亲也，[1]妻子具则孝衰矣。其事君也，有好业，家室富足，则行衰矣；爵禄满则忠衰矣。唯贤者不然。故先王不满也，[2]人主操逆，人臣操顺。

【注释】
〔1〕生：疑是衍文。 〔2〕"故先"句：王念孙云："此句与上文义不相属，亦涉下文而衍也。"译文照译，供参考。

【译文】
众人的心理发展是：爱是憎恨的开始，德是怨恨的基础。他们侍奉双亲，妻子和儿女都有了，孝行就衰退了。他们侍奉君主，有了好产业，家庭富足了，行动就衰退了；爵位和俸禄满足了，忠心就衰退了。只有贤良的人不是这样。所以先代的圣王总是不使他们满足，君主坚持不用爵尊禄厚的政策，臣子反而坚持忠心耿耿的态度。

先王重荣辱，荣辱在为。天下无私爱也，[1]无私憎也。为善者有福，为不善者有祸，祸福在为，故先王重为。

【注释】
〔1〕天下：疑为"天地"。

【译文】
先代圣王重视荣辱，荣辱在于作为。天地没有私爱，没有私恨。做善事的就有福，做恶事的就有祸，祸福在于作为，所以先代圣王重视作为。

明赏不费，[1]明刑不暴，赏罚明则德之至者也。故先王贵明。

【注释】

〔1〕费：耗费。

【译文】

公开赏赐，不是耗费；公开刑罚，不是残暴。赏罚公开是最高的德政。所以先代圣王重视公开性。

天道大而帝王者用，爱恶爱恶，[1]天下可秘，爱恶重，闭必固。[2]

【注释】

〔1〕爱恶爱恶：郭沫若云："'爱恶爱恶'当为'爱爱恶恶'。"译从。〔2〕郭沫若云：本节言帝王者能本天道无私，好人之所好，恶人之所恶，则天下可长保而勿失也。秘：通"闭"。关闭，紧闭。

【译文】

天道伟大，能成帝王事业的君主用天道，爱人之所爱，恶人之所恶，天下就能保住，爱恶严格实用，天下就能保住，并且必然牢固。

釜鼓满则人概之，[1]人满则天概之，故先王不满也。

【注释】

〔1〕釜鼓：古代量器。釜，春秋战国时期流行于齐国。春秋时以六斗四升为釜，后田氏以十斗为釜。鼓，相当于一斛。《广雅·释器》："斛谓之鼓。"概：古代量米麦时刮平斗斛的器具。《韩非子·外储说左下》："概者，平量者也。"此为引申义，刮平或削平的意思。

【译文】

釜鼓满了，人就刮平它；人满了，天就刮平他。所以先代圣王不自满。

先王之书,心之敬执也,[1]而众人不知也。故有事,事也;[2]毋事,亦事也。吾畏事,不欲为事;[3]吾畏言,不欲为言。故行年六十而老吃也。[4]

【注释】
〔1〕执:爱。《吕氏春秋·遇合》:"故嫫母执乎黄帝。" 〔2〕事:意谓捧读、敬读。 〔3〕不欲为事:孙星衍云:"《白帖》三十、《御览》七百四十,两'欲'字引俱作'敢'。"译文从"敢"。 〔4〕老吃:老而口吃。

【译文】
先代圣王的书,是心中所敬爱的,而众人不了解。所以遇有事的时候,就捧读;没有事的时候,也捧读。我怕多事,所以不敢做事;我怕多说话,所以不敢多说话。因为行年六十,年老又口吃。

八观第十三

【题解】

八观，即对八个方面的观察、考查。本篇论述通过对八个方面的观察、考查，就可了解国家的饥饱、贫富、侈俭、虚实、治乱、强弱、兴灭、存亡的情况。即：一观耕耘、农事，可知之饥饱；二观桑麻、六畜之产，可知国之贫富；三观宫室、车马衣服，可知国之侈俭；四观灾荒、差役、台榭、国费，可知国之虚实；五观习俗、教化，可知国之治乱；六观君主左右、朝臣、百官之受重视或被轻视的情况，可知国之强弱；七观法令、治民以及宽严的情况，可知国之兴亡；八观敌国与盟国、君主的旨意、农业的情况以及民产的不足或有余，可知国之存亡。八观，其实也是对君主治国、富国强兵的八项要求。

大城不可以不完，[1]郭周不可以外通，[2]里域不可以横通，[3]闾闬不可以毋阖，[4]宫垣、关闭不可以不修。[5]故大城不完，则乱贼之人谋；郭周外通，则奸遁逾越者作；里域横通，则攘夺窃盗者不止；闾闬无阖，外内交通，则男女无别；宫垣不备，关闭不固，虽有良货，不能守也。故形势不得为非，则奸邪之人悫愿；[6]禁罚威严，则简慢之人整齐；[7]宪令著明，[8]则蛮夷之人不敢犯；[9]赏庆信必，[10]则有功者劝；[11]教训习俗者众，则君民化变而不自知也。[12]是故明君在上位，刑省罚寡,非可刑而不刑,非可罪而不罪也。[13]明君者,闭其门,塞其涂,[14]弇其迹,[15]使民毋由接于淫非之地。是以民之道正行善也,若性然,[16]故罪罚寡而民以治矣。[17]

【注释】

〔1〕大城:指内城。完:坚固。 〔2〕郭周:许维遹云:当作"周郭",指外城。周,环绕。 〔3〕里域:指里巷的围墙。横:犹言横行、遍行。 〔4〕闬闭(hàn 旱):里巷的大门。阖(hé 盒):关闭。《后汉书·邓骘传》:"阖门静居。" 〔5〕宫垣:院墙。宫,古为房屋的通称。《尔雅·释宫》:"宫谓之室,室谓之宫。"关闭:门闩。修:张文虎云:当作"备",下文正作"备"。译文从"备"。 〔6〕悫(què 确)愿:忠诚老实。 〔7〕简慢:轻忽怠慢。整齐:犹言严肃认真,意谓守法。 〔8〕宪令:法令。 〔9〕蛮夷:泛指四方不开化的民族。 〔10〕信必:坚决兑现。信,诚实。 〔11〕劝:勉励。 〔12〕君:俞樾云:"此君字涉下文'明君在上位'句而衍。"是。化变:意谓潜移默化。 〔13〕罪:安井衡云:罪疑当作"罚"。本句承上文应为"非可罚而不罚也"。 〔14〕涂:通"途"。道路。 〔15〕弇(yǎn 掩):遮蔽。 〔16〕性:本性,人性。 〔17〕故罪罚寡:许维遹云:"'故罪罚寡',疑当作'故刑省罚寡'方与上文'刑省罚寡'相应。"是。以:通"已"。

【译文】

内城墙不可不坚固,外城墙不可以有缺口,里巷的围墙不可以到处相通,里巷的大门不可以整日不关,院墙、门闩不可以不完备。因为内城墙不坚固,乱臣逆贼就可图谋不轨;外城有缺口,越墙作奸的人就可行事;里巷的围墙到处相通,抢夺偷盗的事就不能止息;里巷的大门整日不关,内外相通,男女之间就不能有区分;院墙不完备,门闩不牢固,虽有宝货,也就不能守护。所以只有环境才能使人不为非作歹,奸习邪恶的人变得忠诚老实;只有禁律和刑罚威严,轻忽怠慢的人才能认真守法;只有法令严明,四方的蛮夷才不敢侵犯;只有奖赏兑现坚决可靠,有功的人才能受到勉励;只有教育和传统的活动众多,百姓才能在不知不觉中潜移默化。因此圣明君主执政,就很少动用刑罚,不是必须动刑时不动刑,不是必须惩罚时不惩罚。圣明的君主,总是关闭了犯罪的大门,堵塞了犯罪的道路,消灭了犯罪的迹象,使百姓不能接近作奸犯科的境地。因此百姓走在正道上做好事,就像是出自本性的样子,所以很少动用刑罚而百姓已经治理好了。

行其田野,视其耕芸,[1]计其农事,而饥饱之国可以知也。其耕之不深,芸之不谨,[2]地宜不任,[3]草田多秽,耕者不必肥,荒者不必硗,[4]以人猥计其野,[5]草田多而辟田少者,[6]虽不水旱,饥国之野也。若是而民寡,则不足以守其地;若是而民众,则国贫民饥;以此遇水旱,则众散而不收。彼民不足以守者,其城不固;民饥者,不可以使战;众散而不收,则国为丘墟。[7]故曰:有地君国而不务耕芸,[8]寄生之君也。[9]故曰:行其田野,视其耕芸,计其农事,而饥饱之国可知也。

【注释】
〔1〕芸:通"耘"。除草。《论语·微子》:"植其杖而芸。"下同。〔2〕谨:小心。〔3〕地宜不任:意谓土地种植不适宜,土地没有得到很好地使用。〔4〕硗(qiāo 敲):土地坚硬而瘠薄。〔5〕猥(wěi 委):尹知章注:"猥,众也,以人众之多少计其野之广狭也。"〔6〕辟田:耕地,熟地。〔7〕丘墟:废墟。〔8〕君:统治。〔9〕寄生之君:依附别国生存的君主。

【译文】
　　巡视一个国家的田野,看它的耕耘情况,核计它的农业生产,其国家的饥饱情况就可了解。耕地不深,耘草不细,耕地种植不宜,荒地长满野草,耕种的土地不一定是肥沃的,荒芜的土地不一定是贫瘠的,按人口的多少核计土地数,荒地多而熟地少,即使没有水旱的灾害,也是饥荒国家的田野景象。像这样的国家，如果百姓稀少，就不足以守卫国土；像这样的国家，如果百姓众多，就国家贫困百姓挨饿；要是再遇上水旱的灾害，就民众失散而不能收罗。百姓不足以守卫国土，城邑就不坚固；百姓挨饿，就不能让他们出战；民众失散不能收罗，国家就成为一片废墟。所以说，拥有土地的君主治理国家，如果不重视农业，就只能是依赖别国生存的君主。所以说：巡视一个国家的田野，看它的耕耘情况，核计它的农业生产，国家的饥饱情况就可了解。

行其山泽，观其桑麻，计其六畜之产，[1]而贫富之国可知也。夫山泽广大，则草木易多也；壤地肥饶，则桑麻易植也；荐草多衍，[2]则六畜易繁也。山泽虽广，草木毋禁；壤地虽肥，桑麻毋数；[3]荐草虽多，六畜有征。[4]闭货之门也。[5]故曰：时货不遂，[6]金玉虽多，谓之贫国也。故曰：行其山泽，观其桑麻，计其六畜之产，而贫富之国可知也。

【注释】

〔1〕六畜：指马、牛、羊、猪、狗、鸡六种家畜。《韩非子·难二》："务于畜养之理，察于土地之宜，六畜遂，五谷殖，则入多。" 〔2〕荐草：野兽和牛羊可食的草。《庄子·齐物论》："麋鹿食荐。" 〔3〕数：技术，方法。《孟子·告子上》："今夫奕之为数，小数也。" 〔4〕征：赋税。尹知章注："征，赋。" 〔5〕闭货之门：堵塞了财货的门路。尹知章注："无货可出，若闭门然。" 〔6〕时货：按时节出产的财货，指上文的草木、桑麻、六畜等农副产品。遂：成功，顺利。《礼记·月令》："百事乃遂。"

【译文】

巡视一个国家的山林湖泽，观察种植的桑麻，核计畜牧业的生产，国家的贫富就可了解。因为山林湖泽广大，草木就容易茂密；土地肥沃，桑麻就容易种植；荐草繁茂，畜牧业容易兴旺。山林湖泽虽然广大，但草木的采伐没有禁期；土地虽然肥沃，但桑麻的种植没有技术；荐草虽然繁茂，但畜牧的饲养要征收赋税。这是堵塞财货的门路。所以说：农副业的生产不成功，金玉宝物虽多，仍然称之为贫穷国家。所以说：巡视一个国家的山林湖泽，观察种植的桑麻，核计畜牧业的生产，国家的贫富就可了解。

入国邑，[1]视宫室，观车马衣服，而侈俭之国可知也。夫国城大而田野浅狭者，[2]其野不足以养其民；城域大而人民寡者，其民不足以守其城；宫营大而室屋寡者，其室不足以实其宫；室屋众而人徒寡者，其人不足以处其室；囷仓寡而台榭繁者，[3]其藏不足以共其费。[4]故曰：主上无积而宫室美，氓家无积而衣服修，[5]乘车者饰观望，[6]步行者杂文采，本资少而末用多者，[7]侈国之俗也。国侈则用费，用费则民贫，民贫则奸智生，奸智生则邪巧作。故奸邪之所生，生于匮不足；匮不足之所生，生于侈；侈之所生，生于毋度。故曰：审度量，节衣服，俭财用，禁侈泰，[8]为国之急也，不通于若计者，[9]不可使用国。[10]故曰：入国邑，视宫室，观车马衣服，而侈俭之国可知也。

【注释】

〔1〕邑：国都。《诗经·商颂·殷武》："商邑翼翼，四方之极。" 〔2〕浅狭：狭小。丁士涵疑"狭"为"浅"的注释而误入正文，是衍文。录以供参考。 〔3〕囷(qūn逡)仓：贮藏粮食的仓库。圆形的称"囷"，方形的称"仓"。《礼记·月令》："穿窦窖，修囷仓。" 〔4〕共：通"供"。古本作"供"。尹知章注："囷仓所藏，不足以供台榭之费。" 〔5〕氓家：民家。氓，民。《孟子·公孙丑上》："则天下之民皆悦，而愿为之氓矣。"故知"氓"为外来之民。 〔6〕观望：观瞻，

外表。〔7〕本资：指生活必需品。尹知章注："本资，谓谷帛。"末用：指奢侈品。〔8〕侈泰：奢侈浪费。泰，过分。〔9〕若：这些。〔10〕用国：治国。

【译文】

　　进入一个国家的京城，视察它的宫殿房屋，观看它的车马衣服，国家的奢侈节俭就可了解。因为国家的城市大而田地小，田地就不能供养百姓；城区大而百姓少，百姓就不能守卫城市；官院的规模大而房屋少，房屋就不能布满官院；房屋多而民众少，人们就不能住满房屋；粮仓少而亭台多，贮藏的粮食就不能供给费用。所以说，君主没有积贮而宫殿房屋却华美，民家没有积贮而衣着服饰却讲究，乘坐车子的人讲究装饰的派头，步行走路的人讲究衣着的华丽，生活资料少而奢侈品多，这是奢侈国家的习俗。国家奢侈，费用就多；费用多，百姓就贫困；百姓贫困，奸诈的念头就产生；奸诈的念头产生，邪恶虚伪的行为就出现。所以邪恶虚伪的产生，是由于贫困；贫困的产生，是由于奢侈；奢侈的产生，是由于没有节制。所以说：严格制度标准，节制衣着服饰，俭省财物费用，禁止奢侈浪费，这是国家的急务，不精通这些核算的人，是不能让他治理国家的。所以说：进入一个国家的京城，视察它的宫殿房屋，观看它的车马衣服，国家的奢侈节俭就可了解。

　　课凶饥，[1]计师役，[2]观台榭，量国费，而实虚之国可知也。凡田野万家之众，可食之地，方五十里，可以为足矣。万家以下，[3]则就山泽可矣；万家以上，则去山泽可矣。彼野悉辟而民无积者，国地小而食地浅也；[4]田半垦而民有余食而粟米多者，国地大而食地博也；国地大而野不辟者，君好货而臣好利者也；辟地广而民不足者，上赋重，流其藏者也。[5]故曰：粟行于三百里，则国毋一年之积；粟行于四百里，则国毋二年之积；[6]粟行于五百里，则众有饥色。其稼亡三之一者，[7]命曰小凶。小凶三年而大凶，[8]大凶则众有大遗苞矣。[9]什一之师,[10]什三毋事,[11]则稼亡三之一。稼亡三之一,而非有故盖积也,[12]则道有损瘠矣。[13]什一之师,三年不解,[14]非有余食也,则民有鬻子矣。[15]故曰:山林虽近,草木虽美,宫室必有度,禁发必有时。是何也?曰:大木不可独伐也,大木不可独举也,大木不可独运也,大木不可加之薄墙之上。[16]故曰:山林虽广,草木虽美,禁发必有时;国虽充盈,金玉虽多,宫室必有度;江海虽广,池泽虽博,鱼鳖虽多,罔罟必有正,[17]船网不可一财而成也。[18]非私草木爱鱼鳖也,恶废民于生谷也。故曰:先王之禁山泽之作者,博民于生谷也。[19]彼民非谷不食,谷非地不生,地非民不动,[20]民非作力,毋以致财。天下之所生,生于用力;用力之所生,[21]生于劳身。是故主上用财毋已,是民用力毋休也。故曰:台榭相望者,其上下相怨也。[22]民毋余积者,其禁不必止;众有遗苞者,其战不必胜;道有损瘠者,其守不必固。故令不必行,禁不必止,战不必胜,守不必固,则危亡随其后矣。故曰:课凶饥,计师役,观台榭,量国费,实虚之国可知也。

【注释】

〔1〕课:考核,考察。《汉书·京房传》:"房奏考功课吏法。"〔2〕师役:兵役。 〔3〕万家以下:俞樾云:"'下''上'二字,疑传写互易。"即"万家以下"当作"万家以上"。下句"万家以上"当作"万家以下"。译文从之。 〔4〕食地:产粮地。浅:狭小,少。〔5〕上赋重,流其藏者也:注家颇不一致,难以确说。尹知章注为:"上赋重,则人藏流散也。"陶鸿庆以为"上赋重"为一事,"流其藏"为一事。尹桐阳以为"流其藏"是远输军粮。还有人以为"上赋钱币",故

农民贱卖粮食，等等，录以供读者参考，译文从原文。〔6〕二：郭沫若云："'二'当是'半'之坏字。"译文从"半"。〔7〕三之一：三分之一。〔8〕而：吴汝纶云："'而'如同字，言小凶三年与大凶等。"〔9〕大遗莩：下文作"遗莩"。洪颐煊云："大"字涉上文而衍。"'遗莩'，当读作'遗莩'"。古字苞、莩通用。莩，通"殍"，饿死的人。《孟子·梁惠王》："涂有饿莩而不知发。"〔10〕什一之师：十分之一的兵役。什，通"十"；师，兵役。〔11〕什三毋事：十分之三的人不从事农业生产。意谓十分之一的人去服兵役，十分之二为之服务，即"什三毋事"。〔12〕盖：许维遹云：盖字疑衍，应删除。〔13〕王念孙云：损当为"捐"，字之误也。捐，舍弃。瘠：通"胔"，没有完全腐烂的尸体。〔14〕解：通"懈"。〔15〕鬻(yù 育)：出卖。〔16〕薄墙：借指简易的建筑物。〔17〕罛罟(gǔ 古)：同"网罟"，鱼网。正：正中，标准。尹知章注："多少小大之正。"指网眼。〔18〕尹知章注："必多财然后成。"多财，多条财路。意谓不能只靠单一的打鱼发财。〔19〕博：安井衡云：博，当为"抟"。抟，古之专字。译从。〔20〕动：郭沫若云："'动'读为穜。"穜，"种"的古字。〔21〕用：戴望云："此'用'字当衍。"译文从戴说。〔22〕尹知章注："上怨下不供，下怨上多税。"

【译文】

考察灾年的饥荒情况，统计当兵服役的人数，观看亭台楼阁的建筑，计量国家财政的费用，国家的虚实情况就可了解。大凡多达万户人家的农庄，拥有可种粮食的土地，达到五十平方里，就算是足够了。万户人家以上的农庄，再经营山林湖泽也可以生活了；万户人家以下的农庄，不经营山林湖泽也可以生活了。土地都已开垦而百姓却没有积贮，是因为国土小而又粮地少；田地只耕种一半而百姓吃的却有余，而且粮食有多的，是因为国土大而又粮地多；国土大而土地没有开垦，是因为君主喜好宝货而臣子喜好财利的缘故；开垦的土地广而百姓仍不富足，是因为国家的赋税重、粮食流散的缘故。所以说，粮食运到三百里外，国家就没有一年的积贮；粮食运到四百里外，国家就没有半年的积贮；粮食运到五百里外，民众就面有饥色。庄稼的收成失去三分之一，就叫做小灾。小灾连续三年就成了大灾，成了大灾，民众中就有被遗弃饿死的人了。抽十分之一的人去服兵役，实际上就要有十分之三的人不从事农业生产，这样，庄稼的收成就要失去三分之一。庄稼失去三分之一的收成，而又没有往年的存粮,这样,道路上就会有无人收埋的尸体。抽十分之一的人去服兵役,连续三年不松懈,又没有积余的粮食,百姓中就有人卖儿卖女了。所以说:山林虽然离京城很近,草木虽然茂密,官室的建筑仍然一定要有限度,封禁和开发仍然一定要按季节。这是为什么呢?这是因为:大树木不是一个人能砍伐的,大树木不是一个人能搬动的,大树木不是一个人能运输的,大树木不是能施加在单薄的墙上的。所以说,山林虽然广大,草木虽然茂密,封禁和开发一定要按季节;国家虽然充实富有,金玉虽然多,官室的建筑一定要有限度;江海虽然广阔,湖泽虽然博大,鱼鳖虽然繁多,渔网的眼孔一定要有标准,打鱼的人不可能走一条财路而成功。这不是对草木有私情对鱼鳖有偏爱,而是痛恨百姓废弃了粮食生产。所以说,先代君主禁止上山下海作业,是为了让百姓专心从事粮食生产。因为百姓没有粮食就不能生活,粮食没有土地就不能生成,土地没有百姓就不能种植,百姓不努力劳作,就无法得到财物。天下一切财物的生成,是由于用力气;力气的生成,是由于劳动身体。因此君主用财物没有个完,这就是让百姓用力气不停歇。所以说,亭台相望,上下就互相怨恨。百姓没有余粮积贮,有禁就不一定能止;民众中有饿死的人,征战就不一定胜利;道路上有无人收埋的尸体,守卫就不一定坚固。有令不一定能行,有禁不一定能止,征战不一定胜利,守卫不一定牢固,那么国家的危亡就跟随而来了。所以说:考察灾年的饥荒情况,统计当兵服役的人数,观看亭台楼阁的建筑,计量国家财政的费用,国家的虚实情况就可了解。

入州里,[1]观习俗,听民之所以化其上,[2]而治乱之国可知也。州里不鬲,[3]闾闬不设,出入毋时,早晏不禁,则攘夺窃盗、攻击残贼之民,[4]毋自胜矣。[5]食谷水,[6]巷凿井,场圃接,[7]树木茂,[8]宫墙毁坏,门户不闭,外内交通,则男女之别,毋自正矣。乡毋长游,[9]里毋士舍,[10]时无会同,[11]丧烝不聚,[12]禁罚不严,则齿长辑睦,[13]毋自生矣。故昏礼不谨,[14]则民不修廉;论贤不乡举,则士不及行;[15]货财行于国,则法令毁于官;请谒得于上,则党与成于下;[16]乡官毋法制，百姓群徒不从。此亡国弑君之所自生也。故曰：入州里，观习俗，听民之所以化其上者，而治乱之国可知也。

【注释】

〔1〕州里：州、里均为地方编制。本书《立政》："分国以为五乡"，"分乡以为五州"，"分州以为十里"。此借指百姓居住的地方。〔2〕化其上：随上变化习俗。化，变化。〔3〕鬲：通"隔"，阻隔。〔4〕贼：杀。〔5〕自：尹知章注："自，从也。既不设备，则盗贼无从而胜。"胜，制服。〔6〕谷水：同喝一条山谷的水。尹知章注："谷水巷井，则出汲者生其淫放。"〔7〕场圃接：尹知章注："邻家子女易得交通。"〔8〕树木茂：尹知章注："淫非者易为。"〔9〕长游：尹知章注："什长游宗也。"即地方基层的长官。〔10〕士舍：乡里的学堂。〔11〕会同：集会。尹知章注："乡里每时当有会同，所以结恩好也。"〔12〕烝(zhēng征)：古代冬祭。《尔雅·释天》："冬祭曰烝。"《周礼·春官·大宗伯》："以烝，冬享先王。"〔13〕齿长：犹言长幼。尹知章云："乡里长弟，当以齿也。"齿，年龄。辑睦：和睦。《左传·僖公十五年》："群臣辑睦。"〔14〕昏：通"婚"。〔15〕及：许维遹云："反"之误字。反通"返"，返回。〔16〕党与：朋党。《汉书·苏武传》："及燕王等反，诛，穷治党与。"

【译文】

进入一个国家的州里，观察地方的风俗习惯，听取百姓在怎样跟随上面改变习俗的情况报告，国家的治乱情况就可了解。州里不加阻隔，里巷不设大门，进出无论时间，早晚没有禁止，那么，对抢夺盗窃、行凶杀人的人，就无从制止了。大家同喝一个山谷里的水，都到巷子的水井里打水，场院、菜圃都相连接，树林茂密，院墙毁坏，门户不关，内外相通，那么，男女应有的区别，就无从正规了。乡没有长官，里没有学堂，节日不集会，丧葬和冬祭都不相聚，禁令和刑罚都不严格，那么长幼和睦的风气就无从形成了。所以婚礼不谨慎，百姓就不修治廉耻；选贤不由乡民推举，士民就不走正道；用财货行贿能在国家机构中畅行，法令就被官府毁坏；用私情拜见能在上面得手，结党营私就在下面成风；地方官吏不守法制，百姓就不听从命令。这就是亡国杀君由此发生的原因。所以说：进入一个国家的州里，观察地方的风俗习惯，听取百姓在怎样跟随上面改变习俗的情况报告，国家的治乱情况就可了解。

入朝廷，观左右，本求朝之臣，[1]论上下之所贵贱者，而强弱之国可知也。功多为上，禄赏为下，则积劳之臣不务尽力；[2]治行为上，爵列为下，则豪桀材臣不务竭能；[3]便辟左右，[4]不论功能而有爵禄，则百姓疾怨非上，贱爵轻禄；金玉货财商贾之人，不论志行而有爵禄也，则上令轻，法制毁；权重之人，不论才能而得尊位，则民倍本行而求外势。[5]彼积劳之人不务尽力，则兵士不战矣；豪桀材人不务竭能，[6]则内治不别矣；[7]百姓疾怨非上，贱爵轻禄，则上毋以劝众矣；上令轻，法制毁，则君毋以使臣，臣毋以事君矣；民倍本行而求外势，则国之情伪竭在敌国矣。[8]故曰：入朝廷，观左右，本求朝之臣，论上下之所贵贱者，而强弱之国可知也。

【注释】

〔1〕本求：王念孙云："求"即"本"之误，传写误合成"本求"，应删去。"本朝"即朝廷。下同。　〔2〕"功多"三句：尹知章注："战功曰多，谓积劳之臣。论其功多，则居于众上，及行禄赏，翻（反）在众下，故不务尽力也。"　〔3〕桀：通"杰"。下同。《诗经·卫风·伯兮》："邦之桀兮。"　〔4〕便辟：善于逢迎谄媚。《论语·季氏》："友便辟，友善柔，友便佞，损矣。"　〔5〕"权重"三句：郭沫若云："民离弃本国之军行而求外援，则内情外通，故在下文则承之以'国之情伪，竭在敌国'也。"倍，通"背"，背弃，背叛。行，军行。　〔6〕材人：当依上文作"材臣"，古本正作"材臣"。竭能：尽能。尹知章注："竭，尽也。"　〔7〕别：辨，办，治理。《荀子·议兵》："城郭不辨。"王先

谦集解引郝懿行曰："古无办字，荀书多以辨为办。" 〔8〕情伪：真假，虚实。《左传·僖公二十八年》："民之情伪，尽知之矣。"

【译文】
　　走进一个国家的朝廷，观察君主左右的侍臣和朝廷的大臣，考察一下君臣上下所看重或看轻的，国家的强弱情况就可了解。战功多在众人之上，受奖行赏时却在众人之下，那么身经百战的将军再也不肯尽力；政绩好可列为上等，任命官职时却排到了下等，那么才华出众的能臣再也不肯尽能；善于逢迎讨好的左右宠臣，不论功劳才能却享有官爵和禄赏，那么百姓就会怨恨和非议君主，并且轻贱君主的官爵和禄赏；经营金玉财货买卖的商人，不论志向德行却享官爵和禄赏，那么君主的政令就会受轻视，法制就会被毁坏；权力重大的人，不论才能却获得高位，那么民众就背弃本国的军队而寻求外国的势力去了。身经百战的将军再也不肯尽力，士兵就不肯战斗了；才华出众的能臣再也不肯尽能，内政就不能治理了；百姓怨恨和非议君主，并且轻贱君主的官爵和禄赏，君主就无法勉励民众了；君主的政令受轻视，法制被毁坏，君主就无法使令臣子，臣子也无法为君主办事了；民众背弃本国的军队而寻求外国势力，国家的虚实真假情况全被敌国掌握了。所以说：走进一个国家的朝廷，观察君主左右的侍臣和朝廷的大臣，考观一下君臣上下所看重或看轻的人事，国家的强弱情况就可了解。

　　置法出令，临众用民，计其威严宽惠行于其民与不行于其民可知也。[1]法虚立而害疏远，[2]令一布而不听者存，贱爵禄而毋功者富，然则众必轻令而上位危。故曰：良田不在战士，三年而兵弱；[3]赏罚不信，五年而破；上卖官爵，十年而亡；[4]倍人伦而禽兽行，十年而灭。战不胜，弱也；地四削，入诸侯，破也；离本国，徙都邑，亡也；有者异姓，灭也。[5]故曰：置法出令，临众用民，计威严宽惠而行于其民不行于其民可知也。[6]

【注释】

〔1〕可知也：依张佩纶云：上脱五字，按解当作"而兴灭之国"，本段末句同此。 〔2〕"法虚"句：尹知章注："谓其立法但能害疏远，而不行亲近。故曰虚立也。" 〔3〕"故曰"二句：尹知章注："良田所以赏战士，不赏则士无战志，故兵弱也。" 〔4〕十年：疑为"七年"。"十"为"七"之坏字。 〔5〕"有者"二句：尹知章注："有其国者异姓之人，则宗庙灭也。" 〔6〕本句当与前文一致，是重复句，故应作：计其威严宽惠行于其民与不行于其民而兴灭之国可知也。

【译文】

根据一个国家设置和公布的法令，以及治理使用百姓的情况，考察它的刑赏政策是否在百姓中执行，国家的兴亡情况就可了解。法制形同虚设而只是损害君主疏远的人，君令已经发布而不听从的人却能安全存在，滥施赏赐而没有功劳的人却能得到富贵，这样，民众必定轻视法令而君主的地位也就危险了。所以说：良田不用来奖赏战士，三年就兵力削弱；赏罚不兑现，五年就国家破败；君主出卖官爵，七年就国家衰亡；违背人伦道德，做出禽兽一样的事来，十年就国家灭亡。战争不能取胜，是因为兵力削弱；国土四周被削减，纳入别的国家，是因为国家破败；逃离本国，迁移国都，是因为国家衰亡；有国家而君主的姓氏改换，是因为国家已经灭亡。所以说：根据一个国家设置和公布的法令，以及治理使用百姓的情况，考察它的刑赏政策是否在百姓中执行，国家兴亡情况就可了解。

计敌与，[1]量上意，[2]察国本，[3]观民产之所有余不足，而存亡之国可知也。敌国强而与国弱，谏臣死而谀臣尊，私情行而公法毁，然则与国不恃其亲，而敌国不畏其强；豪杰不安其位，而积劳之人不怀其禄。[4]悦商贩而不务本货，则民偷处而不事积聚。豪杰不安其位，则良臣出；积劳之人不怀其禄，则兵士不用；民偷处而不事积聚，则囷仓空虚。如是而君不为变，[5]然则攘夺窃盗残贼进取之人起矣。[6]内者廷无良臣，兵士不用，困仓空虚，而外有强敌之忧，则国居而自毁矣。[7]故曰：计敌与，量上意，察国本，观民产之所有余不足，而存亡之国可知也。

【注释】

〔1〕与：即下文的"与国"，意为盟国。《荀子·王霸》："约结已定，虽睹利败，不欺其与。" 〔2〕意：意图。 〔3〕本：本业。指农业。 〔4〕怀：安心，满足。 〔5〕变：变革。尹知章注："不改常而更化。" 〔6〕进取：犹言进攻。 〔7〕居：坐。《论语·阳货》："居，吾语女。"

【译文】

　　核计一个国家的敌国和盟国的力量，估量君主的意向，考察国家的农业，观看百姓的产业是有余或是不足，国家的存亡情况就可了解。敌国强大而盟国弱小，谏臣被杀而谀臣尊荣，私情畅行而公法毁坏，这样盟国就不会依赖它的同盟，敌国也不会害怕它的强大；才华出众的能臣不安心他的职位，身经百战的将军不满足他的禄赏。君主喜爱商贩而不努力发展农产品，百姓就苟且偷生而不从事积蓄农产品。才华出众的能臣不安心他的职位，国家的良臣就出走；身经百战的将军不满足他的禄赏，士兵就不肯效力；百姓苟且偷生而不从事积蓄农产品，国家的粮仓就空虚。像这样而君主却不思变革，那么抢夺盗窃残杀斗殴的人就起来了。在国内，朝廷没有良臣，士兵不肯效力，粮仓空虚，而在国外却有强敌的忧患，那么国家就坐而自毁了。所以说，核计一个国家的敌国和盟国的力量，估量君主的意向，考察国家的农业，观看百姓的产业是有余或是不足，国家的存亡情况就可了解。

故以此八者观人主之国，而人主毋所匿其情矣。

【译文】

　　因此，从这八个方面去考查一个国家，这个国家的君主就无法隐藏他的真实情况了。

法禁第十四

【题解】

法禁，指需要依法禁止的。本篇论述君主需要维护法制，依法禁止违法的行为。开篇提出维护统一法制的重要性，只要统一立法行法，国家的各个方面就"不强而治矣"。如果不统一立法行法，下民"与官列法"，权臣"与君分威"，"国家之危必自此始矣"。所以先代的圣王都是严禁违法的行为来统一民心的。本篇的重点是具体地论述共计十八种应该依法禁止的违法行为。这十八种"圣王之禁"，大到擅权专国、改变国家常法、私通外国，小到沽名钓誉、奇谈怪论，表现形式不一，采用的手段不一，但实质都是违法行私，损国害民，满足私欲。本篇对此严加批判。最后本篇要求治国君主必须坚定地立法行法，对违法的人和事要严加禁绝，使其无利可图。

法制不议，则民不相私；[1]刑杀毋赦，则民不偷于为善；[2]爵禄毋假，[3]则下不乱其上。三者藏于官则为法，施于国则成俗，其余不强而治矣。[4]

【注释】

[1] 尹知章注："君出法制，下不敢议，则人奉公不相与为私。"
[2] 偷：苟且。《礼记·表记》："君子庄敬曰强，安肆曰偷。"
[3] 假：给与。《汉书·龚遂传》："遂乃开仓廪，假贫民。"颜师古注："假，谓给与。" [4] 强（qiǎng 抢）：勉强。《孟子·滕文公下》："强而后可。"

【译文】

　　法制不准私自议论,百姓就不会相随行私;刑杀不准赦免,百姓就不敢苟且行善;爵禄不妄赐与,臣下就不敢扰乱君主。这三者收藏在官府就是公法,施行到全国就成为习俗,其余各方面的事不勉强也就能治理好了。

　　君壹置其仪,[1]则百官守其法;上明陈其制,则下皆会其度矣。[2]君之置其仪也不一,则下之倍法而立私理者必多矣。[3]是以人用其私,废上之制而道其所闻。故下与官列法,[4]而上与君分威,[5]国家之危必自此始矣。昔者圣王之治其民也不然,废上之法制者,必负以耻;[6]财厚博惠以私亲于民者,[7]正经而自正矣。[8]乱国之道,易国之常,赐赏恣于己者,圣王之禁也。[9]圣王既殁,受之者衰。君人而不能知立君之道,以为国本,则大臣之赘下而射人心者必多矣。[10]君不能审立其法以为下制,则百姓之立私理而径于利者必众矣。[11]

【注释】

　　[1]壹:统一。仪:法度,准则。 [2]会:领会,理解。度:制度。 [3]倍:通"背",违背。 [4]下:百姓。尹知章注:"下谓庶人。"列:通"裂",分。尹知章注:"列,亦分也。" [5]上:权臣。尹知章注:"上谓权臣。" [6]负:遭受。尹知章注:"负,犹被也。"被、遭、受。 [7]财厚:王念孙云:当依尹注作"厚财"。译文从"厚财"。 [8]正经:当作"正礼"。郭沫若云:下文有"异礼",故此以"正礼"对之。礼,制度。《论语·为政》:"齐之以礼。"朱熹注:"礼,谓制度品节也。" [9]丁士涵云:"'乱国之道'至'圣王之禁也'十九字错简,疑当在下文'擅国权'之上。" [10]赘:通"缀",连缀。《韩非子·存韩》:"夫赵氏聚士卒,养从徒,欲赘天下之兵。"王先慎集解:"赘,缀连也。"射人心:收买人心。射,追求、逐取。 [11]径:走小路。尹知章注:"径谓邪行以趣疾也。"

【译文】

　　君主统一制订法度,百官就能守法;上面能公开地说清楚法制,下面就都能领会了。君主制订的法度不统一,下面背离法度而另立私理的必定就多了。这样,人们使用私理,废弃君主的法度而称道他们听说的私理。因此下民与官府争议法制,权臣与君主争夺权力,国家危亡必然从这里开始。从前圣王治理百姓不是这样的,对废弃国家法制的人,必定使他蒙受耻辱;对用大量的财物来广施恩惠收买人心的人,通过整顿制度使其改正。扰乱国家的正道,变更国家的常法,赐赏全随自己的意愿,这是圣王要禁止的。圣王谢世以后,继承者不振作。统治百姓而不能懂得立君之道,不能把法制作为立国之本,这样大臣们中联络下面来收买人心的必然就多了。君主不能懂得立公法来作为下面遵守的制度,这样百姓立私理走邪路追求财利的必然就多了。

　　昔者圣王之治人也,不贵其人博学也,欲其人之和同以听令也。《泰誓》曰:〔1〕"纣有臣亿万人,亦有亿万之心;武王有臣三千而一心。"故纣以亿万之心亡,武王以一心存。故有国之君,苟不能同人心,一国威,齐士义,通上之治以为下法,则虽有广地众民,犹不能以为安也。君失其道,则大臣比权重以相举于国,〔2〕小臣必循利以相就也。故举国之士以为亡党,〔3〕行公道以为私惠;进则相推于君,退则相誉于民,各便其身,而忘社稷;以广其居,〔4〕聚徒威群,〔5〕上以蔽君,下以索民。此皆弱君乱国之道也,故国之危也。

【注释】

　　〔1〕《泰誓》:即《大誓》,《尚书》篇名。《泰誓》是周武王伐纣大会诸侯时所作的誓言。《泰誓上》作:"受有臣亿万,惟亿万心;予有臣三千,惟一心。"纣,名受。亿万,极言其多。　〔2〕比权重:尹知章注:"与权重者相比。"比,勾结。　〔3〕"故举"句:陶鸿庆云:"亡党"二字,义不可通,王氏(念孙)以为"己党"之误,是也。"之"字

亦衍文,"国士"犹言"公臣","举国士以为己党"与"行公道以为私惠"相对成文。〔4〕广:扩大,扩充。《史记·淮南衡山列传》:"广长榆,开朔方。"居:所居,所占的。〔5〕洪颐煊云:"威群"当作"成群"。"《法法篇》:'则人群党而成群',其证也。"译文从之。

【译文】

从前圣王管理人才,不看重人才的博学,而要求人才能与君主协调一致听从君令。《泰誓》上说:"殷纣王有臣子亿万人,也有亿万条心;周武王只有臣子三千人,却是一条心。"所以殷纣王因为臣子有亿万条心而灭亡,周武王因为臣子一条心而留存。因此拥有国家的君主,如果不能协同人心,不能统一国家权威,不能齐整武士的气概,不能把君主们的治理政策传达到下面而成为法制,那么,即使有广大的土地,众多的百姓,还是不能以为是安全的。君主失去了治国之道,大臣们便勾结权势在国内相互推举,小臣们必定为了私利而相互迁就。所以他们推举公臣而作为自己的私党,施行公法而谋求私人的实惠;在朝廷上向君主互相推举,在民间就向百姓讨好,各使自己有利,而忘掉了国家;不断地扩大他们的势力范围,成群结帮,对上蒙蔽君主,对下勒索百姓。这都是削弱君主扰乱国家的做法,所以是国家的危险。

擅国权以深索于民者,圣王之禁也。

【译文】

独揽国家的权力,严重地勒索百姓,这是圣王要禁止的。

其身毋任于上者,[1]圣王之禁也。

【注释】

〔1〕其身毋任于上者:郭沫若以为是隐士与游民之类。"隐士'不事王侯,高任其志',游民则袖手而食,均属可禁。"

【译文】

　　不肯为君主任职服务的,这是圣王要禁止的。

　　进则受禄于君,退则藏禄于室,毋事治职,[1]但力事属,[2]私王官,私君事,去非其人而人私行者,[3]圣王之禁也。

【注释】

　　〔1〕张佩纶云:"'毋事治职'当作'毋治职事',言不事公事也。下文'身无职事'是其证。"译文从之。　〔2〕张佩纶云:"'但力事属'当作'但力属事',言但务私事也。"　〔3〕去:俞樾云:"'去'乃'法'字之误,言法本非其人所宜行而其人私行之也。"意谓越职行事。

【译文】

　　上朝就向君主领取禄赏,退朝就把禄赏藏在私室,不治理本职的公事,只是努力做私事,私自拉拢国家官吏,私自处理君主的政事,依法本非他能做的事,他却私自去做的,是圣王要禁止的。

　　修行则不以亲为本,治事则不以官为主,举毋能进毋功者,圣王之禁也。

【译文】

　　修德行却不以事亲为本,做事情却不以奉公为主,推举无能的人,进用无功的人,这是圣王要禁止的。

　　交人则以为己赐,举人则以为己劳,仕人则与分其禄者,圣王之禁也。

【译文】

结交人才就当作自己的恩赐,推举人才就当作自己的功劳,任用人才就要与他均分他的俸禄,这是圣王要禁止的。

交于利通而获于贫穷,[1]轻取于其民而重致于其君,[2]削上以附下,枉法以求于民者,[3]圣王之禁也。

【注释】

[1]利通:犹言富贵。通,达官。 [2]致:求。此谓要求放宽政策,以便收买民心。 [3]求:假为"赇(qiú 求)",贿赂。

【译文】

结交富贵又收罗贫穷的人,为了轻易地取得民心而对君主提出了很多要求,削减国家的利益而使自己亲附于下,枉法而收买百姓,这是圣王要禁止的。

用不称其人,[1]家富于其列,[2]其禄甚寡而资财甚多者,圣王之禁也。

【注释】

[1]用:财用,消费。《诗经·小雅·天保》:"民之质矣,日用饮食。" [2]列:位次。此指官位。许维遹案:"列,爵位也。"

【译文】

他的消费与他的身份不相称,家庭的财富超出了他的官职所得,他的俸禄很少却资财很多,这是圣王要禁止的。

拂世以为行,非上以为名,常反上之法制以成群于国者,圣王之禁也。

【译文】

做违背世俗的事,靠非议朝廷而猎取名声,经常违反君主的法制而在国内成群结党,这是圣王要禁止的。

饰于贫穷而发于勤劳,[1]权于贫贱,身无职事,家无常姓,[2]列上下之间,议言为民者,圣王之禁也。

【注释】

[1]发:孙星衍云:"'发'读为废,古字通用。" [2]姓:丁士涵云:"'姓'当为'生',假借字也。《孟子·滕文公篇注》:'产,生也。'《诗经·谷风笺》:'生,谓财业也。''家无常生',犹言家无恒产耳。"译从。

【译文】

装扮成贫穷的样子又不勤劳,在贫民中争权夺利,身无职业,家无恒产,站在官民之间,好像是为民讲话,这是圣王要禁止的。

壶士以为亡资,[1]修田以为亡本,[2]则生之养,[3]私不死,[4]然后失矫以深与上为市者,[5]圣王之禁也。

【注释】

[1]壶士:郭沫若云:"壶殆假为'铺'。'壶士'犹言养士。"亡:王念孙云:当为"己",下句的"亡"也应为"己"。译文从之。 [2]田:何如璋云:乃"甲"之坏。译文从"甲"。 [3]则生:郭沫若云:"乃'贼臣'之误。"译文从"贼臣"。 [4]不:许维遹云:是"必"的误字。译文从"必"。 [5]失矫:郭沫若云:当为"矢矫",犹言强直不让。矢,直。《诗经》:"其直如矢。"矫,谓强硬。

【译文】

供养私士而作为资财,制作兵甲而作为本钱,私养叛逆的臣子,私藏敢死的人，然后以强硬不敬的态度进而与君主讨价还价，这是圣王要禁止的。

审饰小节以示民，时言大事以动上，远交以逾群，假爵以临朝者，圣王之禁也。

【译文】
　　装模作样地做些小事来给百姓看，时常不断说些大事来惊动君主，远交四邻来压倒同僚，凭借爵位来操纵朝廷，这是圣王要禁止的。

卑身杂处，隐行辟倚，[1]侧入迎远，[2]遁上而遁民者，[3]圣王之禁也。

【注释】
　　[1]辟倚：僻邪不正。辟，同"僻"。邪僻。　[2]侧入：犹言潜入。尹知章注："侧身而入国。"侧，藏匿。　[3]遁：逃免。

【译文】
　　屈身隐居在百姓之中，暗地里做不正当的事，潜入他国，迎送远方的来人，逃避君主的监督，又逃避百姓的监视，这是圣王要禁止的。

诡俗异礼，大言法行，[1]难其所为而高自错者，[2]圣王之禁也。

【注释】
　　[1]大言法行：犹言言行狂妄。法，古文与"废"相通。《尔雅·释诂》："废，大也。"　[2]错：通"措"，安置。尹知章注："错，置也。"

【译文】

与习俗和礼仪都不一样，言论和行为都很狂妄，把自己所做的说得十分艰难，借此来提高自己的地位，这是圣王要禁止的。

守委闲居，博分以致众，[1]勤身遂行，说人以货财，[2]济人以买誉，其身甚静，而使人求者，圣王之禁也。

【注释】

〔1〕"博分"句：尹知章注："守其委积以闲居，博分其财以致众。"委积，堆积。〔2〕说：通"悦"。

【译文】

拥有积蓄而生活安闲，广泛地分财物给众人，辛勤地完成赐舍，用财货取悦于人，以接济人来收买声誉，自己十分安闲，却使人们都来相求，这是圣王要禁止的。

行辟而坚，言诡而辩，[1]术非而博，顺恶而泽者，[2]圣王之禁也。

【注释】

〔1〕诡：通"伪"，虚假。《荀子·宥坐》："行辟而坚，言伪而辩。"〔2〕泽：饰。尹知章注为"润饰"。

【译文】

行为邪僻而顽固，言论虚假而好听，道术错误而广泛，顺随恶行而伪饰，这是圣王要禁止的。

以朋党为友，以蔽恶为仁，以数变为智，以重敛为忠，以遂忿为勇者，圣王之禁也。

【译文】
　　以勾结私党为友爱，以包庇邪恶为仁慈，以诡计多端为才智，以横征暴敛为忠君，以发泄私愤为勇敢，这是圣王要禁止的。

　　固国之本，[1]其身务往于上，[2]深附于诸侯者，圣王之禁也。

【注释】
　　[1]固：安井衡云：固读为"锢"，塞也。 [2]往：陶鸿庆云：往当为"廷"，乃"诳"之假字。诳，欺骗。

【译文】
　　堵塞国家情报的来源，专干蒙骗君主的勾当，而暗暗依附于别的诸侯国，这是圣王要禁止的。

　　圣王之身，治世之时，德行必有所是，道义必有所明。故士莫敢诡俗异礼，以自见于国；[1]莫敢布惠缓行，[2]修上下之交，以和亲于民；[3]故莫敢超等逾官，[4]渔利苏功，[5]以取顺其君。圣王之治民也，进则使无由得其所利，退则使无由避其所害，必使反乎安其位，[6]乐其群，务其职，荣其名，而后止矣。故逾其官而离其群者必使有害，不能其事而失其职者必使有耻。是故圣王之教民也，以仁错之，[7]以耻使之，修其能致其所成而止。故曰：绝而定，[8]静而治，安而尊，举错而不变者，圣王之道也。

【注释】

〔1〕自见：自我表现。见，通"现"。 〔2〕缓行：张佩纶云："'缓行'当作'缓刑'。"译文从之。 〔3〕和亲：王念孙云："'和亲'当为'私亲'，字之误也。"译文从之。 〔4〕安井衡云："'故'字当衍。"应删去。 〔5〕苏：取。《楚辞·离骚》："苏粪壤以充帏兮。"王逸《注》："苏，取也。" 〔6〕反：通"返"。 〔7〕错：通"措"。下同。 〔8〕绝而定：郭沫若云："犹言斩金截铁，绝不动摇。"绝，犹言截。《释名·释言语》："绝，截也。"绝、截义通。

【译文】

作为圣王，在治理世事的时候，对德行必须有正确的标准，对道义必须有明确的准则。这样，官吏们就不敢违反习俗礼仪，在国内炫耀自己；不敢布施小惠、缓行刑罚，搞好上下关系，来收买民心；不敢以超越等级和官职、猎取功利，来讨好君主。圣王治理百姓，对越职谋求私利的，使他无法得到利益；对失职后退不肯负责的，使他无法逃避祸害。必定要使他们返回到正常的道路上来，安心自己的职位，乐于和人们在一起，努力做好本职工作，爱护自己的名声，做到这样才罢休。所以对逾越官职离开同僚的人，必使他遭受祸害；对不肯做事玩忽职守的人，必使他遭受耻辱。因此圣王教导百姓，用仁爱鼓励他们，用耻辱驱使他们，提高他们能力而使他们有所成就而罢休。所以说：坚定不移，静心治国，安全而有尊严，举措不变，这是圣王的治世之道。

重令第十五

【题解】
　　重令，治国要以法令为重。本篇提出法令是治国最重要的工具，令重罚严是安国之本，并且是最重要的根本。因此，凡是增减法令、不执行法令、扣留或不服从法令的人，都要处死而不能赦免。提出了唯令是视、一切都看法令的著名观点。法令之所以如此重要，本篇以为法令关系到君主的尊严、国家的安全、社会的正常、功业的成就。为了保证法令的施行，本篇提出了要严格地依法行事，要防止亲戚、权贵、财货、女色、巧佞之徒、玩好之物的影响，要做到"不为六者变更于号令，不为六者疑错于斧钺，不为六者益损于禄赏"。

　　凡君国之重器，莫重于令。令重则君尊，君尊则国安；令轻则君卑，君卑则国危。故安国在乎尊君，尊君在乎行令，行令在乎严罚。罚严令行，则百吏皆恐；罚不严，令不行，则百吏皆喜。[1] 故明君察于治民之本，本莫要于令。故曰：亏令者死，[2] 益令者死，不行令者死，留令者死，不从令者死。五者死而无赦，惟令是视。故曰：令重而下恐。

【注释】
　　[1] 喜：喜悦。此有轻慢之意。与上文"恐"相对。恐，畏惧，有恭敬之意。　[2] 亏：减少。

【译文】

君主治理国家的重要工具,没有比法令更重要的。法令有力量君主就尊严,君主尊严国家就安全;法令没有力量君主就卑微,君主卑微国家就危险。所以要使国家安全,在于使君主尊严;要使君主尊严,在于施行法令;要施行法令,在于严明刑罚。刑罚严明,法令施行,百官就都恐惧谨慎;刑罚不严明,法令不施行,百官就都轻慢马虎。所以圣明君主认识到治民的根本,没有比法令更重要的根本了。因此说:减少法令的处死,增添法令的处死,不执行法令的处死,扣留法令的处死,不服从法令的处死。有以上五种情况的处死,绝无赦免,一切都只看法令。所以说:法令受重视,下面就敬畏了。

为上者不明,令出虽自上,而论可与不可者在下。夫倍上令以为威,[1]则行恣于己以为私,[2]百吏奚不喜之有?且夫令出虽自上,而论可与不可者在下,是威下系于民也。威下系于民,而求上之毋危,不可得也。令出而留者无罪,则是教民不敬也。令出而不行者毋罪,行之者有罪,是皆教民不听也。令出而论可与不可者在官,是威下分也。益损者毋罪,则是教民邪途也。如此则巧佞之人,[3]将以此成私为交;比周之人,[4]将以此阿党取与;[5]贪利之人,将以此收货聚财;懦弱之人,将以此阿贵事富,便辟;[6]伐矜之人,[7]将以此买誉成名。故令一出,示民邪途五衢,[8]而求上之毋危,下之毋乱,不可得也。

【注释】

〔1〕倍:通"背",背弃。 〔2〕恣(zì自):放纵,恣肆。《吕氏春秋·禁塞》:"夫无道者之恣行,幸矣。" 〔3〕巧佞:用花言巧语谄媚人。 〔4〕比周:结党营私。本书《法法》:"行邪者久而不革,则群臣比周。" 〔5〕阿(ē婀):偏袒,庇护。与:同盟者,党与。《荀子·王

霸》:"约结已定,虽睹利败,不欺其与。" 〔6〕郭沫若校读为"将以此阿贵富,事便辟"。译从。阿,迎合。便辟:读为"便嬖(bì闭)",君主亲近宠爱的小臣。 〔7〕伐矜(jīn 今):自夸骄傲。伐,自我夸耀。〔8〕衢:道路。

【译文】

作为君主而昏庸糊涂的,法令虽然由上面发出,但评定法令之可行与否的权力却在下面。如果违背上令以行威,就会放纵自己行私,百官安有不喜之理?况且法令虽然由上面发出,但评定其可行与否的权力却在下面,这样君主的权威就受到百姓牵制了。君主的权威受到百姓的牵制,而希望君主没有危险,就不可能了。法令发出而扣留的人无罪,这是教百姓不要尊敬君主。法令发出而不执行的人无罪,执行的人反而有罪,这都是教百姓不要听从君主。法令发出而评定法令之是否可行的权力在官吏,这是君主的权威分给了下面。增减法令的人无罪,这是教百姓走上邪路。像这样,弄虚作假的奸人,就用此来达到私利而作交易;结党营私的人,就用此来庇护同党,联合同盟;贪图财利的人,就用此来收罗货物,聚集财宝;软弱无能的人,就用此来曲从富贵的人,侍奉君主左右的小臣;自夸骄矜的人,就用此来收买荣誉,成就名声。这样,法令一发出,就引导百姓走上五条邪路,而希望君主没有危险,臣子下民不作乱,是不可能的事。

菽粟不足,[1]末生不禁,[2]民必有饥饿之色,而工以雕文刻镂相稚也,[3]谓之逆。[4]布帛不足,衣服毋度,[5]民必有冻寒之伤,而女以美衣锦绣綦组相稚也,[6]谓之逆。万乘藏兵之国,卒不能野战应敌,社稷必有危亡之患,而士以毋分役相稚也,谓之逆。爵人不论能,禄人不论功,则士无为行制死节,而群臣必通外请谒,[7]取权道,[8]行事便辟,以贵富为荣华以相稚也,谓之逆。

【注释】

〔1〕菽粟：粮食。菽（shū 叔），本为大豆，引申为豆类的总称。〔2〕末生：末业。此指"末事"，即下文的"雕文刻镂""锦绣纂组"之类的奢侈品生产。　〔3〕稚：意为骄傲。尹知章注："稚，骄也。"下同。〔4〕逆：违背。此指违背法令。　〔5〕度：限度。《国语·周语》："用物过度，妨于财。"　〔6〕纂：王念孙云，"纂当为'纂'，字之误也"，形相似而误。"《汉书·景帝纪》并曰'绵绣纂组，害女工者也'是其证。"〔7〕谒：请见，进见。　〔8〕取：选取，采用。道：术。

【译文】

粮食不足，奢侈品的生产却不禁止，百姓必定有受饥饿的样子，而工匠还在以雕刻的花纹相互夸耀，这叫做违背法令。布帛不足，衣服却没有限度，百姓必定有受寒冷的伤害，而女工还在以制作华美的衣服、绣绵织带相互夸耀，这叫做违背法令。有万辆战车兵备充足的大国，士卒却不能上战场应付敌人，国家必定有危险被灭亡的祸患，而武士还在以没有服役的职分相互夸耀，这叫做违背法令。任官不讲究才能，赏赐不讲究功劳，武士们就不肯执行命令，不肯为国殉节，臣子们也一定交通外国请求接见，采用权术，讨好君主左右的小臣，以升官发财为光荣来相互夸耀，这叫做违背法令。

朝有经臣，[1]国有经俗，民有经产。何谓朝之经臣？察身能而受官，不诬于上；[2]谨于法令以治，不阿党；竭能尽力而不尚得，犯难离患而不辞死；受禄不过其功，服位不侈其能，不以毋实虚受者，朝之经臣也。何谓国之经俗？所好恶不违于上，所贵贱不逆于令，毋上拂之事，[3]毋下比之说，[4]毋侈泰之养，[5]毋逾等之服，[6]谨于乡里之行，而不逆于本朝之事者，国之经俗也。何谓民之经产？畜长树艺，[7]务时殖谷，力农垦草，禁止末事者，民之经产也。故曰：朝不贵经臣，则便辟得进，[8]毋功虚取，奸邪得行，毋能上通。国不服经俗，则臣下不顺，而上令难行。民不务经产，则仓廪空虚，财用不足。便辟得进，毋功虚取，奸邪得行，毋能上通，则大臣不和。臣下不顺，上令难行，则应难不捷。仓廪空虚，财用不足，则国毋以固守。三者见一焉，则敌国制之矣。

【注释】

〔1〕经：正常，规范。尹知章注："经，常也。" 〔2〕诬：以无为有，意谓假冒。尹知章注："无能受官，谓之诬上。" 〔3〕拂(fú 弗)：违背。《礼记·大学》："是谓拂人之性。" 〔4〕比(bǐ 彼)：勾结。《论语·为政》："君子周而不比，小人比而不周。" 〔5〕侈泰：奢侈。《韩非子·解老》："多费之谓侈。"泰，过分。 〔6〕服：服饰。 〔7〕畜长：饲养牲畜。尹知章注："畜长，谓畜产也。"树艺：种植。《孟子·滕文公上》："树艺五谷。" 〔8〕便辟：善于逢迎谄媚。《论语·季氏》："友便辟，友善柔，友便佞，损矣。"

【译文】

朝廷要有正经的臣子，国家要有正经的风俗，百姓要有正常的生产。什么叫做朝廷的正经臣子呢？根据自身的才能接受官职，不在君主面前冒充有才能；谨慎地依照法令治理国家，不偏袒私人的党羽；自己竭尽能力而不追求私利，国家遭受危难就不惜牺牲生命；接受俸禄不超过自己的功劳，接受官职不超过自己的才能，不凭空白白地领受君主赐赏的，这就是朝廷的正经臣子。什么叫做国家的正经风俗呢？百姓喜好的和厌恶的，不违背君主的要求；百姓看重的和看轻的，不违背法令的规定；不做违上的事，不说结党的话，不过奢侈的生活，不穿越级的衣服，谨慎地在乡里行事，没有背叛朝廷的事情的，是国家的正经风俗。什么叫做百姓的正常生产呢？养好牲畜，搞好种植，抓紧农时，增产粮食，努力发展农业，开垦荒地，禁止奢侈品的生产，这就是百姓的正常生产。所以说：朝廷不重用正经的臣子，那些善于逢迎谄媚的小人便能往上爬，没有功劳的人便能白白地领受爵禄，邪恶的奸臣便能为所欲为，无能的人便能得到君主的重用。国家不推广正经的风俗，臣子和下民就不顺服，君主的法令就难以推行。百姓不进行正常的生产，国家的粮仓就会空虚，财用就会不足。善于逢迎谄媚的小人能够往上爬，没有功劳的人能够白白地领受爵禄，邪恶的奸臣能够为所欲为，无能的人能够得到君主的重用，大臣们就不协调。臣子下民不顺服，君主的法令难以推行，国家就不能顺利地应付危难。国家的粮仓空虚，财用不足，国家就不能固守。这三种情况中只要有一种，国家就会被敌国控制。

故国不虚重，兵不虚胜，民不虚用，令不虚行。凡国之重也，必待兵之胜也，而国乃重。凡兵之胜也，必待民之用也，而兵乃胜。凡民之用也，必待令之行也，而民乃用。凡令之行也，必待近者之胜也，[1]而令乃行。故禁不胜于亲贵，罚不行于便辟，法禁不诛于严重，而害于疏远，庆赏不施于卑贱二三，[2]而求令之必行，不可得也。能不通于官，受禄赏不当于功，号令逆于民心，动静诡于时变，[3]有功不必赏，有罪不必诛，令焉不必行，禁焉不必止，在上位无以使下，而求民之必用，不可得也。将帅不严威，民心不专一，陈士不死制，[4]卒士不轻敌，[5]而求兵之必胜，不可得也。内守不能完，外攻不能服，野战不能制敌，侵伐不能威四邻，而求国之重，不可得也。德不加于弱小，威不信于强大，[6]征伐不能服天下，而求霸诸侯，不可得也。威有与两立，[7]兵有与分争，德不能怀远国，[8]令不能一诸侯，而求王天下，不可得也。

【注释】

〔1〕胜：制服。《孙子·谋攻》："将不胜其忿而蚁附之，杀士三分之一而城不拔者，此攻之灾也。"　〔2〕二三：宋本无"二三"两字。注家以为"庆赏不施于卑贱"下当有脱句，但不能确考。译文从宋本而删

"二三"二字。〔3〕诡：违反。《吕氏春秋·淫辞》："言行相诡，不祥莫大焉。"〔4〕陈："阵"的古字。阵，阵地。制：此指军令。〔5〕轻敌：轻视敌人。此指不怕敌人，敢于迎战。〔6〕信：通"伸"。伸展，延伸。〔7〕两立：并立。尹知章注："下亦有立威者。"〔8〕怀：安抚。《左传·僖公七年》："怀远以德。"

【译文】

　　所以国家是不会凭空能强大的，军队是不会凭空能取得胜利的，百姓不是凭空能起作用的，法令是不会凭空能施行的。大凡国家要强大，必须等待军队取得胜利，国家才能强大。大凡军队要取得胜利，必须等待百姓起作用，军队才能取得胜利。大凡百姓能起作用，必须等待法令的施行，百姓才能起作用。大凡法令能施行，必须等待法令制服亲近君主的人，法令才能施行。所以禁律不能制服君主的亲戚贵族，刑罚不能施行到君主的左右小臣，法令禁律不是诛杀罪行严重的人，而是损害君主疏远的人，庆贺赏赐不施行到卑贱的人，却希望法令得到坚决地施行，这是不可能的。有才能的人不能做官，受到赏赐的人与他的功劳不相称，号令背离百姓的心愿，举措政策违反时代的发展，有功的不坚决赏赐，有罪的不坚决惩罚，有令不坚决执行，有禁不坚决停止，在上位的君主不能差使臣下，却希望百姓能坚定地起作用，这是不可能的。将帅不威严，军心不一致，阵地上的战士不肯死于军令，士兵没有不怕敌人的气概，却希望军队必胜，这是不可能的。国内的守卫不能保证国土完整，国外的攻伐不能保证敌国屈服，战场上的战斗不能制服敌军，攻战不能威震四方邻国，却希望国家的强大，这是不可能的。恩德不能施加到弱小国家，威势不能伸展到强大国家，征战不能使天下各国顺服，却希望称霸于诸侯，这是不可能的。论威势有能与自己不分上下的，论兵力有能与自己相互抗衡的，恩德不能安抚远方国家，号令不能统一诸侯，却希望称王天下，这是不可能的。

　　地大国富，人众兵强，此霸王之本也，然而与危亡为邻矣。天道之数，[1]人心之变。天道之数，至则反，[2]盛则衰；人心之变，有余则骄，[3]骄则缓急。夫骄者，骄诸侯，骄诸侯者，[4]诸侯失于外；缓急者，民乱于内。

诸侯失于外，民乱于内，天道也，此危亡之时也。若夫地虽大，而不并兼，不攘夺；人虽众，不缓怠，不傲下；国虽富，不侈泰，不纵欲；兵虽强，不轻侮诸侯，动众用兵必为天下政理，[5]此正天下之本而霸王之主也。

【注释】

〔1〕数：自然之理。《荀子·富国》："万物同宇而异体，无宜而有用为人，数也。"〔2〕至：极，顶点。〔3〕有余：盈余，富足。与"不足"相对。尹知章注："不足者必谦。"〔4〕陶鸿庆云："'骄诸侯骄诸侯者'七字，当为衍文，此承上文言之"，"今本涉上下文而误重耳"。译文从之。〔5〕安井衡云："'理'下文作'治'，此作'理'者，唐人避讳，而后儒未订也。"

【译文】

　　土地广大，国家富足，人口众多，兵力强盛，这虽然是称霸称王的根本，然而也就同危亡接近了。这是天道的发展规律，人心的变化情况。天道的发展规律是，到了极点就要走向反面，发展到极盛就要走向衰亡；人心的变化情况是，富足就会骄傲，骄傲就会松弛懈怠。如果骄傲，在国外就失掉了诸侯的支持；如果松弛懈怠，在国内百姓就造反作乱。在国外失掉了诸侯的支持，在国内百姓造反作乱，这正是天道的表现，这正是危亡的时候。如果土地虽然广大，但不搞兼并，不搞掠夺；人口虽然众多，但不松弛懈怠，不傲视臣下，国家虽然富足，但不奢侈浪费，不放纵私欲；兵力虽然强盛，但不轻视欺侮诸侯，兴师动众必定是为了把天下的政事治理好，这是匡正天下的根本，称王称霸的基础。

　　凡先王治国之器三，攻而毁之者六。明王能胜其攻，故不益于三者，而自有国正天下；乱王不能胜其攻，故亦不损于三者，而自有天下而亡。三器者何也？曰：号令也，斧钺也，[1]禄赏也。六攻者何也？曰：亲也，贵也，货也，色也，巧佞也，玩好也。三器之用何也?曰:非号令毋以使下,非斧钺毋以威众,非禄赏毋以劝民。六攻之败何也?曰:虽不听,而可以得存者;虽犯禁,而可以得免者;虽毋功,而可以得富者。凡国有不听而可以得存者,则号令不足以使下;有犯禁而可以得免者,则斧钺不足以威众;有毋功而可以得富者,则禄赏不足以劝民。号令不足以使下,斧钺不足以威众,禄赏不足以劝民,若此则民毋为自用。民毋为自用则战不胜,战不胜而守不固,守不固则敌国制之矣。然则先王将若之何?曰:不为六者变更于号令,不为六者疑错于斧钺,[2]不为六者益损于禄赏。若此则远近一心,远近一心则众寡同力,众寡同力则战可以必胜,而守可以必固。非以并兼攘夺也,以为天下政治也,此正天下之道也。

【注释】

〔1〕斧钺:兵器,刑具。借指刑罚。钺(yuè 越),大斧,古代的兵器。〔2〕疑:怀疑。错:停止。《史记·张仪列传》:"则秦魏之交可错矣。"

【译文】

先代君主治国的工具有三个,进攻并毁灭国家的原因有六个。圣明君主能够战胜六个进攻,所以治国的工具虽然不超过三个,却能保有国家并匡正天下;昏乱君主不能战胜六个进攻,所以治国的工具虽然也不少于三个,却据有国家而走向灭亡。三个工具是什么呢?是:号令、刑罚、禄赏。六个进攻是什么呢?是:亲戚、权贵、财货、女色、阿谀奉承的人、可玩赏的器物。三个工具的作用是什么呢?是:不用号令就不能差使臣下,不用刑罚就不能威慑众人,不用禄赏就不能勉励百姓。六个进攻的破坏性是什么呢?是:虽然不听从号令,却可以平安无事;虽然触犯禁律，却可以得到赦免；虽然没有功劳，却可以得到富贵。凡国家有不听从号令却可以平安无事的，那么号令就不能差使臣下；有触犯禁律却得到赦免的，那么刑罚就不能威慑众人；有没有功劳都可以得到富贵，那么禄赏就不能勉励百姓。号令不能差使臣下，刑罚不能威慑众人，禄赏不能勉励百姓，像这样，百姓就不肯为君主尽力了。百姓不肯为君主尽力，那么攻战就不能取得胜利；攻战不能取得胜利，那么守卫就不坚固；守卫不坚固，那么敌国就能制服他了。那么，先代的君主是怎么办的呢？那是：不为六个原因而改变号令，不为六个原因而怀疑或停用刑罚，不为六个原因而增减禄赏。做到这样，远近的人就能同心同德；远近的人能同心同德，那么无论人多或是人少都能齐心协力；无论人多或是人少都能齐心协力攻战就可以必胜，守卫就可以必固。这不是为了兼并或掠夺，而是为了把天下的政事治理好，这就是匡正天下的准则。

法法第十六

【题解】

　　法法，以法行法。本篇不仅论述法度的作用，而且论述执行法度的手段要合乎法，特别强调统治者首先要遵守法，遵守行法的合法性。开篇即指出："不法法则事毋常，法不法则令不行"，"禁胜于身则令行于民矣"。不以法行法，行法不合乎法，以及统治者"不以身先之"，都是造成法度混乱和不能施行的原因。只有以法行法，君主首先遵守法，法令才能得到贯彻施行。

　　本篇对统治者行法提出了一系列的具体要求。其中有：不以法治国造成国家混乱，罪在君主。君主不以法行法实质是害民害国，因此不得以私欲改变法。君主必须坚决地废私议而维护公法，要节俭行法，要一切以法为准，不能超前或落后于法，要以法行法来争取民众，才能维护君主的尊严，才能与民乐成，而不与虑始。君主不先行法则国危自危。要坚持自己的权威，不得毁法、废法。法令是"百姓之宝"，唯君主所好，"先民服也"，才能行法。君主以法行法要虚心谨慎，不能自满，要以国为重，等等。"社稷戚于亲"，"令尊于君"，"威贵于宝"，"法爱于民"，是以法行法的重要原则，也是本篇的重要结论。

　　不法法则事毋常，法不法则令不行。令而不行则令不法也，法而不行则修令者不审也，审而不行则赏罚轻也，重而不行则赏罚不信也，信而不行则不以身先之也。[1]故曰：禁胜于身则令行于民矣。[2]

【注释】

〔1〕尹知章注:"赏罚既信而犹不行,则以身不先自行其法也。"身,指统治者自己。 〔2〕禁胜于身:意谓以法约束自己,即统治者率先服从法令,以身作则。尹知章注:"身从禁也。"

【译文】

不以合法的手段来施行法度,国事就没有常规;施行法度不用合法的手段,政令就不能施行。政令已发而不能施行,那是因为发令不合乎法的手段;发令合乎法的手段而不能施行,那是因为政令本身制定得不周密;政令本身周密而仍不能施行,那是因为赏罚过轻;赏罚重而政令仍不能施行,那是因为赏罚没有真的实行;赏罚真的实行而政令仍不能施行,那是因为统治者没有率先做出榜样。所以说,禁令能约束君主自身,禁令就能在百姓中施行了。

闻贤而不举,殆;〔1〕闻善而不索,〔2〕殆;见能而不使,殆;亲人而不固,殆;同谋而离,〔3〕殆;危人而不能,殆;废人而复起,殆;可而不为,殆;足而不施,殆;几而不密,〔4〕殆。人主不周密,则正言直行之士危;正言直行之士危,则人主孤而毋内;〔5〕人主孤而毋内,则人臣党而成群。使人主孤而毋内,人臣党而成群者,此非人臣之罪也,人主之过也。

【注释】

〔1〕殆:危险。《孙子·谋攻》:"知彼知己者,百战不殆。"
〔2〕索:求索。此处意谓调查、查访。 〔3〕离:分离。此处意谓离心、不团结。 〔4〕几:细微的迹象。《易经·系辞下》:"几者,动之微。"又:"君子见几而作,不俟终日。"此处指几事,即机密的要事。
〔5〕内:亲信。《礼记·大学》:"外本内末。"孔颖达疏:"外,疏也;内,亲也。"

【译文】

　　听到贤才却不选用,就危险;听到好事却不查访,就危险;看到能人却不使用,就危险;与人相亲却不坚决,就危险;与人相谋却不团结,就危险;要惩罚人却不能,就危险;已被废黜的人却再起用,就危险;可做的事却不做,就危险;富足却不施舍人,就危险;机要的事却不保密,就危险。君主听政不周到细密,正言直行的臣子就危险;正言直行的臣子危险,君主就孤立而无亲信;君主孤立而无亲信,臣子们就成群结党营私。使君主孤立而无亲信,臣子们成群结党营私,这不是臣子的罪过,而是君主的过错。

　　民毋重罪,过不大也;民毋大过,上毋赦也。上赦小过,则民多重罪,积之所生也。故曰:赦出则民不敬,[1]惠行则过日益。惠赦加于民,而囹圄虽实,[2]杀戮虽繁,奸不胜矣。故曰:邪莫如蚤禁之。[3]赦过遗善,则民不励。有过不赦,有善不遗,励民之道,于此乎用之矣。故曰:明君者,事断者也。

【注释】

　　〔1〕敬:戒慎。《诗经·周颂·闵予小子》:"夙夜敬止。"　〔2〕囹圄(líng yǔ 灵宇):牢狱。　〔3〕蚤:通"早"。

【译文】

　　百姓没有犯重罪,是因为过失不大;百姓没有大的过失,是因为君主不施行赦免。君主赦免小的过失,百姓就多犯重罪,是因积累小的过失所形成的。所以说,赦免令一出,百姓就不警惕谨慎;恩惠令一施行,过失就日益增多。恩惠和赦免令施加给百姓,牢狱虽满,杀戮虽多,奸邪的事还是禁不胜禁了。所以说,奸邪的事不如早早禁止。赦免过失而遗忘善行,百姓就得不到鼓励。有过失不赦免,有善行不遗忘,鼓励百姓的政策,就能在这时使用了。所以说,圣明的君主,是善于决断政事的。

君有三欲于民，三欲不节，则上位危。三欲者何也？一曰求，二曰禁，三曰令。求必欲得，禁必欲止，令必欲行。求多者，其得寡；禁多者，其止寡；令多者，其行寡。求而不得，则威日损；禁而不止，则刑罚侮；[1]令而不行，则下凌上。故未有能多求而多得者也，未有能多禁而多止者也，未有能多令而多行者也。故曰：上苛则下不听，下不听而强以刑罚，则为人上者众谋矣。为人上而众谋之，虽欲毋危，不可得也。号令已出又易之，礼义已行又止之，度量已制又迁之，[2]刑法已错又移之。[3]如是，则庆赏虽重，民不劝也；杀戮虽繁，民不畏也。故曰：上无固植，[4]下有疑心；国无常经，民力必竭，数也。[5]

【注释】

〔1〕侮：侮弄。 〔2〕制：规定，制订。《淮南子·氾论训》："此皆因时变而制礼乐者。" 〔3〕错：通"措"，施行。《商君书·错法》："臣闻：古之明君错法而民无邪。" 〔4〕植：意志。尹知章注："植，志也。" 〔5〕数：自然之理，规律。尹知章注："数，理也。"

【译文】

君主对百姓有三种欲望，三种欲望不加节制，君主的地位就危险。三种欲望是什么呢？一是求取，二是禁止，三是命令。求取必定想能得到，禁止必定想能停息，命令必定想能执行。求取过多，能得到的反而少；禁止过多，能停息的反而少；命令过多，能执行的反而少。求取却不能得到，威势就日益减弱；禁止却不能停息，刑罚就受到轻视；命令却不能执行，下面就欺凌君上。所以从没有多求取就能多得到的，从没有多禁止就能多停息的，从没有多命令就能多执行的。所以说，上面苛刻，下面就不听；下面不听，就用刑罚来强迫，那么做君主的就要遭到众人的谋算了。做君主而遭到众人谋算，虽想没有危险，却也是不可能的。号令已经发出又要改变，礼义已经实行又要停止，度量已经制订又要变换，刑法已经施行又要变动。像这样，庆赏即使厚重，百姓也不肯勉力；杀戮即使繁多，百姓也不会害怕。所以说：君主没有坚定的意志，下面就存有疑心；国家没有常法，民力必遭枯竭，这是规律。

明君在上位，民毋敢立私议自贵者，[1]国毋怪严，[2]毋杂俗，毋异礼，士毋私议。倨傲易令，[3]错仪画制，[4]作议者尽诛。[5]故强者折，锐者挫，坚者破。引之以绳墨，绳之以诛僇。[6]故万民之心皆服而从上，推之而往，引之而来。彼下有立其私议自贵、分争而退者，则令自此不行矣。故曰：私议立则主道卑矣，况主倨傲易令，[7]错仪画制，变易风俗，诡服殊说犹立！上不行君令，下不合于乡里，变更自为，易国之成俗者，命之曰不牧之民。不牧之民，绳之外也。[8]绳之外诛，使贤者食于能，斗士食于功。贤者食于能，则上尊而民从；斗士食于功，则卒轻患而傲敌。上尊而民从，卒轻患而傲敌，二者设于国，[9]则天下治而主安矣。

【注释】

〔1〕私议：私立异说。与"公法""君令"相对。本书《乘马》篇："私议自贵之说胜，则上令不行。" 〔2〕怪严：犹言怪诞。严，读为"譀(hàn 汗)"。《说文》："譀，诞也。" 〔3〕倨(jù 据)：傲慢。《汉书·汲黯传》："为人性倨少礼。" 〔4〕错：通"措"。画：谋划，筹划。〔5〕作议：立私议。 〔6〕僇：通"戮"，杀戮。 〔7〕主：郭沫若云："'主'乃'夫'字之误。"译文从郭说。 〔8〕绳：绳墨，准则。此指法度。《韩非子·外储说左上》："若言离法而行远功，则绳外民也。"〔9〕设：完备。

【译文】

　　圣明的君主处在高处,百姓不敢私立异说而妄自尊大,国家没有怪诞的事情,没有混杂的习俗,没有怪异的礼仪,士人也不敢私立异说。凡傲慢不恭,改变法令,擅自立礼仪建体制、创私说的,全都严惩不贷。所以强硬的被折服,尖刻的受挫折,顽固的被攻破。用法度来引导他们,用杀戮来纠正他们。这样万民都心服而听从君主了,就能做到挥手即去,招手即来。如果他们在下面私立异说,妄自尊大,分庭抗礼而退隐,那么政令从此就不能施行了。所以说,私人异说一创立,君主的尊严就卑下了,何况那些傲慢不恭,改变法令,擅自立礼仪,建体制,变改风俗,奇装异服,奇谈怪论的也还存在呢!那些对上不执行君主的命令,对下不合乎乡里的风俗,任意自行,改变国家习俗的人,称之为不服治理的人。不服治理的人,是在法度容许的范围之外了。在法度容许的范围之外就要惩罚,以便让贤人依靠他的才能任职,武士依靠他的功绩任官。贤人依靠才能任职,君主就尊严,百姓就听从了;武士依靠功绩任官,战士就看轻生命傲视敌人了。君主尊严又百姓听从,战士看轻生命又傲视敌人,二者在国中具备,天下就安定,君主也就安全了。

　　凡赦者,小利而大害者也,故久而不胜其祸。毋赦者,小害而大利者也,故久而不胜其福。故赦者,奔马之委辔;[1]毋赦者,痤疽之矿石也。[2]

【注释】

　　[1]委:丢弃。《孟子·公孙丑下》:"委而去之。"辔(pèi 配):马缰绳。　[2]疽:孙星衍云:"'疽'当作'疽',《淮南·说林训》'溃小疱而发痤疽'。……《广雅》'痤疽,痈也。'"矿石:当作"砭石"。《御览》六五二引作"砭石"。砭(biān 边)石,古代医疗用的尖石或石片。《说文》:"砭,以石刺病也。"

【译文】

　　大凡施行赦免,是只有小利却有大害的事,所以长期施行就祸害无穷。不施行赦免,是有小害却有大利的事,所以长期施行就好处无穷。所以施行赦免,正如在奔马时丢弃缰绳;不施行赦免,正如患痤疽时使用砭石。

爵不尊禄不重者，不与图难犯危，以其道为未可以求之也。是故先王制轩冕，[1]所以著贵贱，不求其美；设爵禄，所以守其服，[2]不求其观也。使君子食于道，小人食于力。君子食于道，则上尊而民顺；小人食于力，则财厚而养足。上尊而民顺，财厚而养足，四者备体，则胥足上尊时而王不难矣。[3]

【注释】

〔1〕轩：古代大夫以上乘坐的车子。《左传·闵公二年》："卫懿公好鹤，鹤有乘轩者。"冕（miǎn 免）：古代帝王、诸侯及卿大夫戴的礼帽。〔2〕服：服制，古代按身份等级等所规定的服饰制度。 〔3〕胥：等待。本书《大匡》："姑少胥，其自及也。"尹知章注："胥，相也。"足上尊：王念孙云："三字因上文而衍。"译文从王说。

【译文】

君主悬赏的爵位不够尊贵，俸禄不够厚重，就没有人肯参与救急难冒危险的事，因为君主的政策还不能使人们满足要求。因此先王规定车子礼帽的式样，是用来分清贵贱的等级的，不是追求华美；设置爵位俸禄的差别，是用来保持等级的制度，不是追求排场。让官吏依靠治国生活，让百姓依靠劳力生活。官吏依靠治国生活，君主就尊严，百姓就顺从了；百姓依靠劳力生活，财物就丰多，给养就充足。君主尊严，百姓顺从，财物丰多，给养充足，这四个条件都具备，那么等待时机而成王业就不难了。

文有三侑，[1]武毋一赦。惠者多赦者也，先易而后难，久而不胜其祸；法者先难而后易，久而不胜其福。故惠者民之仇雠也，法者民之父母也。太上以制制度,[2]其次失而能追之,[3]虽有过,亦不甚矣。

【注释】

〔1〕侑:通"宥(yòu右)",宽恕。 〔2〕太上:犹言最上。《大戴礼记·曾子立事》:"太上乐善,其次安之,其下亦能自强。" 〔3〕追:补救。《论语·微子》:"往者不可谏,来者犹可追。"

【译文】

文人可有三次宽宥,武人不能有一次赦免。恩惠就是多赦免,施行起来先容易而后困难,长久施行祸害无穷;执行法制先困难而后容易,长久坚持好处无穷。所以施行恩惠的人,实际上是百姓的仇敌;执行法制的人,才是百姓的父母。最上等的是以法制规定人们的行为,其次是有失误而能补救,虽有过错,也不至于十分严重。

明君制宗庙,足以设宾祀,[1]不求其美;为宫室台榭,足以避燥湿寒暑,不求其大;为雕文刻镂,足以辨贵贱,不求其观。故农夫不失其时,[2]百工不失其功,商无废利,民无游日,[3]财无砥墆。[4]故曰:俭其道乎!

【注释】

〔1〕宾:读为"殡",殓而未葬。 〔2〕时:农时。 〔3〕游:游荡。《尚书·大禹谟》:"罔游于逸。" 〔4〕砥(dǐ底):滞留,不流动。墆(dié迭):屯积,贮蓄。本书《五辅》:"输积墆。"尹知章注:墆,久积也。

【译文】

圣明的君主建造宗庙,只要能殡尸祭祀就可以了,并不追求富丽;修筑宫室台榭,只要能避燥湿寒热就可以了,并不追求高大;在木材和金属上雕刻花纹,只要能分辨贵贱的等级就可以了,并不追求奇观。这样,农夫就不会错失农时,百工不会失去功效,商人不会无利可图,百姓都不会有游荡的时间，财货都不积压。所以说：节俭是治国之道呀！

令未布，而民或为之，而赏从之，则是上妄予也。上妄予则功臣怨，功臣怨而愚民操事于妄作。愚民操事于妄作，则大乱之本也。令未布，而罚及之，则是上妄诛也。上妄诛则民轻生，民轻生则暴人兴，曹党起而乱贼作矣。[1]令已布，而赏不从，则是使民不劝勉，不行制，不死节。民不劝勉，不行制，不死节，则战不胜而守不固。战不胜而守不固，则国不安矣。令已布，而罚不及，则是教民不听。民不听则强者立，强者立则主位危矣。故曰：宪律制度必法道，[2]号令必著明，赏罚必信密，[3]此正民之经也。[4]

【注释】

〔1〕曹：众。《楚辞·招隐士》："禽兽骇兮亡其曹。" 〔2〕宪：法令。《汉书·萧望之传》："作宪垂法，为无穷之规。" 〔3〕密：依王念孙云：当作"必"。必行。信必者，信赏必罚也。 〔4〕经：常道，规范。《孟子·尽心下》："君子反经而已矣；经正，则庶民兴。"

【译文】

法令还未发布，百姓偶然做到了，就给予赏赐，这是君主虚妄的赐予。君主虚妄的赐予，有功之臣就怨恨；有功之臣怨恨，愚顽之民做事就胡来。愚顽之民做事胡来，这是国家大乱的根本原因。法令还未发布，而惩罚已施行到人，这是君主虚妄的惩罚。君主虚妄地惩罚，百姓就看轻生命；百姓看轻生命，残暴的人就会兴起，就会朋党林立、叛贼作乱了。法令已经发布，而赏赐不跟着施行，这就使百姓不能受到鼓励，不肯执行军令，不愿为国殉节。百姓不能受到鼓励，不肯执行军令，不愿为国殉节，那么征战就不能胜利，守卫就不能坚固。征战不能胜利，守卫不能坚固，国家就不能安全了。法令已经发布，而惩罚还不执行，这是教百姓不要服从法令。百姓不服从法令,强暴的人就要起来造反。强暴的人起来造反,君主的地位就危险了。所以说,法律制度必须合乎治国的根本方针,号令必须严明,赏罚必须坚决如实地执行,这是规正百姓的法则。

凡大国之君尊,小国之君卑。大国之君所以尊者,何也?曰:为之用者众也。小国之君所以卑者,何也?曰:为之用者寡也。然则为之用者众则尊,为之用者寡则卑,则人主安能不欲民之众为己用也?使民众为己用,奈何?曰:法立令行,则民之用者众矣;法不立,令不行,则民之用者寡矣。故法之所立,令之所行者多,而所废者寡,则民不诽议。民不诽议则听从矣。法之所立,令之所行,与其所废者钧,[1]则国毋常经。国毋常经则民妄行矣。法之所立,令之所行者寡,而所废者多,则民不听。民不听则暴人起而奸邪作矣。

【注释】

〔1〕钧:通"均"。均等,相等。

【译文】

凡是大国的君主地位就高,小国的君主地位就低。大国君主的地位高,是什么原因呢?回答是:因为被他所用的人多。小国君主的地位低,是什么原因呢?回答说:因为被他所用的人少。这样,被他所用的人多就地位高,被他所用的人少就地位低,那么君主怎能不想使众多的百姓被自己所用呢?要使众多的百姓被自己所用,如何办呢?回答是:法律完善,政令畅行,被君主所用的百姓就多了;法律不完善,政令不畅行,被君主所用的百姓就少了。完善的法律和畅行的政令多,而被废弃的少,百姓就没有非议。百姓没有非议就能听从了。所立的法令、所施行的法令与被废弃的法令相等,国家就没有正常的法律了。国家没有正常的法律百姓就胡作非为了。完善的法律和能畅行的政令少,而被废弃的多,百姓就不听从。百姓不听从,强暴的人就要起来造反,奸臣邪人就要作乱了。

计上之所以爱民者,[1]为用之爱之也。为爱民之故,不难毁法亏令,则是失所谓爱民矣。夫以爱民用民,则民之不用明矣。夫至用民者,[2]杀之,危之,劳之,苦之,饥之,渴之,用民者将致之此极也,而民毋可与虑害己者,明王在上,道法行于国,民皆舍所好而行所恶。[3]故善用民者,轩冕不下儗,[4]而斧钺不上因。[5]如是,则贤者劝而暴人止。贤者劝而暴人止,则功名立其后矣。蹈白刃,受矢石,入水火,以听上令。上令尽行,禁尽止,引而使之,民不敢转其力;推而战之,民不敢爱其死。不敢转其力,然后有功;不敢爱其死,然后无敌。进无敌,退有功,是以三军之众皆得保其首领,父母妻子完安于内。故民未尝可与虑始,而可与乐成功。是故仁者、知者、有道者,不与大虑始。[6]

【注释】

〔1〕计:计算。此处有细看的意思。 〔2〕张佩纶云:"'至用民'当作'善用民'。"译文从张说。 〔3〕尹知章注:"所好者私欲也,所恶者公义也。" 〔4〕不下儗:同"不下拟"。不往下拟议,意谓(赏)不吝啬。 〔5〕不上因:不往上发展,意谓(刑)不滥用。 〔6〕大:当作"人",百姓。

【译文】

观察君主之所以爱民,是因为要使用百姓才爱他们的。为了爱民的缘故,不惜毁坏法令,这就失去了爱民的本义了。用毁坏法令来爱民用民，那么民不为所用是明摆着的事了。善于使用百姓的君主，可以以法杀戮百姓，危害百姓，使他们服劳役，做苦工，受饥渴，使用百姓而使百姓要是到了这样的绝境，百姓仍不以为是有意害己，那是因为圣明君王在上，道德和法律在全国施行，百姓都舍弃个人的私欲而实行国家的公事。所以善于使用百姓的君主，赏赐不吝啬，刑罚不滥用。像这样，贤良的人受到鼓励而凶暴的人被制止。贤良的人受到鼓励而凶暴的人被制止，那么功业和名声就随即可以建立了。百姓踏着刀刃，冒着矢石，赴汤蹈火，服从君主的命令。君主有令都执行，有禁都止住，拉来就使用他们，百姓不敢转移力量；指挥他们去战斗，百姓不敢吝惜生命。不敢转移力量，就能有功；不敢吝惜生命，就能无敌。前进无敌，后退有功，因此三军的战士都能保住他们的性命，使父母妻子和儿女都能安居国内。所以同百姓是不能谋划事业的创始的，而可以同他们享受事业成功的快乐。因此，仁慈的、明智的、有道的君主，是不同百姓谋划事业的创始的。

国无以小与不幸而削亡者，必主与大臣之德行失于身也，官职法制政教失于国也，诸侯之谋虑失于外也，故地削而国危矣。[1]国无以大与幸而有功名者，必主与大臣之德行得于身也，官职法制政教得于国也，诸侯之谋虑得于外也，然后功立而名成。然则国何可无道？人何可无求？[2]得道而导之，得贤而使之，将有所大期于兴利除害。期于兴利除害莫急于身，而君独甚。伤也，必先令之失。人主失令而蔽，[3]已蔽而劫，[4]已劫而弑。

【注释】

〔1〕危：据前文"削亡"，"危"当作"亡"。 〔2〕求：张佩纶云："'求'当作'贤'，下文'道''贤'承此。"译文从张说。 〔3〕蔽：蒙蔽。此为受蒙蔽。 〔4〕劫：威胁。此为受威胁。

【译文】

国家不是因为小与不幸而被削弱灭亡的,必定是因为君主与大臣们自身失去德行,国内官职法制和政教政策有失误,对付诸侯的外交政策有失误,所以国土被削减,甚至国家被灭亡。国家不是因为大与侥幸而有功业和名望的,必定是因为君主与大臣们自身有了德行,国内官职法制和政教政策正确,对付诸侯的外交政策正确,然后功业立而名望成。如此,治国怎么能不讲究政策?用人怎么能不讲才能?有了正确的政策就要实行,有了有才能的人就要使用,这对国家的兴利除害正是大有希望。希望兴利除害,没有比从自身做起更急需了,而且这点对于国君来说特别重要。如果兴利除害受到损害,必定先是法令有错误。君主因法令有错误而受到蒙蔽,因受蒙蔽而受到威胁,因受到威胁而被杀。

凡人君之所以为君者,势也。故人君失势,则臣制之矣。势在下则君制于臣矣,势在上则臣制于君矣。故君臣之易位,势在下也。在臣期年,[1]臣虽不忠,君不能夺也;在子期年,子虽不孝,父不能服也。[2]故《春秋》之记:臣有弑其君,子有弑其父者矣。故曰堂上远于百里,堂下远于千里,门廷远于万里。今步者一日,百里之情通矣;堂上有事,十日而君不闻,此所谓远于百里也。步者十日,千里之情通矣;堂下有事,一月而君不闻,此所谓远于千里也。步者百日,万里之情通矣,门廷有事,期年而君不闻,此所谓远于万里也。故请入而不出谓之灭,[3]出而不入谓之绝,入而不至谓之侵,出而道止谓之壅。灭绝侵壅之君者,非杜其门而守其户也,为政之有所不行也。故曰:令重于宝,社稷先于亲戚,[4]法重于民,威权贵于爵禄。故不为重宝轻号令,不为亲戚后社稷,不为爱民枉法律,不为爵禄分威权。故曰:势非所以予人也。

【注释】

〔1〕期年：一整年。〔2〕服：驾驭，控制。〔3〕请：丁士涵云：请与"情"古字通。情，情况。〔4〕亲戚：古代指父母兄弟等。《史记·五帝本纪》："尧二女不敢以贵骄事舜亲戚，甚有妇道。"

【译文】

　　大凡君主之所以能成为君主，是因为他有权势。所以君主失去权势，臣子就能控制他了。权势在下面，君主就被臣子控制了；权势在上面，臣子就被君主控制了。所以君臣位子颠倒，是因为君主的权势旁落。权势在臣子手中满一年，臣子虽然不忠，君主也不能剥夺他的权力；权势在儿子手中满一年，儿子虽然不孝，父亲也不能控制他。所以《春秋》上记载着：臣子中有杀了君主的，儿子中有杀了父亲的。所以说堂上可比百里还远，堂下可比千里还远，门廷可比万里还远。现在，有人步行一天，百里之内的事情都知道了；堂上有事情，十天以后君主还不知道，这就是所谓比百里还远。有人步行十天，千里之内的事情都知道了，堂下有事情，一个月以后君主还不知道，这就是所谓比千里还远。有人步行百天，万里之内的事情都知道了，门廷有事情，一年以后君主还不知道，这就是所谓比万里还远。所以事情报入朝廷而政令不能出来称为灭，政令出来而执行情况不能报入朝廷称为绝，事情报入朝廷而不能到君主手中称为侵，政令出来而在半路被扣留称为壅。有灭绝侵壅现象的君主，并不是因为有人堵塞了他的门，封锁了他的家，而是因为政令不能施行的缘故。所以说：政令比财宝重要，国家要放在亲戚的前面，法制比百姓重要，威势和权力比爵禄珍贵。所以不能为了看重财宝而看轻号令，不能为了亲戚而把国家放在后面，不能为了爱民而歪曲法律，不能为了爵禄而分散威势和权力。所以说：权势是不能给予别人的。

　　政者，正也。正也者，所以正定万物之命也。是故圣人精德立中以生正，明正以治国。故正者，所以止过而逮不及也。〔1〕过与不及也，皆非正也，非正则伤国一也。勇而不义伤兵，仁而不法伤正。〔2〕故军之败也，生于不义；法之侵也，生于不正。故言有辨而非务者，〔3〕

行有难而非善者。[4]故言必中务，不苟为辩；行必思善，不苟为难。规矩者，方圜之正也。[5]虽有巧目利手，不如拙规矩之正方圜也。[6]故巧者能生规矩，不能废规矩而正方圜；虽圣人能生法，不能废法而治国。故虽有明智高行，倍法而治，[7]是废规矩而正方圜也。

【注释】

〔1〕逮：及，到。《汉书·文帝纪》："能直言极谏者，以匡朕之不逮。" 〔2〕"仁而"句：孙蜀丞云：以上下文例证之，当作"仁而不正伤法"。译文从孙说。 〔3〕辨：通"辩"。 〔4〕难（nuó 挪）：通"戁"，恐惧。《荀子·君道》："君子恭而不难，敬而不巩。"巩，读为"恐"。 〔5〕圜：同"圆"。下同。 〔6〕拙：笨拙。引申为粗糙、原始。 〔7〕倍：通"背"。背离，背弃。

【译文】

　　政，就是正。正，就是用来公正地确定万物的命运的。因此圣人精心地修德树立中正的榜样来培养公正，明确公正的态度来治理国家。所以正是用来禁止过分和补充不足的。过分与不足，都不是公正的，不公正有害治国是一样的。勇敢而不合乎正义有害军队，仁慈而不合乎公正有害于法度。所以军队的失败，在于不合乎正义；法度的破坏，在于不合乎公正。言论有雄辩而不务实际的，行动是谨慎而没有实效的。所以言论一定要中正务实，不苟且于雄辩；行动一定要考虑实效，而不苟且于谨慎。规矩，是校正方圆的。人虽有巧手利目，却不如笨拙的规矩能校正方圆。所以灵巧的人虽能制作规矩，却不能废弃规矩来校正方圆；圣人虽能制订法令，却不能废弃法令来治理国家。所以虽有智力非凡、德行高尚的君主，如果背弃法令治国，这也是废弃规矩来校正方圆一样的事情。

　　一曰：[1]凡人君之德行威严，非独能尽贤于人也，[2]曰人君也，故从而贵之，不敢论其德行之高卑。

有故为其杀生急于司命也,富人贫人使人相畜也,贵人贱人使人相臣也。人主操此六者以畜其臣,人臣亦望此六者以事其君。君臣之会,六者谓之谋。[3]六者在臣期年,臣不忠,君不能夺;在子期年,子不孝,父不能夺。故《春秋》之记:臣有弑其君,子有弑其父者,得此六者,而君父不智也。[4]六者在臣则主蔽矣;主蔽者,失其令也。故曰令入而不出谓之蔽,令出而不入谓之壅,令出而不行谓之牵,[5]令入而不至谓之瑕。[6]牵瑕蔽壅之事君者,[7]非敢杜其门而守其户也,[8]为令之有所不行也。此其所以然者,由贤人不至而忠臣不用也。故人主不可以不慎其令。令者,人主之大宝也。

【注释】

〔1〕一曰:另一种说法,另一种记载。是编书者之辞。刘绩云:"此乃集书者再述异闻。" 〔2〕陶鸿庆云:"'威严'二字与上下文不相属,'德行'二字当在'非'字下,元文本云'凡人君之威严,非德行独能尽贤于人也'。" 〔3〕谓之谋:读为"为之媒"。俞樾云:谓,古通"为";谋,通"媒"。《说文·女部》:"媒,谋也。" 〔4〕智:通"知"。《墨子·经说》:"逃臣不智其处,狗犬不智其名。" 〔5〕牵:牵累。 〔6〕瑕:俞樾云:读为"格",古字通用。格,扞(hàn 汗)格,被阻隔。 〔7〕王念孙云:衍"事"字。上文曰"灭绝侵壅之君",下文曰"蔽壅障逆之君者",均无"事"字,是其证。 〔8〕王念孙云:"衍'敢'字……《群书治要》引作'不杜其门而守其户也','不'下无'敢'字,是其证。"译文从王说。

【译文】

一说是:君主的威严,并不是因为他的德行比别人特别好,而是因为他是君主,因而人们尊重他,不敢评论他德行的高下。因为他是君主,掌握着生杀的大权,比掌管命运之神还威严,掌握着使人贫富、让人供养的大权,掌握着使人贵贱教人服从的大权。君主操持这六种大权来管理他的臣子,臣子也看着这六种大权来侍奉他们的君主。君主臣子的聚合,就是以六种大权作为媒介的。六种大权旁落在臣子手中满一年,臣子虽然不忠,君主也不能剥夺;旁落在儿子手中满一年,儿子虽然不孝,父亲也不能剥夺。所以《春秋》上记载着:臣子中有杀了君主的,儿子中有杀了父亲的,是因为他们获得了这六种大权,而做君主做父亲的还不知道。六种大权在臣子手中,君主就受蒙蔽了;君主受蒙蔽,就是失去了政令。所以说,政令只能报入而不能发出称为蔽,政令只能发出而不能报入称为壅,政令只能发出而不能施行称为牵,政令只能报入而不能到君主手中称为格。有牵格蔽壅现象的君主,并不是因为有人堵塞了他的门,封锁了他的家,而是因为政令有不能施行的缘故。这种情况之所以出现,是由于贤人不来,忠臣不用。所以君主对政令不能不谨慎。政令,是君主的大宝。

一曰:贤人不至谓之蔽,[1]忠臣不用谓之塞,[2]令而不行谓之障,[3]禁而不止谓之逆。[4]蔽塞障逆之君者,不敢杜其门而守其户也,[5]为贤者之不至,令之不行也。

【注释】

〔1〕蔽:遮挡。《史记·项羽本纪》:"常以身蔽沛公。" 〔2〕塞:阻隔,阻挡。《商君书·开塞》:"法古则后于时,修今则塞于势。" 〔3〕障:阻塞。《吕氏春秋·贵直》:"欲闻枉而恶直言,是障其源而欲其水也。" 〔4〕逆:叛逆,背叛。 〔5〕王念孙云:"敢"字衍,《群书治要》引无"敢"字。译文从王说。

【译文】

一说是:贤人不来称为蔽,忠臣不能用称为塞,有令而不能行称为障,有禁而不能止称为逆。有蔽塞障逆现象的君主,并不是因为有人堵塞了他的门,封锁了他的家,而是因为贤人不来,政令不能施行。

凡民从上也,不从口之所言,从情之所好者也。上好勇则民轻死，上好仁则民轻财。故上之所好，民必甚焉。是故明君知民之必以上为心也，故置法以自治，立仪以自正也。故上不行则民不从。彼民不服法死制，则国必乱矣。是以有道之君，行法修制，先民服也。[1]

【注释】
〔1〕服：尹知章注："服，行也。先自行法以率人。"

【译文】
百姓追随君主，不是追随君主嘴里所说的，而是追随君主性情所喜好的。君主喜好勇武，百姓就看轻死；君主喜好仁慈，百姓就看轻财。所以君主所喜好的，百姓必定更喜好。圣明的君主由此而知道百姓必定以君主的喜好作为自己所喜好的，所以制订法度而自己治理自己，建立礼仪而自己规正自己。所以君主不执行百姓就不服从。百姓不服从法制，不肯为法制而死，那么国家就混乱。因此有道的君主，施行法令，修订制度，总是先于百姓遵守法制，作出榜样。

凡论人有要：矜物之人，[1]无大士焉。彼矜者，满也。满者，虚也。满虚在物，在物为制也。矜者，[2]细之属也。凡论人而远古者，[3]无高士焉。既不知古而易其功者，无智士焉。德行成于身而远古，[4]卑人也。事无资，[5]遇时而简其业者，[6]愚士也。钓名之人，无贤士焉；钓利之君，无王主焉。贤人之行其身也，忘其有名也；王主之行其道也，忘其成功也。贤人之行，王主之道，其所不能已也。[7]

【注释】
〔1〕物：公众。　〔2〕矜：尹知章注："自矜者，小人之类。"

〔3〕姚永概云："'远古'义不可通，当作'违古'。尹《注》'顺'字是'违'反面。下文'远古'亦'违古'之误。"译文从姚说。
〔4〕郭沫若云："'德行成于身'疑有夺误，疑'成'上脱一'未'字。"译文从之。 〔5〕资：凭借。《淮南子·主术训》："夫七尺之桡而制船之左右者，以水为资。" 〔6〕简：简省。尹知章注为"简弃"。
〔7〕已：停止。《诗经·郑风·风雨》："风雨如晦，鸡鸣不已。"

【译文】
　　凡评定人物有纲要：以骄矜的态度待人的，不是伟大的人物。他骄矜，就是自满。自满，就会招来空虚。以自满空虚待人，就会被人所控制。骄矜的人，是渺小一类的人。凡评论人物违背古道的，就不是高士。既不懂古道又轻视功业的，就不是智士。自身的德行还无成就又违背古道的，是卑下的人。事业无依靠，遇时机就简弃工作的，是愚蠢的人。骗取名誉的人，不是贤士；骗取功利的君主，不是行天道的君主。贤人身行其事，不把名誉放在心上；君主推行王道，不把功利放在心上。贤人行其事，君主行王道，他们是不会停止的。

　　明君公国一民以听于世，[1]忠臣直进以论其能。明君不以禄爵私所爱，忠臣不诬能以干爵禄。[2]君不私国，君不诬能，行此道者，虽未大治，正民之经也。今以诬能之臣，事私国之君，而能济功名者，[3]古今无之。诬能之人易知也。[4]臣度之先王者，[5]舜之有天下也，禹为司空，契为司徒，皋陶为李，[6]后稷为田。此四士者，天下之贤人也，犹尚精一德以事其君；[7]今诬能之人，服事任官，皆兼四贤之能。自此观之，功名之不立，亦易知也。故列尊禄重无以不受也，势利官大无以不从也，[8]以此事君，此所谓诬能篡利之臣者也。世无公国之君，则无直进之士；无论能之主，则无成功之臣。昔者三代之相授也，安得二天下而杀之？[9]

【注释】

〔1〕一民：统一民心。尹知章注："一其民人之心。"听：处理。《汉书·韩延寿传》："是日移病不听事。" 〔2〕诬：以无为有，意谓假冒。《易·系辞下》："诬善之人其辞游。"干：求取。《荀子·议兵》："干赏蹈利之兵也。"杨倞注："干，求也。" 〔3〕济：成功。《尚书·君陈》："必有忍，其乃有济。" 〔4〕许维遹云："'人'当为臣……盖涉'贤人'而误。"上文下文皆以臣言，不以人言，并其证。译文从之。〔5〕臣：自称。《管子》书中仅此一例。何如璋说："《管子》全书无文内自称臣者。子政校书时有'臣富参书四十一篇'，文殆富参所著，杂入《管》书者。"郭沫若说："文非管仲固无疑问，然非必即是富参所著耳。" 〔6〕李：通"理"，狱官。尹知章注："古治狱之官。" 〔7〕精一德：精通一事。尹知章注："谓各精一事也。" 〔8〕无以：姚永概云："'以'字衍。上句同。"涉下'以此'而误耳。"从：从事。 〔9〕二：其他，另一个。杀：许维遹云："'杀'乃'试'字之误，因'试'与'弑'形近，由'弑'而误为'杀'。"译文从许说。

【译文】

圣明君主以公治国统一民心来处理世事，让忠臣能以直道求进来评定他们的才能。圣明君主不把爵位俸禄私自授予所爱的人，忠臣不假冒才能来骗取爵位俸禄。君主不以私治国，臣子不假冒才能，能按这个准则行事的，国家虽还不能大治，却是合乎规正百姓的常道的。现在以假冒有才能的臣子，侍奉以私治国的君主，却想能成就功业和名声，是古今所没有的。假冒有才能的臣子是容易识别的。我想起先王的历史，舜有天下的时候，禹任司空，契任司徒，皋陶任狱官，后稷任田官。这四个人，都是天下的贤人，还尚且只能各精通一事来供奉君主；如今假冒有才能的臣子，供职任官，都兼有四个贤人的职能。由此看来，功业名声的不能建立，也是容易理解的。位高禄重无不接受，势利官大无不去做，用这样的人来侍奉君主，这就是所谓假冒才能篡夺爵禄的臣子。世无以公治国的君主，就无以直道求进的臣子，世无识别才能的君主，就无成就功业的臣子。从前三代以公传授天下，怎能有另一个天下去营私呢？

贫民伤财莫大于兵，危国忧主莫速于兵，此四患者明矣,古今莫之能废也。兵当废而不废,则古今惑也;[1]此二者不废而欲废之,[2]则亦惑也。此二者伤国一也。黄帝唐虞,帝之隆也,资有天下,制在一人。当此之时也,兵不废。今德不及三帝,天下不顺,而求废兵,不亦难乎?故明君知所擅,知所患。国治而民务积,此所谓擅也;[3]动与静,此所患也。[4]是故明君审其所擅以备其所患也。

【注释】

〔1〕古今:王念孙云:"今本'古今'二字,涉上文'古今'而衍。"译文从王说。 〔2〕"此二"句:王念孙云:"'此二者'三字,涉下文'此二者'而衍。'不废而欲废之','不'下又脱'当'字。"译文从王说。 〔3〕"此所"句:王念孙云:"'此所谓擅也','谓'字后人所加。'所擅''所患',皆承上文而言,则'擅'上不当有'谓'字。"尹知章注:"擅,专也。"译文从王说。 〔4〕尹知章注:"动静失宜,则患生也。"

【译文】

　　使百姓贫困财产破坏,没有比战争更严重的了;使国家危险君主忧患,没有比战争更快速的了。这四种祸患是明显的,但从古到今都不能废除战争。战争应当废除而不废除,是迷乱的表现;战争不当废除而想废除,也是迷乱的表现。这二种迷乱的表现有害国家是一样的。黄帝、唐尧、虞舜之世,是帝业的兴隆时期,有天下财用,权力在一人。就在这时候,军备也不废除。现在君主的德行不及三帝,天下又不太平,却希求废除军备,不也是困难吗?所以圣明君主知道他的专务事,知道他的忧患事。国家安定百姓有积聚,这就是专务的事;动静失宜,这就是忧患的事。因此圣明君主总是慎重地对待他的专务,又充分地防备他的忧患事。

　　猛毅之君,不免于外难;懦弱之君,不免于内乱。

猛毅之君者轻诛,轻诛之流,[1]道正者不安。道正者不安,则材能之臣去亡矣。彼智者知吾情伪,为敌谋我,则外难自是至矣。故曰:猛毅之君,不免于外难。懦弱之君者重诛;[2]重诛之过,行邪者不革。行邪者久而不革,则群臣比周。[3]群臣比周,则蔽美扬恶。蔽美扬恶,则内乱自是起。故曰:懦弱之君,不免于内乱。

【注释】
〔1〕流:流弊。〔2〕重:难,有姑息之意。尹知章注:"难为诛罚。"〔3〕比周:结党营私。《荀子·臣道》:"朋党比周,以环主图私为务。"

【译文】
严厉残忍的君主,不能避免外患;软弱无能的君主,不能避免内乱。严厉残忍的君主轻易诛杀,轻易诛杀的流弊,是使德行端正的人感到不安。德行端正的人感到不安,有才能的臣子就离国逃亡。他们了解我们的虚实,为敌国图谋我们,那么外患就从此来了。所以说,严厉残忍的君主,不能避免外患。软弱无能的君主难以诛杀,难以诛杀的过失,是使行为邪恶的人不能改正。行为邪恶久而不能改正,群臣就结党营私。群臣结党营私,就隐君之美、扬君之恶。隐君之美、扬君之恶,内乱就从此发生。所以说,软弱无能的君主,不能避免内乱。

明君不为亲戚危其社稷,社稷戚于亲;[1]不为君欲变其令,令尊于君;不为重宝分其威,威贵于宝;不为爱民亏其法,法爱于民。

【注释】
〔1〕戚:亲近。

【译文】

圣明君主不为亲戚而危害他的国家,国家比亲戚更亲近;不为君主的私欲而改变法令,法令要比君主更尊严;不为重宝而分散威势,威势要比宝物更贵重;不为爱民而破坏法令,法令要比百姓更值得爱惜。

兵法第十七

【题解】

兵法指治兵之法、用兵之法，这是全篇的核心，故用以名篇。

本篇通篇论兵，内容约可分为三部分。首先指出用兵"四祸"：举兵国贫、战不必胜、胜而多死、得地而败，进而提出避免"四祸"的方法，即：计数得、法度审、教器备利、因其民。其次，篇中具体说明了治兵的内容，包括号令和训练，要求"三官不缪，五教不乱，九章著明"。第三，详细阐述了出敌不意、掌握主动、一战胜敌的用兵之法和出神入化的用兵之道，并重申了一系列用兵取胜的原则。这些内容多有与《七法》《幼官》两篇相重合的地方，说明这三篇论文的军事思想当属同一体系，应互相参阅。何如璋曾谓"《兵法篇》乃合《七法》《幼官》为解者也"，虽言过其实，但三篇之间的关系值得重视。

明一者皇，[1]察道者帝，通德者王，谋得兵胜者霸。[2]故夫兵，虽非备道至德也，然而所以辅王成霸。[3]今代之用兵者不然，不知兵权者也。[4]故举兵之日而境内贫，战不必胜，胜则多死，[5]得地而国败。此四者，用兵之祸者也。四祸其国而无不危矣。[6]

【注释】

〔1〕一：指世间万物的根本。　〔2〕"谋得"句：尹知章云："所谋必得，用兵必胜，故霸。"　〔3〕所以：许维遹云："犹'可以'也。"　〔4〕权：秤锤，此指权衡得失。　〔5〕丁士涵云："疑当作'胜而多

死'。"译文从丁说。 〔6〕"四祸"句：俞樾云："此当作'四祸具而国无不危矣'，具、其形讹，'国而'文倒耳。"译文从俞说。

【译文】
　　明白万物根本的，可以成皇业；掌握治世规律的，可以成帝业；通晓以德治国的，可以成王业；谋略必成、用兵必胜的，可以成霸业。因而，战争虽然称不上完备的道、至上的德，却可以辅佐王业、成就霸业。现代用兵的人却不是这样，他们不懂得用兵必须权衡得失。于是发动战争造成国内贫穷，与敌交战没有必胜把握，打了胜仗士兵阵亡过多，夺得土地国家元气大伤。这四种情况就是用兵的祸害。有了这四种祸害，国家没有不危亡的。

　　大度之书曰：[1]举兵之日而境内不贫，战而必胜，胜而不死，得地而国不败。为此四者若何？举兵之日而境内不贫者，计数得也；[2]战而必胜者，法度审也；胜而不死者，教器备利，[3]而敌不敢校也；[4]得地而国不败者，因其民也。[5]因其民，则号制有发也；[6]教器备利，则有制也；[7]法度审，则有守也；[8]计数得，则有明也。[9]治众有数，胜敌有理，察数而知理，[10]审器而识胜，[11]明理而胜敌。[12]定宗庙，遂男女，[13]官四分，则可以定威德；[14]制法仪，出号令，然后可以一众治民。

【注释】
　　[1]大度：许维遹云："'大度'疑当作'大发'，大发人名，故称'大发之书'。……《汉书·古今人表》有'周史大发'。"译文从许说。 [2]计数：计算。 [3]教器备利：即教备器利。指训练有素、兵器锐利。 [4]校：抗拒。 [5]因其民：指顺应敌国之民的习俗。 [6]张佩纶云："'号制'二字衍。"许维遹云："'发'与'法'通。……法，法则也。"译文从之。 [7]有制：指有制度可依。 [8]有守：指有规

章可循。〔9〕有明：指有根据可预测。 〔10〕张佩纶云："唐讳'治'为'理'，'察数而知理'，《幼官》及《图》皆作'治'。"译文从"治"。 〔11〕张佩纶云："'审器而识胜'承上'胜敌有理'，则'理'当作'器'。"译文从张说。 〔12〕张佩纶云："'明理'，据《幼官》及《图》均作'明谋'。又《幼官》，下有'通德而天下定'句。"〔13〕许维遹云："'遂'与'育'同义，《幼官篇》及《七法篇》均作'育男女'。"译文从"育"。 〔14〕许维遹云："'威'下夺'行'字。……《幼官篇》作'官四分则可以立威行德'，定、立同义。"译文从许说。

【译文】
　　大弇的书上说：发动战争而国内不贫穷，与敌交战而有必胜把握，打了胜仗而士兵不阵亡，取得土地而元气不损伤。为什么会形成这四种情况呢？发动战争而国内不贫穷，是因为筹算得当；与敌交战而有必胜把握，是因为法度严明；打了胜仗而士兵不阵亡，是因为训练有素、兵器精良，使敌人不敢抗拒；取得土地而元气不损伤，是因为顺应敌国习俗，使百姓不再抵触。顺应敌国百姓的习俗，有法令可执行；士兵训练有素、兵器精良，就有制度可依据；法度严明，就有规章可遵循；筹算得当，就有数据可预测。治军有方法，胜敌靠兵器。考察用兵方法就能懂得治军，审查兵器优劣就能识别胜负，掌握谋略就能战胜敌人。能够安定宗庙，繁育儿女，管好四民，就可以树立权威，推行德政；能够制定仪法，颁行号令，就可以统一军队、治理百姓。

　　兵无主，则不蚤知敌；野无吏，则无蓄积；官无常，则下怨上；器械不巧，则朝无定；[1]赏罚不明，则民轻其产。[2]故曰：早知敌，则独行；有蓄积，则久而不匮；器械巧，[3]则伐而不费；赏罚明，则勇士劝也。

【注释】
　　〔1〕"器械"二句：孙星衍云："'巧'当作'功'，'定'当作'政'，《七法篇》'器械不功朝无政'，其证也。"译文从孙说。〔2〕许维遹云："'产'当作'生'。"郭沫若云："上两则，原文当为

'官无常则下怨上，下怨上则器械不功。朝无政则赏罚不明，赏罚不明则民轻其生'。"译文从之。〔3〕巧：亦当作"功"。

【译文】

军队没有主帅，就不能预先掌握敌情；荒野无人管理，国家就没有物资积蓄；官府没有常规，工匠怨恨官吏，造出的兵器就不会精良；朝廷政令不修，奖惩赏罚不明，百姓就侥幸偷生。因此说：预先掌握敌情，就能所向无敌；拥有物资积蓄，就能持久作战而不会短缺；兵器制作精良，就能连续进攻而不易损坏；奖惩赏罚分明，勇士就奋力向前。

三官不缪，[1]五教不乱，九章著明，则危危而无害，穷穷而无难。[2]故能致远以数，[3]纵强以制。[4]三官：一曰鼓，鼓所以任也，[5]所以起也，所以进也；二曰金，金所以坐也，所以退也，所以免也；三曰旗，旗所以立兵也，所以利兵也，[6]所以偃兵也。此之谓三官，有三令，而兵法治也。五教：一曰教其目以形色之旗，[7]二曰教其身以号令之数，[8]三曰教其足以进退之度，四曰教其手以长短之利，[9]五曰教其心以赏罚之诚。五教各习，而士负以勇矣。[10]九章：一曰举日章则昼行，二曰举月章则夜行，三曰举龙章则行水，四曰举虎章则行林，五曰举鸟章则行陂，[11]六曰举蛇章则行泽，七曰举鹊章则行陆，八曰举狼章则行山，九曰举韟章则载食而驾。[12]九章既定，而动静不过。

【注释】

〔1〕缪：同"谬"，错误。〔2〕"则危"二句：尹知章云："危危、穷穷，皆重有其事。"指极端危险、极度穷困。〔3〕致远以数：致同"至"。此谓有办法去到远处。〔4〕纵强以制：金廷桂云：《礼·檀弓》

《注》"纵读总领之总",谓有制则可以总强也。 〔5〕任:江瀚云:"'任',当也。《春秋传》所云'一鼓作气'也。" 〔6〕利兵:陶鸿庆云:"'利兵'二字无义,'利'当作'制'。……制,裁也,谓左右进退之也。与'立兵''偃兵'各成一义。"译文从陶说。 〔7〕"一曰"句:尹知章云:"五色之旗各有所当,若春尚青、夏尚赤之类。" 〔8〕身:洪颐煊云:"'身'当作'耳'。号令之数,耳所听也。"译文从洪说。 〔9〕"四曰"句:尹知章云:"长兵、短兵各有所利,远用长,近用短也。" 〔10〕负:尹知章云:"负,恃也。恃其便习而勇也。" 〔11〕鸟章:郭沫若云:"'鸟章'古本作'乌章',较长。"译文从"乌章"。陂:山坡。 〔12〕唐兰云:"'䳢'即'䴇'字。……此处疑假为皋鸡之皋。《周书·王会解》'文翰若皋鸡',《注》'鸟有文彩者皋鸡,似凫,冀州谓之泽特,是也'。"译文从唐说。

【译文】
　　"三官"不错,"五教"不乱,"九章"鲜明,军队即使极端危险也没有祸害,即使极度穷困也没有灾难。因而有办法远征敌国,有法规总领列强。所谓"三官":一称为鼓,鼓用来迎战敌军,用来发起进攻,用来乘胜进军;二称为金,金用来防守,用来收兵,用来停战;三称为旗,旗用来招集军队,用来指挥军队,用来休军罢战。这就叫做"三官",有了这三种号令,兵法就能发挥作用。所谓"五教":一教士兵眼观各种形色的旗号,二教士兵耳听各种号令的声音,三教士兵脚步前进、后退的法度,四教士兵手执长矛、短刀的作用,五教士兵心存争赏畏罚的诚意。五种教练一一熟习,士兵就能勇猛无敌。所谓"九章":一举日旗表示白日行军,二举月旗表示夜晚行军,三举龙旗表示涉水而行,四举虎旗表示穿林而行,五举乌旗表示上下山坡,六举蛇旗表示涉过沼泽,七举鹊旗表示平地行军,八举狼旗表示山地行军,九举皋鸡之旗表示车载食物而行。九种旗章即已确定,军队的行动就有了规范。

　　三官、五教、九章。[1]始乎无端,[2]卒乎无穷。始乎无端者,道也;卒乎无穷者,德也。道不可量,德不可数也。故不可量则众强不能图,不可数则伪诈不敢向。两者备施,则动静有功。径乎不知,[3]发乎不意。径乎不知，故莫之能御也；发乎不意，故莫之能应也。故全胜而无害。[4]因便而教，准利而行。教无常，行无常，两者备施，动乃有功。

【注释】

〔1〕此六字与下文不连属，疑为上节标题。〔2〕此句以下与《幼官》"西方副图"略同。〔3〕以下数句与《幼官》"东方副图"略同。径：《幼官》作"经"。经过，指军队过境。〔4〕《幼官》作"莫之能应，故全胜而无害；莫之能御，故必胜而无敌"。

【译文】

三官、五教、九章。

战争发生时找不到它的开端，战争结束时看不见它的尽头。找不到开端就像道，看不见尽头就像德。道无法度量，德无法计数。因无法度量，众多的强国不能图谋我军；无法计数，伪诈的敌军不敢正对我军。双管齐下，我军无论出动或静守，都能成功。过境而使敌不知，发兵而出敌不意；过境而敌不知，就无法防御；发兵而出敌不意，就无法应付；因而我军能全胜而不受损失。根据情况进行教练，依照有利部署行动。教练没有常规，行动没有常规，双管齐下，一旦出动，就能成功。

器成教施，追亡逐遁若飘风，击刺若雷电。绝地不守，恃固不拔。[1]中处而无敌，[2]令行而不留。器成教施，散之无方，聚之不可计。教器备利，进退若雷电，而无所疑匿。[3]一气专定，[4]则傍通而不疑，厉士利械，则涉难而不匿。进无所疑，退无所匿，敌乃为用。[5]凌山阬，[6]不待钩梯；历水谷，不须舟楫。径于绝地，攻于恃固，独出独入，而莫之能止。宝不独入，而莫之能止；宝不独见，故莫之能敛。[7]无名之至，[8]尽尽而不意,[9]故不能疑神。[10]

【注释】

〔1〕拔：于省吾曰：拔乃"枝"之形误。枝、支同用，古籍习见。支犹"拒"也。此言敌人虽有绝地而不能守，虽恃险固而不能枝也。译文从于说。 〔2〕中处：即处中，指处于战场的主动地位。 〔3〕疑匮：戴望云："'疑'当为'礙'之省字，《说文》'礙，止也。'"丁士涵云："'匮'皆'溃'字之假借。"译文从之。 〔4〕一气专定：丁士涵云："'定'当为'心'，'一气专心'，犹《君臣篇》云'专意一心'也。……'一气专心'与下'厉士利械'对文。"译文从丁说。 〔5〕敌：郭沫若云："此'敌'字非仇敌之敌。"齐人谓军旅亦谓之敌也。 〔6〕阬(gāng 刚)：丘陵，土岗。 〔7〕张佩纶云：以上四句，"当作'独闻独见，故莫之能敛。''闻'，误作'宝'，余皆衍复。"译文从之。 〔8〕无名之至：谓原始混沌状态。《老子》："无名，天地之始。" 〔9〕尽尽而不意：谓达于极限而难以意想。此二句紧连上文，指用兵达到的出神入化的境界。 〔10〕不：郭沫若云："'不'字读为'丕'。"丕，语助词。疑神：谓如神。

【译文】

军队兵器完备，教练有方，追逐逃敌就像飘风一样迅疾，歼击敌兵就像雷电一样猛烈。敌人虽然据有绝地也不能防守，虽然依靠险固也不敢抗拒。我军处于主动地位而所向无敌，军令通行无阻。军队兵器完备，教练有方，分散时没有一定法度，聚合时也不可预测。训练有素、兵器精良的军队，前进、后退都像雷电般迅速，而毫不碍滞、散乱。专心一意，因而能变化而不碍滞；强兵利器，因而能遇难而不溃散。进军不碍滞，退兵不溃散，军队就能为我所用。越山冈不用钩梯，过水流不用舟船，可以通过险峻的绝地，可以攻克固守的堡垒。独出独入，谁也不能阻挡；独闻独见，谁也不能蒙骗。这样的用兵就如同进入"无名"的极点，难以意想预料，因此奇妙如神。

畜之以道，则民和；养之以德，则民合。和合故能谐，谐故能辑，谐辑以悉，莫之能伤。[1]定一至,[2]行二要,[3]纵三权,[4]施四教,发五机,[5]设六行,[6]论七数,[7]守八应,[8]审九器,章十号,[9]故能全胜。

【注释】

〔1〕以上数句略同《幼官》"西方副图"。〔2〕定一至:郭沫若云:"'定一至'当即上所谓'无名之至'。"译文从之。〔3〕二要:郭沫若云:"'二要'上文所谓'因便而教,准利而行,教无常,行无常'。"〔4〕纵三权:郭沫若云:"上'纵强以制',金廷桂读'纵'为总……此'纵'亦应读为'总'。"三权疑指"三官"之权。〔5〕施四教,发五机:张佩纶云:"'四教''五机'当作'五教''四机'。'四机'见《幼官》,'五教'见本篇。"译文从张说。四机即《幼官》"必明其情,必明其将,必明其政,必明其士"。〔6〕六行:疑指《七法》中六种行军作战之法,即:风雨之行、飞鸟之举、雷电之战、水旱之功、金城之守、一体之治。〔7〕七数:疑指《七法》中七项治军的原则,即:则、象、法、化、决塞、心术、计数。〔8〕八应:疑指《七法》中八项治军的具体方法,即:聚财、论工、制器、选士、政教、服习、遍知天下、审御机数。〔9〕九器:张佩纶云:"'九器'当作'九章',见本篇。'器'乃'昚'(慎)之误。'动慎十号',见《幼官》。"译文从张说。"十号"具体内容不详。

【译文】

养兵的法则合于道,百姓就和睦;合于德,百姓就团结。和睦团结就能相互协调,相互协调就能结聚力量。百姓的力量能协调结聚,万众一心,谁也不能损害。定于"一至",实行"二要",总托"三权",掌握"四机",熟习"五教",筹划"六行",讲求"七数",做到"八应",审明"九章",谨慎"十号",这样就能获取全胜。

大胜无守也,故能守胜。[1]数战则士罢,数胜则君骄,夫以骄君使罢民,则国安得无危?故至善不战,其次一之。[2]破大胜强,一之至也。乱之不以变,乘之不以诡,[3]胜之不以诈,一之实也。近则用实,远则施号,力不可量，强不可度，气不可极，德不可测，[4]一之原也。众若时雨，寡若飘风，[5]一之终也。

【注释】

〔1〕"大胜"二句：张佩纶云："'大胜'下有阙文，以《幼官》及此互补当作'无不胜也，故能大胜；无不守也，故能守胜'。"译文从张说。 〔2〕以上数句略同《幼官》"南方副图"。 〔3〕乘：战胜。尹知章云："乱敌不设计变也……乘敌不以诡计……胜敌不以诈谋。" 〔4〕德不可测：许维遹云："'德'犹心也。……'德不可测'与上句'气不可极'，义正相类。" 〔5〕"众若"二句：许维遹云："此喻行兵疾速，非言其众寡也。'众'当作'聚'，'寡'当作'分'。"译文从许说。

【译文】

　　战无不胜，因而能获取大胜；守无不固，因而能以守取胜。多次交战使士兵疲倦，多次取胜使君主骄傲，骄傲的君主驱使疲倦的士兵去作战，国家怎么能不危险？因而最完美的军事是不战而胜，其次是一战胜敌。攻破大国，战胜强敌，这是一战胜敌的极致。乱敌不用机变，乘敌不用诡计，胜敌不用诈谋，这是一战胜敌的实质。用实力击溃近敌，发号令威慑远敌，力量不可估计，强大不可度量，士气之盛没有极限，军心之高难以推测，这是一战胜敌的根本。进攻时兵力结聚密集如时雨，战胜后军队撤离迅疾如飘风，这是一战胜敌的结局。

　　利適，[1]器之至也；用敌，教之尽也。不能致器者，不能利適；不能尽教者，不能用敌。不能用敌者穷，不能致器者困。[2]远用兵则可以必胜。[3]出入异途，则伤其敌，深入危之，则士自修，[4]士自修则同心同力。善者之为兵也，使敌若据虚，若搏景。[5]无设无形焉，无不可以成也；无形无为焉，[6]无不可以化也。此之谓道矣。若亡而存，若后而先，威不足以命之。[7]

【注释】

〔1〕利適：于省吾云："'利'本应作'制'。"译文从于说。郭沫若云："'適'字均当为'敌'。"敌即泛指军队，非指仇敌。下同。
〔2〕致器：陈奂云："'致器'二字当作'利適'。"译文从陈说。
〔3〕远：张文虎云："'远'疑当作'速'，所谓兵贵神速。"译文从"速"。〔4〕修：指警戒。〔5〕景：同"影"。〔6〕为：郭沫若云："为"字当为"象"。译文从郭说。〔7〕"威不"句：郭沫若云："兵以威言，言如此用兵，'威'犹不足以命之。"命同"名"。

【译文】

控制军队，是武器完备的结果；使用军队，是训练有素的结果。不能使武器完备，就不能控制军队；不能使训练有素，就不能使用军队。不能使用军队的就被动，不能控制军队的就困窘。用兵神速，可以必胜。军队进出路途不同，就会劳伤士兵，深入敌境陷于危险，士兵自会戒备，自我戒备就会同心协力。善于用兵的人指挥作战，总是使军队如同凭据虚空，如同搏击幻影。没有设施，没有形体，因而没有不可生成的；没有形体，没有物象，因而没有不可变化的。这就叫做用兵之道。它好像没有而实际存在，好像居后而实际领先，这样用兵，"威"字也不足以用来称名它。

内 言

大匡第十八

【题解】

郭沫若云:"《管》书有《大匡》《中匡》《小匡》三篇,所纪皆管仲辅相桓公时事。以'匡'名篇,颇费解释。"郭氏疑"匡"为"簿"之借字。《说文》:"籍,簿也。""簿"同"简"。简有长短,故古人册书有大、中、小三种。《大匡》即为较长的简书,是齐国的官书,《中匡》次之,《小匡》再次之,都是私家的著述。因此,内容也就有出入。《大匡》记述始于齐僖公,经齐襄公,至齐桓公接位及称霸诸侯的经过。时间跨度大,人物众多,内容丰富。有具体的历史事件的记述,有治国主张的议论,以时间为序,大致可分为三部分:第一部分主要记述鲍叔牙辅助桓公登位,并推举管仲为相的经过。第二部分记述管仲辅助桓公成霸业的经过。这部分应是本篇的重要部分:管仲与桓公不同的治国主张和思想作风,桓公在实际中接受教训,终于接管仲之计行事,以及鲍叔牙对管仲的信赖和支持,都有具体生动的记述。第三部分,总述齐国治国的具体政策。

齐僖公生公子诸儿、公子纠、公子小白。[1]使鲍叔傅小白,[2]鲍叔辞,称疾不出。管仲与召忽往见之,[3]曰:"何故不出?"鲍叔曰:"先人有言曰:'知子莫若父,知臣莫若君。'今君知臣不肖也,是以使贱臣傅小白也。[4]贱臣知弃矣。"召忽曰:"子固辞,无出,[5]吾权任子以死亡,[6]必免子。"鲍叔曰:"子如是,何不免之有乎?"管仲曰:"不可。持社稷宗庙者,不让事,不广闲。[7]将有国者未可知也。子其出乎！"召忽曰："不可。吾三人者之于齐国也，譬之犹鼎之有足也，去一焉则必不立矣。吾观小白必不为后矣。"管仲曰："不然也。夫国人憎恶纠之母，以及纠之身，而怜小白之无母也。诸儿长而贱，事未可知也。夫所以定齐国者，非此二公子者，将无已也。[8]小白之为人无小智，惕而有大虑，[9]非夷吾莫容小白。[10]天不幸降祸加殃于齐，纠虽得立，事将不济，非子定社稷，其将谁也？"召忽曰："百岁之后，吾君卜世，[11]犯吾君命而废吾所立，夺吾纠也，虽得天下，吾不生也。兄与我齐国之政也，[12]受君令而不改，奉所立而不济，[13]是吾义也。"管仲曰："夷吾之为君臣也，将承君命，奉社稷以持宗庙，岂死一纠哉？夷吾之所死者，社稷破，宗庙灭，祭祀绝，则夷吾死之。非此三者，则夷吾生。夷吾生则齐国利，夷吾死则齐国不利。"鲍叔曰："然则奈何？"管子曰："子出奉令则可。"鲍叔许诺，乃出奉令，遂傅小白。鲍叔谓管仲曰："何行？"管仲曰："为人臣者，不尽力于君则不亲信，不亲信则言不听，言不听则社稷不定。夫事君者无二心。"鲍叔许诺。

【注释】

〔1〕齐僖公：齐庄公之子，即《史记·齐太公世家》中的釐公禄甫。公元前730—公元前698年在位。僖公死，子诸儿立，是为襄公。
〔2〕鲍叔：即鲍叔牙，齐国的著名大夫。傅公子小白得国，又举荐管仲为相。 〔3〕召忽：齐国大夫，与管仲事公子纠，桓公即位后，公子纠被杀，召忽自杀。 〔4〕尹知章注："鲍叔以小白年幼，又不肖而贱，

故难为之傅也。"〔5〕无：通"毋"。〔6〕尹知章注："任，保也。君若有疑，我当保子以疾困，至于死亡，此可以免子之身。"〔7〕广："旷"之假借字。《荀子·王霸篇》："人主胡不广焉。"杨倞注曰："广或读为旷。"《诗经·何草不黄》毛《传》曰："旷，空也。"〔8〕已：刘绩云："已、以同。"已、以可通借。〔9〕惕：疾，此指急性子。《国语·吴语》："一日惕，一日留。"韦昭注："惕，疾也。"〔10〕容：古通"庸"。庸，用。〔11〕卜世：俞樾云：疑为"下世"之误。译文从"下世"。〔12〕兄：张嵲《读管子》云：兄，古"况"字。〔13〕济：废。《方言》："济，灭也。"灭与废义近。

【译文】

齐僖公生有公子诸儿、公子纠、公子小白。派鲍叔辅助小白，鲍叔推辞，称病躲在家里不出来。管仲同召忽前往拜见他，说："为什么躲在家里不出来?"鲍叔说："先人有言说：'了解儿子没有人能像父亲那样，了解臣子没有人能像国君那样。'现在国君了解我无用，因此派我去辅助小白，我已知道被遗弃了。"召忽说："你如果坚决推辞，就不要出去，我权且说你要死了，国君就必定能免除你的职务。"鲍叔说："你如果这样说，国君还有什么职务不能免除我呢?"管仲说："不可以。扶持国家宗庙的人，不能拒绝国事，不能贪图空闲。将来继承王位的人，现在还不能知道。你一定要出去任职。"召忽说："不可以。我们三个人在齐国的作用，正好比鼎的三只脚，去掉其中的一只，就必定不能站立了。我看小白必定不能成为继位人了。"管仲说："不是这样的。国人都痛恨厌恶公子纠的母亲，以至累及公子纠本人，却同情小白失去了母亲。诸儿虽然居长，却人品低下，以后继位的事还不能知道。将来能安定齐国的人，不是纠与小白这两位公子，就将没有别的人能做到。小白为人不用小聪明，急性子却有大的计策，不是我管仲就没有人能发挥小白的才能。不幸上天把祸殃降加到齐国的头上，公子纠即使能立国，事情也将不成功，不是你辅助安定国家，那将来还有谁呢?"召忽说："百年之后，我们的国君下世，违犯我国君的遗命而废除我所拥立的，夺取了我公子纠的王位，即使得到了天下，我也就不活了。何况给予我齐国的政务，应该承受君令而不政变，供奉所拥立的继位人而不废弃，这是我应该做到的为臣之道。"管仲说："我作为君主的臣子，承受君主的命令，供奉国家而扶持宗庙，哪能为一个公子纠而死呢?我所要为之而死的是：国家被攻破，宗庙被毁灭，祭礼被断绝，那么我就为此而死。不是这三种情况，我就活着。我活着齐国就有利，我死了齐国就不利。"鲍叔说："那么怎么办呢？"管子曰："你出去奉行君令就行了。"鲍叔答应了，于是出来奉行君令，就辅助小白。鲍叔对管仲说："怎样做呢？"管仲说："做人臣的，不对国君尽力就不能得到亲信，不能得到亲信就言不听，言不听就国家不安定。侍奉君主的人不能有二心。"鲍叔答应了。

僖公之母弟夷仲年生公孙无知，有宠于僖公，衣服礼秩如適。[1]僖公卒，以诸儿长，得为君，是为襄公。襄公立后，绌无知，[2]无知怒。公令连称、管至父戍葵丘曰：[3]"瓜时而往，及瓜时而来。"期戍，[4]公问不至，[5]请代不许。故二人因公孙无知以作乱。[6]

【注释】
〔1〕秩：常度。《诗经·小雅·宾之初筵》："是曰既醉，不知其秩。"毛《传》："秩，常也。"適：同"嫡"，嫡子。 〔2〕绌：通"黜（chù 触）"。贬退，废除。 〔3〕连称、管至父：齐国大夫。葵丘：齐地，今山东临淄西。 〔4〕期（jī 基）：期年，一周年。 〔5〕问：音讯。此指通知、命令。《说文》："问，讯也。" 〔6〕据《史记·齐太公世家》载，连称、管至父戍葵丘期年不调，因而作乱，为齐襄公十二年事。而本篇下节记载的齐襄公私通鲁夫人文姜而杀鲁桓公事，则在齐襄公四年。此处记述不完全按照时序。

【译文】
齐僖公的同母弟夷仲年生有公孙无知，受到僖公的宠爱，衣服礼节都同嫡子一样。僖公死后，因诸儿居长，才立为国君，这就是襄公。襄公接位后，就废除了无知的特权，无知愤怒。齐襄公令连称、管至父去驻守葵丘时说："有瓜的时节前往，到有瓜的时节回来。"驻守满周年以后，襄公没有发出调回的命令，他们请求接防又不许可。因此他们二人就依附公孙无知叛乱。

鲁桓公夫人文姜,齐女也。公将如齐,[1]与夫人皆行。[2]申俞谏曰:[3]"不可。女有家,男有室,无相渎也,[4]谓之有礼。"公不听,遂以文姜会齐侯于泺。文姜通于齐侯,桓公闻,责文姜。文姜告齐侯,齐侯怒,飨公,使公子彭生乘鲁侯胁之,[5]公薨于车。[6]竖曼曰:[7]"贤者死忠以振疑,[8]百姓寓焉;智者究理而长虑,身得免焉。今彭生二于君,[9]无尽言而谀行,以戏我君,使我君失亲戚之礼,命又力成吾君之祸,[10]以构二国之怨,彭生其得免乎?祸理属焉。夫君以怒遂祸,不畏恶亲,闻容昏生,[11]无丑也。[12]岂及彭生而能止之哉?鲁若有诛,必以彭生为说。"二月,鲁人告齐曰:"寡君畏君之威,不敢宁居,来修旧好,礼成而不反,无所归死,[13]请以彭生除之。"齐人为杀彭生,以谢于鲁。五月,[14]襄公田于贝丘,[15]见豕虺,[16]从者曰:"公子彭生也。"公怒曰:"公子彭生安敢见!"射之,豕人立而啼。公惧坠于车下,伤足亡屦。[17]反,诛屦于徒人费,[18]不得也,鞭之见血。费走而出,遇贼于门,胁而束之。费袒而示之背,贼信之,使费先入。伏公而出,斗死于门中,石之纷如死于阶下,孟阳代君寝于床,贼杀之,曰:"非君也,不类。"见公之足于户下,[19]遂杀公而立公孙无知也。

【注释】
〔1〕如:往,去。《左传·隐公五年》:"公将如棠观鱼者。"
〔2〕皆:古通"偕"。意为同、一道。 〔3〕申俞:鲁国大夫。
〔4〕渎:沟通。尹桐阳云:"诸侯夫人一嫁而不复归母家者,防其泄漏国

情也。"〔5〕胁:"拹"之借字。《说文》:"拹,摺也,一曰拉也。"〔6〕薨(hōng 烘):古代诸侯死曰薨。〔7〕竖曼:齐国大夫。〔8〕振:通"抾"。《尔雅·释诂》:"抾,拭刷,清也。"〔9〕二于君:俞樾云:当为"贰于君",谓君之贰,仅次于君。彭生为公子,故云。译文从俞说。〔10〕命:许维遹云:"'命'为'今'字形误。"译文从"今"。〔11〕闻容:于省吾云:读为"惛庸",即昏庸。昏生:戴望云:读为"泯姓",谓公与文姜淫,播其恶于万民。〔12〕无丑:无耻。《广雅》:"丑,耻也。"〔13〕归死:当依《左传》作"归咎"。〔14〕五月:指齐襄公十二年,即鲁隐公八年。〔15〕田:田猎。贝丘:《史记·齐太公世家》作"沛丘"。杜预曰:"乐安,博昌县南有地名贝丘。"〔16〕丁士涵云:"'豕'下不当有'彘'字,盖后人旁注以'豕'为'彘',因而误衍。"译文从丁说。〔17〕屦(jù 句):鞋子。〔18〕徒人费:王引之云:"本作'侍人费'。"《史记》"费"作"茀"。《汉书·古今人表》中有"齐寺人费",颜师古注:"即徒人费也。"费,与下文石之纷如、孟阳,都是齐襄公的侍从小臣。〔19〕户下:门下。古代单扇的门称户。

【译文】

鲁桓公的夫人文姜,是齐国女子。鲁桓公将要到齐国去,准备与夫人同行。申俞规劝说:"不能这样。女有夫家,男有妻室,不能相互交通,这称之为有礼。"桓公不听从,于是带着文姜与齐侯在齐国的泺水之滨相会。文姜同齐侯私通,桓公听说后,责备文姜。文姜告诉了齐侯,齐侯发怒,宴请桓公,暗使公子彭生在扶桓公上车时摧折他的胁骨,桓公死在车上。竖曼说:"贤惠的人死于忠心而拭清人们的疑惑,使百姓的精神有所寄寓;聪敏的人推究事理而有长远的考虑,使自己能免除祸患。如今彭生是仅次于君主的人,不尽力劝谏而阿谀逢迎,戏弄国君,使我们的国君失掉了亲戚的礼节,现又极大地造成了我们国君的祸患,结成了两国的仇怨,彭生岂能免罪呢?祸患的根源应归属于他。国君因怒气才造成祸患,不畏惧交恶亲戚,昏庸以至灭姓,这是无耻。难道只祸及彭生就能了事吗?鲁国如果兴师问罪,必以彭生作为借口。"二月,鲁国的使者告诉齐国说:"我们的国君畏惧你们国君的威望,不能安宁地生活,前来齐国增强以往的友好,完成了礼节却不能活着返国了,没有什么可以归咎,请以彭生来解除这个仇怨。"齐国为此杀了彭生,以向鲁国道歉。齐襄公十二年五月,襄公在贝丘打猎,出现一头野猪,跟从的人说："这是公子彭生。"襄公发怒说："公子彭生怎么敢出现！"就用箭射它，野猪像人一样地站立起来啼哭。襄公害怕而从车子上跌了下来，跌伤了足，丢失了鞋子。回来以后，向侍臣费要鞋子，费不能找回来，襄公就鞭打他直至流血。费逃跑出来，在门口遇到了叛贼。叛贼威胁他，并把他捆绑起来。费袒露背上的伤痕来证明遭到国君的毒打，叛贼就相信了他，命费先进入内室。费把襄公藏好才出来，与叛贼斗死在门中，石之纷如也战死在石阶下，孟阳代国君睡在床上，叛贼杀掉他以后，说："他不是国君，不像。"又看见襄公的脚在一扇门的下面露出来，于是杀了襄公，就立公孙无知为国君。

鲍叔牙奉公子小白奔莒，管夷吾、召忽奉公子纠奔鲁。九年，[1]公孙无知虐于雍廪，雍廪杀无知也。桓公自莒先入，鲁人伐齐，纳公子纠，战于乾时，管仲射桓公中钩。[2]鲁师败绩，桓公践位。于是劫鲁，[3]使鲁杀公子纠。桓公问于鲍叔曰："将何以定社稷？"鲍叔曰："得管仲与召忽则社稷定矣。"公曰："夷吾与召忽，吾贼也。"鲍叔乃告公其故图。[4]公曰："然则可得乎？"鲍叔曰："若亟召则可得也，不亟不可得也。夫鲁施伯知夷吾为人之有慧也，其谋必将令鲁致政于夷吾。夷吾受之，则彼知能弱齐矣；夷吾不受，彼知其将反于齐也，必将杀之。"公曰："然则夷吾将受鲁之政乎？其否也？"鲍叔对曰："不受。夫夷吾之不死纠也，为欲定齐国之社稷也。今受鲁之政，是弱齐也。夷吾之事君无二心，虽知死，必不受也。"公曰："其于我也，曾若是乎？"[5]鲍叔对曰："非为君也，为先君也。其于君不如亲纠也。纠之不死，而况君乎！君若欲定齐之社稷，则亟迎之。"公曰："恐不及。奈何？"鲍叔曰：

"夫施伯之为人也，敏而多畏，公若先反，恐注怨焉，必不杀也。"公曰："诺。"施伯进对鲁君曰："管仲有急，[6]其事不济，今在鲁，君其致鲁之政焉。若受之则齐可弱也，若不受则杀之。杀之以说于齐也，[7]与同怒，尚贤于已。"[8]君曰："诺。"鲁未及致政，而齐之使至。曰："夷吾与召忽也，寡人之贼也。今在鲁，寡人愿生得之；若不得也，是君与寡人贼比也。"鲁君问施伯，施伯曰："君与之。臣闻齐君惕而亟骄，虽得贤，庸必能用之乎？[9]及齐君之能用之也，[10]管子之事济也。夫管仲，天下之大圣也。今彼反齐，[11]天下皆乡之，[12]岂独鲁乎！今若杀之，此鲍叔之友也，鲍叔因此以作难，君必不能待也，[13]不如与之。"鲁君乃遂束缚管仲与召忽。管仲谓召忽曰："子惧乎？"召忽曰："何惧乎？吾不蚤死，[14]将胥有所定也，[15]今既定矣，令子相齐之左，必令忽相齐之右。虽然，杀君而用吾身，是再辱我也。子为生臣，忽为死臣。忽也知得万乘之政而死，公子纠可谓有死臣矣。子生而霸诸侯，公子纠可谓有生臣矣。死者成行，生者成名。名不两立，行不虚至，子其勉之，死生有分矣。"乃行，入齐境，自刎而死。管仲遂入。君子闻之曰："召忽之死也，贤其生也；管仲之生也，贤其死也。"

【注释】

〔1〕九年：指鲁庄公九年。安井衡等以为，齐人著书当用齐国纪年，而今用鲁纪者，盖此篇成于丘明传《春秋》之后；而郭沫若则以为，"九年"是后人所加而误入正文的。 〔2〕钩：带钩。古代官僚贵族腰间

系大带子，上有钩子，以便佩戴玉器之类。〔3〕劫：威胁，胁迫。《礼记·儒行》："劫之以众。"〔4〕尹知章注："故图，谓管仲本使鲍叔傅小白将立之。"〔5〕尹知章注："曾，则也。则能无二心如是乎？"〔6〕陶鸿庆云："'急'当为'慧'字之误。上文'……夫鲁施伯知夷吾为人之有慧也'，是其证。"译文从"慧"。〔7〕说：通"悦"。〔8〕已：此指不杀。尹知章注："施伯恐管仲反齐为害，欲杀之，有若与齐同怒。如此，犹贤于不杀也。"〔9〕庸：岂，怎么。尹知章注："庸，犹何也。"〔10〕及：若，如果。〔11〕反：同"返"。〔12〕乡：通"向"。〔13〕待：对待，对付。《国语·楚语》"其独何力以待之"，韦昭注："待，御也。"〔14〕蚤：通"早"。〔15〕胥：等待。尹知章注："胥，待。"

【译文】

　　鲍叔牙侍奉公子小白逃奔到莒国，管夷吾、召忽侍奉公子纠逃奔到鲁国。鲁庄公九年，公孙无知在雍廪肆意暴虐，雍廪人杀死了无知。桓公先从莒国进入齐国，鲁国攻打齐国，要把公子纠送进齐国，在乾时发生战争，管仲用箭射中桓公的带钩。鲁国的军队失败了，桓公登上了齐国的君位。于是胁迫鲁国，叫鲁国杀掉公子纠。桓公向鲍叔问道："将怎样来安定国家？"鲍叔说："得到管仲与召忽，国家就能安定了。"桓公说："夷吾与召忽是我的仇敌。"鲍叔于是把他们三人在从前的图谋告诉桓公。桓公说："那么能得到他们吗？"鲍叔说："如果赶快相召就能得到，如果不抓紧相召就不能得到。因为鲁国的施伯了解夷吾有才智，他将设法让鲁君把鲁国的大政交给夷吾。如果夷吾接受了鲁国的大政，那么鲁国就知道削弱齐国的对策了；如果夷吾不接受，鲁国就知道他将要回到齐国，必定先杀了他。"桓公说："那么夷吾将接受鲁国的大政吗？还是不接受呢？"鲍叔回答说："不接受。因为夷吾不为公子纠而死，是想安定齐国。如果现在接受鲁国的政事，这是削弱齐国。夷吾侍奉君主没有二心，即使知道要死了，也必定不肯接受。"桓公说："他对待我，也像这样吗？"鲍叔回答说："不是为了国君你，是为了先代的国君。他对待国君你还不如对公子纠亲。尚且不为公子纠而死，何况国君你呢！国君如果想安定齐国，就赶快迎接他。"桓公说："恐怕来不及了，怎么办？"鲍叔说："施伯为人，敏捷而多畏惧，你若是先要求送回管仲，他就担心结怨于齐国，必定不杀管仲。"桓公说："好的。"施伯果然对鲁君进献计策说："管仲有才智，而他的事业不成功。现在，请国君把鲁国的政事交给他。他如果接受了,齐国就能被削弱;如果不接受就杀了他。杀了他可取悦于齐国,表示与齐国同怒,比不杀更显示出友好。"鲁君说:"好的。"鲁还来不及把政事交给管仲,而齐国的使者已经到了。齐国的使者说:"夷吾与召忽,是我国君的仇敌。如今在鲁国,我国君希望能活捉他们回国,如果做不到,这是鲁君与我国君的仇敌站在一起。"鲁君问施伯怎么处置,施伯说:"国君你给他吧。我听说齐君急性子又很骄傲,即使得到贤才,怎么能一定使用他们呢?如果齐君能使用他们,管子的事业就成功了。因为管仲是天下的大圣人。现在他返回齐国,天下的诸侯都要归顺齐国,岂止是鲁国呢!现在如果杀了他,他是鲍叔的朋友,鲍叔因此而兴师问罪,国君你一定不能抵御,不如交还给齐国。"鲁君于是就捆绑管仲与召忽交给齐使。管仲对召忽说:"你害怕吗?"召忽说:"害怕什么呢?我不早死,是等待齐国有安定的局面,如今已经安定了,令你做齐国的左相,必定令我做齐国的右相。虽然这样,杀我辅佐的公子纠又使用我自己,这是再次的侮辱我。你成为生臣,我成为死臣。我知道将得到万乘的相国却自杀了,公子纠可说是有为他而死的臣子了。你活着而能称霸诸侯,公子纠可说是有生臣了。死了的成全德行,活着的成全功名。功名与德行不能并立,德行也不会凭空而来。你一定要努力,死生各得其所了。"于是就上路出发,进入齐境,召忽自刎而死,管仲于是回到齐国。君子听说这个情况后说:"召忽死了,比活着好;管仲活着,比死了好。"

或曰:明年,[1]襄公逐小白,小白走莒。三年,[2]襄公薨,公子纠践位,国人召小白。鲍叔曰:"胡不行矣?"小白曰:"不可。夫管仲知,召忽强武,虽国人召我,我犹不得入也。"鲍叔曰:"管仲得行其知于国,国可谓乱乎?[3]召忽强武,岂能独图我哉?"小白曰:"夫虽不得行其知,岂且不有焉乎?召忽虽不得众,其及岂不足以图我哉?"[4]鲍叔对曰:"夫国之乱也,智人不得作内事,朋友不能相合谬,[5]而国乃可图也。"乃命车驾,鲍叔御,小白乘而出于莒。小白曰:"夫二人者奉君令，吾不可以试也。"乃将下。鲍叔履其足，曰："事之济也，在此时；事若不济，老臣死之，公子犹之免也。"[6]乃行，至于邑郊。鲍叔令车二十乘先，十乘后。鲍叔乃告小白曰："夫国之疑二三子，[7]莫忍老臣。[8]事之未济也，老臣是以塞道。"鲍叔乃誓曰："事之济也，听我令；事之不济也，免公子者为上，死者为下。吾以五乘之实距路。"鲍叔乃为前驱，遂入国，逐公子纠，管仲射小白中钩。管仲与公子纠、召忽遂走鲁，桓公践位，鲁伐齐，纳公子纠而不能。

【注释】

〔1〕明年：指襄公二年。〔2〕孙蜀丞云：三年当为"十二年"之误。齐襄公在位十二年。译文从"十二年"。〔3〕可谓乱乎：即何为乱乎。郭沫若云："可"与"何"通，"谓"与"为"通。〔4〕及：郭沫若云："友"字之误。译文从"友"。〔5〕摎(jiū 鸠)：绞结。尹知章注："摎，交人也。朋友不能相交合则党为弱，故乃可图。"〔6〕许维遹云："'犹'下'之'字当作'可'，涉上文而误。"译从。〔7〕国：郭沫若云："'国'当为'或'……"译文从"或"。〔8〕忍：假为"认"。

【译文】

还有一种说法是：齐襄公即位的第二年，襄公驱逐小白，小白逃往莒国。襄公十二年，襄公死，公子纠登位，齐国人召小白回国。鲍叔说："为什么不走呀？"小白说："不能回去。管仲有才智，召忽强大有武力，即使国人召我，我还是不能进入齐国的。"鲍叔说："管仲在国内能施展他的才智，国家为什么还混乱呢？召忽强大有武力，难道只是对付我们吗？"小白说："管仲虽然不能施展才智，难道是没有才智吗？召忽虽然不能得到众人的帮助，他的党羽难道不足以对付我们吗？"鲍叔回答说："国家混乱，是因为有才智的人不能处理国家的政事，朋友不能相互合作团结，而这时国家才有可能夺回来。"于是下令准备车马，鲍叔驾驭，小白乘坐车上，从莒国出发。小白说："管仲和召忽二人是奉行国君的命令抗拒我们的，我们是不能与他们比的。"说着就要下车。鲍叔踩住他的脚，说："事业的成功，就在这个时候；事业如果不成功，我老臣为此而死，公子还是可以免死的。"于是前行，来到京郊。鲍叔令二十辆车在前，十辆车在后。鲍叔才告诉小白说："他们或许怀疑我们这些人，但不认识我老臣。如果事情不成功，我就堵塞道路。"鲍叔宣誓说："事情成功了，听我的号令；如果事情不成功，保全公子生命为上策，牺牲为下策。我用五辆车上的军械物资堵住道路。"鲍叔于是在前面开路，才进入国都，驱逐公子纠，管仲用箭射中小白的带钩。管仲与公子纠、召忽就逃往鲁国，桓公登位。鲁国攻打齐国，想送公子纠回国却不能。

桓公二年践位，[1]召管仲，管仲至。公问曰："社稷可定乎？"管仲对曰："君霸王，社稷定；君不霸王，社稷不定。"公曰："吾不敢至于此其大也，定社稷而已。"管仲又请，君曰："不能。"管仲辞于君曰："君免臣于死，臣之幸也。然臣之不死纠也，为欲定社稷也。社稷不定，臣禄齐国之政而不死纠也，[2]臣不敢。"乃走出，至门，公召管仲，管仲反。公汗出曰："勿已，其勉霸乎！"管仲再拜稽首而起曰："今日君成霸，臣贪承命趋立于相位。"[3]乃令五官行事。异日公告管仲曰："欲以诸侯之间无事也，小修兵革。"[4]管仲曰："不可。百姓病，公先与百姓而藏其兵。[5]与其厚于兵，不如厚于人。齐国之社稷未定，公未始于人而始于兵，外不亲于诸侯，内不亲于民。"公曰："诺。"政未能有行也。

【注释】

〔1〕郭沫若云：二年"当是'元年'之坏残"。王念孙云："践位"

二字,因涉上文而衍。译文从郭说王说。〔2〕俞樾云:"禄"读为"录",谓领录其政也。〔3〕陈奂云:"'贪'读为钦,假借字也。'贪承命',言钦承君命也。"〔4〕小修:许维遹云:当为"内修"。"'内修兵革'下文两见,是其证。"译文从"内修"。〔5〕与:亲近。

【译文】

　　桓公元年,召管仲回国,管仲回到齐国。桓公问道:"国家能安定吗?"管仲回答说:"国君实行霸业王业,国家就能安定;如果不实行霸业王业,国家就不能安定。"桓公说:"我不敢做到这样大的事业,只是要安定国家罢了。"管仲又请桓公实行霸业王业,桓公说:"不能够。"管仲向桓公推辞说:"国君免我死罪,是我的幸运。但是我不为公子纠殉死,是为了安定国家。国家不安定,我掌管着齐国的政事而不为公子纠守死节,我不敢这样。"于是跑出朝廷,到门口时,桓公召管仲,管仲返回。桓公紧张得流出了汗,说:"不得已,那就勉力实行霸业吧!"管仲再拜叩头而起说:"今日国君决心实行霸业,我就承受君命而立即就任相位。"于是命令五官处理政事。有一天,桓公告诉管仲说:"想乘诸侯之间没有战事的时候,国内加强军事。"管仲说:"不能这么做。因为百姓贫困,你应先亲近百姓而收藏兵器。与其加强军事,不如使百姓富足。齐国未能安定,你不是从解决百姓的生活着手而是从加强军事着手,这就外不能与诸侯亲近,内不能与百姓亲近。"桓公说:"好的。"加强军事的政令就没有施行。

　　二年,桓公弥乱,又告管仲曰:[1]"欲缮兵。"管仲又曰:"不可。"公不听,果为兵。桓公与宋夫人饮船中,夫人荡船而惧公。[2]公怒,出之,宋受而嫁之蔡侯。明年,公怒告管仲曰:"欲伐宋。"管仲曰:"不可。臣闻内政不修,外举事不济。"公不听,果伐宋。诸侯兴兵而救宋,大败齐师。公怒,归告管仲曰:"请修兵革。吾士不练,吾兵不实,诸侯故敢救吾仇。内修兵革。"管仲曰:"不可,齐国危矣。内夺民用,士劝于勇,外乱之本也。[3]外犯诸侯，民多怨也。为义之士不入齐国，安得无危？"鲍叔曰："公必用夷吾之言。"公不听，乃令四封之内修兵。关市之征侈之，[4]公乃遂用以勇授禄。鲍叔谓管仲曰："异日者，公许子霸，今国弥乱，子将何如？"管仲曰："吾君惕，其智多诲，[5]姑少胥其自及也。"[6]鲍叔曰："比其自及也，[7]国无阙亡乎？"[8]管仲曰："未也。国中之政，夷吾尚微为焉，[9]乱乎尚可以待。外诸侯之佐，既无有吾二人者，未有敢犯我者。"明年，朝之争禄相刺，裂领而刎颈者不绝。[10]鲍叔谓管仲曰："国死者众矣，毋乃害乎？"管仲曰："安得已然，此皆其贪民也。夷吾之所患者，诸侯之为义者莫肯入齐，齐之为义者莫肯仕，此夷吾之所患也。若夫死者，吾安用而爱之。"公又内修兵。

【注释】

〔1〕桓公弥乱，又告管仲曰：许维遹云：应作"国弥乱，桓公又告管仲曰"。译文从许说。 〔2〕夫人：《左传》作"蔡姬"。蔡姬荡舟事据《左传》应在桓公二十九年。 〔3〕王念孙云："'乱'上'外'，涉下文'外犯诸侯'而衍。"译从。 〔4〕尹知章注："侈，谓过常也，谓重其税赋。" 〔5〕诲：同"悔"。《释文》："诲，虞作悔，谓悔恨。" 〔6〕少胥：稍加等待。 〔7〕比：等到。 〔8〕阙：毁，败。 〔9〕微为：暗中行事。《说文》："微，隐行也。" 〔10〕裂："折"之俗字。《说文》："折，断也。"

【译文】

二年，国家非常混乱，桓公又告诉管仲说："要加强军备。"管仲又说："不能这样做。"桓公不听从，果真备战。桓公与宋夫人在船中饮酒，夫人荡船使桓公受惊。桓公发怒，休弃了她，宋国接纳了她又把她嫁给蔡国的国君。第二年，桓公愤怒地告诉管仲说："要攻伐宋国。"管仲说："不能这样做。我知道内部的政事没有治理好，对外发动战争不会成功。"桓公不听从，果真攻伐宋国。诸侯都出兵救助宋国，大败齐国的军队。桓公发怒，归来告诉管仲说："请加强战备。因为我们的军士不经训练，我们的兵器不够充实，所以诸侯敢来解救我们的敌国。我要加强战备。"管仲说："不能这样做，因为齐国危险了。国内夺取百姓的财用，士人受勇武的鼓励，这是国家混乱的根源。对外侵犯诸侯，百姓多生怨恨。真正行义之士，不进入齐国，怎么能没有危险呢？"鲍叔说："国君一定要听用夷吾的话。"桓公不听从，就发令全国加强战备。关市的赋税就增加，桓公又凭勇武来授予俸禄。鲍叔对管仲说："以前，桓公答应你完成霸业，如今国家非常混乱，你将如何办呢？"管仲说："我们的国君性子急，他的才智能使他悔悟，姑且等他自己悔悟吧。"鲍叔说："等到他自己悔悟，国家不是败亡了吗？"管仲说："不会的。国内的政事，我还在暗中料理，国家虽然混乱，但还可能等到他悔悟。国外诸侯的辅相，还没有像我们二人这样的人，因此没有国家敢来侵犯我们。"第二年，在朝廷上为争夺俸禄而互相刺杀，折颈断头的事不断发生。鲍叔对管仲说："国家死人多了，岂不有害吗？"管仲说："怎么会是这样的呢，这些都是贪得无厌的人们。我所担忧的，是诸侯国中真正的义士不肯进入齐国，齐国的真正的义士不肯做官，这是我所担忧的事情。至于像那些死了的人，我怎么能使用他们、爱惜他们呢。"桓公又不断地加强战备。

三年，桓公将伐鲁，曰："鲁与寡人近，于是其救宋也疾，寡人且诛焉。"管仲曰："不可。臣闻有土之君，不勤于兵，不忌于辱，不辅其过，则社稷安；勤于兵，忌于辱，辅其过，则社稷危。"公不听，兴师伐鲁，造于长勺。[1]鲁庄公兴师逆之，[2]大败之。桓公曰："吾兵犹尚少，吾参围之，[3]安能围我？"[4]

【注释】

〔1〕造：到达。长勺：鲁地名。 〔2〕逆：迎战。 〔3〕参：同

"三",三倍。〔4〕圉:通"御",抵御。

【译文】

　　三年,桓公将要攻伐鲁国,说:"鲁国与我齐国最近,因此它救宋国也就最先到,我将要去惩罚它。"管仲说:"不能这样做。我听说有封土的国君,不多打仗,不忌恨受耻辱,不助长自己的过错,那么国家就安全;多打仗,忌恨受耻辱,助长自己的过错,那么国家就危险。"桓公不听从,兴兵攻伐鲁国,到达鲁国的长勺。鲁庄公兴兵迎战齐桓公,大败齐桓公。齐桓公说:"我的军队还是不够,我用三倍的军队围攻它,它怎么能抵御我?"

　　四年,修兵,同甲十万,[1]车五千乘,谓管仲曰:"吾士既练,吾兵既多,寡人欲服鲁。"管仲喟然叹曰:"齐国危矣!君不竞于德而竞于兵。天下之国带甲十万者不鲜矣,吾欲发小兵以服大兵,内失吾众,诸侯设备,吾人设诈,国欲无危得已乎?"公不听,果伐鲁。鲁不敢战,去国五十里,而为之关。[2]鲁请比于关内,以从于齐,齐亦毋复侵鲁。桓公许诺。鲁人请盟曰:"鲁小国也,固不带剑。今而带剑,是交兵闻于诸侯,君不如已。[3]请去兵。"桓公曰:"诺。"乃令从者毋以兵。管仲曰:"不可。诸侯加忌于君,君如是以退可。君果弱鲁君,诸侯又加贪于君,后有事,小国弥坚,大国设备,非齐国之利也。"桓公不听,管仲又谏曰:"君必不去,鲁胡不用兵。曹刿之为人也,[4]坚强以忌,[5]不可以约取也。"桓公不听,果与之遇,庄公自怀剑,曹刿亦怀剑。践坛,庄公抽剑其怀曰:"鲁之境去国五十里,亦无不死而已。"左揕桓公右自承曰:[6]

"均之死也，[7]戮死于君前！"管仲走君，曹刿抽剑当两阶之间，曰："二君将改图，无有进者！"管仲曰："君与地，以汶为竟。"[8]桓公许诺，以汶为竟而归。桓公归而修于政，不修于兵革，自圉、辟人、以过、弭师。[9]

【注释】

〔1〕同：齐全。《诗经·小雅·车攻》："我车既攻，我马既同。"尹知章注："同甲，谓完坚齐等。" 〔2〕而为之关：尹知章注："更立国界而为之关。" 〔3〕已：止盟。尹知章注："若以交兵闻于诸侯，不如止而不盟也。" 〔4〕曹刿：鲁国的将军。亦作曹沫。 〔5〕忌：同"惎"。《说文》："惎，毒也。" 〔6〕揕（zhèn振）：刺，此指准备刺。 〔7〕均：同。 〔8〕汶：汶水。竟：同"境"。下同。 〔9〕"自圉"句：张佩纶云："'自圉'即《诗》之'我圉'，《左传》之'聊以固吾圉'，言慎守边圉也。'辟人'，理人也。'以'通作'已'，止也。'已过'，止过也。'弭师'，弭兵也。"弭，停止。

【译文】

四年，桓公继续加强战备，有齐全的甲兵十万人，战车五千辆，对管仲说："我的军士已经得到训练，我的兵器已经很多，我要征服鲁国。"管仲长叹一声说："齐国危险了！国君不是与人竞比德而是竞比用兵。天下诸侯国拥有甲兵十万人的不在少数，我们想出动少量的兵力来征服大量的兵力，国内失掉民众，而诸侯国都已有戒备，我们只好进行诈骗，国家想要没有危险能做得到吗？"桓公不听从，终于攻伐鲁国。鲁国不敢迎战，在离开国都五十里的地方，另设关防。鲁国请求拥有关内侯一样的地位，服从齐国，请齐国也不要再入侵鲁国。桓公答应了。鲁国请求订立盟约说："鲁是小国家，会盟时一定不带剑。现在如果带剑会盟，这样就会以交战国的名声传闻到各诸侯国，你还不如停止会盟。请不带兵器会盟。"桓公说："可以的。"于是下令跟随的人不要带兵器。管仲说："不能这样做。诸侯痛恨国君，国君还是像这样告退为好。国君如果通过会盟来削弱鲁君，诸侯国又会把贪名加到你的头上，以后有战事，小国就要强硬，大国就作戒备，这对齐国是不利的。"桓公不听从,管仲又规劝说:"国君一定不要去,鲁国怎么会不带兵器。曹刿为人,坚强而狠毒,是不能用盟约可取信的。"桓公不听从,终于同他们会盟。鲁庄公自己怀藏宝剑,曹刿也怀藏宝剑。登上会盟的高台后,鲁庄公从怀中抽出剑来说:"鲁国的国境只离国都五十里,也必死而无疑。"他左手举起剑对着齐桓公,同时举起了右手指着自己,说:"同样都是死,让我死在你之前吧!"管仲跑向国君,曹刿抽出剑挡在两个台阶之间,说:"两国的国君将要改变意图,谁也不可以上前。"管仲说:"国君还给他们土地,以汶水作为国境线。"齐桓公答应了,确定汶水作为国境线而回国。齐桓公归国后就努力整顿国内的政事,不再加强战备,只自守边疆、开发人才、不再做错事、息兵停战。

五年,宋伐杞,[1]桓公谓管仲与鲍叔曰:"夫宋,寡人固欲伐之,无若诸侯何。夫杞,明王之后也。今宋伐之,予欲救之,其可乎?"管仲对曰:"不可。臣闻内政之不修,外举义不信。君将外举义,以行先之,[2]则诸侯可令附。"桓公曰:"于此不救,后无以伐宋。"管仲曰:"诸侯之君,不贪于土;贪于土必勤于兵,勤于兵必病于民,民病则多诈。夫诈密而后动者胜,[3]诈则不信于民。夫不信于民则乱,内动则危于身。是以古之人闻先王之道者,不竞于兵。"桓公曰:"然则奚若?"管仲对曰:"以臣则不。[4]而令人以重币使之,[5]使之而不可,君受而封之。"桓公问鲍叔曰:"奚若?"鲍叔曰:"公行夷吾之言。"公乃命曹孙宿使于宋,[6]宋不听,果伐杞。桓公筑缘陵以封之,[7]予车百乘,甲一千。明年,狄人伐邢,邢君出致于齐。[8]桓公筑夷仪以封之,[9]予车百乘,卒千人。明年,狄人伐卫,卫君出致于虚。[10]桓公且封之。隰朋、宾胥无谏曰:[11]"不可。

三国所以亡者，绝以小。[12]今君籍封亡国，[13]国尽若何？"桓公问管仲曰："奚若？"管仲曰："君有行之名，安得有其实。[14]君其行也。"公又问鲍叔，鲍叔曰："君行夷吾之言。"桓公筑楚丘以封之，[15]与车三百乘，甲五千。既已封卫，明年，桓公问管仲："将何行？"管仲对曰："公内修政而劝民，可以信于诸侯矣。"君许诺。乃轻税，弛关市之征，为赋禄之制。既已，管仲又请曰："问病，臣愿赏而无罚。五年，诸侯可令傅。"[16]公曰："诺。"既行之，管仲又请曰："诸侯之礼，令齐以豹皮往，小侯以鹿皮报；齐以马往，小侯以犬报。"桓公许诺。行之，管仲又请赏于国以及诸侯。君曰："诺。"行之，管仲赏于国中，君赏于诸侯。诸侯之君有行事善者，以重币贺之；从列土以下有善者，衣裳贺之；凡诸侯之臣有谏其君而善者，以玺问之，以信其言。[17]公既行之，又问管仲曰："何行？"管仲曰："隰朋聪明捷给，可令为东国。[18]宾胥无坚强以良，可以为西土。卫国之教，危傅以利；[19]公子开方之为人也，慧以给，不能久而乐始，可游于卫。[20]鲁邑之教，好迩而训于礼；[21]季友之为人也，恭以精，博于粮，[22]多小信，可游于鲁。楚国之教，巧文以利，不好立大义，而好立小信；蒙孙博于教，而文巧于辞，不好立大义，而好结小信，可游于楚。小侯既服，大侯既附。夫如是，则始可以施政矣。"君曰："诺。"乃游公子开方于卫，游季友于鲁，游蒙孙于楚。五年诸侯附。

【注释】

〔1〕杞：国名。周武王封夏后于杞，故名。 〔2〕行：指内行，即修内政。 〔3〕密：停止。 〔4〕不：古本作"不然。"译文从之。 〔5〕而：古与"如"通用。古本"而"作"若"。可见而、如、若同义。 〔6〕曹孙宿：古本作"曹孙叔"，当为齐国大夫。 〔7〕缘陵：城名。尹知章注："缘陵，杞城。" 〔8〕致：当读为"至"，"致"与"至"本通用。 〔9〕夷仪：城名。尹知章注："夷仪，邢城。" 〔10〕虚：齐地名。 〔11〕隰朋、宾胥无：以及后面的季友、蒙孙等均为齐国大夫。 〔12〕绝：只是。 〔13〕箭：当作"蕲"，通"祈"，祈求。 〔14〕君有行之名，安得其实：郭沫若云：当依古本作："君有行之实，安得有其名。"译从。 〔15〕楚丘：城名。 〔16〕傅：同"附"，亲附。 〔17〕"以玺"二句：尹知章注："谓桓公以玺问之，以信验其所谏之言为善。"信：信验，证实。 〔18〕东国：齐东之国。下文"西土"，齐西之土。 〔19〕危傅：当读"诡薄"。郭沫若云：诡薄，犹"僄薄"。即轻薄奸巧。 〔20〕尹知章注："其人性轻率，不能持久，所谓'靡不有初，鲜克有终'。故曰乐始。使此人游于卫，诱动之，令归于齐也。" 〔21〕好迩：于省吾云：即"好艺"。迩、艺音近而字通。艺，六艺。张文虎云：训，当读为"驯"，顺服。 〔22〕粮：刘绩云：粮乃"礼"字之误，因形近而误。译文从"礼"。

【译文】

　　五年，宋国攻伐杞国，桓公对管仲与鲍叔说："宋国，我早就想要讨伐它，无奈诸侯们要解救它。杞国，是圣明君主的后代。现在宋国要去攻伐它，我想要去解救，行吗？"管仲说："不行。我听说国内的政事没有整顿好，对外出兵行义没有人信服。你要对外出兵行义，要以整顿内政为先，那么诸侯才能来亲附。"桓公说："这时不出兵相救，以后就没有机会讨伐宋国。"管仲说："作为诸侯国的君主，不能贪图土地，贪图土地必然要多用武力，多用武力必然有害于百姓，百姓受害君主就会多施行巧诈。巧诈停止施行而后动用兵力的君主才能获胜利，君主施行巧诈就不能取信于民。不能取信于民国家就要混乱，国内动用兵力镇压，就要危及君主自己。因此古代懂得先王之道的君主，不竞赛使用兵力。"桓公说："那怎么办呢？"管仲回答说："以我之见，就不这样做。如果派人用重金出使到宋国交涉，出使交涉不能成功，你就接纳杞侯而加以封赐。"桓公问鲍叔说："怎么样？"鲍叔说："你按夷吾的话做。"桓公就派曹孙宿出使到宋国，宋公不听从齐国，终于攻伐杞国。桓公就建筑缘陵城封赐给杞侯，给予兵车百辆，甲兵一千人。第二年，狄人攻伐邢国，邢国的国君出逃到齐国。桓公就建筑夷仪城封赐给邢君，给予兵车百辆，士卒一千人。第二年，狄人攻伐卫国，卫国的国君出逃到齐国的虚地，桓公又将封赐他。隰朋、宾胥无规劝说："不能这样做。三个国家之所以灭亡，只是因为小。现在你只求封赐灭亡的国家，自己的国土用尽了怎么办？"桓公问管仲说："怎么办？"管仲说："国君有行义的实际，于是就能有行义的名声，国君要继续行义。"桓公又问鲍叔，鲍叔说："国君按夷吾的话做。"桓公作楚丘城封赐给卫君，给兵车三百辆，甲士五千人。封赐卫君以后，第二年，桓公问管仲说："将做什么？"管仲回答说："你在国内整顿政事而勉励百姓，就可取信于诸侯了。"桓公同意。齐国于是减轻赋税，放宽关卡市场的征收，制订赋税和禄赏法规。实行这些以后，管仲又请求说："要施行问候病人的制度，我希望能多加赏赐而不行惩罚。这样五年之后，就可使诸侯来亲附。"桓公说："好的。"实行这些以后，管仲又请示说："在与诸侯礼尚往来的时候，齐国送去豹皮，让小国以鹿皮回报；齐国送去马，让小国以狗回报。"桓公同意。实行这些以后，管仲又请求施行奖赏国内外的制度，桓公说："好的。"于是施行这项制度，管仲在国内行赏，桓公行赏到各诸侯国。诸侯国君有施行好的政策的，就用重金去祝贺；凡得封领土以下有善行的，就用衣裳去祝贺；凡诸侯的臣子能谏诤君主而有好效果的，就用玺去慰问他，用来肯定他的言论。桓公施行这项制度以后，又问管仲说："再施行什么？"管仲说："隰朋聪明敏捷，可以任命他管理与东方各国的往来事务。宾胥无坚强而善良，可以任命他管理与西方各国的往来事务。卫国的教化，轻薄而好利；公子开方为人，聪明又敏捷，不能持久而乐于创始，可出使到卫国。鲁国的教化，喜好六艺而顺服礼；季友为人，恭敬又精明，博学知礼，能多做实实在在的小事，可出使到鲁国。楚国的教化，讲究美丽的文采又喜好利，不喜爱做大义的事，而喜爱做实在的小事；蒙孙在教化方面有广博的知识，文辞美丽又善于应对，不喜爱做大义的事，而喜爱结交做事实在的人，可出使到楚国。小国诸侯都已服从，大国诸侯都已亲附。如此，就能开始向诸侯国施行政令了。"桓公说："好的。"于是派遣公子开方出使到卫国，派遣季友出使到鲁国，派遣蒙孙到楚国。经过五年时间，诸侯都来亲附。

狄人伐，[1]桓公告诸侯曰："请救伐。诸侯许诺，[2]

大侯车二百乘，卒二千人；小侯车百乘，卒千人。"诸侯皆许诺。齐车千乘，卒先致缘陵，[3]战于后故，[4]败狄。其车甲与货，小侯受之；大侯近者，以其县分之，不践其国。北州侯莫来，桓公遇南州侯于召陵，曰："狄为无道，犯天子令以伐小国。[5]以天子之故，敬天之命，令以救伐，北州侯莫至，上不听天子令，下无礼诸侯，寡人请诛于北州之侯。"诸侯许诺。桓公乃北伐令支，下凫之山，斩孤竹，[6]遇山戎。[7]顾问管仲曰："将何行？"管仲对曰："君教诸侯为民聚食。诸侯之兵不足者，君助之发。如此，则始可以加政矣。"桓公乃告诸侯，必足三年之食，安以其余修兵革。[8]兵革不足，以引其事告齐，[9]齐助之发。既行之，公又问管仲曰："何行？"管仲对曰："君会其君臣父子，[10]则可以加政矣。"公曰："会之道奈何？"曰："诸侯毋专立妾以为妻，毋专杀大臣，无国劳毋专予禄，士庶人毋专弃妻，毋曲堤，[11]毋贮粟，毋禁材。行此卒岁，则始可以罚矣。"君乃布之于诸侯，诸侯许诺，受而行之。卒岁，吴人伐穀，[12]桓公告诸侯未遍，诸侯之师竭至，[13]以待桓公。桓公以车千乘会诸侯于竟，都师未至，吴人逃。[14]诸侯皆罢。桓公归，问管仲曰："将何行？"管仲曰："可以加政矣。"曰："从今以往二年，適子不闻孝，[15]不闻爱其弟，不闻敬老国良，[16]三者无一焉，可诛也。诸侯之臣及国事，三年不闻善，可罚也。君有过，大夫不谏；士庶人有善，而大夫不进，可罚也。士庶人闻之吏，贤孝悌可赏也。"桓公受而行之，近侯莫不请事,兵车之会六,[17]乘车之会三,[18]飨国四十有二年。

【注释】

〔1〕伐:指"伐杞"。 〔2〕诸侯许诺:郭沫若云:意谓"如诸侯许诺者"。这是一种外交辞令。 〔3〕卒:据上文"车二百乘,卒二千人"等推算,齐车千乘,则"卒一万人"。致:同"至"。 〔4〕后故:张佩纶云:当为"缘陵"之坏字。译文从张说。 〔5〕小国:指杞国。 〔6〕斩孤竹:杀了孤竹国的国君。 〔7〕遏:郭沫若云:"当是'遏'字之误,遏谓抑制之也。"译文从郭说。 〔8〕安:语助词,犹乃也。 〔9〕引:苏舆云:与"益"同义。《小匡》篇"国家不日益",《齐语》"益"作"引"是其证。 〔10〕会:考核。尹知章注:"会,谓考合其君臣父子之宜。" 〔11〕毋曲堤:尹知章注:"所谓无障谷也。"意谓不准在河道上随意建筑堤坝,以免引起用水的纠纷。 〔12〕榖:齐地。尹知章注:"榖,齐之下都,后以封管仲。" 〔13〕竭至:尹知章注:"言其尽来。" 〔14〕"都师"二句:尹知章注:"齐都之师尚未至,而吴人逃也。" 〔15〕適子:即嫡子。此指诸侯的长子,即世子。 〔16〕敬老:尊敬。老,犹尊也。 〔17〕兵车之会:尹知章注:"兵车之会,谓兴兵有所伐。" 〔18〕乘车之会:尹知章注:"乘车之会,谓结好息民之会也。"

【译文】

狄人攻打杞国,桓公通告各诸侯国说:"请救杞国。如各诸侯国同意的话,大国出兵车二百辆,士兵二千人;小国出兵车一百辆,士兵一千人。"诸侯国君都同意。齐国出兵车一千辆,士兵一万人,先到缘陵,在缘陵与狄人开战,打败了狄国。桓公就把缴获的战车、兵甲和货物,让小国领受;大国与狄国相近的,就分得狄国的县邑,但不准践踏狄国的都城。北州侯没有派兵前来,桓公在召陵遇到南州侯,说:"狄国做无道的事,违反天子的政令而攻打杞国。为了要维护天子的缘故,敬奉天命,下令救援杞国,而北州诸侯没有来,上不听天子的命令,下对各诸侯无礼,我提请惩罚北州诸侯。"各诸侯国都同意。桓公于是往北攻打令支国,攻下鬼之山,杀了孤竹国的君主,抑制了山戎国。桓公回来问管仲说:"还要做什么?"管仲回答说:"国君教各诸侯国积聚粮食。诸侯国兵力不足的,国君就帮助它发展。如果能做到这样,就可以开始施加政令了。"桓公就通告各诸侯国,必须贮足三年的粮食,并以余力加强军备。军备不足的,就把要求增援的情况报告齐国,齐国就帮助它发展。这样施行以后,桓公又问管仲说:"再做什么?"管仲回答说:"你再考核各诸侯国的君臣、父子间的情况,那么就可以施加政令了。"桓公说:"考核的办法怎样?"管仲说:"诸侯国君不得擅自立妾而为妻,不得擅自杀戮大臣,没有为国立下功劳的人不得擅自给予俸禄,士人和百姓不得擅自抛弃妻室,不得擅自修筑拦河的堤坝,不得囤积粮食,不得禁止开发材用。执行这些规定到年底,就可开始惩罚违反的人了。"桓公就把这些规定发布到各诸侯国,各诸侯国都同意,接受并执行这些规定。到年底,吴国攻伐穀地,桓公还没有遍告诸侯,而诸侯国的军队全都来到,等待桓公。桓公率领着战车一千辆同各诸侯国君相会于齐国边境,齐国京都的军队还未赶到,吴国人就逃跑了。诸侯国各自罢兵,桓公归来,问管仲说:"再做什么?"管仲说:"可以施加政令了。"又说:"从今以后两年之内,诸侯的世子不听说有孝行,不听说他友爱兄弟,不听说他尊敬国家的贤良,三项没有一项做到的,就可以讨伐。诸侯国的臣子处理国事,三年之内没有听说他做好事,就可以惩罚。国君有过错,大夫不劝谏;士人和百姓有善行,大夫却不推举进用,就可惩罚。士人和百姓,有贤良孝悌的事迹的,经官吏们的推举,就可赏赐。"桓公接受并施行这些规定,与齐国相近的诸侯,没有一个不来请求侍奉的,与诸侯兵车之会有六次,友好的乘车之会有三次,享国四十二年。

桓公践位十九年,弛关市之征,五十而取一。赋禄以粟,[1]案田而税。[2]二岁而税一,上年什取三,[3]中年什取二,下年什取一,岁饥不税,岁饥弛而税。

【注释】

〔1〕禄:读为"录",记录。此指计算。 〔2〕案田而税:尹知章注:案知其壤瘠而税。意谓按田地的肥瘠而收税。案通"按",根据。〔3〕什:十成。

【译文】

桓公登位十九年,放宽了关卡和市场的赋税,只征收五十分之一。

农业的赋税以粟米计算,根据田地的肥瘠收税。两年收税一次,上等年成收十分之三的税,中等年成收十分之二的税,下等年成收十分之一的税,饥荒年不收税,待饥荒缓解以后再收税。

桓公使鲍叔识君臣之有善者,[1]晏子识不仕与耕者之有善者,高子识工贾之有善者,国子为李,[2]隰朋为东国,宾胥无为西土,弗郑为宅。[3]凡仕者近宫,不仕与耕者近门,工贾近市。三十里置遽,[4]委焉,[5]有司职之。从诸侯欲通,[6]吏从行者,令一人为负以车;若宿者,令人养其马,食其委。[7]客与有司别契,[8]至国八契费,[9]义数而不当,[10]有罪。凡庶人欲通乡,吏不通,七日,囚。出欲通,[11]吏不通,五日,囚。贵人子欲通,吏不通,二日,囚。凡县吏进诸侯士而有善,观其能之大小以为之赏,有过无罪。令鲍叔进大夫,劝国家,得之成而不悔,[12]为上举。从政治为次,[13]野为原,[14]又多不发,[15]起讼不骄,次之。劝国家,得之成而悔,从政虽治而不能,野原又多发,起讼骄,行此三者为下。[16]令晏子进贵人之子,出不仕,[17]处不华,而友有少长,为上举;得二,为次;得一,为下。士,处靖,[18]敬老与贵,交不失礼,行此三者为上举;得二,为次;得一,为下。耕者,农农用力,[19]应于父兄,事贤多,[20]行此三者,为上举;得二,为次;得一,为下。令高子进工贾,应于父兄,事长养老,承事敬,行此三者为上举,得二者,为次;得一者,为下。令国子以情断狱。三大夫既已选举,使县行之。管仲进而举言，[21]上而见之于君，以卒年君举。管仲告鲍叔曰："劝国家，不得成而悔，从政不治不能，野原又多而发，讼骄，凡三者，有罪无赦。"告晏子曰："贵人子处华，下交，好饮食，行此三者，有罪无赦。士出入无常，不敬老而营富，行此三者，有罪无赦。耕者出入不应于父兄，用力不农，不事贤，行此三者，有罪无赦。"告国子曰：[22]"工贾出入不应父兄，承事不敬，而违老治危，[23]行此三者，有罪无赦。凡于父兄无过，州里称之，吏进之，君用之。有善无赏，有过无罚，吏不进，廉意。[24]于父兄无过，于州里莫称，吏进之，君用之，善为上赏，不善吏有罚。"君谓国子：凡贵贱之义，入与父俱，出与师俱，上与君俱。凡三者，遇贼不死，不知贼，则无赦。断狱，情与义易，义与禄易，易禄可无敛，[25]有可无赦。[26]

【注释】

〔1〕识：读为"志"，记住。尹知章注："音志。"君臣：王引之云：当为"群臣"，群臣大夫也。译文从之。　〔2〕李：通"理"，古时法官的名称。尹知章注："李，狱官也。"　〔3〕宅：官名，负责掌管宅地。尹知章注："为宅，掌修除宫室。"　〔4〕遽（jù据）：驿车。此指驿站。〔5〕委：委积，积聚。尹知章注："委，谓当有储，拟以供过者。"〔6〕从：许维遹云：当作"凡"，形近而误。译文从"凡"。　〔7〕食其委：古本作"食以委"。安井衡云："食以委"以委积之物食之也。译文从之。　〔8〕别契：犹今之单据与存根，各执其一。郑司农注《小宰》曰："别，别为两，两家各得一也。"　〔9〕八契费：陶鸿庆云：当为"入契费"，"八"为"入"之误字。郭沫若云："入犹纳也。"即交纳契费。译文从陶说郭说。　〔10〕义：同"仪"，礼仪。数：数目，费用。而：如果。　〔11〕出：刘绩云：出疑为"士"之误。译文从"士"。〔12〕得之成：刘师培云：依据下文，应为"得成"。成，与"功"同。

得成,犹言有功。悔:咎,过错。《论语·为政》:"言寡尤,行寡悔。"〔13〕为次:王引之云:"'为次'二字,涉下文'得二为次'而衍。"译从。〔14〕野为原:许维遹云:"《戒篇注》'为犹与也',此'野为原',即'野与原',下文'野原'连文,是其证。"译从。〔15〕不发:读为"不废",不荒废。发,古代与"废"通用。〔16〕行此三者:孙蜀丞云,此四字"当在下文'为上举'之上"。译文从之。〔17〕出不仕:郭沫若云:"当是'出不狂'之误,谓出外不为邪辟之行也。"译文从郭说。〔18〕靖:恭敬。〔19〕农农:郭沫若云:犹言"浓浓、重重、冲冲"。〔20〕贤:通"艰"。艰苦,辛劳。《诗经·小雅·北山》:"我从事独贤。"〔21〕举:陶鸿庆云:读为"与"。〔22〕国子:根据上下文的记述,此处应为"高子"。〔23〕危:"诡"之借字。苏舆云:危、诡同声通用。〔24〕廉意:郭沫若云:"当是'废弃'之误……"译文从之。〔25〕易:古本无"易"字,郭沫若云:当从古本删去。译从。敛:检束。〔26〕有可:依上文当为"有罪"。王念孙云:"涉上句'可无敛'而误。"

【译文】

桓公命鲍叔记录大夫中有善行的人,命晏子记录平民与农夫中有善行的人,命高子记录工匠商人中有善行的人,命国子为法官,命隰朋为处理东方各国事务的外交官,命宾胥无为处理西方各国事务的外交官,命弗郑为宅地官。官吏的住宅都靠近官廷,平民与农夫的住宅都靠近城门,工匠与商人的住宅靠近市场。每三十里的地方设置驿站,在驿站里储备物资,有专门的官吏掌管。凡诸侯要与齐交往的,进入齐国的官吏以及随行人员,驿站就要派遣一个人用车子为他们运送行李;如果要在驿站住宿的,就要派人为他们喂养马,用储备的物资供他们食用。宾客与驿站的官吏要各执单据,宾客进入京都要依单据交纳费用,如果发现招待的礼仪和费用的数据不恰当,驿站的官吏就有罪。凡是平民要到乡地去陈诉事实的,官吏不准他们前往,扣压超过七天,官吏就要受囚禁。士要与上面交往,官吏不准他们前往,扣压超过五天,官吏就要受囚禁。贵人子弟要与上交往,官吏不准他们前往,扣压超过两天,官吏就要受囚禁。凡县官向齐国推荐诸侯国的士,如果效果好的,看士的能力的大小而对县官颁奖,如果推荐有过错则无罪。命鲍叔推荐大夫,为国家效力,有功而无过错的,是上等人才。从事政务能治理的,土地又多不荒废,对诉讼的处理实事求是,是次一等的人才。努力为国家效力,有功也有过错,从事政务虽能治理,却又无能,土地多荒废,对诉讼的处理不能实事求是,是下等人才。命晏子推荐贵人的子弟,出游不狂妄,平时生活不奢华,无论年少年长的,都可交为朋友,能做到这三项的是上等人才;能做到两项的是次一等的人才;能做到一项的是下等人才。士,平时态度恭敬不傲,能尊重老人与贵人,与人交游不失礼节,能做到这三项的是上等人才;能做到两项的,是次一等的人才;能做到一项的,是下等人才。农夫,劳动十分用力,能顺应父兄,服劳役肯吃苦做得又多,能做到这三项的,是上等人才,能做到两项的,是次一等人才,能做到一项的,是下等的人才。命高子推荐工匠和商人,能顺应父兄,侍奉长辈敬养老人,承担徭役认真,能做到这三项的是上等人才,能做到两项的是次一等的人才,能做到一项的是下等人才。命国子根据实情判决诉讼。三大夫的选拔推举工作完成以后,令县官去执行。管仲在推荐他们时要与他们谈话,然后上报并安排让国君接见,在年终时国君举用。管仲告诉鲍叔说:"为国家做事,不能立功而有过错,从事政务不能办好事又无能,土地荒废得又多,对诉讼的处理不能实事求是,凡犯有这三项的,有罪不赦。"告诉晏子说:"贵人子弟平日生活奢华,下交轻薄子弟,喜好酒食游戏,犯有这三项的,有罪不赦。士出入无常规,不尊敬老人,营私谋富,犯有这三项的,有罪不赦。农夫出入不顺应父兄,劳动不肯卖力,逃避劳役怕艰苦,犯有这三项的,有罪不赦。"告诉高子说:"工匠商人出入不顺应父兄,承担徭役不认真,违背老人教导做事诡计多端,犯有这三项的,有罪不赦。凡是对父兄没有过错,州里的人称赞他,官吏推举他,国君就任用他。有善行没有奖赏,有过错没有责罚,官吏不能推荐人才,就罢了他的官。对父兄没有过错,在州里没有人称赞他,而官吏推举了他,国君任用了他。如果他确实好,推荐的官吏受上赏;如果他确实不好,官吏要受罚。"国君也指示国子:根据贵贱的准则,在家要与父亲在一起,出门要与师傅在一起,朝廷上要与君主在一起。在这三种情况下,如遇到贼害而不能以死捍卫,或者有贼害而不能知道,则不赦他的罪行。在论罪判刑的时候,拿人情与国法做交易,拿国法与权势做交易,如果有权势的人不受国法的约束,则有罪不赦。

中匡第十九

【题解】

中匡,中等的书简。据郭沫若说是长一尺二寸的书简,是私家著述,较之于长二尺四寸的官方书简则要短得多了。本篇记述了两则桓公与管仲的谈话,时间是管仲为齐相后,内容是有关治国兴霸的策略。前一则侧重于称霸诸侯要有充分的准备,要学习"先王必有置也,而后必有废也;必有利也,而后必有害也"的历史经验,特别强调要"善之伐不善也"的历史规律,要以治平乱,稳定社会,以诸侯、百姓为重。后一则强调要始终不渝地坚持取信于天下,不能偷安于一时。本篇的文体接近于逸事的记述,而观点鲜明。

管仲会国用,[1]三分二在宾客,[2]其一在国。[3]管仲惧而复之。[4]公曰:"吾子犹如是乎?四邻宾客,入者说,[5]出者誉,光名满天下;入者不说,出者不誉,污名满天下。壤可以为粟,木可以为货。粟尽则有生,货散则有聚。君人者,名之为贵,财安可有?"[6]管仲曰:"此君之明也。"公曰:"民办军事矣,则可乎?"[7]对曰:"不可。甲兵未足也。请薄刑罚以厚甲兵。"于是死罪不杀,刑罪不罚,使以甲兵赎。死罪以犀甲一戟,[8]刑罚以胁盾一戟,[9]过罚以金军,[10]无所计而讼者,[11]成以束矢。[12]公曰:"甲兵既足矣,吾欲诛大国之不道者，可乎？"对曰："爱四封之内，而后可以恶竟外之不善者；[13]安卿大夫之家，而后可以危救敌之国；[14]赐小国地，而后可以诛大国之不道者；举贤良，而后可以废慢法鄙贱之民。是故先王必有置也，而后必有废也；必有利也，而后必有害也。"桓公曰："昔三王者，既弑其君，今言仁义，则必以三王为法度，不识其故何也？"对曰："昔者禹平治天下，及桀而乱之，汤放桀以定禹功也。汤平治天下，及纣而乱之，武王伐纣以定汤功也。且善之伐不善也，自古至今，未有改之，君何疑焉？"公又问曰："古之亡国其何失？"对曰："计得地与宝，而不计失诸侯；计得财委，而不计失百姓；计见亲而不计见弃。三者之属一，足以削，遍而有者亡矣。古之隳国家、[15]陨社稷者，[16]非故且为之也，[17]必少有乐焉，不知其陷于恶也。"

【注释】

　　[1]会：读为"会计"的会，意为总计。　[2]宾客：此指他国派来的使者。《论语·公冶长》："赤也，束带立于朝，可使与宾客言也。"邢疏："可使与邻国之大宾小客言语应对也。"　[3]国：指国内。[4]复：报告。　[5]说：通"悦"，喜悦。　[6]财安可有：郭沫若云："财安可有"当读为"财焉何有"，谓财无足轻重，非谓财不可有。[7]民办军事矣，则可乎：陶鸿庆云："传写于此误夺，校者又误补于下耳。"应为"民办军事矣，吾欲诛大国之不道者，可乎"。译文从陶说。[8]犀甲一戟：犀牛皮的盔甲又加一戟。戟，枪头有小叉的兵器。[9]刑罚：王引之云："'刑罚'当为'刑罪'。""涉上文薄刑罚而误。"译文从之。　[10]金军：王引之云：当为"金钧"，出金一钧也。金，铜铁等金属的统称。钧，古代以三十斤为一钧。　[11]无所计：苏舆云：当为"无所抑"，无所屈抑。屈抑：委屈，冤屈。　[12]束矢：一束箭。《淮南子·氾论训》："讼而不胜者，出一束箭。"高诱注："箭十二

为束也。"〔13〕竟：通"境"。〔14〕救敌：王引之云：同"仇敌"。仇、扰、救，古字通。〔15〕隳（huī灰）：毁坏。〔16〕陨社稷：灭祭祀。陨同"殒"，死亡。〔17〕非故且为：并非专门这样做。许维遹云：故，专故也；且，句中语助词。意谓非专为之。

【译文】

　　管仲总算国家的开支，发现三分之二的钱花在国外来的宾客身上了，只有三分之一的钱花在国内。管仲惶恐地向桓公报告这个情况。桓公说："你也还是如此吗？四方邻国的宾客，进入齐国就高兴，出离齐国就称誉，就能使齐国的美名声传遍天下；如果进入齐国就不高兴，出离齐国就不称誉，就会使齐国的丑名声传遍天下。土地可以生产粮食，木材可以制成财货。粮食用尽了可以再生产，财货散尽了可以再聚积。对于君主，名声最为贵重，何必计较财物呢？"管仲说："这是你的圣明。"桓公说："百姓都在做备战的工作，我想要去讨伐无道的大国，可以吗？"管仲回答说："不能这样做，因为盔甲和兵器还不够。请减少刑罚来增加盔甲和兵器。"于是犯死罪的人就不杀了，犯刑罪的人就不坐牢了，使他们用盔甲和兵器来赎罪。死罪可用犀牛皮盔甲再加上一把戟赎罪，刑罪可用胁盾再加上一把戟赎罪，有过失的罚以金属一钧，没有什么冤屈而诬告的，用矢一束抵罪。桓公说："盔甲和兵器已经足够，我想要去讨伐无道的大国，可以了吗？"管仲回答说："爱惜国内的百姓，而后才可能交恶国外的不好的人；安定卿大夫的家庭，而后才可能危害仇敌的国家；赐封土地给小国，而后才可能讨伐无道的大国；推举贤良的人才，而后才可能废弃不用轻法鄙贱的人。因此先王必有设置，而后才能有废弃；必有所利，而后才能有所害。"桓公说："从前的三王，既已杀了他们的国君，今天议论仁义，却必定拿三王作为典范，不知道是什么缘故？"管仲回答说："从前夏禹平定治理好天下，到夏桀却使天下混乱了，商汤放逐夏桀而安定了夏禹的功业。商汤平定治理好天下，到纣王却使天下混乱了，周武王攻伐纣王而安定了商汤的功业，并且都是好的攻伐不好的，自古到今，这种情况没有改变，国君你怀疑什么呢？"桓公又问道："古代亡国的人是因为失去了什么？"管仲回答说："只计算着能获得多少土地和财宝，却不计算失去了多少诸侯；只计算着能获得多少财物，却不计算失去了多少百姓；只计算有多少受亲附的，却不计算有多少被抛弃的。这三条中犯有一条，就足以削弱国家；如果统统犯有了，就要亡国了。古代毁坏国家、灭绝祭祀的国君，也并非是专门这样做的,必定是从偶有淫乐开始的,不知不觉地陷入了罪恶的深渊。"

桓公谓管仲曰:"请致仲父。"[1]公与管仲父而将饮之,[2]掘新井而柴焉,[3]十日斋戒,召管仲。管仲至,公执爵,[4]夫人执尊,[5]觞三行,[6]管仲趋出。公怒曰:"寡人斋戒十日,而饮仲父,寡人自以为修矣。仲父不告寡人而出,其故何也?"鲍叔、隰朋趋而出,及管仲于途曰:"公怒。"管仲反,[7]入,倍屏而立,[8]公不与言。少进中庭,公不与言。少进傅堂,[9]公曰:"寡人斋戒十日而饮仲父,自以为脱于罪矣。仲父不告寡人而出,未知其故也。"对曰:"臣闻之,沉于乐者洽于忧,[10]厚于味者薄于行,慢于朝者缓于政,害于国家者危于社稷,臣是以敢出也。"公遽下堂曰:"寡人非敢自为修也。[11]仲父年长,虽寡人亦衰矣,吾愿一朝安仲父也。"对曰:"臣闻壮者无怠,老者无偷,顺天之道,必以善终者也。三王失之也,非一朝之萃。[12]君奈何其偷乎?"管仲走出,君以宾客之礼再拜送之。明日,管仲朝,公曰:"寡人愿闻国君之信。"对曰:"民爱之,邻国亲之,天下信之,此国君之信。"公曰:"善。请问信安始而可?"对曰:"始于为身,[13]中于为国,成于为天下。"[14]公曰:"请问为身。"对曰:"道血气,以求长年、长心、长德,[15]此为身也。"公曰:"请问为国。"对曰:"远举贤人,慈爱百姓,外存亡国,继绝世,起诸孤,薄税敛,轻刑罚,此为国之大礼也。""法行而不苛,[16]刑廉而不赦,有司宽而不凌,[17]菀浊困滞，[18]皆法度不亡，[19]往行不来，[20]而民游世矣，[21]此为天下也。"

【注释】

〔1〕仲父：齐桓公对管仲的尊称。古本等"仲父"下有"其桓"二字，郭沫若以为当至此断句。桓，盘桓也，盘乐于酒。译文从郭说。〔2〕与：俞樾云：读为"预"，预先。 〔3〕柴：为使井水清洁，用柴盖井。 〔4〕爵：古代酒器，可用来盛酒或温酒。 〔5〕尊：古代酒器，可用来盛酒。 〔6〕觞（shāng 商）三行：觞，也是酒器。按古代礼节，臣子侍宴，酒不得过三觞，超过即是失礼。 〔7〕反：通"返"，返回。〔8〕倍：同"背"，背对着。 〔9〕傅：郭沫若云："读为薄，迫也。谓接近于堂。" 〔10〕沉：沉溺。洽：浸润。 〔11〕修：郭沫若云："'修'字当为'偷'字之误。"译文从"偷"。 〔12〕萃：俞樾云："'萃'当读为猝。"意为急速、突起。 〔13〕为：治。《吕氏春秋·执一篇》："身为而家为，家为而国为，国为而天下为。"高诱注："为，治也。" 〔14〕成：终。与"始"相对。《国语·周语下》："故高朗令终。"韦昭注："终，成也。" 〔15〕长：郭沫若云：读为"养"。〔16〕张佩纶云：依上文例，句首当有"公曰请问为天下对曰"九字。译文从之。 〔17〕凌：凌迟，有拖延、拖拉之义。 〔18〕茕独：张佩纶云：即"茕独"之坏。茕独，孤独。困滞：穷困。 〔19〕亡：同"忘"。〔20〕来：""之古字，亦作"饬"，有约束的意义。 〔21〕游世：俞樾云：世读为"泄"，"游泄"皆和乐之意。

【译文】

桓公对管仲说："请仲父来饮酒作乐。"桓公预先为管仲父来饮酒作了准备，掘一口新井用柴盖着，斋戒十天，再召见管仲。管仲来到以后，桓公拿着爵，夫人拿着尊，酒行三觞，管仲就快步地走出去了。桓公发怒说："我斋戒十天，才请仲父饮酒，我自以为是很讲究礼了。但仲父不向我告辞就出去，那是什么原因？"鲍叔、隰朋快步赶出来，在路上赶上了管仲，说："桓公发怒了。"管仲返回来，进入大门，背朝着屏风站着，桓公不与他说话。过了一会进入中庭，桓公还是不与他说话。又过一会走近堂屋，桓公说："我斋戒十天来请仲父饮酒，自以为是不失礼了。仲父不向我告辞而走了，不知是什么原因。"管仲回答说："我听说，沉溺于饮酒作乐的人一定会沾上忧患，重视口味的人一定会轻德行，疏懒上朝的国君就一定放松朝政，有害国家的一定危及宗庙，我因此敢出去。"桓公急忙从堂屋上走下来说："我不敢自作偷安。因为仲父年长，虽然我也衰老了，我只希望有一天让仲父安乐。"管仲回答说："我听说年壮的不懈怠，年老的不偷安，能顺应天道，就必定能有好结果。夏桀、商纣和周幽王失掉天下，并非一朝之间突然来到的。你为什么也要苟且安乐呢？"管仲出门时，桓公用宾客之礼一再礼拜送管仲。第二天，管仲上朝，桓公说："我希望能听到关于国君信用问题的见解。"管仲回答说："百姓爱戴他，邻国亲附他，天下人信任他，这就是国君的信用。"桓公说："好。请问怎样开始才能做到信用？"管仲回答说："从治身开始，接着在于治国，最后在于治理天下。"桓公说："请问治身的事。"管仲回答说："使血气畅通，以便求得长养年寿，长养心智，长养德性，这就是治身的事。"桓公说："请问治国的事。"管仲回答说："举用与自己疏远的贤才，慈爱百姓，对外能保存已被灭亡的国家，继续断绝了的世家，起用死于王事的人的后代，少收赋税，减轻刑罚，这就是治国的大准则。"桓公说："请问治理天下的事。"管仲回答说："施行法制但不苛刻，减少刑罚但不赦免，官吏宽和但不拖拉，孤独穷困的人都不忘法度，往来不受约束，百姓和乐，这就是治理天下的事。"

小匡第二十

【题解】

　　小匡,据郭沫若说,是一种长八寸的小型简书,系私家著述。本篇记述管仲辅相桓公完成霸业的事迹和一系列政见。大致可分为四部分:第一部分记述桓公自莒返齐登位后,鲍叔推举管仲为相,并由鲍叔从鲁国接回管仲。第二部分是本篇的主体,记述管仲辅相桓公称霸诸侯的一系列政见和举措。主要有:要发扬先王文武并举的传统,要"参其国而伍其鄙",建乡立属,就是说要完善管理体制,"定民之居,成民之事"。要从爱民出发,使民富而有礼,使民心安定,国家富足。要使政治管理与军事训练结合起来,使民能守能战。要实行基层推举、试官考察和国君任用的三选制度,以促进各级政府的清明和百姓的行善。再用赎罪制度来增强军备,加强内政外交,使内外安定,邻国相亲,依靠盟国,加兵于无道之国。这样才使桓公实现了"九合诸侯,一匡天下"的霸业。第三部分记述管仲辅相桓公要尊重周天子,安定诸侯,巩固霸业。第四部分总述管仲辅相桓公的策略,并用逸事来补充说明管仲特别重视国君的有决断和敏干事,以及使用人才的指导思想。本篇的内容与《国语·齐语》大致相同,而比《齐语》写得简明、周密、细致和可读。因而有学者以为本篇是在《齐语》的基础上写成的。

　　桓公自莒反于齐,[1]使鲍叔牙为宰。鲍叔辞曰:"臣,君之庸臣也。君有加惠于其臣,[2]使臣不冻饥,则是君之赐也。若必治国家,则非臣之所能也,其唯管夷吾乎!臣之所不如管夷吾者五:宽惠爱民,臣不如也;治国不失秉,[3]臣不如也;忠信可结于诸侯,臣不如也;制礼义可法于四方,[4]臣不如也;介胄执枹,[5]立于军门,使百姓皆加勇,臣不如也。夫管仲,民之父母也;将欲治其子,不可弃其父母。"公曰:"管夷吾亲射寡人,中钩,殆于死。[6]今乃用之,可乎?"鲍叔曰:"彼为其君动也,[7]君若宥而反之,[8]其为君亦犹是也。"公曰:"然则为之奈何?"鲍叔曰:"君使人请之鲁。"公曰:"施伯,鲁之谋臣也。彼知吾将用之,必不吾予也。"鲍叔曰:"君诏使者曰:'寡君有不令之臣在君之国,愿请之以戮群臣。'[9]鲁君必诺。且施伯之知夷吾之才,必将致鲁之政,夷吾受之,则鲁能弱齐矣。夷吾不受,彼知其将反于齐,必杀之。"公曰:"然则夷吾受乎?"鲍叔曰:"不受也。夷吾事君无二心。"公曰:"其于寡人犹如是乎?"对曰:"非为君也,为先君与社稷之故。君若欲定宗庙,则亟请之,不然无及也。"

【注释】

〔1〕齐国内乱,公子小白奔莒,公子纠奔鲁。鲁庄公九年,小白先自莒返齐,登君位,是为桓公。可参阅《大匡》篇。反,同"返"。〔2〕有:读为"又"。〔3〕秉:通"柄",权柄。《国语·齐语》"秉"作"柄"。尹知章注:"秉,柄也。所操以作事。国柄者,赏罚之纪要也。"〔4〕义:通"仪",仪法。法:规范。〔5〕介胄执枹:犹言在军前指挥战斗。介胄(zhòu 宙)犹甲胄,指披甲戴盔。《礼记·曲礼上》:"介胄则有不可犯之色。"枹(fú 伏)同"桴",鼓槌。《左传·成公二年》:"右援枹而鼓。"〔6〕"管夷"三句:小白自莒返齐,管仲随鲁师伏击,射中小白带钩。可参阅《大匡》篇。〔7〕动:行动。《左传正义》所引作"勤"。勤,意同"劳"。录以供参考。〔8〕宥(yòu 右):

宽恕。〔9〕戮群臣：古本作"戮于群臣"。应依古本。

【译文】

　　桓公从莒国回到齐国，就命鲍叔牙做宰相。鲍叔推辞说："我是国君的庸臣。国君又增加恩惠给我，使我不受冻挨饿，这已经是国君的恩赐了。如果一定要命我治理国家，却不是我所能做到的，那只能请管夷吾了！我不及管夷吾有五个方面：能以宽容优惠的态度爱护百姓，是我不及的；治国不失法度，是我不及的；能以忠诚守信用的态度同各诸侯国结交，是我不及的；制订礼仪规范四方之国，是我不及的；披甲戴盔，手拿鼓槌，立在军门之前，使百姓都能增加勇气，是我不及的。管仲，是百姓的父母，想要管理儿子，不能废弃他们的父母。"桓公说："管夷吾曾亲自用箭射我，射中了我的带钩，险些射死了我。现在却用他为相，能行吗？"鲍叔说："他为了侍奉自己的君主才采取这样的行动，你如果能宽恕他，并使他返回齐国，他为你也还会这样的。"桓公说："这该如何办呢？"鲍叔说："国君派使者到鲁国去请他回来。"桓公说："施伯，是鲁国的谋臣。他知道我将要用管仲，必定不会给我的。"鲍叔说："你告诉使者要他这样说：'我们国君有一个不听使令的臣子在你们的国家，希望引渡回国，以便处死在群臣面前。'鲁国必定会应诺的。只是施伯知道夷吾的才能，必将把鲁国的政事交给他。夷吾如果接受，鲁国就能削弱齐国了。夷吾如果不接受，施伯知道他一定会回到齐国，就会要杀了他。"桓公说："这样夷吾会接受鲁国的政事吗？"鲍叔说："不会接受的。因为夷吾侍奉君主不会有二心的。"桓公说："他对我也是如此的吗？"鲍叔回答说："不是为了你，是为先代的国君和国家的缘故。你如果想要安定国家，就赶快去请他，否则就要来不及了。"

　　公乃使鲍叔行成，[1]曰："公子纠，亲也。请君讨之。"鲁人为杀公子纠。又曰："管仲，仇也。请受而甘心焉。"[2]鲁君许诺。施伯谓鲁侯曰："勿予。非戮之也，将用其政也。[3]管仲者，天下之贤人也，大器也。在楚则楚得意于天下，在晋则晋得意于天下，在狄则狄得意于天下。今齐求而得之，则必长为鲁国忧，君何不杀而受之其尸?"鲁君曰:"诺。"将杀管仲,鲍叔进曰:"杀之齐,是戮齐也;[4]杀之鲁,是戮鲁也。弊邑寡君愿生得之,[5]以狥于国,为群臣僇;[6]若不生得,是君与寡君贼比也,[7]非弊邑之君所谓也,[8]使臣不能受命。"于是鲁君乃不杀,遂生束缚而枷以予齐。[9]鲍叔受而哭之,三举。[10]施伯从而笑之,[11]谓大夫曰:"管仲必不死。夫鲍叔之忍,[12]不僇贤人;其智,称贤以自成也。鲍叔相公子小白,先入得国,管仲、召忽奉公子纠后入,与鲁以战,能使鲁败,功足以。[13]得天与失天,其人事一也。今鲁惧,杀公子纠、召忽,囚管仲以予齐,鲍叔知无后事,必将勤管仲以劳其君愿,[14]以显其功。众必予之有得,[15]力死之功,犹尚可加也;显生之功,将何如!是昭德以贰君也,[16]鲍叔之知,不是失也。"至于堂阜之上,[17]鲍叔袚而浴之三。[18]桓公亲迎之郊。管仲诎缨插衽,[19]使人操斧而立其后。公辞斧三,然后退之。公曰:"垂缨下衽,寡人将见。"管仲再拜稽首曰:"应公之赐,杀之黄泉,死且不朽。"

【注释】

〔1〕行成:议和。《史记·越王勾践世家》:"乃令大夫种行成于吴。"司马贞《索隐》:"成者,平也。求和于吴也。" 〔2〕请受而甘心焉:《左传正义》引文作"请受而戮之"。受通"授",授予。译文从之。 〔3〕将:就是。与上句的"非"对文。 〔4〕尹知章注:"言戮以殉齐也。"为齐国殉节而杀。 〔5〕弊邑:同"敝邑",古代称自己国家的谦辞。 〔6〕僇:通"戮",杀戮。 〔7〕比:并列。 〔8〕谓:当为"请"。《左传正义》作"请"。 〔9〕枷(xiá侠):本指关猛兽的木笼子,此指关押犯人的囚车。 〔10〕三举:尹知章注:"三举其声,伪哀

其将死也。"举声,大声。 〔11〕笑:尹知章注:"笑其伪也。"笑,嘲笑。 〔12〕忍:张文虎云:"忍"当作"忎",古"仁"字也。译文从"忎"。 〔13〕以:同"已"。 〔14〕勤:帮助。《国语·秦语二》:"秦人勤我矣。"愿:古本作"顾"。顾,顾遇、知遇。当从古本。 〔15〕得:古本作"德"。译文从"德"。 〔16〕贰君:宰相。尹知章注:"为君之副贰。" 〔17〕堂阜:《史记集解》杜预注:"堂阜,齐地。东莞蒙阴县西北有夷吾亭,或曰鲍叔解夷吾缚于此,因以为名也。"今山东蒙阴县西北。 〔18〕祓(fú 福):古代为除灾去邪举行的仪式。尹知章注:"祓,谓除其凶邪之气。" 〔19〕诎缨:同"屈缨"。诎意同下文的"垂缨"。缨插衽,尹知章注:"示将戮也。"

【译文】

桓公于是派鲍叔去鲁国议和,鲍叔对鲁君说:"公子纠,是亲属,请鲁国杀了他。"鲁国人就替齐国杀了公子纠。又说:"管仲,是仇人。请交给齐国,让齐国人自己杀了他。"鲁君应诺。施伯对鲁君说:"不要交给他们。齐国不是为了杀管仲,而是要任用他管理政事。管仲,是天下的贤人,是大材。他在楚国受到任用,楚国就能得志于天下;在晋国受到任用,晋国就能得志于天下;在狄国受到任用,狄国就能得志于天下。现在齐国招求而能得到管仲,就必定长期地成为鲁国的忧患,国君为什么不杀了他而把尸体交给齐国呢?"鲁君说:"好的。"就准备杀掉管仲,鲍叔进去说:"把他杀死在齐国,这是为齐国殉节而杀;把他杀死在鲁国,这是为鲁国殉节而杀。我国的国君希望能活捉管仲,以便让他在齐国殉节,为教育群臣而杀他。如果不能活捉到他,这是你与我国君的叛贼站在一起了,这不是我国君主所请求的事,我作为使臣不敢接受你们的意见。"于是鲁君就不杀管仲,把管仲捆绑起来,关在囚车里交给了齐国使者。鲍叔接受后,为管仲回齐被杀而哭,曾多次提高声音哭喊。施伯从而讥笑鲍叔的弄假,对鲁国大夫们说:"管仲一定不会死。以鲍叔的仁德,绝不会杀贤人;以鲍叔的才智,定能推举贤人而使其成功业。鲍叔辅相公子小白,能先进入齐国而得君位,管仲、召忽侍奉公子纠后进入齐国,因此而与鲁国发生战争,能把鲁国打败,鲍叔的功劳已很大。无论是得天时或失天时,他们所做的事是一样的。现在鲁国害怕了,杀死了公子纠、召忽,关押管仲并将他交给齐国,鲍叔知道再无后患了,必定会帮助管仲效力于国君的知遇之恩,以便显露管仲的功名。众人必定会给鲍叔有德的名声,努力杀死公子纠而为桓公夺得君位的功劳,如果还不算大,那么让桓公能得到管仲使之能显示业绩的功劳,却是无以复加的了!这次让管仲昭著德行而立为国相,以鲍叔的才智,是不会错失这一步的。"当回到齐国堂阜地方,鲍叔再三为管仲举行除灾去邪、沐浴洁身的仪式,桓公亲自到京郊迎接。管仲垂下帽缨,提着衣襟,派人手持刀斧站在他的后面。桓公再三令刀斧手撤离,然后退避。桓公说:"既已垂下帽缨和衣襟,我就接见。"管仲再拜叩头说:"承蒙你的恩赐,就是杀了我到了地下,也是永远感激的。"

公遂与归,礼之于庙,[1]三酌而问为政焉,曰:"昔先君襄公,高台广池,湛乐饮酒,[2]田猎毕弋,[3]不听国政,卑圣侮士,唯女是崇,九妃六嫔,陈妾数千。食必粱肉,衣必文绣,而戎士冻饥。戎马待游车之弊,戎士待陈妾之余。倡优侏儒在前,[4]而贤大夫在后。是以国家不日益,不月长,吾恐宗庙之不扫除,社稷之不血食,[5]敢问为之奈何?"管子对曰:"昔吾先王,周昭王、穆王世法文武之远迹,以成其名。合群国,比校民之有道者,设象以为民纪,[6]式美以相应,[7]比缀以书,原本穷末。劝之以庆赏,纠之以刑罚。粪除其颠旄,[8]赐予以镇抚之,[9]以为民终始。"[10]公曰:"为之奈何?"管子对曰:"昔者圣王之治其民也,参其国而伍其鄙,[11]定民之居,成民之事,以为民纪。谨用其六秉。如是而民情可得而百姓可御。"

【注释】
　　〔1〕庙:庙堂,太庙的明堂,古代帝王祭祀、议事的地方。〔2〕湛(dān单)乐:过度的享乐。《诗经·小雅·北山》:"或湛乐饮酒,或惨惨畏咎。"　〔3〕毕:古时田猎用的长柄网。《诗经·小雅·鸳鸯》:"鸳鸯于飞,毕之罗之。"疏:"网小而柄长谓之毕。"弋(yì亦):用绳系

在箭上射物。《诗经·郑风·女曰鸡鸣》:"将翱将翔,弋凫与雁。"疏:"谓以绳系矢而射也。" 〔4〕倡优:古代以乐舞戏谑为业的艺人。《汉书·灌夫传》:"所爱倡优、巧匠之属。"颜师古注:"倡,乐人也;优,戏谑者也。"侏儒:身材矮小的人。古代贵族常以侏儒为倡优弄人,故亦称优伶为侏儒。 〔5〕血食:受祭祀。因祭祀有牲牢,故称血食。《史记·封禅书》:"周兴而邑邰,立后稷之祠,至今血食天下。" 〔6〕尹知章注:"校试其人有道者,与之设法象,而为人纪。"法象,可效法的典型、模范。人纪,人的纲纪、领头人。 〔7〕美:郭沫若云:"'美'《齐语》作'权',则'美'殆'券'字之误。言券契表格等有法式,使民照样填写也。"译文从郭说。 〔8〕粪除其颠旄:郭沫若云:"当作'粪除其颠毛',谓髡刑也。"粪除,清除。《左传·昭公三年》:"小人粪除先人之敝庐。"颠毛,头顶之毛发。髡(kūn 坤)刑,古代一种剃去头发的刑罚。 〔9〕镇抚:镇定安抚。《史记·淮阴侯列传》:"乃遣使报汉,因请立张耳为赵王,以镇抚其国。" 〔10〕终始:刘绩云:终始犹言常行。 〔11〕参:同"叁"。

【译文】

桓公就同管仲回京都,在庙堂上以礼相见,酒行三酌以后,向管仲询问政事举措,说:"从前先代君主襄公,建筑高台大池,过度的饮酒作乐,田猎捕射,不理国家政事,看不起圣贤,轻慢士人,只是宠爱妇女,妃嫔众多,后宫有妾数千。吃的是精美的食品,穿的是华丽的衣服,而战士们受冻挨饿。战马的补充要等待游车换下的疲马,战士的给养要等待后宫享用后的剩余。倡优侏儒站在国君的前面,而贤士大夫却立在国君的后面。因此国家不是日日有新增加、不是月月有新发展,我担心宗庙将无人打扫,社稷将无人祭祀,请问对此怎么办?"管子回答说:"从前我们的先王,周昭王和周穆王世代效法文治武功的远世业绩,因而成就了他们的名声。集合各诸侯国的人才,比较出有德行的人,树立典范作为百姓学习的榜样。准备好契券表格让百姓填写,编纂而成书简,推究百姓表现的好坏。用庆贺、赏赐来勉励表现好的,用刑罚来纠正表现坏的。用剪除顶发或赐予来镇定安抚百姓,以此作为对百姓经常实行的政策。"桓公说:"对先王的政策怎么推行?"管子回答说:"从前圣王治理百姓,三分其国,五分其鄙,固定百姓的居地,成就百姓的职事,以此作为治民的体制,再谨慎地使用国君的六种权力。如此,民情就可掌握,百姓就可统治。"

桓公曰:"六秉者何也?"管子曰:"杀、生、贵、贱、贫、富,此六秉也。"

【译文】

桓公曰:"国君的六种权力是哪些?"管子说:"杀人,使人生,使人尊贵,使人卑贱,使人贫困,使人富足,这就是国君的六种权力。"

桓公曰:"参国奈何?"管子对曰:"制国以为二十一乡:〔1〕商工之乡六,士农之乡十五。公帅十一乡,高子帅五乡,国子帅五乡。参国故为三军。公立三官之臣,〔2〕市立三乡,〔3〕工立三族,泽立三虞,山立三衡。制五家为轨,轨有长。十轨为里,里有司。四里为连,连有长。十连为乡,乡有良人。三乡一帅。"〔4〕

【注释】

〔1〕制:规定。 〔2〕公:郭沫若云:"然以下文'市立三乡,工立三族,泽立三虞,山立三衡'等例之,则此'公'字当为'宫'。"士乡也。译文从郭说。本书《大匡》"凡仕者近宫","宫"字宋本作"公",可证也。 〔3〕乡:官名。下文族、虞、衡同例为官名。〔4〕三乡:古本作"五乡"。下文及《国语·齐语》也作"五乡"。译文从"五乡"。

【译文】

桓公说:"三分国家怎么做?"管子回答说:"规定把国家划为二十一个乡:商人、工匠之乡六个,士人、农民之乡十五个。你统帅十一个乡,高子统帅五个乡,国子统帅五个乡。三国也因而是三军。士乡设立三个官府的官吏,商乡设立三乡之官,工乡设立三族之官,水乡设立三虞之官,山乡设立三衡之官。规定五家为一轨,轨设有轨长。十轨为一里,里设有里司。四里为一连,连设有连长。十连为一乡,乡设有良人。

五乡为一帅。"

桓公曰："五鄙奈何？"管子对曰："制五家为轨，轨有长。六轨为邑，邑有司。十邑为率，[1]率有长。十率为乡，乡有良人。三乡为属，属有帅，[2]五属一大夫。[3]武政听属，文政听乡，各保而听，毋有淫佚者。"

【注释】

〔1〕率：王念孙云：率当为"卒"，形近而有误。《国语·齐语》作"卒"，本篇下文"乡退而修卒"，也作"卒"。下二句的"率"，均为"卒"之误。 〔2〕属有帅：王念孙云：属有帅"当作'属有大夫'，此涉上文'连有帅'而误"。译从。 〔3〕一大夫：应为"五大夫"。《国语·齐语》云："属有大夫，五属故有五大夫。"本书《立政》篇云"五属大夫"。

【译文】

桓公说："鄙划分为五怎么做？"管子回答说："规定五家为一轨，轨设有轨长。六轨为一邑，邑设有邑司。十邑为一卒，卒设有卒长。十卒为一乡，乡设有良人。三乡为一属，属设有大夫，五属就有五大夫。武功方面的事听从属，文治方面的事听从乡，各自保证听从，不得有所荒废。"

桓公曰："定民之居，成民之事奈何？"管子对曰："士农工商四民者，国之石民也，[1]不可使杂处。杂处则其言哤，[2]其事乱。是故圣王之处士必于闲燕，[3]处农必就田壄，[4]处工必就官府，处商必就市井。今夫士群萃而州处，[5]闲燕则父与父言义，子与子言孝，其事君者言敬，长者言爱，幼者言弟。旦昔从事于此，[6]以教其子弟。少而习焉,其心安焉,不见异物而迁焉。[7]是故其父兄之教,不肃而成;[8]其子弟之学,不劳而能。夫是故士之子常为士。今夫农群萃而州处,审其四时,[9]权节具,备其械器用,[10]此耒耜穀芨。[11]及寒击槁除田,[12]以待时乃耕,深耕,均种,疾耰。[13]先雨芸耨,[14]以待时雨。时雨既至,夹其枪刈耨镈,[15]以旦暮从事于田壄。税衣就功,[16]别苗莠,[17]列疏遬。[18]首戴苎蒲,[19]身服袯襫,[20]沾体涂足,暴其发肤,尽其四支之力,[21]以疾从事于田野。[22]少而习焉,其心安焉,不见异物而迁焉。是故其父兄之教,不肃而成;其子弟之学,不劳而能。是故农之子常为农,朴野而不慝,[23]其秀才之能为士者,则足赖也。故以耕则多粟,以仕则多贤,是以圣王敬畏戚农。[24]今夫工群萃而州处,相良材,审其四时,辨其功苦,[25]权节其用,论比计制断,[26]器尚完利。相语以事,相示以功,相陈以巧,相高以知事。[27]旦昔从事于此,以教其子弟。少而习焉,其心安焉,不见异物而迁焉。是故其父兄之教,不肃而成;其子弟之学,不劳而能。夫是故工之子常为工。今夫商群萃而州处,观凶饥,审国变,察其四时而监其乡之货,[28]以知其市之贾。[29]负任担荷,服牛辂马,[30]以周四方。料多少,计贵贱,以其所有,易其所无,买贱鬻贵。[31]是以羽旄不求而至,[32]竹箭有余于国,奇怪时来,珍异物聚。旦昔从事于此,以教其子弟。相语以利,相示以时,相陈以知贾。少而习焉,其心安焉,不见异物而迁焉。是故其父兄之教,不肃而成;其子弟之学，不劳而能。夫是故商之子常为商。相地而衰其政，[33]则民不移矣。正旅旧，[34]则民不惰。山泽各以其时至，则民不苟。陵陆丘井田畴均，[35]则民不惑。[36]无夺民时则百姓富，牺牲不劳则牛马育。"[37]

【注释】

〔1〕石民：如柱石之民，犹今言可依靠的基本群众。尹知章注："四者（即士农工商）国之本，犹柱之石也。" 〔2〕咙（máng 忙）：语言杂乱。尹知章注："咙，乱也。" 〔3〕闲燕：郭沫若疑为"间黄"之误。又说，"间黄"犹言乡校。尹知章注曰："闲燕，谓学校之处。"译文从"学校"说。 〔4〕田壄：即田野。壄，为"野"之古字。 〔5〕今：当依《齐语》作"令"。下文"今夫农""今夫工""今夫商"之"今夫"均作"令夫"。萃（cuì 悴）：聚集。州："周"之借字。《说文》："周，密也。"韦昭注《国语·齐语》曰："州，聚也。"密、聚同义。 〔6〕旦昔：旦夕。昔通"夕"。《庄子·天运》："蚊虻嗜肤，则通昔不寐矣。" 〔7〕异物：尹知章注："异物，谓异事，非其所当习者。"迁：变易，改变。 〔8〕肃：严急。《礼记·礼运》："刑肃而俗蔽，则法无常。" 〔9〕四时：四季。 〔10〕权节具，备其械器用：刘绩云："当作'权节其用，备其械器'，乃字误乱。"《齐语》也作"权节其用"。权节，意谓调节安排。 〔11〕此："比"之误字。他本作"比"。比，比如。耒耜穀芟：当依《国语·齐语》作"耒耜枷芟"。耒耜（sì 似），古代的翻土农具。枷（jiā 加）芟（shān 衫），韦昭注："枷，柫也，所以击草也；芟，大镰，所以芟草也。"那么枷芟是两种除草农具。 〔12〕槁（gǎo 搞）：枯干。《孟子·公孙丑上》："其子趋而往视之，苗则槁矣。"除：修治。《易经·萃》："君子以除戎器，戒不虞。" 〔13〕耰（yōu 优）：农具名。此指播种后用耰平土、覆盖种子。《论语·微子》："耰而不辍。"郑玄注："耰，覆种也。" 〔14〕芸耨：除草。芸，通"耘"。耘与耨同义，意为除草。 〔15〕枪刈（yì 义）：两种割草的农具。耨鎛（bó 博）：两种锄草的农具。 〔16〕税：通"脱"，脱去。《孟子·告子下》："不税冕而行。"功：通"工"。此指农事。 〔17〕莠（yǒu 有）：泛指草。 〔18〕列疏遫（sù 速）：遫，即"速"字，速通"数"。疏数，即疏密。尹知章注："遫，密也。谓苗之疏密当均列之。" 〔19〕尹知章注："编苎与蒲以为笠。"苎（zhù 住）、蒲均为草名。笠：斗笠，箬

帽。　〔20〕袯襫(bó shì脖式)：蓑衣。　〔21〕支：通"肢"。《易经·坤·文言》："正位居体，美在其中，而畅于四支。"　〔22〕疾：力气。《尔雅·释诂》："疾，力也。"　〔23〕慝(tè忒)：邪恶，恶念。《三国志·魏志·武帝本纪》："民无怀慝。"本书《明法解》："比周以相为慝。"　〔24〕敬畏：犹言敬服。畏，心服。《礼记·曲礼上》："（贤者）畏而爱之。"郑玄注："心服曰畏。"戚：亲近。　〔25〕功苦：谓质量的优劣。尹知章注："功谓坚美，苦谓滥恶。"　〔26〕本句与下句的读法依姚永概，姚云："此文本作'论比汁财，器尚完利'。""计"字为"汁"字之误，"制"字为"财"字之误。"断"字为后人所加。"汁"与"协"通，"财"与"材"通。则"论比汁财"即为"论比协材"，与《齐语》同。韦昭注："协，和也，和则柔也。"　〔27〕事：陶鸿庆云："'事'字不当有，涉上文'相语以事'、下文'旦夕从事'而误衍也。'知'读为智。"译从。　〔28〕监：监视。尹知章注："监，视也。"　〔29〕贾：通"价"，价格。《论语·子罕》："求善贾而沽诸？"　〔30〕辂马：驾马。"辂"是"驾"之借字。《说文》："驾，籀文作铬。""铬"与"辂"并谐"各"声。　〔31〕鬻(yù育)：出卖。〔32〕羽旄：古时以雉羽、旄牛尾装饰旗杆，故以为珍品。《文选·班固〈东都赋〉》："羽旄扫霓，旌旗拂天。"吕延济注："羽旄，可以麾众也。"　〔33〕许维遹案："《荀子·王制篇》作'相地而衰政'，杨《注》：'政读为征'，《齐语》正作'征'。韦《注》：'相，视也；衰，差也，视土地之美恶及所生出以差征赋之轻重也。'"差，有差别。〔34〕正旅旧：当依《国语·齐语》作"政不旅旧"。旅，失其本居而寄他方曰旅。旅有遗弃不用的意思。旧，故旧。　〔35〕井：丁士涵云："井与陵陆丘三者不类，井当为阜。"译文从之。　〔36〕惑："感"之坏字。感，古"憾"字。《国语·齐语》作"憾"。　〔37〕劳：王念孙云：劳读为"捞"。《方言》："'捞，取也。'古无'捞'字，借'劳'为之。"

【译文】

桓公说："固定百姓的居地，成就百姓的职事怎么做？"管子回答说："士、农、工、商四种百姓，是国家依靠的基本民众，不能让他们杂居在一块。如果杂居在一块，他们的语言就混杂了，他们的职事就搅乱了。因此圣王总是使士的居处靠近学校，使农民的居处靠近田野，使工匠的居处靠近官府，使商人的居处靠近市场。使士成群密集地居住在一个地区，在学校内外，为父的与为父的谈论义，为子的与为子的谈论孝,侍奉君主的谈论恭敬,年长的谈论亲爱兄弟,年幼的谈论尊敬兄长。日夜在从事道德这方面的工作,用来教育子弟。年少的时候就在学习这些,他们安心于此,不会因看见别的事情而改变志向。因此父兄的教导,不严厉也能成功;子弟的学习,不劳累也能学好。这样,士的子弟常能成为士。使农民成群密集地居住在一个地区,他们仔细地观察四季的变化,安排好各种用具,准备好各种器械,比如耒耜枷芟。在还寒冷的时候,就要及时地除去枯草,修治田地。等到季节就要耕种,耕地要深,下种要匀,覆盖要快。下雨前就要松土锄草,等待及时雨的到来。及时雨过后,就要拿着多种农具,从早到晚在田野上劳作。脱去上衣干活,分辨禾苗野草,芟密补疏,使禾苗的排列得当。农民头戴着箬帽,身穿着蓑衣,一身的泥水,暴露着毛肤,竭尽四肢的力量,努力在田野上劳作。年少的时候就在学习这些,他们安心于此,不会因看见别的事情而改变志向。因此父兄的教导,不严厉也能成功;子弟的学习,不劳累也能学好。这样,农民的子弟常能成为农民,他们质朴而不奸邪,其中的优秀人才能成为士的,就很可信赖。所以农民耕种就能多产粮食,农民做官就能多出贤才,因此圣王敬服农民、亲近农民。使工匠成群密集地居住在一个地区,他们选择好的材料,仔细地观察四季的变化,分辨材料质量的优劣,安排用途,评定材料的等级,协调使用,器具讲究完美和实用。他们相互谈论工事,相互观摩成品,相互交流技巧,相互推崇智慧。他们日夜做着这些工作,以此来教导他们的子弟。年少的时候就在学习这些,他们安心于此,不会因看见别的事情而改变志向。因此父兄的教导,不严厉也能成功;子弟的学习,不劳累也能学好。这样,工匠的子弟常能成为工匠。使商人成群密集地居住在一个地区,他们眼看着凶年的饥荒,审视着国家政策的变化,观察着四季的运行而监视着地方的特产,并了解着市场的价格。他们肩挑背负,赶着牛、驾着马,走遍四方。他们能预料物资的多少,计算货物的贵贱,用其所有,交换其所无,低价买进高价卖出。这样,羽旄不必远求而自来,竹箭在齐国的市场上还有盈余,奇异的商品时常出现,珍贵怪异的货物成堆。他们日夜做着这些工作,来教导他们的子弟。他们相互谈论的是利,相互观察的是时机,相互交流的是行情。年少的时候就在学习这些,他们安心于此,不会因看见别的事情而改变志向。因此父兄的教导,不严厉也能成功;子弟的学习,不劳累也能学好。这样,商人的子弟常能成为商人。国家能根据土地的好坏有区别地征收赋税,百姓就不会外流了。政策能不遗弃传统,百姓就不会怠惰。山林湖泽能按季节开放,百姓就不会苟且从事。各种土地能均匀分配,百姓就不会有缺憾了。不夺农时,百姓就富足；祭品不乱取，牛羊就繁多。"

桓公又问曰："寡人欲修政以干时于天下，[1]其可乎？"管子对曰："可。"公曰："安始而可？"管子对曰："始于爱民。"公曰："爱民之道奈何？"管子对曰："公修公族，家修家族，使相连以事，相及以禄，则民相亲矣。放旧罪，修旧宗，立无后，则民殖矣。[2]省刑罚，薄赋敛，则民富矣。乡建贤士，使教于国，则民有礼矣。出令不改，则民正矣。此爱民之道也。"公曰："民富而以亲，[3]则可以使之乎？"[4]管子对曰："举财长工，以止民用；[5]陈力尚贤，以劝民知；加刑无苛，以济百姓。行之无私，则足以容众矣；出言必信，则令不穷矣。此使民之道也。"

【注释】

〔1〕干：求取。《荀子·议兵》："干赏蹈利之兵也。"杨倞注："干，求也。"时：时会，时见。古代帝王不定期地会见四方诸侯称时会或时见。《周礼·春官·大宗伯》："时见曰会，殷见曰同。"郑玄注："时见者，言无常期。诸侯有不顺服者，王将有征讨之事，则既朝觐，王为坛于国外，合诸侯而事焉。"又注《秋官·大行人》："时会，即时见也。"〔2〕殖：繁殖，孳生。《国语·晋语四》："同姓不婚，恶不殖也。"〔3〕以：通"已"，已经。《汉书·张敞传》："今两侯以出。"〔4〕可：郭沫若云："'可'与'何'通。"译从。〔5〕止：王念孙云："'止'当为'足'。"译文从"足"。

【译文】

桓公又问道："我想修明政事而求不定期地会见天下诸侯，那能做到吗？"管子回答说："能做到。"桓公说："从什么地方开始才能做到呢？"管子回答说："从爱民开始。"桓公说："爱民的做法是怎样的呢？"

管仲回答说:"国君整治公族,大夫整治家族,使他们的事业相连,使他们的禄位相及,那么百姓也就能相亲了。释放旧罪犯,整理旧宗族,为无后者立嗣,百姓就会增多了。少用刑罚,轻收赋税,百姓就能富裕了。各乡推选贤士,命他们在国内施教,百姓就能有礼了。发出的政令不改变,百姓就一本正经了。这就是爱民的做法。"桓公说:"百姓富裕而又已相亲爱,那么怎样来使令他们呢?"管子回答说:"开发资财,扩大工场,满足百姓的需要;宣扬智力,崇尚贤才,勉励百姓求知;施加刑罚,但不苛刻,使有利于百姓。施行这些举措而没有私心,就足以能团结民众了;说出的话一定恪守信用,政令就能畅行无阻了。这些就是使令百姓的办法。"

桓公曰:"民居定矣,事已成矣,吾欲从事于天下诸侯,[1]其可乎?"管子对曰:"未可。民心未吾安。"公曰:"安之奈何?"管子对曰:"修旧法,择其善者,举而严用之;[2]慈于民,予无财;宽政役,[3]敬百姓,则国富而民安矣。"公曰:"民安矣,其可乎?"管仲对曰:"未可。君若欲正卒伍,[4]修甲兵,则大国亦将正卒伍,修甲兵。君有征战之事,则小国诸侯之臣有守圉之备矣。[5]然则,难以速得意于天下。公欲速得意于天下诸侯,则事有所隐而政有所寓。"[6]公曰:"为之奈何?"管子对曰:"作内政而寓军令焉。为高子之里,为国子之里,为公里,三分齐国,以为三军。择其贤民,使为里君。乡有行伍,[7]卒长则其制令,[8]且以田猎,因以赏罚,则百姓通于军事矣。"桓公曰:"善。"于是乎管子乃制五家以为轨,轨为之长。十轨为里,里有司。四里为连,连为之长。十连为乡,乡有良人。以为军令。是故五家为轨,五人为伍,轨长率之。十轨为里,故五十人为小戎,里有司率之。[9]四里为连,故二百人为卒,连长率之。十连为乡,故二千人为旅,乡良人率之。五乡一师,[10]故万人一军,五乡之师率之。三军故有中军之鼓,[11]有高子之鼓,有国子之鼓。春以田,曰蒐,[12]振旅。[13]秋以田,曰狝,[14]治兵。[15]是故卒伍政定于里;军旅政定于郊。内教既成,令不得迁徙。故卒伍之人,人与人相保,家与家相爱,少相居,长相游,祭祀相福,死丧相恤,祸福相忧,[16]居处相乐,行作相和,哭泣相哀。是故夜战其声相闻,足以无乱;昼战其目相见,足以相识。欢欣足以相死。是故以守则固,以战则胜。君有此教士三万人,[17]以横行于天下,[18]诛无道,以定周室,天下大国之君莫之能圉也。

【注释】

〔1〕欲从事:尹知章注:"欲从会事。"会事,时会之事。 〔2〕严:尊敬。《礼记·学记》:"凡学之道,严师为难。" 〔3〕政:通"征"。《史记·范雎蔡泽列传》:"政适伐国,莫敢不听。"裴骃集解引徐广曰:"政适,音征敌。" 〔4〕正:洪颐煊云:"'正'当作'定'。《汉书·刑法志》引此作'定'。" 〔5〕圉(yǔ语):通"御",防御。 〔6〕尹知章注:"不显习其兵事,故曰事有所隐。军政寓之田猎,故曰政有所寓。"寓,寄寓。《国语·齐语》作"寄"。 〔7〕行伍:古代军队编制,五人为"伍",二十五人为"行(háng杭)"。故"行伍"泛指军队。 〔8〕其:《通典》卷第一百四十八引此作"有"。孙星衍云:"'其'字误。"译文从之。 〔9〕里有司率之:陶鸿庆云:"当作'里司率之'。"译文从之。 〔10〕师:王念孙云:师当依《齐语》作"帅"。下文"五乡之师"也应作"五乡之帅"。 〔11〕中军:春秋时,大国多设三军,即中军、上军、下军,或中军、左军、右军。中军为统帅所在。尹知章注:"中军,则公之里卒也。" 〔12〕蒐(sōu搜):古代春猎。《尔雅·释诂》:"蒐,聚也。"郭璞注:"春猎为蒐。蒐者,以其聚人众也。"

〔13〕振旅：整军回兵。《左传·隐公五年》："三年而治兵，入而振旅。"杜预注："振，整也；旅，众也。" 〔14〕狝(xiǎn 显)：古代秋猎。《尔雅·释天》："秋猎为狝。" 〔15〕治兵：训练出兵。《周礼·夏官·大司马》："中秋，教治兵，如振旅之陈(阵)。" 〔16〕福：安井衡云："当依《齐语》作'灾'。"译文从"灾"。 〔17〕教士：尹知章注："教士，谓先教习之士。" 〔18〕横：戴望云："'横'读曰'旁'，'旁'犹普也，遍也。"

【译文】

桓公说："百姓的居处已定，百姓的职事已成，我想做不定期地会见天下诸侯的事，那能做吗？"管子回答说："还不能做。因为民心还没有安定。"桓公说："怎样才能安定民心？"管子回答说："整理旧法，选择其中好的，拿来认真地使用；对百姓要仁慈，要救济贫困的人；放宽赋税和劳役，尊重百姓，就能做到国家富裕、民心安定了。"桓公说："民心安定了，就可以做了吗？"管仲回答说："还不可以做。你如果想整顿军队，加强战备，那么大的诸侯国也将整顿军队，加强战备；你有征战的事，小国诸侯的臣子们却已做好守卫防御的准备了。这样，是难以很快地在天下达到目的的。你想很快地在天下诸侯中达到目的，那么军事的准备要有所隐蔽，军政的施行要有所寄寓。"桓公说："对此要怎么做？"管子回答说："施行内政时要寄寓着军令。建立高子管理的里，建立国子管理的里，建立你管理的里，这样三分齐国，作为三军。选择百姓中有贤才的人，任为里君。乡有军队的编制，卒长有制度法令，并用来进行田猎，凭田猎的功过论赏行罚，那么百姓就能通晓军事了。"桓公说："好。"于是乎管子就规定以五家作为一轨，轨设有轨长。十轨为一里，里设有里司。四里为一连，连设有连长。十连为一乡，乡设有良人。以此来施行军令。因此五家为一轨，五人为一伍，由轨长率领。十轨为一里，就有五十人为一小戎，由里司率领。四里为一连，就有二百人为一卒，由连长率领。十连为一乡，就有二千人为一旅，由乡良人率领。五乡为一帅，就有万人为一军，由五乡之帅率领。三军中就有国君的中军之鼓，有高子之鼓，有国子之鼓。在春天田猎，叫做蒐，训练回兵。在秋天田猎，叫做狝，训练出兵。因此卒伍之政，在里内编定；军旅之政，在郊外编定。国内的教令已完成，军令就不得变动。卒伍中的人，人与人相互保全，家与家相互亲爱，年少时就居住在一起，成年了一同交游，祭祀后共享祭肉，有死丧同抚恤，有祸灾共担忧，生活中相互作乐，行动时相互应和，悲痛时相互哀怜。因此如果发生夜战，他们能相互听到声音，就不会发生混乱；如果白天发生战斗，他们只要看一眼，就能相互识别。欢欣的友谊足以使他们相互以死保卫。因此用他们来防守城池，就能牢不可破；用他们来出击战斗，就能取得胜利。国君有这样经过教练的士卒三万人，就能用来遍行天下，讨伐无道的诸侯，安定周王朝，天下的大国诸侯，没有一个能抗衡。

　　正月之朝，乡长复事，[1]公亲问焉，曰："于子之乡，有居处为义、好学、聪明、质仁、慈孝于父母、长弟闻于乡里者？[2]有则以告。有而不以告，谓之蔽贤，其罪五。"有司已于事而竣。[3]公又问焉，曰："于子之乡，有拳勇、股肱之力、筋骨秀出于众者？[4]有则以告。有而不以告，谓之蔽才，其罪五。"有司已于事而竣。公又问焉，曰："于子之乡，有不慈孝于父母、不长弟于乡里、骄躁淫暴、不用上令者？有则以告。有而不以告，谓之下比，[5]其罪五。"有司已于事而竣。于是乎乡长退而修德进贤。桓公亲见之，遂使役之官。[6]公令官长，期而书伐以告，[7]且令选官之贤者而复之。曰："有人居我官有功，休德维顺，端悫以待时使，[8]使民恭敬以劝。其称秉言，[9]则足以补官之不善政。"公宣问其乡里，而有考验，乃召而与之坐，省相其质，[10]以参其成功，[11]成事可立[12]而时。[13]设问国家之患而不肉，[14]退而察问其乡里，以观其所能，而无大过，登以为上卿之佐，名之曰三选。[15]高子国子退而修乡，乡退而修连，连退而修里，里退而修轨，轨退而修家。是故匹夫有善，故可得而举也；匹夫有不善，故可得而诛也。政既成，乡不越长，[16]朝不越爵。罢士无伍，[17]罢女无家。[18]士三出妻，逐于境外。女三嫁，入于舂谷。[19]是故民皆勉为善，士与其为善于乡，不如为善于里；与其为善于里，不如为善于家。是故士莫敢言一朝之便，皆有终岁之计；莫敢以终岁为议，皆有终身之功。

【注释】

〔1〕复：告诉，报告。尹知章注："复，白也。" 〔2〕质：品性。《国语·齐语》韦昭注："质，性也。"弟：通"悌"，对兄长的敬爱。〔3〕竣（jùn 俊）：退。《国语·齐语》韦昭注："竣，伏退也。" 〔4〕股肱（gōng 工）：犹四肢。股，大腿。肱，手臂从肘到腕的部分。秀：才能特出。《广雅·释诂》："秀，出也。" 〔5〕比：勾结。尹知章注："下与有罪者，比而掩盖之。" 〔6〕尹知章注："谓授之官而役之，所以历试其材能。"役，服役、供职。《齐语》韦昭注："役，为也。" 〔7〕"公令"二句：《国语·齐语》韦昭注："官长，长官也。期，年也。伐，功也。书其所掌在官有功者。"书，书写、记录。 〔8〕尹知章注："以悫善待时，待可用之时而使之也。"悫（què 却），诚实。 〔9〕称：是"偁"之借字。《说文》："偁，扬也。"扬，宣扬。秉：依《国语·齐语》读为"谤"。毁谤，非议。 〔10〕省（xǐng 醒）相：省视，察看。〔11〕参：检验。《荀子·解蔽》："参稽治乱而通其度。" 〔12〕成事可立：当依《国语·齐语》作"事诚可立"。 〔13〕而时：郭沫若云：而时，犹乃待也。又云，《国语·齐语》作"事诚可立而(乃)授之，辞虽小异而意实同"。 〔14〕肉：王念孙云：依《齐语》以"肉"为"疚"之误，疚本作"宎"，隶书或篆字形与"肉"相似，因误为"肉"。译文从之。《说文》："宎，贫病也。" 〔15〕三选：指乡长、长官和君主的三次选拔。《国语·齐语》韦昭注："乡长所进，官长所选，公所訾相。" 〔16〕长：长者。《国语·齐语》韦昭注："乡里以齿，长幼不相逾也。"齿，年龄。 〔17〕罢士：指缺乏德义的人。罢，通"疲"。《荀子·王霸》："无国而不有贤士，无国而不有罢士。" 〔18〕罢女：尹知章注："罢女，犹罢士，众耻娶之，故无家。" 〔19〕谷：张佩纶云："谷当作'藳'，字之误也。"译文从之。春藳是古代对一种女奴的称谓，

因被迫从事舂米一类的劳动，故名。《周礼·大司寇·司厉》："其奴，男子入于罪隶，女子入于舂藁。"

【译文】

　　正月国君听朝，乡长报告政事。桓公亲自问他，说："在你的乡内，有平时行义、好学、聪明、品性仁爱、对父母慈孝、敬爱兄长而闻名乡里的人吗？有这样的人就要报告。如果有这样的人而不报告，就叫做埋没人才，就有罪五种。"官吏报告完毕而退。桓公又问他，说："在你的乡内，有勇气、四肢和筋骨的力量超群的人吗？有这样的人就要报告。如果有这样的人而不报告，就叫做埋没人才，就有罪五种。"官吏报告完毕而退。桓公又问他，说："在你的乡内，有对父母不慈孝、在乡里不敬爱兄长、骄横暴虐、不听国家法令的人吗？有这样的人就要报告。如果有这样的人而不报告，就叫做与有罪之人相勾结而加以包庇，就有罪五种。"官吏报告完毕而退。这样，乡长们回去就加强建设德政，把贤才选送上来。桓公亲自召见他们，就命他们在官府试职。桓公命令官长，满一年以后，记录并报告试用官员的功绩，按令办好把优秀的试用官员选择出来上报。报告说："有人在我官府有功，有美德而能顺从，能端正诚实地待命使用，能使人端庄有礼而受到鼓舞。至于他宣扬的非议言论，也能补救官府政事的不完善。"桓公遍问他的乡里，对他的行迹加以验证，然后召见他，与他坐在一起，察看他的素质，检验他的功绩，事实确可成立，于是就令他待命，又考问他国家的难事而回答没有什么毛病，到他的乡里调查了解，观察他的能力，如果没有大的过失，就把他提做上卿的辅佐，这叫做三选。因此高子国子就回去加强治理乡，乡长回去加强治理连，连长回去加强治理里，里司回去加强治理轨，轨长回去加强治理家。这样，一个普通百姓有善的行为，也能得到推举；一个普通百姓有不善的行为，也会受到惩罚。政事管理成功以后，乡中就不会有超越尊长的人，朝中就不会有超越爵禄的事。无行的男士就无人与他为伍，无行的女子就无人娶她成家。男士三次离弃妻子，就把他赶出国境；女子三次改嫁，就把她打入女奴劳动的地方。这样百姓都努力做善事，士子与其在乡中做善事，不如在里中做善事；与其在里中做善事，不如在家中做善事。因此士子就不敢只说一时的利益，就有一年的计策；不敢只以一年为计议，都有一生的奋斗事业。

正月之朝，五属大夫复事于公。择其寡功者而谯之曰：[1]"列地分民者若一，[2]何故独寡功？何以不及人？教训不善，政事其不治，一再则宥，[3]三则不赦。"公又问焉，曰："于子之属，有居处为义、好学、聪明、质仁、慈孝于父母、长弟闻于乡里者？有则以告。有而不以告，谓之蔽贤，其罪五。"有司已事而竣。[4]公又问焉，曰："于子之属，有拳勇、股肱之力秀出于众者？[5]有则以告。有而不以告，谓之蔽才，其罪五。"有司已事而竣。公又问焉，曰："于子之属，有不慈孝于父母，不长弟于乡里，骄躁淫暴，不用上令者？有则以告。有而不以告者，谓之下比，其罪五。"有司已事而竣。于是乎五属大夫退而修属，属退而修连，连退而修乡，乡退而修卒，卒退而修邑，邑退而修家。是故匹夫有善，可得而举；匹夫有不善，可得而诛。政成国安，以守则固，以战则强。封内治，百姓亲，可以出征四方，立一霸王矣。[6]

【注释】

〔1〕谯：谯让，谴责。 〔2〕列地：划分土地。列通"裂"，分。〔3〕宥（yòu又）：宽宥，赦罪。《易·解》："君子以赦过宥罪。"〔4〕已事：依上文应作"已于事"。下同。 〔5〕秀出于众者：依上文应为"筋骨秀出于众者"。 〔6〕郭沫若案："一"当是"而"字之坏字。"立而霸王矣"犹《君臣下篇》"顷时而王不难也"。

【译文】

正月国君听朝，五属大夫向桓公报告政事。桓公选择其中缺少功绩的大夫批评说："所分的土地和百姓都是一样的，为什么只有你缺少功绩？为什么不及别人？教导不好，政事治理没有做好，一次二次可以宽恕，第三次就不能赦免了。"桓公又问他说："在你的属内，有平时行义、好学、聪明、品性仁爱、对父母慈孝、敬爱兄长而闻名乡里的人吗？有这样的人就要报告。如果有这样的人而不报告，就叫做埋没人才，就有罪五种。"官吏报告完毕而退。桓公又问他说："在你的属内，有勇气、四肢和筋骨的力量超群的人吗？有这样的人就要报告。如果有这样的人而不报告，就是埋没人才，就有罪五种。"官吏报告完毕而退。桓公又问他，说："在你的属内，有对父母不慈孝、在乡里不敬爱兄长、骄横暴虐、不听国家法令的人吗？有这样的人就要报告。如果有这样的人而不报告，就叫做与有罪之人相勾结而加以包庇，就有罪五种。"官吏报告完毕而退。这样，五属大夫回去就加强治理属，各属回去加强治理连，各连回去加强治理乡，各乡回去加强治理卒，各卒回去加强治理邑，各邑回去加强治理家。这样，一个普通百姓有善的行为，也能得到推举；一个普通百姓有不善的行为，也会受到惩罚。政事成功，国家安定，以此守卫就坚固，以此攻战就强大。国内安定，百姓亲附，就能出征到四方诸侯国，很快就能完成霸王的事业。

桓公曰："卒伍定矣，事已成矣，吾欲从事于诸侯，其可乎？"管子对曰："未可。若军令则吾既寄诸内政矣。夫齐国寡甲兵，吾欲轻重罪而移之于甲兵。"[1]公曰："为之奈何？"管子对曰："制重罪人以兵甲犀胁二戟，[2]轻罪人兰盾鞈革二戟，[3]小罪入以金钧分，[4]宥薄罪入以半钧，无坐抑而讼狱者，[5]正三禁之而不直，[6]则入一束矢以罚之。美金以铸戈剑矛戟，试诸狗马；恶金以铸斤斧钼夷锯欘，[7]试诸木土。"

【注释】

〔1〕"吾欲"句：郭沫若云："轻重罪"，"罪"殆"罚"字之误，谓减轻重罚作赎刑以富甲兵也。译文从郭说。《中匡篇》"死罪不杀，刑罪不罚，使以甲兵赎"即此意。 〔2〕胁：胁驱，以方便骑乘的一种马具。

《诗经·小戎》:"游环胁驱。"《笺》:"胁驱者,着服马之外胁,以止骖之入。"骖,旁边的马。〔3〕兰:"籣"之借字,兵器架。《文选·张衡〈西京赋〉》:"武库禁兵,设在籣锜。"李善注:"刘逵《魏都赋》注曰:'受他兵曰兰,受弩曰锜'。"鞈革:革制的胸甲,即胸皮甲。尹知章注:"鞈革,重革,当心着之,可以御矢。"〔4〕钧分:一钧半。钧(jūn 均),三十斤为一钧。《文选·张衡〈西京赋〉》:"洪钟万钧。"薛综注:"三十斤曰钧。"〔5〕坐:读为"挫"。挫折,冤屈。〔6〕正:指出错误。〔7〕斤斧:都是砍木工具。斤,斧头。《孟子·梁惠王》:"斧斤以时入山林。"鉏:即"锄"字。夷:锄一类的农具。欘(zhú 烛):锄一类农具。

【译文】

桓公说:"军队已定,政事已成,我想要不定期地会见诸侯,那能做吗?"管子回答说:"还不能做。军事则我已寄寓在内政中了。但齐国还缺少盔甲兵器,我想用减轻重罚、用赎刑的办法来增加盔甲兵器。"桓公说:"这怎么做?"管子回答说:"规定犯重罪的交纳兵器、盔甲、犀牛皮的胁驱和二支戟,犯轻罪的交纳兵器架、盾牌、胸皮甲和二支戟,犯小罪的交纳金属一钧半,宽免轻罪的交纳金属半钧,无冤屈而诉讼的人,经指出并三次劝禁不听而无理取闹,就要交纳一束箭来惩罚他。质好的金属用来铸冶戈剑矛戟,试用于杀狗宰马;质次的金属用来铸冶斧子、锄头、锯子等,试用于伐木和松土。"

桓公曰:"甲兵大足矣,吾欲从事于诸侯,可乎?"管仲对曰:"未可。治内者未具也,为外者未备也。"故使鲍叔牙为大谏,[1]王子城父为将,弦子旗为理,[2]宁戚为田,[3]隰朋为行,[4]曹孙宿处楚,商容处宋,季劳处鲁,[5]徐开封处卫,[6]匽尚处燕,审友处晋。又游士八千人,[7]奉之以车马衣裘,多其资粮,财币足之,使出周游于四方,以号召收求天下之贤士。饰玩好,使出周游于四方,鬻之诸侯,[8]以观其上下之所贵好,择其沉乱者而先政之。[9]

【注释】

〔1〕大谏：谏官。尹知章注："所以谏正君。" 〔2〕理：法官。尹知章注："理，狱官。" 〔3〕田：农官。尹知章注："教以农事。" 〔4〕行：行人，外交官。尹知章注："行，谓行人也，所以通使诸侯。" 〔5〕季劳：应为"季友"。本书《大匡》篇："游季友于鲁。" 〔6〕徐开封：应为"卫开方"。本书《大匡》篇："游公子开方于卫。" 〔7〕八千人：当为"八十人"。《国语·齐语》作"八十人"。 〔8〕鬻（yù 育）：出卖。 〔9〕沉乱：淫乱。沉，古通"淫"。政：通"征"。

【译文】

桓公说："盔甲和兵器十分充足了，我想要不定期地会见诸侯，能做吗？"管仲回答说："还不能做。治内政的人还未具全，做外交的人还未备齐。"这样桓公就命鲍叔牙为大谏，王子城父为将，弦子旗为法官，宁戚为田官，隰朋为外交官，曹孙宿驻楚，商容驻宋，季友驻鲁，卫开方驻卫，匽尚驻燕，审友驻晋。又派游士八十人，供给他们车马衣裘，使他们多带物资粮食，财宝货币也很充足，命他们出国周游四方，去号召招收天下的贤士。装点玩好物品，派他们出国周游到四方，把物品卖给诸侯，以此来观察各诸侯国上下所看重的和所喜好的，选择其中荒淫昏乱的先征伐它。

公曰："外内定矣，可乎？"管子对曰："未可。邻国未吾亲也。"公曰："亲之奈何？"管子对曰："审吾疆埸，[1]反其侵地，[2]正其封界，毋受其货财，而美为皮币，[3]以极聘覜于诸侯，[4]以安四邻，则邻国亲我矣。"桓公曰："甲兵大足矣，吾欲南伐，何主？"管子对曰："以鲁为主，反其侵地常、潜，使海于有弊，[5]渠弥于河沽，[6]纲山于有牢。"[7]桓公曰："吾欲西伐，何主？"管子对曰："以卫为主，反其侵地吉台原姑与柴里，[8]使海于有弊，渠弥于有渚，纲山于有牢。"桓公曰："吾欲北伐，何主？"管子对曰："以燕为主，反其侵地柴夫、吠狗，使海于有弊，渠浊于有渚，[9]纲山于有牢。"四邻大亲，既反其侵地，正其封疆，地南至于岱阴，[10]西至于济，北至于海，东至于纪随，地方三百六十里。三岁治定，四岁教成，五岁兵出。有教士三万人，革车八百乘。[11]诸侯多沉乱，不服于天子。于是乎桓公东救徐州，分吴半，存鲁蔡陵，[12]割越地；南据宋郑，征伐楚，济汝水，逾方地，[13]望文山，[14]使贡丝于周室。成周反胙于隆岳，[15]荆州诸侯，莫不来服。中救晋公，禽狄王，败胡貉，破屠何，[16]而骑寇始服。北伐山戎，制泠支，斩孤竹，而九夷始听。海宾诸侯，莫不来服。西征攘白狄之地，遂至于西河。方舟投柎，[17]乘桴济河，[18]至于石沈。[19]县车束马，[20]逾大行与卑耳之貉，[21]拘秦夏。[22]西服流沙西虞，而秦戎始从。故兵一出而大功十二，[23]故东夷、西戎、南蛮、北狄，中诸侯国，[24]莫不宾服。与诸侯饰牲为载书，[25]以誓要于上下荐神。[26]然后率天下定周室，大朝诸侯于阳谷。故兵车之会六，乘车之会三，九合诸侯，一匡天下。甲不解垒，[27]兵不解翳，[28]弢无弓，[29]服无矢，[30]寝武事，[31]行文道，以朝天子。

【注释】

〔1〕埸(yì易)：疆界。《左传·成公十三年》："郑人怒君之疆埸。"〔2〕反：通"返"。 〔3〕美：许维遹云："美"疑当作"更"，字之误也。译文从"更"。《国语·齐语》作"重"，重、更同义。 〔4〕极：

读为"亟",数,屡次。聘频:古代诸侯聘问相见之礼。《周礼·春官·典瑞》:"以频聘。"郑玄注:"大夫众来曰频,寡来曰聘。" 〔5〕弊:当依《国语·齐语》作"蔽"。屏蔽,屏障。下同。 〔6〕渠弭:小海。《国语·齐语》作"渠弭",韦昭注:"渠弭,裨海也。"河陼:当依《国语·齐语》作"有陼",且下文亦云"有陼"。陼(zhǔ 主),同"渚",水中小洲。《汉书·司马相如传上》:"且齐东陼巨海,南有琅邪。"颜师古注:"东陼巨海,东有大海之陼,字与'渚'同也。" 〔7〕纲山:当依《国语·齐语》作"环山"。郭沫若云:"环山乃齐地名,《汉书·地理志》琅邪郡昌县有环山祠。"牢:栏圈。郭沫若云:"牢与蔽、陼同例,谓坚固也。" 〔8〕吉台原姑:当依《国语·齐语》作"台原姑",都是地名。柒里:地名。古"柒"可作"漆",故《国语·齐语》作"漆里"。 〔9〕渠渺:当依前文作"渠弭"。 〔10〕岱阴:即泰山之北。 〔11〕八百乘:王引之云:八当为"六",上文说"五十人为小戎",则三万人为六百乘。译文从王说。 〔12〕蔡陵:张佩纶云:当为"陵蔡",侵陵蔡国。《左传·僖公四年》:"齐侯以诸侯之师侵蔡。" 〔13〕方地:当依《国语·齐语》作"方城"。方城为春秋时楚国所作的长城,战国又有扩筑,是楚国守卫北境的屏障。《淮南子·地形训》列为九塞之一。 〔14〕望文山:当依古本作"望汶山"。望,古代祭祀山川的专名,望而祭之,故称"望"。《尚书·舜典》:"望于山川。"文山,董增龄云:即岷山。 〔15〕胙(zuò 作):祭祀用的肉。《后汉书·邓彪传》:"四时致宗庙之胙。"李贤注:"祭庙肉也。"隆岳:太岳,喻指齐侯,古以四岳为方伯,此言周天子以桓公为方伯。方伯,古代诸侯中的领袖之称。 〔16〕尹知章注:"屠何,东胡之先也。" 〔17〕方舟:并船行水。《国语·齐语》韦昭注:"方,并也。"投柎:编制木筏,代船济河,《说文·水部》:"柎,编木以渡也。" 〔18〕桴(fú 扶):小筏子。《论语·公冶长》:"道不行,乘桴浮于海。" 〔19〕石沈:晋地。 〔20〕县:同"悬",悬吊。 〔21〕貉:王念孙云:"豨"之误字,豨,"溪"的异体字。译从。 〔22〕秦夏:丁士涵云:疑为"泰夏"之误,古本、刘本作"泰"。泰,同"大"。大夏,国名。《史记·封禅书》:"西伐大夏,涉流沙。"译文从"大夏"。 〔23〕尹知章注:"自救徐州已下,有十二也。" 〔24〕中诸侯国:戴望云:为"中国诸侯"之误倒。古本等作"中国诸侯"。译文从"中国诸侯"。 〔25〕尹知章注:"书,谓要盟之辞,载之于策。" 〔26〕誓要:王念孙云:当为"要誓"。译文从之。《国语·齐语》作"约誓"。要、约同。荐:当依《国语·齐语》作"庶",众。 〔27〕垒:当依《国语·齐语》作"累"。累通"缧",绳索。《汉书·李广传》:"禹从落中剑斫绝累。"颜师古注:"累,索也。" 〔28〕翳:戴望云:通"医",古代盛弓箭的器具。《说文》:"医,藏弓弩矢器也。" 〔29〕弢:弓袋。尹知章注:"弢,弓衣也。" 〔30〕服:通"箙(fú服)",古代盛箭的器具。 〔31〕寝:停止,平息。《汉书·礼乐志》:"其议遂寝。"颜师古注:"寝,息也。"

【译文】

桓公说:"外交内政都已安排好了,可以不定期地会见诸侯了吧?"管子回答说:"还不能够。因为邻国还不亲附我们。"桓公说:"怎么才能使邻国亲附呢?"管子回答说:"审查我国的边界,归还侵占的邻国土地,修正与邻国的边境线,不要收受邻国的货物钱财,反而再要拿出皮币,用来频频地同诸侯往来聘问,以此来安定四面的邻国,这样,邻国就亲附我们了。"桓公说:"盔甲兵器十分充足了,我要南征,应以哪个国家作为主要依靠呢?"管子回答说:"应以鲁国作为主要依靠。归还它被侵占的鲁地常、潜,使齐国有大海作屏障,有小海作外围,有了环山作城墙。"桓公说:"我要西征,应以哪个国家作为主要依靠呢?"管子回答说:"应以卫国作为主要依靠。归还它被侵占的卫地台、原、姑与柴里,使齐国有大海作屏障,有小海作外围,有了环山作城墙。"桓公说:"我要北征,应以哪个国家作为主要依靠?"管子回答说:"应以燕国作为主要依靠。归还它被侵占的燕地柴夫、吠狗,使齐国有大海作屏障,有小海作外围,有了环山作城墙。"这样,与四面的邻国大大地改善了关系。在归还了邻国的被侵占土地,修正了与邻国的边界以后,齐国的领地南到泰山以北,西到济水,北到大海,东到纪、随,地方三百六十里。三年治理安定,四年教练成功,五年就能出兵。有经过教练的士卒三万人,战车六百辆。当时正好诸侯中多有荒淫昏乱,不服从天子的。于是乎桓公出兵东救徐州,分得吴地的一半,慰问鲁国,侵凌蔡国,分割越国土地;南面依靠宋郑二国征讨楚国,渡汝水,越方城,望祭岷山,逼使楚国向周王朝进献丝。周天子送祭肉给齐侯,荆州诸侯没有不来归顺的。到中原援救晋国公侯,擒获狄王,打败胡貉,攻破屠何,北狄开始来归顺。北征山戎,制服泠支,杀了孤竹国君,九夷也开始听从。沿海的各诸侯国,没有不来归顺的。西征夺取了白狄的领地,于是直到西河。并船编筏,乘桴渡河,来到石沈。悬吊战车,捆束战马,越过太行山与卑耳山溪,拘捕了大夏国君。再往西征服了流沙西虞,秦地的西戎开始顺从。所以兵一出动就建立大功十二项。东夷、西戎、南蛮、北狄和中原诸侯各国,没有不顺服的。桓公与各国诸侯整治祭品,撰写盟誓,并把约誓供于上下众神之前。然后率领天下诸侯安定周王朝,在阳谷大会诸侯。这样,桓公有兵车之会六次,乘车之会三次,九次会合诸侯,一匡天下。盔甲就不解绳索,兵器就不必开箱,弓袋里没有弓,箭袋里没有箭,停止战争,推行文治,朝拜周天子。

葵丘之会,天子使大夫宰孔致胙于桓公曰:"余一人之命有事于文武,[1]使宰孔致胙。"且有后命曰:"以尔自卑劳,实谓尔伯舅毋下拜。"[2]桓公召管仲而谋,管仲对曰:"为君不君,为臣不臣,乱之本也。"桓公曰:"余乘车之会三,兵车之会六,九合诸侯,一匡天下。北至于孤竹、山戎、秽貊,拘秦夏。西至流沙西虞。南至吴、越、巴、牂牁、凪、不庾、雕题、黑齿,[3]荆夷之国,莫违寡人之命,而中国卑我。昔三代之受命者,其异于此乎?"管子对曰:"夫凤凰鸾鸟不降,而鹰隼鸥枭丰;[4]庶神不格,[5]守龟不兆,[6]握粟而筮者屡中;时雨甘露不降,飘风暴雨数臻;[7]五谷不蕃,六畜不育,而蓬蒿藜藿并兴。[8]夫凤凰之文,前德义,后日昌。[9]昔人之受命者,龙龟假,[10]河出图,雒出书,[11]地出乘黄。[12]今三祥未见有者,虽曰受命,无乃失诸乎?"桓公惧,出见客曰:"天威不违颜咫尺,小白承天子之命而毋下拜,恐颠蹶于下,以为天子羞。"遂下拜,登受赏服、大路、龙旗九游、[13]渠门赤旂。[14]天子致胙于桓公而不受,[15]天下诸侯称顺焉。

【注释】

〔1〕本句应为"余一人有事于文武"。王引之云:"'之命'二字盖因下文'天子之命'而衍。"《左传·僖公九年》:"天子有事于文武。"事,指祭祀。尹知章注:"有祭事于文王武王之庙也。" 〔2〕伯舅:古时天子称异姓大邦诸侯为伯舅。下拜:下堂拜受。《国语·齐语》:"无下拜。"韦昭注:"无下堂拜赐也。" 〔3〕尹知章注:"皆南夷之国号也。"牂(zāng 脏)牁,一作"牂牁",约在今贵州、云南等地,不是齐桓公所到之地。瓟,字书无此字。尹桐阳疑为"长瓜",即长沙;不庾,疑为"北朐",《山海经·海内南经》:"雕题国、北朐国皆在郁水南。"雕题,即交趾。《礼记·王制》:"南方曰蛮,雕题交趾,有不火食者矣。"孔颖达疏:"题,谓额也,谓以丹青刻其额。"黑齿,安井衡云:"岭南之人食槟榔,其齿变黑,因以名其国耳。" 〔4〕鹰隼(sǔn 损)鸱枭(chī xiāo 痴嚣):鹰类和猫头鹰,泛指凶猛飞鸟,古以为是不祥之物。 〔5〕格:感通,古时以为诚心能与神鬼等互相感应。 〔6〕守龟:占卜用的龟甲。《左传·哀公二十三年》:"君告于天子,而卜之以守龟于宗祧,吉矣,吾又何卜焉。" 〔7〕臻(zhēn 真):至。《诗经·邶风·水》:"遄臻于卫。" 〔8〕蕰:灰蕰,草名。 〔9〕前德义,后日昌:郭沫若云:"德义""日昌"都是取其形似。"日昌"谓凤凰尾翎的眼,如"日"字,又似"昌"字。凤目如"德"字,凤头上的冠如"义"字。 〔10〕假(gé 格):通"格",到。《礼记·祭统》:"公假于大庙。"郑玄注:"假,至也。" 〔11〕河出图,雒出书:传说中的两种吉祥征兆。传说伏羲氏时,有龙马从黄河出现,背负"河图";有神龟从洛水出现,背负"洛书"。雒,通"洛"。 〔12〕乘黄:传说中神马名。《山海经·海外西经》:"有乘黄,其状如狐,其背上有角。" 〔13〕大路:同"大辂",大车。龙旗九游:旗名。一作"九旗九旒"。旗上画有蛟龙,并垂有九旒。旗下悬垂的饰物称为旒或游。 〔14〕尹知章注:"渠门,旗名。"渠通"巨",大。《国语·齐语》韦昭注:"渠门,两旒所建以为军门,若今牙门也。" 〔15〕不:陈奂云:"下"字之误。下,下拜。

【译文】

葵丘大会诸侯时,周天子派大夫宰孔送祭肉给桓公说:"我在文王武王的庙中祭祀,派遣宰孔送来祭肉。"并且后面还有命令说:"因为你谦卑劳累,告诉你,不必下拜受赐。"桓公召来管仲商量,管仲回答说:"做国君的不像国君,做臣子的不像臣子,是国家混乱的根源。"桓公说:"我乘车之会有三次,兵车之会有六次,九次召集诸侯,统一匡正天下。北征到达孤竹、山戎、秽貉,拘获了大夏国君。西征到流沙西虞。南征到吴、越、巴、牂牁、䪡、不庾、雕题、黑齿,荆夷各国,没有谁敢违反我的命令,而中原国家轻视我。从前夏、商、周三代受命为王的,难道能超出我这样的功业吗?"管子回答说:"吉祥的凤凰鸾鸟不来降临,而鹰隼鸱枭很多;众神不来显灵,龟甲不露征兆,而拿着粟草卜筮却屡次卜中;时雨甘露不下,狂风暴雨经常有;五谷不丰多,六畜不兴旺,而蓬蒿藜草遍地茂盛。凤凰的文采,前面是'德义',后面才是'日昌'。从前受命为王的,总是龙龟来到,黄河出图,洛水出书,地上出现乘黄神马。现在三种吉祥物都未出现,即使受命为王,岂不是失策吗?"桓公畏惧,出去接见宾客说:"天子威严就在面前,不离咫尺,我小白奉天子之命能不须下堂拜赐,但担心在下造成礼节混乱,而为天子增羞。"于是就下堂拜赐,然后登堂领受赏服、大车、龙旗九游、渠门赤旗。天子送祭肉给桓公而桓公下堂拜受,天下诸侯都称颂桓公守礼。

桓公忧天下诸侯。鲁有夫人庆父之乱,而二君弑死,[1]国绝无后。桓公闻之,使高子存之。男女不淫,[2]马牛选具,[3]执玉以见,请为关内之侯,而桓公不使也。狄人攻邢,桓公筑夷仪以封之。男女不淫,马牛选具,执玉以见,请为关内之侯,而桓公不使也。狄人攻卫,卫人出旅于曹,桓公城楚丘封之。其畜以散亡,故桓公予之系马三百匹。[4]天下诸侯称仁焉。于是天下之诸侯,知桓公之为己勤也。是以诸侯之归之也,譬若市人。桓公知诸侯之归己也,故使轻其币而重其礼。故使天下诸侯以疲马犬羊为币,齐以良马报;诸侯以缕帛布鹿皮四分以为币,[5]齐以文锦虎豹皮报。诸侯之使垂橐而入,[6]攑载而归。[7]故钧之以爱,[8]致之以利,结之以信,示之以武。是以天下小国诸侯,既服桓公,莫之敢倍而归之,[9]喜其爱而贪其利,信其仁而畏其武。桓公知天下小国诸侯之多与己也，于是又大施忠焉。[10]可为忧者为之忧，可为谋者为之谋，可为动者为之动。伐谭莱而不有也，[11]诸侯称仁焉。通齐国之鱼盐东莱，[12]使关市几而不正，[13]壐而不税，[14]以为诸侯之利，诸侯称宽焉。筑蔡、鄢陵、培夏、灵父丘，[15]以卫戎狄之地，所以禁暴于诸侯也。筑五鹿、中牟、邺盖与社丘，[16]以卫诸夏之地，所以示劝于中国也。教大成，是故天下之于桓公，远国之民望如父母，近国之民从如流水。故行地滋远，得人弥众，是何也？怀其文而畏其武。故杀无道，定周室，天下莫之能圉，武事立也。定三革，[17]偃五兵，[18]朝服以济河，而无怵惕焉，[19]文事胜也。是故大国之君惭愧，小国诸侯附比。是故大国之君事如臣仆，小国诸侯欢如父母。夫然，故大国之君不尊，小国诸侯不卑。是故大国之君不骄，小国诸侯不慑。于是列广地以益狭地，[20]损有财以与无财。周其君子，不失成功；周其小人，不失成命。夫如是，居处则顺，出则有成功。不称动甲兵之事，以遂文武之迹于天下。

【注释】

〔1〕尹知章注："庆父通庄公夫人姜氏，弑子般，又弑闵公。"庆父，鲁庄公的庶兄。〔2〕淫：乱。尹知章注："淫，乱杂也。"〔3〕选具：犹言齐备。《墨子·号令》："所居之吏，上数选具之。"〔4〕系马：良马。尹知章注："谓马在闲厩系养之，言其良也。"〔5〕缦帛：王念孙云：本作"缦帛"，《说文》："缦，缯无文也。"无文采的帛。四分：王引之云：当作"四介"。介，个。古无"个"字，以"介"用之。〔6〕垂橐(gāo 高)：空袋。尹知章注："言其空也。"橐，古代盛衣甲或弓箭的器具。《左传·昭公元年》："伍举知其有备也，请

垂橐而入。"〔7〕捃:同"捃(jùn郡)",拾取。尹知章注:"捃,收拾也。"〔8〕钧:安井衡云:古本"作'钓',钓,取也。"〔9〕倍:通"背",背弃。《礼记·缁衣》:"信以结之,则民不倍。"〔10〕忠:当作"惠"。朱本作"惠"。〔11〕张佩纶云:"桓公无伐莱事,'谭莱',当作'谭遂',涉下'东莱'而误。"谭遂,二国名,为齐人所灭。〔12〕尹知章注:"自东莱通鱼盐于诸侯。"通,流通。〔13〕几:通"讥"。查察,查问。《周礼·地官·司关》:"国凶札,则无关门之征,犹几。"《孟子·公孙丑上》:"讥而不征。"正:通"征",征税。〔14〕壿:"廛"的异体字。廛(chán蝉),市房。《礼记·王制》:"市,廛而不税。"郑玄注:"廛,市物邸舍。税其舍不税其物。"〔15〕尹知章注:"皆邑名。"培夏,即负夏,卫地。《礼记·檀弓》:"曾子吊于负夏。"郑玄注:"负夏,卫地。"灵父丘,疑即灵丘,赵岐《孟子注》:"灵丘,齐下邑。"〔16〕社丘:当依古本等作"牡丘"。《国语·齐语》亦作"牡丘"。〔17〕三革:尹知章注:"车、马、人皆有革甲曰三革。"《国语·齐语》韦昭注:"三革,甲、胄、盾也。"《荀子·儒效》杨倞注:"三革,犀也,兕也,牛也。"注家说法不一,但都是指皮革及其制成的防护用具。〔18〕偃:停止,停息。《国语·吴语》:"偃兵接好,日中为期。"五兵:泛指兵器。具体的说法不一,《周礼·夏官·司兵》郑玄注引郑司农云:"五兵者,戈、殳、戟、酋矛、夷矛。"《荀子·儒效》王先谦集解引范宁云:"五兵,矛、戟、钺、楯、弓矢。"〔19〕怵(chù触)惕:戒惧。《汉书·淮南厉王传》:"日夜怵惕,修身正行。"〔20〕列:通"裂"。分裂,割裂。

【译文】

　　桓公能为天下诸侯解忧。鲁国有庄公夫人与庆父勾结作乱的事端,两个国君接连被杀,国家断绝了继位人,没有了后代。桓公知道后,就派高子前去保存他。使鲁国男女不再杂乱,牛马齐备。鲁君手持玉器前来拜见桓公,请求做齐国的关内侯,而桓公不要他这样做。狄人攻打邢国,桓公修筑夷仪城封赐邢君。使他们男女不杂乱,牛马齐备。邢君手持玉器前来拜见桓公,请求做齐国的关内侯,而桓公不要他这样做。狄人攻打卫国,卫国人出逃旅居在曹地,桓公修筑楚丘城封赐卫君。因为他们的牲畜已经散失,所以桓公就给他们良马三百匹。天下诸侯都称颂齐桓公仁爱。由此天下诸侯都知道桓公为大家做事热心。这样诸侯归附桓公,就像集市上的人一样多。桓公看到诸侯都来归附自己,就命令少收他们进见的财币而多给他们回报的礼品。于是就让天下诸侯用瘦马狗羊作为进见的财币，而齐国用良马回报；让诸侯用素绸鹿皮四张作为进见的财币，而齐国用绣锦和虎豹皮回报。诸侯的使者持着空袋进入齐国，却能满载而归。这样用仁爱来钓取他们，用利益来招引他们，用守信来与他们结盟，用武力来向他们示威。因此天下的小国诸侯，都顺服桓公，没有一个敢背弃而不来归附，因为他们喜好桓公的关心又贪图桓公的货利，相信桓公的仁爱又害怕桓公的武力。桓公看到小国诸侯大多跟随自己，于是又大施优惠给诸侯。能为有忧患者出力的就帮他解除忧患，能为需要谋划者出力的就帮他出谋划策，能为需要武力帮助者出力的就帮他出兵。攻破了谭、遂，却不占有他们的领土，诸侯都称颂桓公的仁爱。把齐国东莱的鱼盐流通到诸侯各国，命齐国的关卡和市场只查看而不征税，只收房费而不收商品的税，以此来照顾诸侯国的利益，诸侯都称颂桓公政策的宽松。修筑蔡、鄢陵、负夏、灵丘诸城，用来防卫戎狄扩大侵地，是为了禁止戎狄向诸侯施用暴力。修筑五鹿、中牟、邺盖与牡丘诸城，用来保卫诸夏之地，是为了表示对中原国家的勉励。教化十分成功，因此天下人看待桓公，远方国家的百姓盼望他如同盼望父母，邻近国家的百姓跟随他如同流水。所以走的地方更远，得到的百姓就更多，这是为什么呢？是因为思念他的文德而又害怕他的武力。所以杀了无道的国君，安定周王朝，天下没有一个诸侯能够抵御，是因为武事成功了。不用各种皮甲，收藏各种兵器，穿着朝会的礼服渡过黄河，无所戒惧地会见诸侯，是因为文事胜利了。这样大国之君惭愧，小国诸侯归附。这样大国之君侍奉他如同臣子仆人，小国诸侯喜爱他如同父亲母亲。这样，大国的君主不显得尊贵，小国诸侯也不显得卑贱。因此大国君主不能骄傲，小国诸侯也不用害怕。于是分割土地广大的来增加土地狭小的，削减有财的来补给无财的。周全君子，不使他失去成功的机会；周全小人，不使他失去完成使命的职责。能做到这样，平时生活就顺畅，出门行事就能有成功。不必发动战争，就能在天下完成文治武功的业绩。

桓公能假其群臣之谋[1]以益其智也。其相曰夷吾，大夫曰宁戚、隰朋、宾胥无、鲍叔牙。用此五子者何功，[2]度义光德，继法绍终，以遗后嗣，贻孝昭穆，[3]大霸天下，名声广裕，不可掩也。则唯有明君在上、察相在下也。

【注释】

〔1〕假：凭借，依靠。《淮南子·主术训》："故假舆马者足不劳而致千里。" 〔2〕本句及以下二句，郭沫若校读为："（用此五子者）荷功度义，光德继法，绍（昭）于天下"。何，读为"荷"，何功，依尹桐阳解为"任事"。绍终，依古本等当为"绍于天下"。译文从郭校。 〔3〕贻：同"以"。

【译文】

桓公能依靠群臣的计谋，来增加他的智慧。他的宰相是管夷吾，大夫有宁戚、隰朋、宾胥无和鲍叔牙。使用这五个人担负职事，制定法度，发扬德行，继承仪法，昭示于天下，流传后世，奉孝祖庙，称霸天下，名声广扬，是不可埋没的。这就是因为有明君在上、贤相在下。

初，桓公郊迎管子而问焉，管仲辞让，然后对以参国伍鄙，立五乡以崇化，建五属以厉武，〔1〕寄兵于政，因罚，〔2〕备器械，加兵无道诸侯，以事周室。桓公大说，〔3〕于是斋戒十日，将相管仲。管仲曰："斧钺之人也，〔4〕幸以获生，以属其腰领，〔5〕臣之禄也。若知国政，非臣之任也。"公曰："子大夫受政，寡人胜任；〔6〕子大夫不受政，寡人恐崩。"管仲许诺，再拜而受相。三日，公曰："寡人有大邪三，其犹尚可以为国乎？"对曰："臣未得闻。"公曰："寡人不幸而好田，〔7〕晦夜而至禽侧，〔8〕田莫不见禽而后反。〔9〕诸侯使者无所致，百官有司无所复。"对曰："恶则恶矣，然非其急者也。"公曰："寡人不幸而好酒，日夜相继，诸侯使者无所致，百官有司无所复。"对曰："恶则恶矣，然非其急者也。"公曰:"寡人有污行,不幸而好色,而姑姊有不嫁者。"[10]对曰:"恶则恶矣,然非其急者也。"公作色曰:"此三者且可,则恶有不可者矣?"[11]对曰:"人君唯优与不敏不可。[12]优则亡众,不敏不及事。"公曰:"善。吾子就舍,异日请与吾子图之。"对曰:"时可将与夷吾,何待异日乎?"公曰:"奈何?"对曰:"公子举为人博闻而知礼,好学而辞逊,请使游于鲁,以结交焉。公子开方为人巧转而兑利,[13]请使游于卫,以结交焉。曹孙宿其为人也,小廉而苟忕,[14]足恭而辞结,[15]正荆之则也,请使往游,以结交焉。"遂立行三使者,而后退。

【注释】

〔1〕厉:通"砺"。砺,磨砺。 〔2〕因罚:陶鸿庆云:因罚当作"因刑罚"。译文从之。《中匡篇》云"请薄刑罚,以厚甲兵",是其证。 〔3〕说:通"悦"。 〔4〕丁士涵云:"'曰'下疑脱'臣'字。"译文从丁说。钺(yuè 越):古代兵器大斧。 〔5〕属(zhǔ 主):连接。尹知章注:"属,缀连也。" 〔6〕尹知章注:"言子受政而辅我,我则胜君之任也。" 〔7〕田:通"畋",打猎。《淮南子·本经训》:"焚林而田,竭泽而渔。" 〔8〕晦夜:黑夜。禽侧:同"禽圳(cè 测)",禽兽繁殖的草野湖泽之地。 〔9〕郭沫若云:"莫"假为"漠",静也。 〔10〕姊:当作"姊妹"。姊,"姊"的异体字。孙星衍云:"《意林》《白帖》九十三引'姊'下有'妹'字。" 〔11〕恶(wū 乌):哪里。《孟子·尽心上》:"居恶在?仁是也。" 〔12〕优:软弱少决断。尹知章注:"优,谓逶随不断。"逶随,同"委随",困顿疲弱。 〔13〕兑:通"锐"。《荀子·仪兵》:"兑则若莫邪之利锋,当之则溃。" 〔14〕廉:考察,查访。《汉书·高帝纪下》:"且廉问有不如吾诏者,以重论之。"苟忕(shì 誓):细微地察看。苟,细微;忕,察。 〔15〕辞结:刘绩云:"《大匡》作'博于教而又巧于辞,不好立大义而好结小信',则'辞结'当作'辞给'。"辞给,言辞敏捷。

【译文】

当初,桓公在京郊迎接管子归来时就向他咨询,管仲推辞拒绝,以后才提出建立三国五鄙的制度,建立五乡用来推崇教化,建成五属来训练军事,把军事训练隐藏在内政管理之中,依靠赎罪制度,备足军用器材,然后对无道诸侯施加武力,以侍奉周王朝。桓公听了十分高兴,因此虔诚地斋戒十天,要立管仲为相。管仲说:"我是该杀的人,幸获生存,使腰领还能相连,这已是我的福分了。如果要授予我国家的政事,不是我能胜任的。"桓公说:"你接受国家的政事,我就能胜任国君;你如果不接受国家的政事,我就恐怕要崩溃了。"管仲最后才答应,再拜而接受宰相的职务。三天以后,桓公对管仲说:"我有三大错误,那还能管理国家吗?"管仲回答说:"我还未曾听说。"桓公说:"我不幸喜好打猎,在黑夜时就来到禽兽出没的湖泽草野之地,直到田野寂静不见禽兽时才迟迟回来。这样,诸侯使者无法向我传达他们的使命,百官人员无法向我报告他们的职事。"管子回答说:"这件事虽然是很坏,但不是十分紧要的。"桓公说:"我不幸喜好饮酒,日夜相继,诸侯使者无法向我传达他们的使命,百官人员无法向我报告他们的职事。"管仲回答说:"这件事虽然很坏,但不是十分紧要的。"桓公说:"我有一件丑事,就是不幸喜好女色,姑表姐妹也有不嫁给人的。"管仲说:"这件事坏虽然很坏,但不是十分紧要的。"桓公变色说:"这三件事尚且可以允许,哪里还有什么不可以允许的事呢?"管仲回答说:"国君唯有优柔寡断与不敏于事为不可允许的。优柔寡断就失去众人,不敏于事就办不成事。"桓公说:"好。你回家吧,改日再请你一块来讨论国事。"管仲回答说:"此时就可与我谈,何必要等待外的日子呢?"桓公说:"要谈什么呢?"管仲回答说:"公子举为人知识广博而懂礼仪,好学而说话谦逊,请派他出游到鲁国,以便同鲁国结交。公子开方为人圆滑而锐利,请派他出游到卫国,以便同卫国结交。曹孙宿为人,小事能细察,态度十分恭敬,又善于辞令,正合乎荆人的风格,请派他前往交游,以便同荆人结交。"这样就立即派出了三位使者,管仲而后才告退。

相三月,请论百官。公曰:"诺。"管仲曰:"升降揖让,[1]进退闲习,[2]辨辞之刚柔,臣不如隰朋,请立为大行。[3]垦草入邑,[4]辟土聚粟多众,尽地之利,臣不如宁戚,请立为大司田。[5]平原广牧,车不结辙,士不旋踵，鼓之而三军之士视死如归，臣不如王子城父，请立为大司马。决狱折中，不杀不辜，不诬无罪，臣不如宾胥无，请立为大司理。犯君颜色，进谏必忠，不辟死亡，[6]不挠富贵，臣不如东郭牙，请立以为大谏之官。此五子者，夷吾一不如，[7]然而以易夷吾，夷吾不为也。君若欲治国强兵，则五子者存矣；[8]若欲霸王，夷吾在此。"桓公曰："善。"

【注释】

〔1〕揖让：古代宾主相见的礼节。《周礼·秋官·司仪》："掌九仪之宾客摈相之礼，以诏仪容、辞令、揖让之节。" 〔2〕闲：通"娴"，熟习。《战国策·燕策二》："闲于兵甲，习于战攻。" 〔3〕大行：外交官之首领。尹知章云："大行，大使之官。" 〔4〕入邑：郭沫若云：入乃"立"之误。立邑，意为创邑。 〔5〕大司田：田官之长。一作"大田"或"司田"。 〔6〕辟：通"避"，躲避。《荀子·荣辱》："不辟死亡，不畏众强。" 〔7〕一：都。《大戴礼·卫将军文子》："则一诸侯之相也。"卢注："一，皆也。" 〔8〕存：孙星衍云：当依《吕氏春秋》"存"作"足"。译文从"足"。

【译文】

管仲拜相三个月后，请求与桓公选择百官，桓公说："可以。"管仲说："升降遵守礼节，进退娴熟法度，言语刚柔有节制，我不如隰朋，请立他为外交长官。开垦草地，创建城邑，开辟土地，聚集粮食，增加人口，发挥土地的效益，我不如宁戚，请立他为田官之长。在广阔的原野上，战车不混乱，战士不后退，敲起战鼓，使三军战士视死如归，我不如王子城父，请立他为大司马。判决适当，不杀无辜，不诬陷无罪的人，我不如宾胥无，请立他为大司理。敢不看君主脸色行事，劝谏必定忠心，不怕杀头，不为富贵困惑，我不如东郭牙，请立他为大谏之官。这五个人，我都不及他们，但是用来交换我，我也不干。国君如果想要治国强兵，那么用这五个人就足够了；如果想要建立霸王之业，那么有我。"桓公说："好。"

霸形第二十二

【题解】

　　本篇《霸形》之题应与下篇《霸言》对换。所谓"霸言"指称霸天下的言论。本篇以桓、管对答的形式，记述了齐国图霸的理论和实践，共分为三节。第一节管子阐述了霸王之业应以百姓为根本，并具体提出了轻税敛、缓刑政和举事以时三条原则。第二节记述桓公沉溺于享乐，管子谏请桓公封亡国之君，并以重礼结交诸侯各国，使齐国号令"始行于天下"。第三节记述楚国攻打宋、郑，干扰齐国，管子劝谏桓公发兵保护宋、郑，并进而攻伐各国，九合诸侯，成就霸业。

　　桓公在位，管仲、隰朋见。立有间，有二鸿飞而过之。桓公叹曰："仲父，今彼鸿鹄有时而南，有时而北，有时而往，有时而来，四方无远，所欲至而至焉。非唯有羽翼之故，[1]是以能通其意于天下乎？"管仲、隰朋不对。桓公曰："二子何故不对？"管子对曰："君有霸王之心，而夷吾非霸王之臣也，是以不敢对。"桓公曰："仲父胡为然？盍不当言，[2]寡人其有乡乎？[3]寡人之有仲父也，犹飞鸿之有羽翼也，若济大水有舟楫也。仲父不一言教寡人，寡人之有耳将安闻道而得度哉？"[4]管子对曰："君若将欲霸王举大事乎？则必从其本事矣。"[5]桓公变躬迁席，拱手而问曰："敢问何谓其本？"

管子对曰:"齐国百姓,公之本也。人甚忧饥,而税敛重;人甚惧死,而刑政险;人甚伤劳,而上举事不时。公轻其税敛,则人不忧饥;缓其刑政,则人不惧死;举事以时,则人不伤劳。"桓公曰:"寡人闻仲父之言此三者,闻命矣,不敢擅也,将荐之先君。"[6]于是令百官有司,削方墨笔。[7]明日,皆朝于太庙之门朝,[8]定令于百吏。使税者百一钟,[9]孤幼不刑,泽梁时纵,[10]关讥而不征,[11]市书而不赋,[12]近者示之以忠信,远者示之以礼义。行此数年,而民归之如流水。

【注释】

〔1〕"非唯"句:孙蜀丞云:"《戒篇》作'夫唯有羽翼以通其意于天下乎',则此'非'字与'匪'同。"许维遹云:"'匪'与'夫'义皆同彼。" 〔2〕当言:王念孙云:"'当言',谠言也。谠言,直言也。"盍:同"何"。 〔3〕乡:同"向",方向。 〔4〕度:张佩纶云:"度,法度也。" 〔5〕本事:陶鸿庆云:"'本事'当为'本始',所谓物有本末,事有终始也。"译文从陶说。 〔6〕"不敢"二句:尹知章云:"不敢专擅自发此命,将进之宗庙,告先君而后行。" 〔7〕方:尹知章云:"方谓版牍也。凡此欲书其所定令也。" 〔8〕门朝:丁士涵云:"案'门朝'即门廷,朝、廷一也。" 〔9〕百一:指税率百分之一。 〔10〕泽梁:沼池中拦水捕鱼之具。纵:开放。 〔11〕讥:稽查,察问。 〔12〕"市书"句:张佩纶云:"《周礼》'质人掌稽市之书契',所谓书也;'廛人掌敛布',所谓赋也。今但使质人书之,而不使廛人赋之,故曰'书而不赋'。"

【译文】

桓公在朝,管仲、隰朋进见。站了一会,有两只鸿雁从窗外飞过。桓公叹息道:"仲父,那些鸿雁时而南飞,时而北飞,时而飞去,时而飞来,四方无论多远,想到哪里就能飞到哪里。它们是因为有了翅膀的缘故,才能将自己的意愿通达于天下的吧?"管仲、隰朋不回答。桓公问:"两位为什么不回答我?"管子回答说:"您有成就霸王之业的心愿,而我不是能成就霸王之业的臣子,因此不敢回答。"桓公说:"仲父为什么这样说?为什么不对我直言,使我能有方向呢?我有您仲父,就像鸿雁有翅膀,渡水有舟船。如果仲父不发一言来教导我,我虽长耳朵,又从哪里听到治国之道,学到治国的法度呢?"管子回答说:"您想要成就霸王之业的大事吗?一定要从根本开始。"桓公变换体位,离开坐席,拱手发问道:"请问什么叫根本?"管子回答说:"齐国百姓就是您的根本。百姓很怕挨饿,而如今租税沉重;百姓很怕死罪,而如今刑政凶险;百姓很怕辛劳,而如今兴举事业不按定时。您如果减轻租税,百姓就不愁饥饿;宽缓刑政,百姓就不愁死罪;定时兴举,百姓就不愁辛劳。"桓公说:"我听仲父说的这三点,我听懂了,但不敢专擅施行,而要进告先君然后可行。"于是命令百官有司,削好版牍,备好笔墨。第二天,会集百官都在太庙的门庭朝见,对官吏颁布了法令:使纳税的人只交百分之一,对孤儿幼女不准施刑,沼池中的捕鱼器具按时开放,关卡只稽查而不征税,市场只记录而不征赋,对近臣显示出忠信,对远者显示出礼义。这样推行了数年,百姓归附桓公就如同流水一般。

此其后,宋伐杞,狄伐邢、卫,桓公不救,裸体纫胸称疾。[1]召管仲,曰:"寡人有千岁之食,而无百岁之寿,今有疾病,姑乐乎!"管子曰:"诺。"于是令之县钟磬之榱,[2]陈歌舞竽瑟之乐,日杀数十牛者数旬。群臣进谏曰:"宋伐杞,狄伐邢、卫,君不可不救。"桓公曰:"寡人有千岁之食,而无百岁之寿,今又疾病,姑乐乎!且彼非伐寡人之国也,伐邻国也,子无事焉。"宋已取杞,狄已拔邢、卫矣。桓公起行筍虡之间。[3]管子从,至大钟之西,桓公南面而立,管仲北乡对之。大钟鸣,桓公视管仲曰:"乐夫,仲父?"管子对曰:"此臣之所谓哀,非乐也。臣闻之古者之言乐于钟磬之间者不如此。言脱于口,而令行乎天下;游钟磬之间,而无四面兵革之忧。今君之事，言脱于口，令不得行于天下；在钟磬之间，而有四面兵革之忧。此臣之所谓哀，非乐也。"桓公曰："善。"于是伐钟磬之县，[4]并歌舞之乐，[5]宫中虚无人。桓公曰："寡人以伐钟磬之县，并歌舞之乐矣，请问所始于国将为何行？"管子对曰："宋伐杞，狄伐邢、卫，而君之不救也，[6]臣请以庆。臣闻之，诸侯争于强者，勿与分于强。[7]今君何不定三君之居处哉？"[8]于是桓公曰："诺。"因命以车百乘、卒千人以缘陵封杞，车百乘、卒千人以夷仪封邢，车五百乘、卒五千人以楚丘封卫。桓公曰："寡人以定三君之居处矣，今又将何行？"管子对曰："臣闻诸侯贪于利，勿与分于利。君何不发虎豹之皮、文锦以使诸侯，令诸侯以缦帛、鹿皮报？"[9]桓公曰："诺。"于是以虎豹皮、文锦使诸侯，诸侯以缦帛、鹿皮报。则令固始行于天下矣。

【注释】

〔1〕纫：洪颐煊云：纫，结束也。"谓以帛结束其胸而称疾"。〔2〕县：同"悬"。郭沫若云："'榬'假为'环'。古者钟磬皆有环，悬于钩上。"〔3〕筍虡（jù 据）：悬挂钟磬的木架。《诗经·灵台》传："植者曰虡，横者曰栒。"〔4〕尹知章云："伐谓斫断也。"〔5〕并：同"屏"，屏除。〔6〕张佩纶云："当作'而君不之救也'。"译文从之。〔7〕郭沫若云："言诸侯既争强而我欲平分之，则亦争耳。"〔8〕尹知章云："三君既失国，与定其居处也。"〔9〕缦帛：即素帛，无文彩之帛，与"文锦"相对。

【译文】

这以后，宋国攻打杞国，狄人攻打邢国、卫国，桓公都没发兵救助，却裸着上体,以帛缠胸称病。桓公召见管子说:"我有一千年吃不完的粮食,却没有一百年的寿命,如今又有病,姑且及时行乐吧!"管子说:"好的。"于是下令悬挂起钟磬类打击乐器,陈设了轻歌曼舞、吹竽鼓瑟的音乐,每天杀几十头牛设宴,连续了数十天。群臣进谏说:"宋国攻打杞国,狄人攻打邢国、卫国,您不可不发兵救助。"桓公说:"我有一千年吃不完的粮食,却没有一百年的寿命,如今又有病,姑且让我及时行乐吧!况且他们攻打的又不是我们的国家,只是我们的邻国,你们就不必多事了。"不久,宋国攻取了杞国,狄人攻取了邢国、卫国。桓公仍然盘桓在钟磬的行列间,管子跟着来到大钟西面,这时桓公朝南站立,管子朝北应对。大钟敲响了,桓公看着管子问:"仲父感觉快乐吗?"管子回答说:"我认为这是哀伤,而不是快乐。我听说古代君王取乐于钟磬之间时不是这样。他们话语出口,号令就推行天下;游乐于钟磬之间,却没有四方战争的忧虑。现在您的情况却是:话语出口,号令不能推行天下;身在钟磬之间,却有四方战争的忧虑。这就是我所说的哀伤,而不是快乐啊!"桓公说:"好。"于是砍断钟磬的悬带,取消歌舞和音乐,宫中空虚无闲人。桓公问:"我已经砍断了钟磬的悬带,取消了歌舞和音乐,请问开始处理国事要做些什么?"管子回答说:"宋国攻打杞国,狄人攻打邢国、卫国,您都没发兵救助,我为您庆幸。我听说,诸侯之间争强时,就不要与他们分强。现在,您为什么不去安排三国君主的居留之处呢?"桓公说:"好的。"于是下令用兵车百乘、士卒千人,把缘陵封给杞君;用兵车百乘、士卒千人,把夷仪封给邢君;用兵车五百乘、士卒五千人,把楚丘封给卫君。桓公说:"我已经安排了三国君主的居留之处,现在再该做些什么?"管子回答说:"我听说诸侯贪利之时,就不要与他们分利。您为什么不派使者送虎豹皮、五彩锦给各国诸侯,而只要各国诸侯用素帛、鹿皮回报呢?"桓公说:"好的。"于是派使者送虎豹皮、五彩锦给各国诸侯,各国诸侯用素帛和鹿皮回报。这样,齐国的号令开始通行于天下各国了。

此其后,楚人攻宋、郑。烧炳燌焚郑地,[1]使城坏者不得复筑也,屋之烧者不得复葺也;令其人有丧雌雄,[2]居室如鸟鼠处穴。要宋田,夹塞两川,使水不得东流,[3]东山之西,水深灭垝,[4]四百里而后可田也。

楚欲吞宋、郑而畏齐，曰思人众兵强能害己者，[5]必齐也。于是乎楚王号令于国中曰："寡人之所明于人君者，[6]莫如桓公；所贤于人臣者，莫如管仲。明其君而贤其臣，寡人愿事之。谁能为我交齐者，寡人不爱封侯之君焉。"[7]于是楚国之贤士，皆抱其重宝币帛以事齐。桓公之左右，无不受重宝币帛者。于是桓公召管仲曰："寡人闻之善人者人亦善之。今楚王之善寡人一甚矣，寡人不善，将拂于道。[8]仲父何不遂交楚哉？"管子对曰："不可。楚人攻宋、郑，烧焫煇焚郑地，使城坏者不得复筑也，屋之烧者不得复葺也；令人有丧雌雄，居室如鸟鼠处穴；要宋田，夹塞两川，使水不得东流，东山之西，水深灭垝，四百里而后可田也。楚欲吞宋、郑，思人众兵强而能害己者必齐也。是欲以文克齐，而以武取宋、郑也。楚取宋、郑而不知禁，[9]是失宋、郑也，禁之则是又不信于楚也。知失于内，兵困于外，非善举也。"桓公曰："善。然则若何？"管子对曰："请兴兵而南存宋、郑，而令曰'无攻楚'，言与楚王遇。[10]至于遇上，[11]而以郑城与宋水为请。楚若许，则是我以文令也；楚若不许，则遂以武令焉。"桓公曰："善。"于是遂兴兵而南存宋、郑，与楚王遇于召陵之上，而令于遇上曰："毋贮粟，毋曲堤，无擅废适子，无置妾以为妻。"因以郑城与宋水为请于楚。楚人不许，遂退七十里而舍。使军人城郑南之地，立百代城焉，曰：自此而北至于河者，郑自城之，而楚不敢隳也。[12]东发宋田，夹两川，使水复东流，而楚不敢塞也。遂南伐及，[13]逾方城济于汝水，望汶山，南致楚越之君；[14]而西伐秦，北伐狄，东存晋公于南；[15]北伐孤竹，还存燕公。兵车之会六，乘车之会三，九合诸侯，反位已霸，修钟磬而复乐。管子曰："此臣之所谓乐也。"

【注释】

〔1〕烧焫（ruò 弱）煓（hàn 汉）焚：皆为烧义。郭沫若云："从下文观之，楚对郑用火攻，对宋用水攻也。" 〔2〕有：戴望云："'有'与'又'同。" 〔3〕尹知章云："楚人又遮取宋田，夹两川筑堤而壅塞之，故水不得东流。" 〔4〕塉：尹知章云："塉，败墙也。" 〔5〕曰：猪饲彦博云："'曰'字衍。能：孙蜀丞云："据后文'能'上当有'而'字。" 〔6〕许维遹云："'明'与下文'贤'字对词，则明犹尊也。" 〔7〕君：猪饲彦博云："'君'当作'赏'。"译文从之。 〔8〕尹知章云："拂，违也。若不报善之，是违于道也。" 〔9〕宋本"知"作"止"。 〔10〕陶鸿庆云："'言'当为'吾'，字之误。"译文从之。尹知章云："冬会曰遇。" 〔11〕上：安井衡云："'上'犹'所'也。" 〔12〕隳（huī 灰）：毁坏。 〔13〕及：郭沫若云："'及'即'楚'之坏字。"译文从"楚"。 〔14〕楚：张佩纶云："'楚'依《小匡》当作'吴'。"译文从之。 〔15〕俞樾云：此承上为文。"自秦而言，则晋在东矣。自狄而言，则晋在南矣"。

【译文】

这以后，楚人攻打宋国、郑国。他们用火攻袭击郑地，使城墙毁坏难以重建，屋舍烧毁难以重修；又使郑国男女丧其配偶，住房如同鸟巢鼠穴。他们还截取宋国农田，夹着两条河筑堤堵塞水流，使河水不能东流，东山的西面，水深淹没断墙，四百里外才能耕种。楚国想并吞宋国、郑国，但怕齐国，设想人口众多兵器精良对自己构成威胁的，必定是齐国。于是楚王对国内发令说："我所推尊的君主，没有能与桓公相比的；我所称贤的臣子，没有能与管仲相比的。君主尊而臣子贤，我愿侍奉他们。谁能为我交好齐国，我将不惜给他封侯的赏赐。"于是楚国的贤士都携带贵重的宝物和缯帛去齐国活动。桓公的左右近臣，没有不接受过楚国宝物缯帛的。于是桓公召见管子说："我听说，善待别人，别人也善待他。现在楚王如此地善待于我,我如果不回报,将有违于交往之道。仲父为什么不去与楚国交好呢?"管子回答说:"不可。楚人攻打宋国、郑国,他们用火攻袭击郑地,使城墙毁坏难以重建,屋舍烧毁难以重修;又使郑国男女丧其配偶,住房如同鸟巢鼠穴;他们还截取宋国农田,夹着两条河筑堤堵塞水流,使河水不能东流,东山的西面,水深淹没断墙,四百里外才能耕种。楚国想并吞宋国、郑国,考虑人口众多兵器精良对自己构成威胁的,必定是齐国。因此这是要用外交手段战胜齐国,而用军事手段攻取宋国、郑国。楚国攻取宋国、郑国,如果不加制止,就等于丧失了宋国、郑国两个邻国;如果加以制止,则是失信于楚国。国内在智谋上有失误,在国外的军队就会受困,因此交好楚国不是好办法。"桓公说:"好。那该怎么办?"管子回答说:"请发兵南下保护宋国、郑国,并下令不要进攻楚国,说要和楚王盟会。到盟会时,就提出郑城遭焚和宋水被堵的问题要求楚国解决。楚国如果答应,等于我们用外交方式命令他;如果不答应,就再用武力教训他吧。"桓公说:"好。"于是就发兵南下保护宋国、郑国,与楚王在召陵地方盟会。桓公在盟会时提出:"不准囤积粮食,不准遍设堤防,不准擅自废黜嫡子,不准将妾置立为妻。"同时就提出郑城遭焚和宋水被堵的问题要求楚国解决。楚人不答应,就退兵七十里驻扎下来。桓公派军队在郑国南部筑城,命名为百代城,并规定自百代城向北直到黄河,由郑国自己筑城,楚国不敢再来烧毁。又向东收复了宋国的农田,开通了夹河的阻塞,使河水重新东流,楚国不敢再来堵塞。于是桓公进而南伐楚国,越过方城,渡过汝水,直逼汶山,南向召见吴国和越国的君主;又西伐秦国,北伐狄人,保护了东南面的晋国;又北伐孤竹国,回兵时保护了燕国。这期间,动用兵车的盟会有六次,乘车的盟会有三次,总共九次会集诸侯。等到桓公回到齐国,称霸天下的大业已经建立,于是修整钟磐乐器,重新沉浸在享乐中。管子说:"这才是我所说的快乐啊!"

霸言第二十三

【题解】

猪饲彦博云:"疑当作'霸形',篇首云'霸王之形'。盖此篇旧名曰《霸形》,前篇曰《霸言》,后人互误代之也。"所谓"霸形"指霸王之业的形势,亦即欲称霸称王之国在天下的地位态势。本篇极力称颂"霸形"的宏大,并围绕实现霸王之业展开了广泛论述。文中主张"欲用天下之权,必先布德诸侯",圣明的君主要"务具其备,慎守其时,以备待时,以时兴事"。文章提出,霸王之始,要以百姓为本;王者之心,要方正而不偏执。文章重视对于天下轻重强弱形势的分析和有关谋略的探讨,可以视为一篇称霸称王的策略论。

霸王之形,象天则地,化人易代,创制天下,等列诸侯,宾属四海,时匡天下,大国小之,曲国正之,[1]强国弱之,重国轻之。乱国并之,暴王残之,[2]僇其罪,卑其列,维其民,[3]然后王之。夫丰国之谓霸,[4]兼正之国之谓王。[5]夫王者有所独明,德共者不取也,道同者不王也。夫争天下者,以威易危,暴王之常也。[6]君人者有道,霸王者有时。国修而邻国无道,霸王之资也。[7]夫国之存也,邻国有焉;国之亡也,邻国有焉。[8]邻国有事,邻国得焉;邻国有事,邻国亡焉。[9]天下有事,则圣王利也。国危,则圣人知矣。[10]夫先王所以王者，资邻国之举不当也。举而不当，此邻敌之所以得意也。

【注释】

〔1〕曲国：指邪曲之国。 〔2〕暴王：指暴虐的君王。 〔3〕尹知章云："戮其首罪，卑其爵列，维持其人众。" 〔4〕尹知章云："但自丰其国者霸也。" 〔5〕之：俞樾云："上'之'字疑'它'字之误，'它'即'他'字也。"译文从俞说。尹知章云："兼能正他国者王。" 〔6〕暴：郭沫若云："'暴'乃'霸'之误。"译文从郭说。 〔7〕尹知章云："我修而彼暴，可以取乱侮亡，故曰资也。"资，凭借、依靠。 〔8〕陶鸿庆云："乃发明'霸王有时'之义也。物不两盛，邻国与我迭为兴废。" 〔9〕陶鸿庆云："本作'邻国有事，邻敌得焉；邻国有事，邻敌亡焉'……'邻敌'者，邻国之敌，质言之，即我国耳。"译从。 〔10〕知：陶鸿庆云："知读为智，言国将危亡而后见圣人之智也。"

【译文】

霸业和王业的形势，模仿上天，效法大地，教化人心，改换朝代，创建全新天下，布列各等诸侯，使四海宾服归属，使天下及时匡正；它缩小大国的范围，纠正邪曲的国家，削弱强国的力量，使重要的国家不显重要；它兼并动乱的国家，残灭暴虐的君主，杀戮其罪魁祸首，削降其爵列等第，维护其百姓利益，然后称王其国。国家自身富强就可称为霸业，兼能匡正他国就可称为王业。成王业的国家有独见之明，德行相同的国家它不去夺取，道义相同的国家它不去称王。向来争夺天下，用威势更换危乱之国，这是霸王之业的常事。统治百姓必须有常道，称霸称王必须合时机。本国政治修明而邻国无道，这是成就霸王之业的前提。因为我国的存在与邻国有关，我国的危亡也与邻国有关，邻国有事变，我国可以有所得，邻国有事变，我国也可以有所失。天下有事变，可对圣王有利；国家将危亡，可见圣王智慧。先王之所以成就王业，是依靠邻国举措不当。邻国举措不当，这就是我国所以得意成功的原因。

夫欲用天下之权者，必先布德诸侯。是故先王有所取，有所与，有所诎，[1]有所信，[2]然后能用天下之权。

夫兵幸于权，权幸于地。[3]故诸侯之得地利者，权从之；失地利者，权去之。夫争天下者，必先争人。明大数者得人，审小计者失人。得天下之众者王，得其半者霸。是故圣王卑礼以下天下之贤而王之，[4]均分以钓天下之众而臣之。[5]故贵为天子，富有天下，而伐不谓贪者，[6]其大计存也。以天下之财，利天下之人；以明威之振，[7]合天下之权；以遂德之行，结诸侯之亲；以奸佞之罪，刑天下之心；[8]因天下之威，以广明王之伐；[9]攻逆乱之国，赏有功之劳；封贤圣之德，明一人之行，[10]而百姓定矣。夫先王取天下也，术术乎大德哉，[11]物利之谓也。夫使国常无患，而名利并至者，神圣也；国在危亡，而能寿者，[12]明圣也。是故先王之所师者，神圣也；其所赏者，[13]明圣也。夫一言而寿国，不听而国亡，若此者，大圣之言也。夫明王之所轻者马与玉，其所重者政与军。若失主不然，[14]轻与人政，而重予人马；轻予人军，而重与人玉；重宫门之营，而轻四竟之守；所以削也。

【注释】

〔1〕诎：同"屈"。 〔2〕信：同"伸"。 〔3〕幸：于省吾云："'幸'乃'乘'之讹。"乘，因也。"此言兵因于权，权因于地也"。译文从于说。 〔4〕王：许维遹云："'王'当作'壬'，'壬'，即'任'字。'任之'与下文'臣之'义相近。"译文从许说。 〔5〕尹知章云："既王有地，均分其禄，用此以引天下之众，故可得而臣之也。"〔6〕伐：安井衡云："'伐'当为'世'，唐人避讳。"译文从之。〔7〕明威：盛威，指强大的权威。振：通"震"。 〔8〕尹知章云："所谓惩一而劝百。"郭沫若云：刑应作"型"字解。译文从之。 〔9〕伐：

功伐，功绩。　〔10〕一人：姚永概云："'一人'言天子也。"
〔11〕术：姚永概云："但术本有大义，故以形容大德。"术，大道也。
〔12〕寿：俞樾云：《国语》韦注"寿，保也"。能寿犹能保也。
〔13〕赏：丁士涵云："'赏'当读尚，与'师'义同。"　〔14〕失主：失国的君主。

【译文】
　　想要拥有天下的权力，必须先向诸侯施以恩德。因而先王总是有所取得，有所付出，有所屈折，有所伸展，然后才能拥有天下的权力。军队的胜负要依靠权力的大小，权力的大小要依靠土地的多少。因而诸侯能得到地利的，权力就跟从他；失去地利的，权力就离开他。争夺天下，必须先争夺人心。懂得大道理的得人心，专搞小计谋的失人心。能得天下大多数拥护的成就王业，能得天下半数人拥护的成就霸业。因此圣王总是谦卑有礼地对待天下的贤士而加以任用，均分利禄来吸引天下的百姓而进行统治。因而至尊的天子拥有天下的财富，但世人不认为贪欲，是因为他心存治理天下的大计。用天下的财富，来为天下人谋利；用强大权威的震慑，来聚合天下的权力；用广施恩德的行为，来结交诸侯使之亲附；用严惩奸佞的罪行，来规范天下的人心；依靠天下的威势，来推广明君的功绩；攻克逆乱的国家，赏赐功臣的劳绩；树立圣贤的威望，彰明天子的德行；这样，百姓就安定了。先王取得天下，真是伟大的功德啊！也就是所谓的以物利人。能使国家经常没有忧患而且名利双收，称之为神圣；能使国家在危亡时刻得以保全，称之为明圣。因而先王师法的是神圣，尊崇的是明圣。一句话能保全一个国家，不听它就会导致灭亡，这句话就是大圣人的话。英明的君主总是看轻骏马和宝玉，看重政权和军队。亡国的君主就不是这样，他们往往看轻授人政权，而看重给人骏马；看轻授人兵权，而看重给人宝玉；看重营建宫室，而看轻防守四境；因此国家日益削弱。

　　夫权者，神圣之所资也。独明者，天下之利器也；独断者，微密之营垒也。此三者，圣人之所则也。[1]圣人畏微，而愚人畏明；圣人之憎恶也内，愚人之憎恶也外；圣人将动必知，愚人至危易辞。[2]圣人能辅时，[3]

不能违时。知者善谋,[4]不如当时。精时者,日少而功多。夫谋无主则困,事无备则废。是以圣王务具其备,而慎守其时。以备待时,以时兴事,时至而举兵;绝坚而攻国,破大而制地;大本而小标,[5]埊近而攻远;[6]以大牵小,以强使弱,以众致寡,德利百姓,威振天下;令行诸侯而不拂,近无不服,远无不听。夫明王为天下正,理也。按强助弱,[7]圉暴止贪,存亡定危,继绝世,此天下之所载也,[8]诸侯之所与也,百姓之所利也,是故天下王之。知盖天下,继最一世,[9]材振四海,王之佐也。

【注释】

　　[1]郭沫若云:古本等"三"作"二"。当以作二为是。二指"独明"与"独断"。"则"谓取法。译文从郭说。　[2]易:古本"易"作"勿"。郭沫若云:"作'勿'者是也。"犹言至死不改耳,此其所以为愚。译文从之。　[3]辅:郭沫若云:"'辅'假为'捕'。"译文从之。　[4]知者:通"智者"。　[5]标:尹知章云:"标,末也。本大而末小则难崩。"　[6]埊(古地字):当作"全"。尹知章云:"所全之地近,故能攻远。"　[7]尹知章云:"按,抑也。"　[8]载:猪饲彦博云:"载、戴同。"　[9]继:猪饲彦博云:"'继'当作'断',即独断也。"译文从之。

【译文】

　　权力是神圣的君王所依赖的。独到的明智,如同天下的利器;独立的决断,如同精密的营垒,这二者是圣人所取法的。圣人畏惧细微的萌芽,愚人畏惧显明的表象;圣人憎恶内心的邪恶,愚人憎恶外表的丑陋;圣人将有行动必知后果,愚人危难临头死不更改。圣人能捕捉时机,但不能违背时机。智者虽善于谋划,但不如抓到时机。精通利用时机,费时少而功效多。谋事无主见就陷于困惑,办事无准备就归于废止。因此圣明的君王总是努力做好准备，谨慎守住时机。以充分准备来等待时机，以适当时机来兴举事业，时机成熟就举发军队；断绝坚固的防守而攻陷敌国，击破高大的城池而控制敌境；根基厚实而目标弱小，保全近地而攻伐远敌；用大军牵制小军，用强国役使弱国，用人多招致人少，德行有利百姓，威势震慑天下；向诸侯发令而无人违抗，近国无不臣服，远地无不听命。英明的君王为天下匡正时势，是理所当然的。抑制强国，扶助弱小，抵御暴虐，制止贪欲，保存亡国，安定危局，继承绝世，这都是天下拥戴、诸侯亲附、百姓得利的好事，因此天下乐于由这样的君主成就王业。智谋超越天下，决断称绝当世，才能震撼四海，这就能成为王业的辅佐。

千乘之国得其守，诸侯可得而臣，天下可得而有也。万乘之国失其守，国非其国也。天下皆理己独乱，[1]国非其国也；诸侯皆令己独孤，[2]国非其国也；邻国皆险己独易，[3]国非其国也。此三者，亡国之征也。夫国大而政小者，国从其政；国小而政大者，国益大。大而不为者，复小；强而不理者，复弱；众而不理者，复寡；贵而无礼者，复贱；重而凌节者，复轻；富而骄肆者，复贫。故观国者观君，观军者观将，观备者观野。其君如明而非明也，其将如贤而非贤也，其人如耕者而非耕也，三守既失，国非其国也。地大而不为，命曰土满；人众而不理，命曰人满；兵威而不止，[4]命曰武满，三满而不止，国非其国也。地大而不耕，非其地也；卿贵而不臣，[5]非其卿也；人众而不亲，非其人也。

【注释】
〔1〕理：张佩纶云："'理'当作'治'，唐人讳。"译文从张说。
〔2〕令：猪饲彦博云："'令'当作'合'。"译文从之。〔3〕易：尹知

章云:"易,平易不牢固,谓无守御之备也。"〔4〕止:丁士涵云:"'止'当为'正'。"译文从之。〔5〕卿:卿相。

【译文】
　　千乘之国如果掌管得当,也可以臣服诸侯,拥有天下。万乘之国如果掌管不当,也可能丧失国家。天下都已治理独独自己动乱,将会丧失国家;诸侯都能合作独独自己孤立,将会丧失国家;邻国都在守险独独自己毫无准备,将会丧失国家。这三种情况是亡国的征兆。国家大而政绩小,国家地位与政绩同小;国家小而政绩大,国家将日益扩大。国家扩大而无所作为,会重新缩小;国家强盛而不事治理,会重新衰弱;百姓人多而不加治理,会重新变少;地位尊贵而不讲礼节,会重新低贱;官职重要而超越法度,会重新轻贱;家境富有而骄奢淫逸,会重新贫穷。因此观察国家只要观察君主,观察军队只要观察将领,观察军备只要观察田野。如果君主看似英明而实际昏庸,将领看似贤能而实际愚蠢,百姓看似农夫而实际不耕地,这三项要求既然没有做到,就将丧失国家。土地广大而无所作为,叫做土地满盈;百姓众多而不加治理,叫做人口满盈;军队威严而作风不正,叫做武备满盈。这三种满盈没有得到制止,就将丧失国家。土地广大而不耕种,就等于失去了土地;卿相尊贵而不臣服,就等于失去了卿相;百姓众多而不亲君,就等于失去了百姓。

　　夫无土而欲富者忧,无德而欲王者危,施薄而求厚者孤。夫上泽而下苴、国小而都大者弑。〔1〕主尊臣卑,上威下敬,令行人服,理之至也。使天下两天子,天下不可理也;一国而两君,一国不可理也;一家而两父,一家不可理也。夫令,不高不行,不搏不听。〔2〕尧舜之人,非生而理也;〔3〕桀纣之人,非生而乱也。故理乱在上也。夫霸王之所始也,以人为本。本理则国固,本乱则国危。故上明则下敬,政平则人安土,〔4〕教和则兵胜敌,使能则百事理,亲仁则上不危,任贤则诸侯服。

【注释】

〔1〕王念孙云："'夹'当依尹《注》作'狭','苴'与'粗'同。上狭而下苴,谓上小而下大也。"译文从王说。 〔2〕搏:猪饲彦博云:搏同"专",谓命令专出于君也。译文从。 〔3〕戴望云:《御览》"引'人'作'民','理'作'治'是也。今本系唐人避讳所改,下文同。"译文从戴说。 〔4〕士:戴望云:"'士'当为'土'。……'人安土'与'兵胜敌'对文。"译文从之。

【译文】

没有土地而企图富有会忧伤,没有德行而妄想称王会危险,施予微薄而所求丰厚会孤立。上面权小而下面权大,国土狭小而都城巨大,会有篡弑之祸。君主尊贵臣子卑贱,君上威严臣下恭敬,政令推行人人服从,这是治国的最高境界。如果天下有两个天子,天下就难以治理;一国有两个君主,国家就难以治理;一家有两个父亲,家庭就难以治理。政令不出自高层就无人实行,不专出君主就无人听从。尧、舜时的百姓,不是生来就服治理;桀、纣时的百姓,不是生来就要动乱。治理还是动乱都取决于君主。霸王之业的开始,就要以百姓为根本。百姓治理则国家稳固,百姓动乱则国家危亡。因此君主英明则臣下敬服,政治宽平则百姓安居本土,教化和谐则士兵勇胜敌人,使用能人则百事得治,亲近仁人则君主不危,任用贤士则诸侯亲服。

霸王之形,德义胜之,[1]智谋胜之,兵战胜之,地形胜之,动作胜之,故王之。夫善用国者,因其大国之重,[2]以其势小之;因强国之权,以其势弱之;因重国之形,以其势轻之。强国众,合强以攻弱,以图霸;强国少,合小以攻大,以图王。强国众,而言王势者,愚人之智也;强国少,而施霸道者,败事之谋也。夫神圣,视天下之形,知动静之时;视先后之称,[3]知祸福之门。强国众,先举者危,[4]后举者利;强国少,先举者王,后举者亡。战国众,后举可以霸;战国少,先举可以王。

【注释】

〔1〕德义胜之：指在德义方面处于优胜。下仿此。 〔2〕其：俞樾云："'其'字衍文。"译文从之。 〔3〕称：李国祥云："'称'去声，谓不失先后之宜。" 〔4〕尹知章云："强国众，先举必为强者所图，故危。"

【译文】

霸王之业的形势是：在实行德义方面处于优胜，在运用智谋方面处于优胜，在兴兵作战方面处于优胜，在利用地形方面处于优胜，在行动时机方面处于优胜，因而能称王天下。善于治国的君主，利用大国的势力，并顺其势缩小它；利用强国的权威，并顺其势削弱它；利用重国的地位，并顺其势减轻它。天下强国多，就联合强国来攻打弱国，以实现霸业；天下强国少，就联合小国来攻打大国，以实现王业。强国多之时，谈论王业是愚笨之人的想法；强国少之时，施行霸道是败坏事业的谋略。神圣的君主，观察天下的形势，掌握动静的时机；观察先后的得失，掌握祸福的门径。强国多，先举事危险，后举事得利；强国少，先举事称王，后举事危亡。好战之国多，后举事可以称霸；好战之国少，先举事可以称王。

夫王者之心，方而不最。[1]列不让贤，[2]贤不齿弟择众，[3]是贪大物也。是以王之形大也。夫先王之争天下也以方心，[4]其立之也以整齐，其理之也以平易。立政出令用人道，[5]施爵禄用地道，[6]举大事用天道，[7]是故先王之伐也，伐逆不伐顺，伐险不伐易，伐过不伐及。[8]四封之内，以正使之；诸侯之会，以权致之；近而不服者，以地患之；远而不听者，以刑危之。[9]一而伐之，[10]武也；服而舍之，文也；文武具满，[11]德也。

【注释】

〔1〕方：方正。最：极端。 〔2〕列：指排列位次。让：同"攘"，排斥。 〔3〕贤：指选贤。齿弟：即齿第，年龄地位。 〔4〕方心：王念孙云："'方心'当为'方正'。"译文从之。 〔5〕立政出令：张佩纶云："'立政出令'当作'出政令'。"尹知章云："政令须合人心。"译文从之。 〔6〕地道：尹知章云："地道平而无私。" 〔7〕尹知章云："心应天时，然后可以举大事。" 〔8〕古本"及"上有"不"字。译文从之。 〔9〕刑：张佩纶云："'刑'当作'形'，以下'刑'，皆'形'之借。"译文从张说。 〔10〕一：王念孙云："'一'当为'二'，'二'与'贰'同。"贰，贰心、叛逆。译文从王说。 〔11〕满：王引之云："'满'当为'备'。"译文从王说。

【译文】

　　成就王业者的心，方正而不偏执。列位不排斥贤人，选贤不只看年龄地位，这是贪图更大的利益。因此王业的形势是多么广大啊！先王争夺天下，靠的是方正的态度；建立天下，靠的是整齐的号令；治理天下，靠的是简易的政策。发布政令要符合民心，赏施爵禄要公平无私，兴举大事要顺应天时。因此先王进行征伐，总是伐叛逆而不伐顺从，伐险要而不伐平易，伐过分而不伐不足。本国的百姓，用公正来役使；诸侯的盟会，用权威来召集；近而不服的国家，用侵削土地使它担忧；远而不听的国家，用形势威逼使它危亡。背叛了就讨伐，这是武的方式；服从了就免罪，这是文的方式；文武两手具备，才是德的体现。

　　夫轻重强弱之形，诸侯合则强，孤则弱。骥之材，而百马伐之，[1]骥必罢矣；强最一伐，[2]而天下共之，国必弱矣。强国得之也以收小，其失之也以恃强；小国得之也以制节，[3]其失之也以离强。夫国小大有谋，强弱有形。服近而强远，[4]王国之形也；合小以攻大，敌国之形也；以负海攻负海，[5]中国之形也；折节事强以避罪，小国无形也。

【注释】

〔1〕伐：王念孙云："'伐'当依宋本作'代'。代，迭也。言以骥之材，而百马迭与之逐，则骥必罢也。"译文从王说。罢，同"疲"。
〔2〕伐：王念孙云："'伐'亦当依宋本作'代'。言强为一代之最，而天下共伐之，则国必弱也。"译文从王说。　〔3〕制：王引之云："制读为折……折节者，卑诎其节，以事强大之国。"　〔4〕尹知章云："谓用强兵威远国。"　〔5〕尹知章云："谓以蛮夷攻蛮夷。蛮夷负海以为固，故曰负海。"

【译文】

国家地位轻重、力量强弱的形势大致是：诸侯各国联合则强大，孤立则衰弱。即使是千里马的良材，用百匹马与它交替追逐，也必定疲乏；即使是一时代的强国，天下各国共同攻伐它，也必定衰弱。强国因容纳小国而得利，因自恃强大而失误；小国因折节事强而得利，因脱离强国而失误。国家不管大小，各有计谋；不管强弱，各有形势；折服近国，以强兵威慑远敌，这是王业之国的形势；联合小国，以共同对待大国，这是敌对之国的形势；利用蛮夷，以攻伐蛮夷之国，这是中原各国的形势；折节事强，以躲避大国的惩罚，这是小国的形势。

自古以至今，未尝有先能作难，[1]违时易形，以立功名者；无有常先作难，违时易形，无不败者也。[2]夫欲臣伐君、正四海者，[3]不可以兵独攻而取也，必先定谋虑，便地形，利权称，亲与国，视时而动，王者之术也。夫先王之伐也，举之必义，用之必暴，[4]相形而知可，[5]量力而知攻，攻得而知时。[6]是故先王之伐也，必先战而后攻，先攻而后取地。[7]故善攻者，料众以攻众，[8]料食以攻食，料备以攻备。以众攻众，众存不攻；[9]以食攻食，食存不攻；以备攻备，备存不攻。释实而攻虚，释坚而攻膬，[10]释难而攻易。

【注释】

〔1〕先能：宋本"先能"作"能先"。〔2〕无：张文虎云："'无不败'之'无'，'而'字之误。"译文从张说。〔3〕臣伐君：张佩纶云："'臣伐君'乃'臣诸侯'之误。"译文从张说。〔4〕暴：张佩纶云："'暴'当作'恭'。"译文从之。〔5〕尹知章云："谓相其乱亡之形。"〔6〕攻：安井衡云："'攻'读为考。"〔7〕地：许维遹云："'地'当作'也'，字之误也。"译文从之。〔8〕尹知章云："量我众寡，可敌彼众，然后攻。余仿此。"〔9〕尹知章云："彼众存，则我不能亡之，故不攻。"〔10〕臑：古"脆"字。

【译文】

自古至今，从没有首先发难、违背时机、变易形势，而能建立功名的；也没有首先发难违背时机、变易形势，而不归于失败的。要想征服诸侯、匡正四海，不可独自率兵进攻而取胜，必定先要确定计划，利用地形，权衡得失，联络盟国，等待时机成熟再行动，这是成就王业的策略。先王进行征伐，发兵必定合乎正义，用兵必定态度恭敬，观察形势来确定可否发兵，衡量兵力来确定能否进攻，考量得失来确定进攻时机。因而先王进行攻伐，必定先接战然后进攻，先进攻然后取胜。所以善于进攻的将帅，要仔细计量敌我双方兵力的多少、粮食的多少、装备的多少，然后考虑是否进攻。以兵力对兵力，敌方兵力强就不攻；以粮食对粮食，敌方粮食多就不攻；以装备对装备，敌方装备精就不攻。应该避开实力而攻其空虚，避开坚固而攻其脆弱，避开难攻而攻其易攻。

夫搏国不在敦古，[1]理世不在善攻，[2]霸王不在成曲。[3]夫举失而国危，刑过而权倒，[4]谋易而祸反，[5]计得而强信，[6]功得而名从，权重而令行，固其数也。夫争强之国，必先争谋、争刑、争权。[7]令人主一喜一怒者，谋也；令国一轻一重者，刑也；令兵一进一退者，权也。故精于谋则人主之愿可得，而令可行也；精于刑则大国之地可夺，强国之兵可围也；精于权则天下之兵可齐，[8]诸侯之君可朝也。夫神圣视天下之刑，知世之所谋，知兵之所攻，知地之所归，知令之所加矣。夫兵攻所憎而利之，此邻国之所不亲也。权动所恶，而实寡归者，[9]强；擅破一国，强在后世者，王；[10]擅破一国，强在邻国者，亡。[11]

【注释】

〔1〕抟：同"专"。集中，统率。 〔2〕攻：郭沫若云："'攻'乃'故'之坏字。"译文从"故"。 〔3〕曲：俞樾云："'曲'疑'典'字之讹。……言图霸王者不必拘守成法也。"译文从"典"。 〔4〕刑：丁士涵云：刑当读形，"'形过'者形失其可也。" 〔5〕陶鸿庆云："'易'，率易也。'反'当为'及'字之误，言谋事不精则祸及也。"译文从陶说。 〔6〕信：同"伸"。伸展，发挥。 〔7〕刑：王念孙云："'刑'与'形'同。"以下皆同。 〔8〕齐：俞樾云："齐读为济。济，止也。" 〔9〕实：猪饲彦博云："实，利也。言所得之利寡也。" 〔10〕尹知章云："今能专破一国，常守其强，传之后世，如此者王也。" 〔11〕尹知章云："既破一国，不能守强，令邻国得之，如此者亡也。"

【译文】

统治国家不在于敦敬古道，治理当世不在于精通旧制，霸王之业不在于拘守成法。举措失当国家就会危亡，形势丧失权力就会倒错，谋事轻率灾祸就会临身，计划得当强力就会发挥，功业成就名声就会跟随，权力加重命令就会推行，这些本来就都是治国的规律。凡是竞争强力的国家，必定首先竞争谋略、竞争形势、竞争权力。能使君主的表情或喜或怒的是谋略，能使国家地位或轻或重的是形势，能使军队行止或进或退的是权力。因此精通谋略，则君主的愿望可以实现，政令可以推行；精通形势，则大国的土地可以侵夺，强国的军队可以抵御；精通权力，则天下的战争可以制止，诸侯各国的君主可使朝见。神圣的君主观察天下的形势，就可以掌握当世的谋略，掌握军队的动向，掌握土地的归属，掌握命令的对象。攻伐憎恶的敌国而自己得利，邻国就不会亲近。以权势攻伐憎恶之国而实利少归自己的，可以成为强国；专破一国，能守其强并传于后世的，可以成就王业；专破一国，不能守强并归于邻国的，必将趋于危亡。

问第二十四

【题解】

问,即询问、察问、调查。本篇主体由六十五项问题组成,内容包括民政、吏治、军政等多方面,涉及人口组成、贫富差别、生产状况、社会救济、官吏出身、任职政绩、断狱理刑、军备状况、装备质量、运输能力等等。尹知章注:"谓为国所当察问者。"即是治理国家所应当调查掌握的情况。全文实际相当于古代一份涉及广泛的社会调查提纲,纲目具体,角度多变,设计细密,是了解古代社会的一份珍贵资料。郭沫若云:"以文章言,此篇可与《楚辞·天问》并美,确是奇文。"

凡立朝廷,[1]问有本纪。[2]爵授有德,则大臣兴义;禄予有功,则士轻死节;[3]上帅士以人之所戴,[4]则上下和;授事以能,则人上功;[5]审刑当罪,则人不易讼;[6]无乱社稷宗庙,则人有所宗;毋遗老忘亲,则大臣不怨;[7]举知人急,则众不乱。[8]行此道也,国有常经,人知终始,此霸王之术也。

【注释】

[1]立朝廷:立同"莅"。谓临朝听政。 [2]尹知章云:"所问之事,必有根本纲纪。" [3]郭沫若云:"谓视死节之事为轻而易举也。……死节亦谓之死制。……均谓死于战阵也。" [4]郭沫若云:"即在上者以人之所戴者帅士。" [5]上:许维遹云:"'上'与'尚'

同。"〔6〕易：猪饲彦博云："易，轻易。" 〔7〕尹知章云："大臣非国老则君亲，令不遗忘，故不怨。" 〔8〕陶鸿庆云：举谓举事。"举事知人所急，则事有条理而众不乱。"

【译文】

　　大凡临朝听政，询问下情要遵守基本的原则。爵位授给有德之人，大臣们就会倡导德义；禄赏赐予有功之人，战士们就会不惜牺牲；君主任用人们拥戴的将领带兵，上下关系就会和睦团结；职事授予能人，人们就崇尚功绩；判刑恰当其罪，人们就不轻易诉讼；不扰乱社稷宗庙，人们就有所尊奉；不遗忘老臣君亲，大臣就不会抱怨；举事知人们所急，众人就不会作乱。遵行这些原则，国家就有了恒常的法规，人们就懂得行事的始终，这就是成就霸王之业的办法。

　　然后问事，事先大功，政自小始。问死事之孤，[1]其未有田宅者有乎？问少壮而未胜甲兵者几何人？[2]问死事之寡，其饩廪何如？[3]问国之有功大者，何官之吏也？[4]问州之大夫也，何里之士也？今吏，亦何以明之矣？[5]问刑论有常以行，[6]不可改也，今其事之久留也何若？问五官有度制，官都其有常断，[7]今事之稽也何待？问独夫、寡妇、孤寡、疾病者几何人也？[8]问国之弃人何族之子弟也？[9]问乡之良家，其所牧养者几何人矣？[10]问邑之贫人债而食者几何家？问理园圃而食者几何家？人之开田而耕者几何家？士之身耕者几何家？问乡之贫人，何族之别也？[11]问宗子之收昆弟者，以贫从昆弟者几何家？[12]余子仕而有田邑，今入者几何人？[13]子弟以孝闻于乡里者几何人？余子父母存，不养而出离者几何人？[14]士之有田而不使者几何人？吏恶何事？[15]士之有田而不耕者几何人？身何事？君臣有位而未有田者几何人?[16]外人之来从而未有田宅者几何家?[17]国子弟之游于外者几何人？贫士之受责于大夫者几何人?[18]官贱行书，身士以家臣自代者几何人?[19]官承吏之无田饩而徒理事者几何人?[20]群臣有位事官大夫者几何人?[21]外人来游，在大夫之家者几何人？乡子弟力田为人率者几何人？国子弟之无上事，衣食不节，率子弟不田弋猎者几何人？男女不整齐，乱乡子弟者有乎？问人之贷粟米有别券者几何家?[22]

【注释】

〔1〕尹知章云："死事孤谓死王事之子孙。" 〔2〕胜甲兵：胜任从军。 〔3〕饩廪：尹知章云："饩，生食。廪，米粟之属。"指国家发给的粮食之类。 〔4〕官：郭沫若云："'官'谓大行、大司田、大司马、大司理、大谏等五官。" 〔5〕陶鸿庆云："此与上文之问为一事……言其昔为士而今得为吏者，以何材能而登进也。" 〔6〕刑论：判刑。 〔7〕尹知章云："官都谓总摄诸司者也。" 〔8〕孤：许维遹云："'孤'下'寡'字意复，当作'穷'。"译文从"穷"。 〔9〕尹知章云："弃人谓有过不齿，投之四裔者也，问知其族，欲有所收也。" 〔10〕尹知章云："良家谓善营生以致富者。"猪饲彦博云："'牧'当作'收'。"译文从之。 〔11〕别：别支。 〔12〕从：郭沫若云："'从'谓寄食也。"宗子：嫡长子。 〔13〕余子：指宗子以外的子弟。入者：尹知章云："谓收入其税者。" 〔14〕离：俞樾云："'离'读为俪。……谓出而俪偶于他族，若后世赘婿矣。" 〔15〕"士之"两句：郭沫若云："'不使'谓不仕也。'吏恶何事'当为'吏恶可使'，谓为吏者何可使之不仕也。" 〔16〕君：猪饲彦博云："'君'当作'群'。"译文从"群"。 〔17〕"外人"句：王引之云："外人，他国之人也。'从'当为'徙'字。"译文从之。 〔18〕责：同"债"。 〔19〕"官贱"两句：郭沫若云："'官'当读为馆，'官贱'谓收养贱者。'书'当为'贾'……收养贱者使为己行贾。"俞樾云：士盖出字之讹。译文从之。 〔20〕承吏：张佩纶云："'承吏'当作'丞史'。……丞史谓官之属。"译文从张说。 〔21〕位：吴汝纶云："'位'读曰莅。" 〔22〕别券：尹

知章云："别券谓分契也。"古代契券通常一分为二，供校验核对。

【译文】

　　然后开始调查，调查先从大事着眼，治理要从小处入手。询问为国牺牲者的子孙，还有没有尚未领得田地房产的？询问青壮年中不曾服役从军的有多少人？询问为国牺牲者的寡妻，她们是否得到了粮食等抚恤品？询问国内有大功的人，是哪一部门的官吏？询问各州的大夫，是哪一乡里的士人？现今为吏，是凭什么才能被提拔的？询问判刑应有常法，不能更改，而现在的案件都拖延不决，这是为什么？询问五官各有制度，总领的官都也经常断案，现在案件拖延，还等待什么？询问鳏夫、寡妇、孤穷、患病之人有多少人？询问国中被放逐的罪犯是哪一宗族的子弟？询问乡里的富户，他们收养了多少人？询问城里的穷人靠借债度日的有多少家？询问经营果园菜圃为生的有多少家？开荒种地的有多少家？士人亲自耕种的有多少家？询问乡里的穷人，是哪一家族的别支？询问嫡长子收养兄弟、或因贫穷寄食于兄弟的有多少家？长子以下入仕而有封地，现今仍在交税的有多少人？以孝行闻名于乡里的子弟有多少人？父母仍在，长子以下不侍奉养而出赘他家的有多少人？士人有田地而不肯出仕的有多少人？有关官吏为什么不管？士人有田地而不耕种的有多少人？他们自身在干什么？群臣中有爵位而没有田产的有多少人？外国迁居而来还没有田地房屋的有多少家？本国子弟出游外国的有多少人？贫穷士人向大夫借债的有多少人？收养贱者经商，自身外出，由家臣代理职务的有多少人？担任丞史之类小吏而没有田产粮食收入、白白干事的有多少人？群臣中在官大夫家里任事的有多少人？国外人来交游，住在大夫家中的有多少人？乡里子弟努力耕作，为人表率的有多少人？国中子弟中没有职业，生活奢侈，率领子弟弃农打猎取乐的有多少人？男女行为不端，影响到乡中子弟的有没有？询问贷出粮食而有债券在手的有多少家？

　　问国之伏利，[1]其可应人之急者几何所也？人之所害于乡里者何物也？问士之有田宅，身在陈列者几何人？[2]余子之胜甲兵有行伍者几何人？问男女有巧伎，[3]能利备用者几何人？处女操工事者几何人？冗国所开口而食者几何人?[4]问一民有几年之食也?[5]问兵车之计几何乘也? 牵家马、辗家车者几何乘?[6]处士修行, 足以教人, 可使帅众莅百姓者几何人? 士之急难可使者几何人? 工之巧, 出足以利军伍, 处可以修城郭、补守备者几何人? 城粟军粮, 其可以行几何年也?[7]吏之急难可使者几何人? 大夫疏器:[8]甲兵、兵车、旌旗、鼓铙、帷幕, 帅车之载几何乘? 疏藏器: 弓弩之张、衣夹铗、钩弦之造、戈戟之紧,[9]其厉何若?[10]其宜修而不修者, 故何视?[11]而造修之官, 出器处器之具, 宜起而未起者何待?[12]乡师车辐造修之具,[13]其缮何若? 工尹伐材用, 毋于三时, 群材乃植而造器定, 冬, 完良备用必足。[14]人有余兵, 诡陈之行,[15]以慎国常。时简稽帅马牛之肥膌, 其老而死者, 皆举之。[16]其就山薮林泽食荐者几何?[17]出入死生之会几何?[18]若夫城郭之厚薄, 沟壑之浅深, 门闾之尊卑, 宜修而不修者, 上必几之守备之伍。[19]器物不失其具, 淫雨而各有处藏。问兵官之吏、国之豪士,[20]其急难足以先后者几何人?[21]夫兵事者, 危物也, 不时而胜, 不义而得, 未为福也。失谋而败, 国之危也, 慎谋乃保国。[22]问所以教选人者何事? 问执官都者, 其位事几何年矣?[23]所辟草莱, 有益于家邑者几何矣? 所封表以益人之生利者何物也?[24]所筑城郭, 修墙闭, 绝通道, 厄阙, 深防沟, 以益人之地守者何所也?[25]所捕盗贼, 除人害者几何矣?

【注释】

〔1〕"问国"句：尹知章云："伏利谓货利隐蔽不见，若铜银山及沟渎可决而溉灌者。"即指未开发的资源。 〔2〕陈列：同"阵列"，指军队。 〔3〕伎：同"技"。 〔4〕冗：丁士涵云："'冗'当作'问'。"译文从之。 〔5〕几年：郭沫若云：古本等"'几年'均作'几人'，于义较长……"译文从郭说。 〔6〕"牵家"句：尹知章云："'牵家马'言直有马，'轭家车'言直有车，相配以成乘。" 〔7〕"城粟"两句：尹知章云："城粟谓守城之粟，军粮谓出军之粮，二者可经几年?" 〔8〕颜昌峣云："《广雅·释诂》'疏，识也'。《说文·言部》'记，疏也'。……此言大夫疏记器具之数。"张佩纶云："'帅车之载'言以车载各器共几乘也。" 〔9〕张佩纶云："'张'当作'帐'。……《说文》'帐，弓衣也'。""衣夹铗"当作"夹铗之衣"。"铗"正作"夹"。铗，两刃铍也。译文从张说。姚永概云："'造'即'灶'字……夹铍钩弦藏于灶室之中。"丁士涵云："'紧'当作'繄'，戟衣也。"译文从丁说。 〔10〕厉：同"砺"。磨砺，此谓磨损。 〔11〕于省吾云："言其破损何所比视也。" 〔12〕郭沫若云：官读为馆，谓制器之场。姚永概云："'具'谓收藏之所。《礼运疏》'起犹作也'。" 〔13〕师：安井衡云："'师'当作'帅'，管子治齐，'五乡为帅'。"译从。 〔14〕尹知章云："工尹，工官之长。三时谓春、夏、秋。此时木方生，植不坚，故不可伐材，其伐材必以冬也。" 〔15〕诡：章炳麟云："《说文》'诡，责也'……此言人有余兵则责其陈之于行伍，不得私匿。" 〔16〕许维遹云："'帅'上疑夺乡字。""举，举书其数也。"译文从许说。简稽：视察。 〔17〕荐：尹知章云："荐，草之美者。" 〔18〕会：尹知章云："会谓合其数。" 〔19〕几：尹知章云："几，察也。君必察知之。" 〔20〕兵官之吏：许维遹云："'兵官之吏'疑当作'兵之官吏'。"译文从许说。 〔21〕先后：安井衡云："'先后'犹辅佐也。" 〔22〕此数句与上下文不连，疑为他篇残简。 〔23〕位：丁士涵云："'位'当作'莅'。"译文从丁说。 〔24〕封表：指封立表彰。 〔25〕陈奂云："疑'墙'下脱一'垣'字。'阙'上脱'门'字，误移于'墙'之下，而又改作'闭'也。'防沟'当作'沟防'。"译文从陈说。

【译文】

询问国内未开发的资源，能解决人们急需的有多少处？人们认为危害乡里的是什么东西？询问拥有田地房产而自身在军队服役的士人有多少人？长子以下适合当兵具有军籍的有多少人？询问有技术的男女，能参加制造各种装备的有多少人？能从事女工劳作的少女有多少人？询问国内开口吃饭的有多少人？询问一个农夫能提供几个人的口粮？询问兵车总计有多少乘？其中由私人车、马搭配而成的有多少乘？在野的士人，德行足以为人表率，可以用来带领众人整治百姓的有多少人？国家危难时可供使用的士人有多少人？灵巧的工匠，从军可以整治装备，平时可以维修城墙、补充守备的有多少人？守城用和出征用的军粮可维持多少年？国家危难时可供使用的官吏有多少人？大夫疏记的器具，包括甲胄、兵器、兵车、旌旗、鼓铙、营帐，用车装载共多少乘？大夫疏记的藏器，包括弓弩的皮套、剑矛的外鞘、钩弦的灶室、戈戟的套衣，它们磨损得怎么样？其中应修理而未修理的，其破损该怎样检验？制造、修理的馆舍，发放、收藏的处所，应建造而未建造的，还等待什么？乡、帅修造兵车辎重的设备修缮得怎样？工匠的长官砍伐木材不可在春、夏、秋三季，这样各种木材才能成长并确定用途，到了冬天，完好的材用必定充足。人们多余的兵器，都要责成他们存放在军队，以严明国家的法纪。按时视察乡、帅喂养马牛的肥或瘦，其中衰老死亡的都要记下数字。其中依靠山林水泽食草收养的有多少？卖出、买进、死亡、存栏的总计有多少？至于城郭营造的厚薄、沟渠挖掘的浅深和门楼建造的高低，应该修整而未修整的，君主必须向守备的军队察问。要使各种军备都有贮藏手段，久雨的情况下也各有收藏处所。询问带兵的将领和国内的豪杰，在国家危难时能辅佐君主的有多少人？战争是危险的行动，不适时而取胜，不合义而得利，未必是福音。谋略失策而导致失败，国家就要危亡，因而要慎重谋划才能保全国家。询问用什么方法来教育和选拔人才？询问担任官都职务的都已任职多少年？他们在任职期间所开辟的荒地使农家城邑受益的有多少？他们所封立表彰的用来增加人们财利的是什么？他们所营造的城郭、修筑的墙垣、堵塞的通道、安置的门阙、挖深的沟渠等用来增加守备能力的设施在哪里？他们为百姓除害，捕获的盗贼有多少人？

制地君曰：[1]理国之道，地德为首。君臣之礼，父子之亲，[2]覆育万人。官府之藏，强兵保国，城郭之险，外应四极，具取之地。而市者，天地之财具也，而万人之所和而利也，[3]正是道也。[4]民荒无苟，[5]人尽地之职,一保其国。各主异位,[6]毋使谗人乱普,[7]而德营九军之亲。[8]关者,诸侯之陬隧也,[9]而外财之门户也,万人之道行也。[10]明道以重告之:征于关者,勿征于市;征于市者,勿征于关;虚车勿索,徒负勿入,[11]以来远人,十六道同身。[12]外事谨,[13]则听其名,视其名,[14]视其色,是其事,[15]稽其德,以观其外,则无敦于权人,[16]以困貌德。[17]国则不惑,行之职也。问于边吏曰:[18]小利害信,小怒伤义,边信伤德厚,和构四国,以顺貌德,后乡四极。[19]令守法之官曰:[20]行度必明,无失经常。

【注释】

〔1〕"制地"句:郭沫若云:"'制地君'连文,盖古书名也。"译从。何如璋云:"与上段各问不相连属,当别出自为一篇。" 〔2〕"君臣"两句:何如璋曰:"宜移下文'具取之地'句于此,而接'覆育万人'句。"译文从何说。 〔3〕"而万"句:尹知章云:"和谓交易也,万人因市交易而得利。" 〔4〕"正是"句:郭沫若云:"正,政法也,言市易为政之首要。《洪范》'八政',食货居先,即此意。" 〔5〕"民荒"句:尹桐阳云:"荒,氓也。"郭沫若云:"'苛'乃'亟'字之误。""亟,急也。"译文从郭说。 〔6〕"各主"句:许维遹云:"《周礼·司市》大市日昃而市,百族为主;朝市朝时而市,商贾为主;夕市夕时而市,贩夫贩妇为主。各主异位,言百族、商贾、贩夫、贩妇市各有主,肆各有位。" 〔7〕"毋使"句:王念孙云:"'普'当为'替'。……'替'与'替'同。"译文从王说。 〔8〕"而德"句:郭沫若云:营犹同遍也。丁士涵云:"'九军'犹'九围'(《诗经·长发》传'九围,九州也'),指诸侯言之。" 〔9〕陬隧:尹知章云:"谓陬隅之道。"指边界。 〔10〕道:安井衡云:"'道',由也,所由而行也。" 〔11〕"徒负"句:尹知章云:"徒负货既寡,故勿令入其征。" 〔12〕"十六"句:尹知章云:"齐国凡有十六道,皆置关。"于省吾云:"《释名·释天》'申,身也'。"即同申其告令。 〔13〕"外

事"句：郭沫若云："'外事'当读为'外使'。……'谨'为'觐'。"译文从郭说。 〔14〕"视其"句：猪饲彦博云："'视其名'三字衍。" 〔15〕俞樾云："'是'犹视也。" 〔16〕"则无"句：郭沫若云："言不为奸人所乘。" 〔17〕困：郭沫若云："'困'假为'悃'，言貌忠厚。此属于'权人'之所为，'权人'犹奸人。" 〔18〕问：郭沫若云：问犹告也。 〔19〕"边信"四句：张佩纶云："'边信伤德厚'皆涉上下文而衍。下当作'和构四国，厚乡四极(厚、后通，古文厚作垕)，以顺貌德'，言勿以小利害信，勿以小怒伤义，和以构四国，厚以向四极，以顺其外貌与内德。此安边之策也。"译文从张说。 〔20〕日：王念孙云："'日'当为'曰'。"译文从"曰"。

【译文】

　　《制地君》中说：治国之道，应以地德作为首要。君臣间的礼数，父子间的亲情，都取法于地德，因而能覆盖化育万民。官府的储藏，用以增强军力保卫国家；城郭的险要，用以向外应付四方诸侯。市场是天地间财物具列的场所，万民因入市交易而得利，因而是为政的首要。百姓流亡不必着急，只要使地尽其职，自然齐一保住国家。市场上货主各有其位，不要让邪人扰乱替换，那么德泽将遍及各国亲人。关隘是各国诸侯边界的通道，国外财货进入的门户，万民百姓行路的必经之地。应当彰明道路的法令并反复宣示：征收关税的，入市不再征税；征收市税的，出关不再征税；空车经过不索取，徒步负重不收税，用于招徕远方的商贾，齐国十六道共同申明此令。国外使者入关觐见，要听他的名声，看他的颜色，观察他的行事，稽查他的德行，再对照他的外貌，这样就不会让貌似忠厚的奸人有机可乘。这样国家就不会陷于迷惑，这是道路掌管者的职责。告示边境官吏说：小利有害信用，小怒有伤仁义，和睦交接周边国家，仁厚对待四方宾客，这样就做到了外貌和内德的统一。命令执法官吏说：执行法度必须严明，不要违反常规常法。

戒第二十六

【题解】

　　戒指劝诫,本篇记述管子等对桓公的多次劝诫之语,故题名为《戒》,共分四节。第一节记述桓公出游前管子劝诫他要"有游夕之业于人,无荒亡之行于身",并要加强自身的修养,注重仁义、孝悌、忠信。第二节记述桓公游猎中管子劝诫他要使民以时、薄赋敛、宽刑法、近有德而远有色。第三节记述桓公外舍时中妇诸子劝诫他要处理好与各国诸侯的关系。第四节记述管子临终前劝诫桓公正确看待臣子的长处短处,坚决除去奸佞之臣及桓公最终不听遗嘱,终至身败国乱。

　　桓公将东游,问于管仲曰:"我游犹轴转斛,[1]南至琅邪。司马曰:'亦先王之游已。'何谓也?"管仲对曰:"先王之游也,春出,原农事之不本者,[2]谓之游;秋出,补人之不足者,谓之夕。[3]夫师行而粮食其民者,[4]谓之亡;从乐而不反者,谓之荒。[5]先王有游夕之业于人,无荒亡之行于身。"桓公退,再拜命曰:"宝法也。"管仲复于桓公曰:"无翼而飞者,声也;无根而固者,情也;无方而富者,生也。[6]公亦固情谨声,以严尊生,此谓道之荣。"桓公退,再拜:"请若此言。"[7]管仲复于桓公曰:"任之重者莫如身,途之畏者莫如口,期而远者莫如年。[8]以重任行畏途,至远期,唯君子乃能矣。"[9]桓公退，再拜之曰："夫子数以此言者教寡人。"[10]管仲对曰："滋味、动静，[11]生之养也；好恶、喜怒、哀乐，生之变也；聪明当物，[12]生之德也。是故圣人齐滋味而时动静，御正六气之变，禁止声色之淫，邪行亡乎体，违言不存口，静然定生，圣也。仁从中出，义从外作。[13]仁故不以天下为利，义故不以天下为名。仁故不代王，[14]义故七十而致政。[15]是故圣人上德而下功，尊道而贱物，道德当身，故不以物惑。是故身在草茅之中而无慑意；[16]南面听天下而无骄色。如此而后可以为天下王。所以谓德者，不动而疾，不相告而知，[17]不为而成，不召而至。是德也。故天不动，四时云下，而万物化；[18]君不动，政令陈下，而万功成；心不动，使四肢耳目，[19]而万物情。[20]寡交多亲，谓之知人；寡事成功，谓之知用；闻一言以贯万物，谓之知道。多言而不当，不如其寡也；博学而不自反，必有邪。孝弟者，仁之祖也；忠信者，交之庆也。[21]内不考孝弟，外不正忠信，泽其四经而诵学者，[22]是亡其身者也。"

【注释】

〔1〕"我游"句：王引之云："'犹'读为欲。"郭沫若云："'轴'殆'东由'二字误合。"转斛即转附"《孟子》'观于转附朝儛'。……谓至之罘观海潮也。此欲游转斛，亦为观潮耳。"译文从之。 〔2〕"原农"句：尹知章云："原，察也。农事不依本，务当原察之。"不本指务农无本钱、无种子。 〔3〕孙星衍云："《晏子·内篇》：'春省耕而补不足者，谓之游；秋省实而助不给者，谓之豫。'……夕、豫声相近。《白帖》三十六引'夕'作'豫'。" 〔4〕师行：人马出行。粮食其民：耗

费百姓粮食。〔5〕从：同"纵"。反：同"返"。荒：过分享乐。
〔6〕"无方"二句：郭沫若云："当作'无立而贵者生也'。'立'，古'位'字。……'生'读为性。"下同。 〔7〕若：尹知章云："若，顺也。" 〔8〕"期而"句：王念孙云："本作'期之远者'，与上二句文同一例。"译文从王说。 〔9〕乃能矣：孙星衍云："《治要》引'乃能矣'作'为能及矣'。"译从之。 〔10〕数：尹桐阳云："'数'犹速也。"
〔11〕滋味、动静：指饮食作息。 〔12〕当物：尹知章云："非礼勿视听，故曰当物。" 〔13〕"仁从"两句：尹知章云："仁自心生，故曰中出；义因事断，故曰外作。" 〔14〕"仁故"句：尹知章云："不以道辅君而代之王者，非仁也。" 〔15〕"义故"句：尹知章云："老而不致政，贪冒者耳，非义也。"《礼记·王制》："七十致政。"郑注："致政，还君事。" 〔16〕慑：忧惧。 〔17〕相：王念孙云："衍'相'字。"
〔18〕"四时"二句：王引之云："'云'即'运'字，言四时运而万物化也。"郭沫若云：下字是才字之误，才读为哉。下同。 〔19〕"使四"句：陶鸿庆云："当作'四肢耳目使'。"译文从陶说。 〔20〕"而万"句：尹知章云："万物莫不得其情也。" 〔21〕庆：猪饲彦博云："'庆'当作'度'。"译文从"度"。郭沫若云："'度'读为托。"指依托。〔22〕泽：王念孙云：泽读为"舍"。舍、释、泽三字，古同声而通用。四经即孝、悌、忠、信。

【译文】

桓公准备东游，问管仲说："我这次出游打算东到之罘观海，南到琅邪。司马说：'也应该同先王出游一样。'这是什么意思呢？"管仲回答说："先王的出游，春天出去为了考察农耕资本不够的，称作'游'；秋天出去为了补助百姓日用不足的，称作'夕'。那种出动人马，前呼后拥，耗费百姓粮食的，称作'亡'；放纵游乐不思回返的，称作'荒'。先王对于百姓，常有'游''夕'的功德；对于自身，绝无'荒''亡'的行为。"桓公退后拜谢说："这是宝贵的经验啊！"管仲又对桓公说："没有羽翼能飞行的是声音，没有根基能巩固的是情感，没有地位能尊贵的是心性。您也应当巩固情感，谨慎言语，严格地尊养心性，这叫做顺道的荣耀。"桓公退身拜谢说："希望能照你的话去做。"管仲又对桓公说："负担再重比不上身体，路途再险比不上口舌，时间再长比不上年代。负担重任，行走险途，长期坚持，这只有君子才能达到。"桓公退后再次拜谢说："请夫子快点把这方面的道理教给我。"管仲回答说："饮食、作息，是心性的滋养；好恶、喜怒、哀乐，是心性的变化；明理遵礼，是心性的道德。因而能调节饮食，按时作息，控制六气的变化，禁止声色的腐蚀，身体没有邪僻之行，口舌不说背理之言，静默地安定心性，这就是圣人。仁从心中发出，义从外表体现。做到仁所以不凭天下谋利，做到义所以不凭天下争名。做到仁所以以道辅君而不取代称王，做到义所以年过七十便还政于君。因此圣人以德为上，而以功业为下；以道为尊，而以物利为贱。道德在身，所以能不受外物的诱惑。因而身在茅屋之中，而无忧惧的心意；面南治理天下，而无骄傲的神色。做到这样才可以称王天下。所以称作有道德，是因为无所发起而百姓奋起，无所言语而百姓领会，无所作为而百姓成功，无所召唤而百姓聚集，这就是道德的力量。因此上天不动，而四时运行，万物化育；君主不动，而政令布陈，万事成功；心性不动，而四肢耳目发挥作用，万物皆得其情。交游少而亲附多，称作识人；办事少而成功多，称作会用；听到一句话就能贯通于万物，称作懂规律。说话多而不得当，不如少说；学问多而不自省，必生邪僻。孝悌是仁爱的根本，忠信是交友的依托。内心不用孝悌来反省，外行不用忠信来自正，舍弃四项原则来谈论学问，必定会亡失自身。"

桓公明日弋在廩，[1]管仲、隰朋朝。公望二子，弛弓脱釬而迎之曰：[2]"今夫鸿鹄，春北而秋南，而不失其时，夫唯有羽翼以通其意于天下乎？今孤之不得意于天下，非皆二子之忧也？"[3]桓公再言，二子不对。桓公曰："孤既言矣，二子何不对乎？"管仲对曰："今夫人患劳，而上使不时；人患饥，而上重敛焉；人患死，而上急刑焉。如此而又近有色而远有德，[4]虽鸿鹄之有翼，济大水之有舟楫也，其将若君何？"桓公蹴然逡遁。[5]管仲曰："昔先王之理人也，盖人有患劳而上使之以时，则人不患劳也；人患饥而上薄敛焉，则人不患饥矣；人患死而上宽刑焉，则人不患死矣。如此而近有德而远有色，则四封之内视君其犹父母邪！四方之外归君其犹流水乎！"公辍射，援绥而乘，[6]自御，管仲为左，隰朋参乘。[7]朔月三日，[8]进二子于里官，[9]再拜顿首曰："孤之闻二子之言也，耳加聪而视加明，于孤不敢独听之，荐之先祖。"管仲、隰朋再拜顿首曰："如君之王也，[10]此非臣之言也，君之教也。"[11]于是管仲与桓公盟誓为令曰："老弱勿刑，参宥而后弊。[12]关几而不正，市正而不布。[13]山林梁泽，以时禁发而不正也。"草封泽盐者之归之也，[14]譬若市人。三年教人，四年选贤以为长，五年始兴车践乘。遂南伐楚，门傅施城。[15]北伐山戎，出冬葱与戎叔，布之天下。[16]果三匡天子而九合诸侯。[17]

【注释】

〔1〕"桓公"句：尹知章云："廪所以盛米粟，禽鸟或多集焉，故于此弋也。" 〔2〕孙星衍云："《说文》'钎，臂铠也'。" 〔3〕"非皆"句：尹知章云："二子不能为羽翼，所以当忧。" 〔4〕"如此"句：尹知章云："亲冶容"，"疏贤俊"。 〔5〕蹴（cù 促）然：恭敬貌。逡遁：迟疑徘徊。 〔6〕绥：车绳。 〔7〕参乘：陪乘。《汉书》颜师古注："乘车之法，尊者居左，御者居中，又有一人处车之右，以备倾侧。戎车则称车右，其余则曰骖乘。" 〔8〕朔月：猪饲彦博云："'朔月'二字当作'斋'字。"译文从"斋"。 〔9〕里官：张佩纶云："'里官'当作'祖宫'。"译文从张说。 〔10〕"如君"句：尹知章云："君能如此，可以王也。" 〔11〕"此非"二句：尹知章云："此虽臣言，必君用之，然后成教，故曰君之教。" 〔12〕"老弱"二句：尹知章云："老弱犯罪者，无即刑之，必三宽宥而后断罪。" 〔13〕"关几"二句：郭沫若云："《霸形篇》作'关讥而不征，市书而不赋'……此'市正而不布'，'正'疑'书'字之误……'布'假为'赋'。"译文从郭说。 〔14〕"草封"句：张佩纶云："言垦草而壅，就泽而盐。" 〔15〕"门傅"句：丁士涵云："门字衍。"洪颐煊云："'施城'当作'方城'。"译文从之。傅：附，接近。 〔16〕"北伐"三句：尹知章云："山戎有冬

葱、戎菽，今伐之，故其物布天下。戎叔，胡豆。"〔17〕三匡天子：郭沫若云："此之'三匡天子'当为三辅天子。考桓公九会中有三会与王室有关。"译文从郭说。

【译文】

　　第二天，桓公在粮仓附近射猎，管仲、隰朋前来朝见。桓公看到两人，就放下弓弩，脱去臂铠，迎上前去说："你们看那些鸿鹄，春天北飞，秋天南徙，从来不误时令，不就是靠着双翅在天下自由翱翔的吗？如今我在天下不得意，不就因为二位不能成为我的双翼而担忧吗？"桓公又说了一遍，两人都不说话。桓公说："我已说了我的意思，你们二人为什么不回答呢？"管仲回答说："现今百姓忧虑劳苦，君主却任意役使；百姓忧虑饥饿，君主却加重赋税；百姓忧虑死亡，君主却加紧施刑。不但这样，君主还亲近女色，疏远贤德，即使像鸿鹄有双翼，渡河有舟楫，对君主又有什么办法呢？"桓公谦恭地听着，低头徘徊。管仲又说："从前先王治理天下，百姓忧虑劳苦，君主就按时役使，百姓就不怕辛苦了；百姓忧虑饥饿，君主就减轻赋税，百姓就不怕挨饿了；百姓忧虑死亡，君主就放宽刑法，百姓就不怕刑死了。做到这些，君主又亲近贤德，疏远女色，因而四境之内的百姓对待君主就像对待父母，四境之外的百姓归顺君主就像水归大海啊！"桓公马上中止了射猎，拉着车绳上了车，他亲自在中间驾车，请管仲居左边尊位，隰朋为右边陪乘。回宫斋戒三天之后，桓公将两人引进祖庙，顿首拜谢说："我听了二位的话，觉得耳更聪、目更明，我不敢独自听这些话，要推荐给先祖听听。"管仲、隰朋也顿首拜谢说："能像君主这样，将一定成就王业。我们的这些话君主接受了，就是您的教导了。"于是管仲和桓公立誓并发布命令说："年老体弱的不处刑，犯罪者可得三次宽宥然后再治罪。关卡只稽查但不征税，市场只记录而不征赋。山林水泽，按时封禁和开放，也不征税。"令下之后，垦草而封、就泽而盐的百姓都来归顺，就像集市一般。桓公用三年教化百姓，四年选拔贤人作为官长，五年开始准备兵车出征。于是南伐楚国，逼近方城。又北伐山戎，取得了冬葱和胡豆，于是播布天下。终于成就了三次辅佐天子、九次盟会诸侯的霸业。

　　桓公外舍而不鼎馈，[1]中妇诸子谓宫人：[2]"盍不出从乎？君将有行。"宫人皆出从。公怒曰："孰谓我有行者?"宫人曰:"贱妾闻之中妇诸子。"公召中妇诸子曰:"女焉闻吾有行也?"[3]对曰:"妾人闻之,君外舍而不鼎馈,非有内忧,必有外患。今君外舍而不鼎馈,君非有内忧也,妾是以知君之将有行也。"公曰:"善。此非吾所与女及也,而言乃至焉,[4]吾是以语女。吾欲致诸侯而不至,为之奈何?"中妇诸子曰:"自妾之身之不为人持接也,未尝得人之布织也,[5]意者更容不审耶?"[6]明日,管仲朝,公告之。管仲曰:"此圣人之言也,君必行也。"

【注释】

〔1〕"桓公"句:尹知章云:"外舍谓出宿于外。不以鼎馈食言其馔不盛也。" 〔2〕中妇诸子:宫中内官之号。 〔3〕女:同"汝"。 〔4〕"此非"二句:尹知章云:"言我本不与汝及此谋,今汝言乃能至于此,谓能知我谋也。" 〔5〕"自妾"二句:刘绩云:"此言己不事人,未尝得人布织而衣,犹君不下小国,故诸侯不至也。" 〔6〕更容不审耶:谓还能不明白。

【译文】

　　桓公留宿宫外,也没有列鼎进食,内官中妇诸子对宫女们说:"还不快去侍从,君主要出行了。"宫女们都纷纷去侍从桓公,桓公发怒道:"谁说我要出行的?"宫女们说:"我们是听中妇诸子说的。"桓公召来中妇诸子问道:"你从哪里知道我要出行呢?"中妇诸子回答说:"我听说,君主住宿在外,又不列鼎进食,不是有内忧,就是有外患。如今您留宿宫外,也没有列鼎进食,既然没有什么内忧,我所以知道您将要出行解除外患了。"桓公说:"好。这本来不是我要同你商量的事,你既然已经说到这一步,我就告诉你吧。我打算召集天下诸侯,可他们却不来,该怎么办呢?"中妇诸子说:"自从我不去侍候别人,就不曾得过别人送的布帛,照这道理推想起来,还能不明白吗?"第二天管仲上朝,桓公将此事告诉了他。管仲说:"这真是圣人的话啊!您一定要照它去做。"

管仲寝疾，桓公往问之，曰："仲父之疾甚矣，若不可讳也，不幸而不起此疾，彼政我将安移之？"管仲未对。桓公曰："鲍叔之为人何如？"管仲对曰："鲍叔，君子也。千乘之国，不以其道予之，不受也。虽然，不可以为政。其为人也，好善而恶恶已甚，[1]见一恶终身不忘。"桓公曰："然则孰可？"管仲对曰："隰朋可。朋之为人也，好上识而下问。[2]臣闻之，以德予人者谓之仁，以财予人者谓之良；以善胜人者，未有能服人者也；[3]以善养人者，未有不服人者也。于国有所不知政，于家有所不知事，必则朋乎！且朋之为人也，居其家不忘公门，居公门不忘其家；事君不二其心，亦不忘其身。举齐国之币，握路家五十室，[4]其人不知也。大仁也哉，其朋乎！"公又问曰："不幸而失仲父也，二三大夫者，其犹能以国宁乎？"管仲对曰："君请矍己乎。[5]鲍叔牙之为人也好直，宾胥无之为人也好善，宁戚之为人也能事，孙在之为人也善言。"公曰："此四子者，其孰能一人之上也。[6]寡人并而臣之，则其不以国宁，何也？"对曰："鲍叔之为人，好直而不能以国诎；[7]宾胥无之为人也，好善而不能以国诎；宁戚之为人，能事而不能以足息；[8]孙在之为人，善言而不能以信默。臣闻之，消息盈虚，[9]与百姓诎信，[10]然后能以国宁勿已者，[11]朋其可乎？朋之为人也，动必量力，举必量技。"言终，喟然而叹曰："天之生朋，以为夷吾舌也。其身死，舌焉得生哉！"管仲曰："夫江、黄之国近于楚，为臣死乎，[12]君必归之楚而寄之；君不归，楚必私之。私之而不救也，则不可；救之，则乱自此始矣。"桓公曰："诺。"管仲又言曰："东郭有狗嘊嘊，[13]旦暮欲啮，我猏而不使也。[14]今夫易牙，子之不能爱，将安能爱君？君必去之。"公曰："诺。"管子又言曰："北郭有狗嘊嘊，旦暮欲啮，我猏而不使也。今夫竖刁，其身之不爱，焉能爱君？君必去之。"公曰："诺。"管子又言曰："西郭有狗嘊嘊，旦暮欲啮，我猏而不使也。今夫卫公子开方，去其千乘之太子而臣事君，是所愿也，[15]得于君者，是将欲过其千乘也。[16]君必去之。"桓公曰："诺。"管子遂卒。卒十月，隰朋亦卒。桓公去易牙、竖刁、卫公子开方。五味不至，于是乎复反易牙；宫中乱，复反竖刁；利言卑辞不在侧，复反卫公子开方。桓公内不量力，外不量交，而力伐四邻。公薨，六子皆求立，易牙与卫公子内与竖刁，因共杀群吏，而立公子无亏。故公死七日不敛，九月不葬。[17]孝公奔宋，宋襄公率诸侯以伐齐，战于甗，大败齐师，杀公子无亏，立孝公而还。襄公立十三年，桓公立四十二年。

【注释】
〔1〕"好善"句：尹知章云："已犹太也，言憎恶恶人太甚。"
〔2〕"好上"句：猪饲彦博云："'好'当作'也'。识，音志，上识，强记也。《吕氏春秋》云：'隰朋之为人也，上志而下求'。"译文从之。
〔3〕"以善"二句：尹知章云："以善胜人，人亦生胜己之心，故不服。"
〔4〕"握路"句：宋翔凤云："'握'通'渥'，言沾溉之意。"王引之云："'路'读为露，露家，穷困之家也。" 〔5〕甖：郭沫若云：甖、蒦实一字。甖，读若矿，音义同衡。"故'君请甖已'犹君请衡已也。"

〔6〕"其孰"句：郭沫若云："'孰'当是'埶'字之误，即'多才多艺'之艺。王训'一'为'皆'……"译文从郭说。　〔7〕国诎：郭沫若云："'国'当为'或'，或者有也。即能直而不能诎。"下文亦同。诎，同"屈"。　〔8〕足：孙蜀丞云："足，止也，'足息'犹止息也。"〔9〕消息：即消长。　〔10〕诎信：同"屈伸"。　〔11〕勿已：没有终结。〔12〕为：王念孙云："'为'犹如也'。"　〔13〕喏喏(yá牙)：狗欲咬时发出之声音。　〔14〕猰：王引之云："'猰'当作'枷'。""今世啮人之狗，系木于其颈，使任重难进，是也。"译文从王说。　〔15〕洪颐煊云："'愿'下'也'字衍。"　〔16〕是：陶鸿庆云："'是'字读为'实'。"　〔17〕陶鸿庆云："'七日'当作'六十七日'，两'不'字当作'而'。"译文从陶说。

【译文】

　　管仲卧病不起，桓公前往探问，并说："仲父的病很重了，如果不可讳言，您的病不幸不能痊愈，国家的政事我将移托给谁呢？"管仲没有回答。桓公说："鲍叔的为人怎么样？"管仲回答说："鲍叔是个君子，即使是千乘兵车的大国，不按他的做人准则送给他，他也不会接受。虽然这样，但鲍叔不能执政，因为他的为人，好为善事而过分憎恶坏人，见到一件坏事就终身不忘。"桓公问："那么谁可以执政呢？"管仲回答说："隰朋可以。隰朋为人，博闻强记而虚心下问。我听说，给人恩德称作仁，给人财物称作良；用善行来超过别人，不能使人心服；用善心来感化别人，人心没有不服。治国有些政事不一定管，治家有些家事不一定问，只有隰朋才能做到吧！隰朋的为人，在家中不忘公事，在公门也不忘家事；侍奉君主没有二心，但也不忘自身利益。他曾用齐国的钱币，救济过五十户穷困之家，而人们不知他是谁。能做到这样的大仁德的，只有隰朋啊！"桓公又问道："假如不幸失去仲父，齐国的那几位大夫还能使国家安宁吗？"管仲回答说："请您自己衡量一下吧。鲍叔牙为人刚直，宾胥无为人善良，宁戚为人能干，孙在为人能说。"桓公说："这四位大夫，他们的才艺都在常人之上。我一并予以重用，而国家不得安宁，这是什么原因呢？"管仲回答说："鲍叔牙为人刚直，但有时不能受屈；宾胥无为人善良，但有时不能受屈；宁戚为人能干，但不能适可而止；孙在为人能说，但不能守信静默。我听说，能按照消长盈亏的规律，与百姓同屈同伸，然后能使国家长治久安的，还要数隰朋吧！隰朋为人，行动必定估计力量，举事必定估计能力。"管仲说完，长叹一声道:"上天生出隰朋,就是作为我管仲的喉舌的,现在我自己将死了,喉舌还能活得长吗?"管仲又说:"江、黄两国靠近楚国,如我死后,君主一定要将两国归还楚国;您不归还,楚国必然要并吞。楚国并吞而齐国不救,那不行;去救助,祸乱就会从此开始。"桓公说:"好的。"管仲又说道:"东城有条狗早晚磨牙,准备咬人,我枷住它的颈部使它不能咬。如今的易牙,自己的儿子都不爱,怎能爱君主呢?您一定要除去他。"桓公说:"好的。"管仲又说道:"北城有条狗早晚磨牙,准备咬人,我枷住它的颈部使它不能咬。如今的竖刁,自己的身体都不爱,怎能爱君主呢?您一定要除去他。"桓公说:"好的。"管仲又说道:"西城有条狗早晚磨牙,准备咬人,我枷住它的颈部使它不能咬。如今的卫公子开方,丢弃他千乘之国太子的地位来做您的臣下,是因为他想从您这儿得到的,实将超过他的千乘之国。您一定要除掉他。"桓公说:"好的。"管仲终于死了。死后十月,隰朋也死了。桓公将易牙、竖刁、卫公子开方赶出朝廷。不久,饮食五味不调,于是召回了易牙;宫中混乱,于是召回了竖刁;身边听不到甜言蜜语,于是召回了卫公子开方。桓公对内不估量国力,对外不考虑外交,而拼命征伐邻国。桓公死后,六个儿子都要继位,易牙和卫公子开方勾结官内的竖刁,杀戮百官,拥立公子无亏为君主。所以,桓公死了六十七日才入殓,九个月后才安葬。齐孝公出奔宋国,宋襄公率领诸侯讨伐齐国,战于甗地,大败齐军,杀死公子无亏,拥立齐孝公回国主政。齐襄公共立十三年,齐桓公共立四十二年。

短　语

地图第二十七

【题解】

地图指的是用于行军作战的地图，文章中十分强调地图在战争中的重要作用，因以名篇。

本篇是一篇军事论文，分为两部分。第一部分阐述地图在战争中的作用，强调"凡兵主者，必先审知地图"，"然后可以行军袭邑，举错知先后，不失地利"。第二部分从战略上提出了"主明、相知、将能"的"三具"原则，并分别阐述了君主、相室、将帅在战争中的不同职责。全篇言简意赅，论述精辟。

凡兵主者，[1]必先审知地图。镮辕之险，[2]滥车之水，[3]名山、通谷、经川、陵陆、丘阜之所在，[4]苴草、林木、蒲苇之所茂，道里之远近，城郭之大小，名邑、废邑、困殖之地，[5]必尽知之。地形之出入相错者，尽藏之。[6]然后可以行军袭邑，举错知先后，[7]不失地利。此地图之常也。

【注释】

〔1〕兵主：军队统帅。　〔2〕镮辕之险：尹知章云："谓路形若辕而又镮曲。"镮，即"环"。　〔3〕滥：陈奂云："'滥'当读为渐。"渐，溃也。　〔4〕经川：尹知章云："谓常川也。"陵陆：指高原。　〔5〕困殖之地：郭沫若云："疑本作'困阻之地'，'困阻'犹困隘也。"译文从

"困阻之地"。 〔6〕藏：尹知章云："藏谓苞蕴在心。" 〔7〕举错：同"举措"。

【译文】

大凡军队主帅，必须首先详细地了解地图。回旋曲折的险路，浸湿兵车的浅水，著名的山头、畅通的山谷、常流的河川、高原、丘陵所在的位置，草地、林木、蒲苇繁茂的地方，道路的远近，城郭的大小，著名的都市、废弃的城邑、困隘的地方，必须全都了解清楚。地形参差交错的地段，也全都心中有数。然后才可以长途行军，奔袭城邑，军队的举动先后得宜，不失地形之利。这就是地图通常的作用。

人之众寡，士之精粗，[1]器之功苦，[2]尽知之，此乃知形者也。知形不如知能，知能不如知意。故主兵必参具者也。[3]主明、相知、将能之谓参具。[4]故将出令发士，期有日数矣；宿定所征伐之国，[5]使群臣、大吏、父兄、使辟左右不能议成败，人主之任也。论功劳，行赏罚，不敢蔽贤有私；行用货财，[6]供给军之求索，使百吏肃敬，不敢解怠行邪，以待君之令，相室之任也。[7]缮器械，选练士，为教服，[8]连什伍，[9]遍知天下，审御机数，此兵主之事也。

【注释】

〔1〕士之精粗：指士兵素质的优劣。 〔2〕器之功苦：指兵器质量的高低。功同"工"。 〔3〕参：同"三"。 〔4〕尹知章云："明、知、能三者合，故谓之参具。" 〔5〕宿：尹知章云："宿，犹先也。" 〔6〕行用：郭沫若云："'行用'犹动用或移用。" 〔7〕相室：即相国、宰相。 〔8〕为教服：尹知章云："设教令使士服习。" 〔9〕连什伍：尹知章云："使其什伍各相钩连，有所统属。"什伍指军队的基层单位。

【译文】

军队人数的多少，士兵素质的优劣，兵器质量的高低，全都了解清楚，这就了解了军队的形貌。但了解军队形貌不如了解作战能力，了解作战能力不如了解作战意图。因此军队统帅必须具备三者结合的条件，这就是：君主英明，宰相智慧，将帅有战斗力。因而将帅出令发兵，都要有规定的期限；预先确定攻伐的对象，使朝臣、大官、父兄、左右亲信都不敢妄议战事成败，这是君主的职责。论功评劳，执行赏罚，不敢埋没贤才抱有私心；调动物资，供给军需，使官吏肃然起敬，不敢懈怠邪曲，以完成君主的命令，这是宰相的职责。修整武备，选择精兵，施行教练，编制部队，全面了解天下态势，审慎把握战机策略，这是主帅的职事。

参患第二十八

【题解】

尹知章云:"太强亦有患,太弱亦有患,必参详强弱之中,自致于无患也。"据此,"参患"即指参详于强弱之中以求无患。但此意仅与第一节内容相合,似难概括全篇。

本篇基本上也是一篇军事论文,共分四节。第一节论人主"猛毅则伐,懦弱则杀",所论与《法法》篇末节略同,而与本篇后文无关联,故有人以为是别篇错简。第二节论述军队"外以诛暴,内以禁邪"的重要作用。第三节论述用兵事先精心筹划(包括军费筹划)的重要性。第四节论述考评用兵的主要内容是兵器、士兵、将领和君主四方面的状况。

凡人主者,猛毅则伐,〔1〕懦弱则杀。〔2〕猛毅者何也?轻诛杀人之谓猛毅。懦弱者何也?重诛杀人之谓懦弱。此皆有失彼此。凡轻诛者杀不辜,而重诛者失有罪。故上杀不辜,则道正者不安;上失有罪,则行邪者不变。道正者不安,则才能之人去亡;行邪者不变,则群臣朋党。才能之人去亡,则宜有外难;〔3〕群臣朋党,则宜有内乱。〔4〕故曰猛毅者伐,懦弱者杀也。

【注释】

〔1〕猛毅则伐:谓猛毅之君主将被攻伐。 〔2〕懦弱则杀:谓懦弱之君主将遭弑杀。 〔3〕"才能"二句:尹知章云:"能士去亡,必构邻来

伐，故有外难也。"〔4〕"群臣"二句：尹知章云："群臣朋党，则狗变为虎，篡杀常因是生，故有内乱也。"

【译文】

　　凡为君主，猛毅的将被攻伐，懦弱的将遭弑杀。什么叫猛毅呢？轻易杀人就称作猛毅。什么叫懦弱呢？姑息于杀人就称作懦弱。二者彼此都有所失。轻易杀人的会杀害无辜，而姑息于杀人的会遗漏罪犯。君主杀害无辜，德行端正的内心不安；君主遗漏罪犯，行为邪僻的屡教不改。德行端正的内心不安，人才就会外流；行为邪僻的屡教不改，群臣就会结党。人才外流，就会引来外患；群臣结党，就会带来内乱。因此说：猛毅的君主将被攻伐，懦弱的君主将遭弑杀。

　　君之所以卑尊，国之所以安危者，莫要于兵。故诛暴国必以兵，[1]禁辟民必以刑。[2]然则兵者外以诛暴，内以禁邪。故兵者，尊主安国之经也，不可废也。若夫世主则不然。[3]外不以兵而欲诛暴，则地必亏矣；[4]内不以刑而欲禁邪，则国必乱矣。[5]

【注释】

　　〔1〕暴国：强暴之国，侵略之国。〔2〕辟民：同"僻民"，邪僻之民。〔3〕世主：当世之君主。〔4〕"外不"二句：尹知章云："无兵诛暴，暴必内侵，故地亏。"〔5〕"内不"二句：尹知章云："无刑禁邪，邪必上侵，故国乱。"

【译文】

　　决定君主地位的尊或卑、国家形势的安或危，没有比军队更重要的了。因而征伐强暴之国必须用军队，禁止邪僻之民必须用刑法；这样军队对外可用于征伐强暴之国，对内可用于禁止邪僻之民。因此军队是尊奉君主、安定国家的基石，是不可废除的。至于当世的君主就不是这样。他们对外不用军队而想征伐强暴之国，结果土地必然被侵占；对内不用刑法而想禁止邪僻之民，结果国家必然会动乱。

故凡用兵之计，[1]三惊当一至，[2]三至当一军，[3]三军当一战。故一期之师，十年之蓄积殚；一战之费，累代之功尽。今交刃接兵而后利之，[4]则战之自胜者也。[5]攻城围邑，主人易子而食之，析骸而爨之，[6]则攻之自拔者也。[7]是以圣人小征而大匡，[8]不失天时，不空地利，用日维梦，[9]其数不出于计。[10]故计必先定而兵出于竟，[11]计未定而兵出于竟，则战之自败，攻之自毁者也。

【注释】

〔1〕"故凡"句：猪饲彦博云"谓会计用兵之费也"。 〔2〕惊：猪饲彦博云："'惊'当作'警'，谓戒严以备。"译文从之。至：指出征。〔3〕军：陶鸿庆云："《说文》'军，圜围也'……是军之本义为围，后世遂为师旅之通名。" 〔4〕利之：指使兵刃锋利。 〔5〕"则战"句：郭沫若云："此谓战胜自己而非战胜敌人。" 〔6〕析骸：拆散尸骨。〔7〕"则攻"句：郭沫若云："其意为攻拔自己而非攻拔敌人也。"〔8〕小征而大匡：孙星衍云："《礼记》注'匡犹恐也'。"此谓对小的征伐予以大的警惕。 〔9〕用日维梦：俞樾云："《说文》'梦，不明也'，然则梦之本义为夜不明，故此以梦与日对。'用日维梦'谓将于其日有事，必先其夜预为之计。" 〔10〕不：丁士涵云："'不'当作'必'。"译文从丁说。 〔11〕而：刘师培云："'而'下当有'后'字。"

【译文】

大凡用兵费用的筹划，三次戒备等于一次出征，三次出征等于一次围敌，三次围敌等于一次交战。因而一年的军费，要耗尽十年的积蓄；一战的费用，要用光数代的积累。如今等到兵刃交接然后想到使兵刃锋利，这在战争中就是战胜了自己；包围敌方城邑后，守军易子而食、拆骨为炊地顽强抵抗，这在攻城中就是攻拔了自己。因此圣人对于小的征战给予大的警惕，注意不丢失天时地利，白天作战夜里就预先计划，其中的方法必定出于战前的筹划。所以筹划妥当然后才能发兵出境，筹划未定就发兵出境，这就是战争中的自己致败，攻伐中的自我毁灭。

得众而不得其心，则与独行者同实；兵不完利，与无操者同实；[1]甲不坚密，与俴者同实；[2]弩不可以及远，与短兵同实；射而不能中，与无矢者同实；中而不能入，与无镞者同实；将徒人，与俴者同实；[3]短兵待远矢，[4]与坐而待死者同实。故凡兵有大论，[5]必先论其器、论其士、论其将、论其主。故曰：器滥恶不利者，以其士予人也；士不可用者，以其将予人也；将不知兵者，以其主予人也；主不积务于兵者，以其国予人也。故一器成，往夫具，而天下无战心；[6]二器成，惊夫具，而天下无守城；[7]三器成，游夫具，而天下无聚众。[8]所谓无战心者，知战必不胜，故曰无战心。所谓无守城者，知城必拔，故曰无守城。所谓无聚众者，知众必散，故曰无聚众

【注释】
　　[1]无操：许维遹云："'无操'犹言'徒手'。"　[2]俴：尹知章云："俴谓无甲单衣者。"　[3]"将徒"二句：安井衡云："'徒人'，白徒也，谓不教练者。"张佩纶云："'俴'当为'残'……言如自残杀之也。"　[4]待：许维遹云："'待'字谓抵御也。"　[5]论：考评。下同。　[6]"故一"三句：尹知章云："一器谓师之器，其器既成，敢往之夫又具，则天下不敢生心与战也。"　[7]"二器"三句：尹知章云："二器谓军之器，其器既成，惊敌之夫又具，则天下不敢守城而御也。"　[8]"三器"三句：尹知章云："三器谓一国之器，其器既成，游务之夫又具，则天下之众惧而自散也。"

【译文】

　　掌握军队却不得军心，和单兵出战实质相同；兵器既不完备又不锋利，和徒手作战实质相同；铠甲既不坚固又不严密，和单衣无甲实质相同；弓弩射程不远，和短兵交战实质相同；箭发不能中的，和没有箭矢实质相同；射中不能穿透，和没有箭头实质相同；率领白徒作战，和自相残杀实质相同；用短兵器抵御远射弓箭，和坐以待毙实质相同。因而大凡用兵有重要的考评，必定首先考评兵器、考评士兵、考评将领、考评君主。因此说：兵器粗劣而不锋利，等于将士兵送给敌人；士兵涣散指挥不动，等于将将领送给敌人；将领无能不懂用兵，等于将君主送给敌人；君主不努力积聚军力，等于将国家送给敌人。所以，一师的兵器精良，又具备敢于出征的士兵，天下就不敢心生抗拒；一军的兵器精良，又具备智勇惊敌的士兵，天下就不敢守城抵御；一国的兵器精良，又具备能言善辩的游士，天下就不敢聚兵迎战。所谓不敢心生抗拒，就是知道抗战必定失败，因此就没有抗拒之心。所谓不敢守城抵御，就是知道守城必被攻克，因此就没有守住之城。所谓不敢聚兵迎战，就是知道聚兵必被瓦解，因此就没有聚集之兵。

制分第二十九

【题解】

本篇篇末云:"是故治国有器,富国有事,强国有数,胜国有理,制天下有分。"可知"制分"即"制天下之分",意为控制天下的名分。

本篇也属军事论文,共分三节。第一节论述用兵的先决条件是修行善政。第二节论述善用兵要重视"耳目"的作用,要坚持"舍坚攻瑕"的原则。第三节阐述治国、富国、强国、胜国、制天下的条件。有人认为此节才为《制分》篇本文,上二节为他篇错简。

凡兵之所以先争,[1]圣人贤士不为爱尊爵,道术知能不为爱官职,巧伎勇力不为爱重禄,[2]聪耳明目不为爱金财。[3]故伯夷、叔齐非于死之日而后有名也,其前行多修矣;武王非于甲子之朝而后胜也,[4]其前政多善矣。

【注释】

〔1〕"凡兵"句:尹知章云:"谓欲用兵所当先而争为者。"
〔2〕巧伎:指武艺高明。伎同"技"。 〔3〕聪耳明目:指军中侦察人员。 〔4〕甲子之朝:指武王伐纣获胜的日子。

【译文】

大凡用兵所应当首先做到的条件是:国内的圣贤之士不是为了贪图尊贵的爵位,掌握道术的智者能人不是为了贪图显赫的官职,武艺高明的勇士不是为了贪图优厚的俸禄,耳聪目明的侦察人员不是为了贪图金钱和财货。因此伯夷、叔齐不是饿死之时才声名远扬的,因为他们先前就多修德行;周武王不是甲子之朝才一举取胜的,因为他先前就多行善政。

故小征,千里遍知之。筑堵之墙,十人之聚,日五间之。大征,遍知天下。[1]日一间之,散金财用聪明也。[2]故善用兵者,无沟垒而有耳目。兵不呼儆,[3]不苟聚,不妄行,不强进。呼儆则敌人戒,苟聚则众不用,妄行则群卒困,强进则锐士挫。故凡用兵者,攻坚则韧,[4]乘瑕则神。[5]攻坚则瑕者坚,乘瑕则坚者瑕。故坚其坚者,瑕其瑕者。[6]屠牛坦朝解九牛,[7]而刀可以莫铁,[8]则刃游间也。故天道不行,屈不足从;[9]人事荒乱,以十破百;器备不行,[10]以半击倍。故军争者不行于完城池,[11]有道者不行于无君。[12]故莫知其将至也,至而不可圉;莫知其将去也,去而不可止。敌人虽众,不能止待。[13]

【注释】
〔1〕猪饲彦博云:"'筑堵之墙'以下十二字,当在上文'故小征'之上。"丁士涵云:"当作'一堵之墙',与'十人之聚'对文。"译文从之。间:尹知章注"谓私候之",指私下侦察。〔2〕"日一"二句:郭沫若云:"'日一间之'当为'日五间之'之误,并当属下,与'散金财用聪明也'为一事。上言'日五间之',此则加以说明,谓买贿内奸,使为己耳目,直等于终日间之也。"译文从郭说。〔3〕呼儆:高叫呼警。〔4〕韧:宋本"韧"作"韧"。猪饲彦博云:"止车轮之物名韧。谓所攻既坚,则兵威顿挫也。"〔5〕瑕:瑕疵,指薄弱环节。〔6〕陶鸿庆云:"自'善用兵者'以下,皆明舍坚攻瑕之义。"〔7〕屠牛坦:屠牛者名坦。〔8〕铁:张佩纶云:"'铁'乃'钝'之误。"译文从"钝"。〔9〕"故天"二句:许维遹云:"意谓天道不行,敌虽穷

屈,不可追逐。"　〔10〕器备不行:姚永概云:"当作'器械不备'。"译文从姚说。　〔11〕池:丁士涵云:"'池'字衍。"完:坚固。〔12〕无君:指君主死丧。　〔13〕待:刘绩云:"'待'即上'圉'意。"

【译文】

　　一墙的间隔,十人的聚集,就要每天侦察五次。因而打一场小仗,就要了解千里以内的情况;而要打一场大仗,更要了解整个天下的情况。所谓每天侦察五次,就是用金钱财货买通内奸。因此善于用兵的统帅,即使没有沟垒工事,也必定要有内奸耳目。用兵不能高叫呼警,不能轻易集合,不能徒劳行军,不能强行进攻。高叫呼警会使敌人戒备,轻易集合会使兵不效力,徒劳行军会使士卒困顿,强行进攻会使精兵受挫。因而凡是用兵,攻坚则容易受挫,乘弱则如有神助。一味攻坚,薄弱环节也会变得坚固;坚持乘弱,坚固部分也会变得薄弱。因此要稳定其坚固部分,削弱其薄弱环节。屠牛坦一天剖解九牛,而刀仞未钝,就是因为刀刃游转在骨骼之间的缘故。所以,天道不顺之时,敌人穷屈也不能追逐;敌方内部混乱,就可以十破百;敌方器械不完备,就可以以半击倍。因此,军事相争不攻打坚固的城池,有道的君主不攻打丧君的国家。要使敌军不知道我将来到,来到后就难以抵御;要使敌军不知道我将离去,离去后就难以阻止。这样敌军虽然众多,也不能阻挡和防御我军。

　　治者所道富也,治而未必富也,[1]必知富之事,然后能富。富者所道强也,而富未必强也,必知强之数,然后能强。强者所道胜也,而强未必胜也,必知胜之理,然后能胜。胜者所道制也,而胜未必制也,必知制之分,然后能制。是故治国有器,富国有事,强国有数,胜国有理,制天下有分。

【注释】

　　〔1〕"治者"二句:猪饲彦博云:"道,由也。'治而'当作'而治'。言富由治而成,然国治者不必成富。"译文从之。

【译文】

　　国治能达到国富,但国治未必就是国富,必须懂得富国的途径,然后才能致富。国富能达到国强,但国富未必就是国强,必须懂得强国的方法,然后才能致强。国强能达到胜敌,但国强未必就是胜敌,必须懂得胜敌的道理,然后才能致胜。胜敌能达到控制天下,但胜敌未必就是控制天下,必须懂得控制天下的名分,然后才能控制天下。因此治国要有措施,富国要有途径,强国要有方法,胜敌要有道理,控制天下要有名分。

君臣上第三十

【题解】

　　题为"君臣",说明其中心内容是论述为君之道、为臣之道以及君臣之间的相互关系。此题有上下两篇,此为上篇。

　　本篇围绕"上下之分不同任"这一中心展开,即着重阐述君臣之间应该分工治事的观点。文章主张,君主不应干预臣职,臣下不应侵夺君权,君主事必躬亲,反而造成"不公"。要达到这一目标,就要依靠"上有明法,下有常事","上有法制,下有分职";君主要立身正德,才能治官化民;君主要知人善任,臣下要守职尽责。文章为君、臣、民之间的关系设计了一个总原则,即"君据法而出令,有司奉命而行事,百姓顺上而成俗,著久而为常"。文章还反复强调"道"的重要作用,要求君主掌握"道"以治国。文章多从君臣双方的角度对照展开,这是本篇论述上的特点。

　　为人君者,修官上之道,而不言其中;[1]为人臣者,比官中之事,而不言其外。[2]君道不明,则受令者疑;权度不一,则修义者惑。[3]民有疑惑贰豫之心而上不能匡,[4]则百姓之与间,[5]犹揭表而令之止也。[6]是故能象其道于国家,[7]加之于百姓,而足以饰官化下者,[8]明君也。能上尽言于主,下致力于民,而足以修义从令者,忠臣也。上惠其道,下敦其业,[9]上下相希,[10]若望参表,[11]则邪者可知也。

【注释】

〔1〕"为人"三句：尹知章云："君在众官之上，但修此官上之道而已，至于官中之事则有司存，非所言也。"官上，指总领百官。〔2〕"为人"三句：尹知章云："比谓校次之也，若言官外，则为越职。"官中，指官职之内。〔3〕修：王念孙云："'修'当为'循'。"译文从"循"。〔4〕贰豫：犹豫。〔5〕间：尹知章云："'间'谓隔碍不通也。人心有疑，君不能正，故其所与为多碍而不通也。"〔6〕揭：尹知章云："揭，举也。表谓以木为标，有所告示也。即使举于表，又令止之，是亦不一也，故以况人心之疑也。"〔7〕象：郭沫若云："'象'疑'为'字之误……"译文从"为"。〔8〕饰：许维遹云："'饰'与'饬'通。"饬，治也，"下文云'治官化民'同义"。〔9〕张佩纶云：《诗经》毛传："'惠，顺也'。《尔雅·释诂》：'敦，勉也。'"〔10〕希：俞樾云："希读为睎，《说文·目部》：'睎，望也'。"〔11〕参表：尹知章云："参表谓立表所以参验由直。"表指测日影以计时的标杆。

【译文】

做君主的要研究总领百官的方法，而不去谈论百官的具体职责；做臣子的要管好本职之内的事，而不要超越自己的职务范围。君主的原则不明确，接受命令的人就有疑虑；权限法度不统一，遵循法度的人就有迷惑。百姓有了疑惑犹豫的心理，而君主又不能消除，那么百姓与君主之间就隔碍难通，就像举标告示又下令制止一样。因而，能有一套治国、治民的方法，用来达到整饬百官、教化下民的，就称得上明君。能上对君主尽言，下对百姓尽力，做到遵循法度、服从政令的，就称得上忠臣。君上依从为君的原则，臣下勤于为臣的职责，上下相互监督，就像望着标杆来检测日影一样，曲邪不正的就一目了然。

吏啬夫任事，人啬夫任教。[1]教在百姓，论在不挠，[2]赏在信诚，体之以君臣，其诚也以守战。[3]如此，则人啬夫之事究矣。吏啬夫尽有訾程事律，[4]论法辟、衡权、斗斛、文劾，[5]不以私论，而以事为正。如此，则吏啬夫之事究矣。人啬夫成教、吏啬夫成律之后，则虽有敦悫忠信者不得善也,[6]而戏豫怠傲者不得败也。如此,则人君之事究矣。是故为人君者因其业,乘其事,而稽之以度。[7]有善者,赏之以列爵之尊、田地之厚,而民不慕也。有过者,罚之以废亡之辱、僇死之刑,而民不疾也。杀生不违,而民莫遗其亲者,[8]此唯上有明法,而下有常事也。

【注释】

〔1〕"吏啬"二句：张佩纶云："'人'当作'民',唐讳。"译文从"民"。吏啬夫、民啬夫皆古时官职名,前者主管监察官吏,后者主管教化百姓。 〔2〕挠：枉曲。 〔3〕诚：俞樾云："'诚'当为'成',言人啬夫教成之后,可用以守战也。"译文从俞说。 〔4〕訾程事律：訾,计量；程,法程,规章。訾程指计量的规章,如下文之衡权、斗斛之类。事律指办事的法规。 〔5〕"论法"句：尹知章云："辟,刑也。文劾,言据文而举劾。" 〔6〕善：同"缮"。张佩纶云："《说文》'缮,补也,缮之言善也'。此言贤者不能补,不肖者不得败。"悫(què确)：忠厚。 〔7〕"而稽"句：尹知章云："又以国之法度考此二者。" 〔8〕"杀生"二句：尹知章云："或罚而杀之,或赏而生之,皆不违其理,则人知主德之有常,不轻为去就,故人不遗其亲也。"

【译文】

吏啬夫担任监察工作,民啬夫担任教化工作。教化的对象是百姓,论罪在于不枉屈,行赏在于讲信用,这要首先体现在君臣身上,教化成功了,百姓就可担任守战的任务。这样,民啬夫就算尽到了职责。吏啬夫全面掌握计量规章和办事法规,在审理刑法、重量、容积、弹劾类案件时,都不讲私情,而以事实为依据,这样,吏啬夫就算尽到了职责。民啬夫完成教化、吏啬夫执行法律之后,即使忠厚诚信的人也不能增补,懈怠狂傲的人也不能损害。这样,君主就算尽到了职责。因此,做君主的要根据他们的职务和政绩,用法度稽考他们。其中表现杰出的,即使用尊贵的爵位和丰厚的田产进行奖赏,百姓也不会羡慕嫉妒；其中犯有错误的,即使用撤职的羞辱和处死的极刑进行处罚,百姓也不会疾恨抱怨。处罚和奖赏都不违背法度，百姓就没有敢遗弃父母的，这只有靠君主实行公开的法律，而臣下负有固定的职责。

天有常象，地有常形，人有常礼，一设而不更，此谓三常。兼而一之，人君之道也；分而职之，人臣之事也。君失其道，无以有其国；臣失其事，无以有其位。然则上之畜下不妄，[1]而下之事上不虚矣。[2]上之畜下不妄，则所出法制度者明也；[3]下之事上不虚，则循义从令者审也。上明下审，上下同德，代相序也。[4]君不失其威，下不旷其产，而莫相德也。[5]是以上之人务德，而下之人守节义，礼成形于上，而善下通于民，则百姓上归亲于主，而下尽力于农矣。故曰：君明、相信、五官肃、士廉、农愚、商工愿，[6]则上下体，[7]而外内别也；民性因，[8]而三族制也。[9]

【注释】

〔1〕畜：畜养。不妄：不妄诞，即真诚。 〔2〕不虚：不虚无，即实在。 〔3〕"则所"句：郭沫若云："不应有'所'字。""'出法制度者明也'与'循义从令者审也'相对为文……" 〔4〕代：尹知章云："代，更也。谓上明下审，更相序。" 〔5〕尹知章云："君以威覆下，下以产供上，各有所恃，故不相德。" 〔6〕相：指宰相。愚：愚鲁朴实。愿：诚实谨慎。 〔7〕则上下体：尹知章云："上下各得其体也。" 〔8〕性：猪饲彦博云："性、生同，因谓有所因依。" 〔9〕"而三"句：尹知章云："三族谓农、商、工也……此三族各得其制也。"

【译文】

天象有常法，地形有常态，人礼有常制，它们一旦成立就不会变更，这就叫"三常"。兼领而统一百官，这是君主的责任；分工而各司其职，这是臣子的职事。君主违背了责任，就不能拥有他的国家；臣子耽误了职事，就不能保有他的职位。君上畜养臣下真诚，臣下侍奉君上就实在。君上畜养臣下真诚，因而颁布法令、制订法度就显明；臣下侍奉君上实在，因而遵循法度、服从政令就审慎。君上显明，臣下审慎，上下同心同德，相互间形成一种特定的关系。君上不丢掉威严，臣下不旷废产业，互相就不必看作向对方施德。因而在上的君主务求立德，在下的臣子恪守节义，礼仪在上面形成，善德下达于百姓，这样，百姓就会亲附君主，尽力农事。因此说：君主明智，宰相诚信，五官整肃，士人廉直，农夫愚朴，商人、工匠诚实谨慎，这样，上下各得其体，内外自有区别，民生都有依靠，三族都有制度。

夫为人君者，荫德于人者也；为人臣者，仰生于上者也。为人上者，量功而食之以足；[1]为人臣者，受任而处之以教。[2]布政有均，民足于产，则国家丰矣。以劳受禄，[3]则民不幸生。刑罚不颇，[4]则下无怨心。名正分明，则民不惑于道。[5]道也者，上之所以导民也。是故道德出于君，制令传于相，事业程于官，[6]百姓之力也，胥令而动者也。[7]

【注释】

〔1〕足：郭沫若云："'足'当为'正'字之误。"译文从"正"。〔2〕教：刘师培云："'教'字疑当作'敬'。"译文从"敬"。〔3〕受：安井衡云："古本'受'作'授'，授禄于有功劳者，民不徼倖以贪生。"〔4〕颇：偏。〔5〕"名正"二句：尹知章云："刑名职分明，则人于道不惑也。"〔6〕程：考核。〔7〕胥：王念孙云："胥，待也。"

【译文】

做君主的就要用道德来庇护百姓，做臣子的就要仰仗君主而生存。君主要考量功绩，公正地给予俸禄；臣子要接受任命，恭敬地履行职责。君主施政均平，百姓产业丰足，国家就富裕。依据劳绩授予俸禄，百姓就不会侥幸偷生。刑罚公正不偏，百姓就没有怨恨之心。刑名正，职分明,百姓对治国之道就不会疑惑。所谓道,就是君主用来导引百姓的方法。因此,道德出自于君主,制度法令由宰相传布,各项事业由官吏考核,百姓的力量就是等待命令而付诸行动。

是故君人也者,无贵如其言;人臣也者,无爱如其力。言下力上,而臣主之道毕矣。是故主画之,相守之;相画之,官守之;官画之,民役之;则又有符节、印玺、典法、策籍以相揆也。[1]此明公道而灭奸伪之术也。

【注释】

〔1〕"则又"句:尹知章云:"符节、印玺,所以示其信也;典法、策籍,所以示之制也。凡此可以考其真伪、定其是非,故曰以相揆也。"揆,掌管。

【译文】

做君主的,最贵重的是号令;做臣子的,最珍惜的是才力。对下颁布号令,对上贡献才力,君主、臣子的关系就完全了。因此君主谋划,宰相执行;宰相谋划,官吏执行;官吏谋划,百姓服役;又用符节、印玺、典法、策籍进行管理。这些就是阐明公道、杜绝奸伪的方法。

论材量能,谋德而举之,上之道也;专意一心,守职而不劳,[1]下之事也。为人君者,下及官中之事,则有司不任;为人臣者,上共专于上,[2]则人主失威。是故有道之君,正其德以莅民,而不言智能聪明。智能聪明者,下之职也;所以用智能聪明者,上之道也。上之人明其道,下之人守其职,上下之分不同任,而复合为一体。

【注释】

〔1〕劳：郭沫若云："'劳'当是'营'字之误。营，惑也，乱也。"译文从郭说。 〔2〕"为人"二句：刘绩云："此言臣夺君职，共其专令。"

【译文】

考评才能，衡量德行，举拔使用，这是君主的职责；一心一意，谨守职务，不生疑惑，这是臣子的职事。君主向下干涉了臣子的职事，有关官吏就无法负责；臣子向上侵夺了君主的权力，君主就失去威严。因此掌握了君道的君主，总是端正自己的德行来君临百姓，而不耍弄自己的智能聪明。因为运用智能聪明为君主出力，是臣下的职事；而使用具有智能聪明的臣子，是君上的职责。君上明确自己的职责，臣下谨守自己的职事，上下职分不同，各有其任，而又复合为一个整体。

是故知善，人君也；身善，人役也。[1]君身善，则不公矣。人君不公，常惠于赏，而不忍于刑，是国无法也。治国无法，则民朋党而下比，饰巧以成其私；法制有常，则民不散而上合，竭情以纳其忠。是以不言智能，而顺事治，国患解，大臣之任也；[2]不言于聪明，[3]而善人举，奸伪诛，视听者众也。

【注释】

〔1〕"身善"二句：郭沫若云："身犹躬，身善言事必躬亲。" 〔2〕"而顺"三句：郭沫若云："'大臣之任'者，'大臣是任'也。""'顺事治'当是'朝事治'……"译文从郭说。 〔3〕于：张文虎云："于，字衍。"

【译文】

知人善任的应是君主，事必躬亲的应是臣子。如果君主事必躬亲，执政就会不公。君主不公正，常常喜爱行赏，而不忍用刑，这样国家就没有法制。治国不用法制，百姓就在下结党成派，巧诈营私；国家法制常备，百姓就不搞党派，对上尽心效忠。因此君主不要弄自己的智能，就能朝事得以治理，国患得以解除，这是任用了大臣的缘故；君主不要弄自己的聪明，就能使能人得以举用，奸伪得以诛杀，这是监察国政者众多的缘故。

是以为人君者，坐万物之原，[1]而官诸生之职者也。[2]选贤论材，而待之以法。举而得其人，坐而收，其福不可胜收也。官不胜任，奔走而奉，其败事不可胜救也。[3]而国未尝乏于胜任之士，上之明适不足以知之。[4]是以明君审知胜任之臣者也。[5]故曰：主道得，贤材遂，百姓治。治乱在主而已矣。

【注释】
〔1〕坐：张文虎云："'坐'疑'主'字之讹。"译文从"主"。
〔2〕官：郭沫若云："'官'谓授职也。职即职分、职事之职。"
〔3〕丁士涵云："'奉'当为'救'，'事'字衍。"译文从丁说。
〔4〕适：于省吾云："'适'犹特也。" 〔5〕审知：审慎地察觉。

【译文】
做君主的要执掌万物的本原，而授予众人不同的职事。选拔贤能，考论才干，依照法度来对待。如果举用人才得当，就能坐收其利，他带来的福佑没有穷尽。如果所用之人不能胜任，即使奔走救弊，他带来的败局也难以挽回。国家实际并不缺少胜任职事的人才，只是君主的眼光还不能察觉，因此英明的君主要审慎地察觉那些胜任职事的臣子。所以说：君子审察人才，贤能发挥才干，百姓得以治理。国家治乱的关键在于君主啊！

故曰：主身者，正德之本也；官治者，耳目之制也。[1]身立而民化，德正而官治。治官化民，其要在上。是故君子不求于民。[2]是以上及下之事谓之矫，[3]下及上之事谓之胜。[4]为上而矫，悖也；为下而胜，逆也。国家有悖逆反迕之行，[5]有土主民者，[6]失其纪也。

【注释】

〔1〕"官治"二句：尹知章云："官禀君命而后行，若耳目待心制而后用。" 〔2〕君子：当作"君主"。 〔3〕矫：王念孙云："矫，拂也。上而及下之事，则拂乎为上之道。" 〔4〕王念孙云："胜者，陵也。下而及上之事，是陵其上也。" 〔5〕迕(wǔ 午)：背逆。 〔6〕有土主民者：指君主。

【译文】

所以说：君主自身是端正德行的根本，官吏受制于君就如耳目受制于心。君主立身，百姓受教化；德行端正，官吏得控制。控制官吏，教化百姓，关键在君主，因而君主不向百姓求助。所以君上干涉臣下之事称作违背君道，臣下干预君上之事称作凌驾君主。君主违背君道是悖谬，臣下凌驾君主是叛逆。国家如果发生悖谬叛逆的行为，那说明君主的治理失去了纲纪。

是故别交正分之谓理，[1]顺理而不失之谓道。道德定而民有轨矣。有道之君者，善明设法而不以私防者也。而无道之君，既已设法，则舍法而行私者也。为人上者释法而行私，则为人臣者援私以为公。公道不违，则是私道不违者也。[2]行公道而托其私焉，浸久而不知，奸心得无积乎？奸心之积也，其大者有侵逼杀上之祸，其小者有比周内争之乱。此其所以然者，由主德不立，而国无常法也。主德不立，则妇人能食其意；[3]国无常法，则大臣敢侵其势。大臣假于女之能，以规主情；[4]妇人孽宠，假于男之知，[5]以援外权。于是乎外夫人而危太子，[6]兵乱内作，以召外寇。此危君之征也。

【注释】
〔1〕"是故"句：尹知章云："别上下之交，正君臣之分。"〔2〕"公道"二句：尹知章云："臣之所以为公者，乃是私也。名曰不违公道，便是不违私道也。"〔3〕于省吾云："'食'字应读为伺。'伺'之通诂训'察'，此言妇人能察其意也。"〔4〕规：丁士涵云：规，古窥字。"《说文》'窥，小视也'"。〔5〕知：同"智"。〔6〕外：郭沫若云：屏除之也。

【译文】
　　区别上下关系，厘正君臣职分，就称为"理"，顺应"理"而没有过失，就称为"道"。君主的道德确立，百姓就有轨道可以遵循。有道的君主，善于明白设立法制而不因私心对抗；无道的君主，在法制设立之后，常常舍弃法制而谋取私利。做君主的抛弃法制而谋取私利，做臣子的就援引私利而当作公道。所谓不违背公道，也就变成了不违背私利。表面推行公道而实质寄托私利，时间长了不被发现，奸邪之心能不累积起来吗？奸邪之心日渐累积，大的会招来犯上杀君的祸患，小的也会造成勾心斗角的内乱。所以会形成这种后果，在于君主德行不能树立，国家法制没有权威。君主德行不能树立，连妇人也能窥测他的意图；国家法制没有权威，连大臣也敢侵夺他的权势。大臣利用妇人的才能来刺探君主的心思，受宠幸的妇人利用大臣的智谋来引入宫外的势力，这样就会导致废除夫人和危及太子，国内发生兵变，由此引来外敌。这些都是危害君主的征兆。

　　是故有道之君，上有五官以牧其民，则众不敢逾轨而行矣；下有五横以揆其官，[1]则有司不敢离法而使矣。朝有定度衡仪，以尊主位，衣服缍绋，[2]尽有法度，则君体法而立矣。[3]君据法而出令，有司奉命而行事，百姓顺上而成俗，著久而为常。犯俗离教者，众共奸之，[4]则为上者佚矣。

【注释】
〔1〕"下有"句：尹知章云："横谓纠察之官，得入人罪者也。五官各有其横，曰五横。"　〔2〕绋绣：尹知章云："绋绣，古衮冕字。"〔3〕体：依。立：同"莅"。　〔4〕"犯俗"二句：尹知章云："众以离教为奸而罪之也。"

【译文】
有道的君主，上设五种官职来统治百姓，百姓就不敢超越规范随便行动；下立五种纠察之官来管理官吏，官吏就不敢背离法制行使职权。朝廷有固定的法度礼仪，来推尊君主的地位，衣帽穿戴，都有法度，这样君主就可以依法临朝了。君主根据法律而颁布命令，有关官吏接受命令而执行公务，百姓顺从君上而成为习俗，日久而成为常规。对于违犯习俗、背离教化的人，百姓会群起而加罪，这样，君主就可以高枕无忧了。

天子出令于天下，诸侯受令于天子，大夫受令于君，子受令于父母，下听其上，弟听其兄，此至顺矣。衡石一称，斗斛一量，丈尺一绰制，[1]戈兵一度，书同名，[2]车同轨，此至正也。从顺独逆，从正独辟，[3]此犹夜有求而得火也，奸伪之人，无所伏矣，此先王之所以一民心也。是故天子有善，让德于天；诸侯有善，庆之于天子；大夫有善，纳之于君；民有善，本于父，庆之于长老。[4]此道法之所从来，是治本也。

【注释】
〔1〕绰：猪饲彦博云："绰、淳同。《周官·内宰》曰'出其度量淳

制',郑氏曰'淳读为纯,谓幅广也。制谓匹长也'。"〔2〕同名:江瀚云:"'同名'即同文也。"〔3〕从:猪饲彦博云:"'从'当作'众'。"译文从之。尹知章云:"众皆从顺而有独逆者,众皆从正而有独僻者,必为顺正者所伏也。"〔4〕庆:王念孙云:"两'庆'字皆当作'荐',荐,进也。言下有善,则进之于上也。"译文从王说。

【译文】

　　天子向天下颁布命令,诸侯从天子那里接受命令,大夫从国君那里接受命令,儿子从父母那里接受命令,地位低的听从地位高的,弟弟听从兄长,这是最顺的秩序。衡石的计量统一,斗斛的量度统一,布帛宽长的丈尺标准统一,兵器的规格统一,书写文字相同,车轨宽度相同,这是最正的规范。如果众人顺而一人悖逆,众人正而一人邪僻,这就如同在黑夜中求索而见到火光一样,奸邪虚伪之徒就无法藏伏了。这就是先王能够统一民心的原因。因而天子有了善行,要将功德谦让给上天;诸侯有了善行,要将功德进荐给天子;大夫有了善行,要将功德奉献给国君;百姓有了善行,要将功德追根溯源到父亲,并荐进给长老一辈。这就是礼法产生的源头,也是治国的根本。

　　是故岁一言者,君也;[1]时省者,相也;月稽者,官也;务四支之力,[2]修耕农之业以待令者,庶人也。是故百姓量其力于父兄之间,听其言于君臣之义,而官论其德能而待之。[3]大夫比官中之事,不言其外,而相为常具以给之。[4]相总要,[5]者官谋士,[6]量实义美,[7]匡请所疑,而君发其明府之法瑞以稽之。[8]立三阶之上,南面而受要。[9]是以上有余日,而官胜其任;时令不淫,而百姓肃给。唯此上有法制,[10]下有分职也。

【注释】

　　[1]一言:陈奂云:"'一言'当是'省'之讹。'岁省者君也'与'时省者相也''月稽者官也'句法相同。"译文从陈说。　[2]四支:

同"四肢"。〔3〕论：许维遹云："'论'与'抡'通，《说文》'抡，择也'。《齐策注》'待犹共也'，'共'同'供'。言官选择庶民之有德行才能者而供献之。"〔4〕常具：经常的条例。〔5〕总要：总揽枢要。〔6〕者：尹桐阳云："'者'同'诸'，诸官谓众官。"〔7〕量实义美：丁士涵云："'实'，功实也。'义'，当作'议'。谓量其功实，议其美善也。"译文从丁说。〔8〕法瑞：法指法制命令。瑞，尹知章云："瑞，君所与臣为信者，珪璧之属。"〔9〕"立三"二句：尹知章云："要谓百吏之目也。"〔10〕唯此：丁士涵云："'唯此'当作'此唯'。"译文从之。

【译文】
　　按年考察的是君主，按四时考察的是宰相，按月考核的是官吏，专门用四肢劳动、耕地务农、等待命令的是平民。因而对于平民百姓，要在他们的父兄中间来考察他们的能力，要在君臣大义方面听取他们的言论，而官吏选择他们的德行才能贡献给君主。大夫只安排官职以内的事务，不干预本职之外，宰相要制订经常的条例给予检查。宰相要总揽政要，百官谋士则考评功绩，议论美善之行，有疑问就提出请宰相匡正。君主则调发大府内的法制命令、珪璧瑞玉，作为考核的标准，并站立在三层台阶上，面朝南接受百官呈递的奏事纲目。这样，君主有余暇的时日，百官胜任各自的职务，四时政令不出错误，百姓恭敬地供给君主需用。这都是因为上面有法制可依，下面有分工可查。

　　道者，诚人之姓也，[1]非在人也。而圣王明君，善知而道之者也。[2]是故治民有常道，而生财有常法。道也者，万物之要也。为人君者，执要而待之，则下虽有奸伪之心，不敢杀也。[3]夫道者虚设，其人在则通，其人亡则塞者也。非兹是无以理人，[4]非兹是无以生财。民治财育，其福归于上。是以知明君之重道法而轻其国也。故君一国者，其道君之也；王天下者，其道王之也。大王天下，小君一国，其道临之也。是以其所欲者能得诸民，其所恶者能除诸民。所欲者能得诸民，故贤材遂；所恶者能除诸民，故奸伪省。如冶之于金，陶之于埴，[5]制在工也。

【注释】

〔1〕"诚人"句：戴望云："'诚'当为'成'，'姓'当为'生'，皆声相近而误。"译文从戴说。　〔2〕道：朱长春云："'道'，由也。知而行之。"　〔3〕杀：王念孙云："'杀'当为'试'，言不敢试其奸伪也。"译文从王说。　〔4〕"非兹"句：王引之云："'兹'，此也，谓道也。'是'字属下读，《尔雅》曰'是，则也'。"王念孙云："'人'当作'民'。"译文从之。　〔5〕埴：黏土。

【译文】

"道"生成人的生命，而不受人控制。历代的圣王明君都是善于认识道并实行道的人。因此治理百姓有经常的道，生产财富有经常的法。所谓道，是万物的枢要。做君主的，就要掌握这个枢要来驾驭万物，那么下面即使包藏奸邪虚伪之心也不敢尝试。"道"本身是虚无的，掌握道的君主活着，道就通行；掌握道的君主死了，道就阻塞。没有道就无法治理百姓，没有道就无法生产财富。百姓得以治理，财富得以蕃育，带来的福利都归于君主。由此可知英明的君主为什么看重"道法"而看轻国家了。因而君主统治一国，其实是他的为君之道在统治；帝王统治天下，其实是他的帝王之道在统治。大到统治天下，小到统治一国，都是他们的道在发挥作用。因此君主所要求的能从百姓那里得到，君王所厌恶的能从百姓那里除掉。所要求的能从百姓那里得到，因而贤能之士能被进用；所厌恶的能从百姓那里除掉，因而奸伪之徒能被察觉。如同冶工对于金属，陶工对于黏土，要制作什么产品都取决于工匠本身。

是故将与之，惠厚不能供；[1]将杀之，严威不能振。严威不能振，惠厚不能供，声实有间也。[2]有善者不留其赏，故民不私其利；有过者不宿其罚，[3]故民不疾其威。威罚之制，[4]无逾于民，则人归亲于上矣。如天雨然，泽下尺，生上尺。[5]

【注释】
〔1〕惠厚：丁士涵云："'惠厚'当作'厚惠'，与'严威'对文。"译文从丁说。 〔2〕声实：即名实。 〔3〕宿：尹知章云："宿犹停也。" 〔4〕威：刘绩云："'威'当作'赏'。"译文从之。 〔5〕"泽下"二句：尹知章云："泽从上降，润有一尺，则苗从下生，上引一尺。泽下降，苗上引，犹君恩下流，人心上就也。"

【译文】
将要行赏，过于优厚就会难以供给；将要行罚，过于威严反而不能震慑。刑罚过严不能震慑，赏赐过厚难以供给，这就是名不副实。有善行的不扣留对他的赏赐，因而百姓就不会计较自己的利益；有过错的不停止对他的处罚，因而百姓就不会抱怨刑罚的威严。赏罚的制定，都不超过百姓所应得，那么百姓就会归附亲近君主了。这就像天下雨一样，天上降下一尺雨泽，禾苗向上生长一尺。

是以官人不官，事人不事，独立而无稽者，人主之位也。先王之在天下也，民比之神明之德，先王善牧之于民者也。[1]夫民别而听之则愚，合而听之则圣，虽有汤、武之德，复合于市人之言。是以明君顺人心，安情性，而发于众心之所聚。是以令出而不稽，[2]刑设而不用，先王善与民为一体。与民为一体则是以国守国，以民守民也。然则民不便为非矣。

【注释】
〔1〕牧：陶鸿庆云："'牧'当为'收'字之误。《广雅·释诂》'收，取也'，善收之于民者，善取之于民也。"译文从之。 〔2〕稽：留滞。

【译文】

授人官职而自己不居官职,予人职事而自己不任职事,独自行动而不受人考核,这就是君主的地位。古代先王治理天下时,百姓将他的德行比作神明一般,这是因为先王善于听取百姓的意见。百姓的意见分别听取觉得愚笨,综合听取就觉得圣明,君主即使有商汤、周武的德行,还是要综合吸取众人的意见。因此,英明的君主顺从人心,安定人性,一切从众人的心愿出发。因而命令发出就不会滞留,刑罚设置却不必使用,因为先王善于与百姓合为一体。与百姓合为一体,那就是用国家来守卫国家,用百姓来守卫百姓,那么百姓自然也不便为非作歹了。

虽有明君,百步之外,听而不闻;间之堵墙,窥而不见也。而名为明君者,君善用其臣,臣善纳其忠也。信以继信,善以传善,是以四海之内,可得而治。是以明君之举其下也,尽知其短长,知其所不能益,若任之以事。贤人之臣其主也,尽知短长与身力之所不至,若量能而授官。[1]上以此畜下,下以此事上,上下交期于正,则百姓男女,皆与治焉。

【注释】

〔1〕俞樾云:"两'若'字,并当训'乃'。""此文言君必知其臣,乃任之以事,臣必知己,乃量能而受官。'授'当作'受'。"译文从俞说。

【译文】

即使是明君,距离百步外,也无法听到;间隔一堵墙,也无法看见。而称之为明君,是因为君主善于任用臣下,而臣下则善于献纳忠心。诚信和诚信相继,善良和善良相承,因而四海之内都能得到治理。所以明君举用臣下的时候,要全面了解他的短处和长处,了解他的才能的极限,才委任他适当的职事。贤人侍奉君主的时候,也要全面了解自身的短处和长处，以及自己力所不能及之处，才按能力来接受官职。君主按这个原则来畜养臣下，臣下按这个原则来侍奉君上，上下都期待贯彻公正的精神，那么百姓男女就能治理好了。

君臣下第三十一

【题解】

这是本书中专论君道、臣道和君臣关系的专篇的下篇。

本篇围绕君臣关系这一中心,广泛论述了一系列有关问题,文章从叙述君臣关系的形成过程入手,阐述了君主实行赏罚的原则和设相选贤的原则,分析了国家发生乱亡的原因和君臣可能犯的错误,强调君主要树立自身德行的典范,要认真研究治国之道。文章还提出了防止近臣擅权、宫中内乱的一系列措施。本篇不如上篇论述集中,论题颇为广泛,但仍紧紧扣住"君臣"这一中心展开。

古者未有君臣上下之别,未有夫妇妃匹之合,〔1〕兽处群居,以力相征。于是智者诈愚,强者凌弱,老幼孤独不得其所。故智者假众力以禁强虐,〔2〕而暴人止。为民兴利除害,正民之德,而民师之。是故道术德行,出于贤人,其从义理兆形于民心,〔3〕则民反道矣。〔4〕名物处,违是非之分,〔5〕则赏罚行矣。上下设,民生体,〔6〕而国都立矣。

【注释】

〔1〕妃匹:配匹,配偶。 〔2〕智者:尹知章云:"智者即圣王也。"〔3〕从:郭沫若云:"'从'字盖涉注文而衍。"译从。 〔4〕反道:复归正道。 〔5〕"名物"二句:张佩纶云:"'之'字衍。当作'名物处,

是非分'，与下'上下设，民生体'对文。"处，辨也。 〔6〕民生体：郭沫若云："谓民生得其本。"

【译文】
　　古时候没有君臣上下的区别，也没有夫妇配偶的结合，人们如野兽般杂处群居，用强力相互征服。于是聪明的人欺诈愚笨的人，强暴的人凌辱怯弱的人，老人、幼孩、孤儿、独夫都得不到安置。因而圣王出来依靠众人的力量禁止强暴，强暴的人终于被制止。圣王又为百姓兴利除害，端正百姓的德行，于是百姓以圣王为师。因此道术德行出自于贤人，道德的义理开始深入民心，百姓就复归正道了。名实得以辨明，是非得以分清，赏罚就可以推行了。上下关系设立，民生有了根本，国家的都城就建立起来。

　　是故国之所以为国者，民体以为国；[1]君之所以为君者，赏罚以为君。致赏则匮，致罚则虐，[2]财匮而令虐，所以失其民也。是故明君审居处之教，而民可使居治、战胜、守固者也。夫赏重则上不给也，罚虐则下不信也。是故明君饰食饮吊伤之礼，[3]而物属之者也。[4]是故厉之以八政，[5]旌之以衣服，富之以国裹，[6]贵之以王禁，则民亲君可用也。民用则天下可致也。天下道其道则至，[7]不道其道则不至也。夫水波而上，尽其摇而复下，[8]其势固然者也。故德之以怀也，威之以畏也，则天下归之矣。有道之国，发号出令，而夫妇尽归亲于上矣；[9]布法出宪，而贤人列士尽功能于上矣。[10]千里之内，束布之罚，[11]一亩之赋，尽可知也。治斧钺者不敢让刑，治轩冕者不敢让赏，[12]坟然若一父之子，[13]若一家之实，义礼明也。

【注释】

〔1〕"民体"句：郭沫若云："即'民为邦本'。" 〔2〕致：许维遹云："'致'与'至'同。至，极也。" 〔3〕饰：同"饬"。尹知章云："饮食谓享燕，伤谓丧祭也。" 〔4〕"而物"句：尹知章云："礼行则物亲也。" 〔5〕八政：指八种政事或官职，《尚书·洪范》以食、货、祀、司空、司徒、司寇、宾、师为八政。〔6〕裹：王引之云："'裹'当为'稟'。……'稟'，古'廩'字。……谓食以国之廩粟。"译文从王说。〔7〕"天下"句：尹知章云："君得君道，则天下至。" 〔8〕"夫水"二句：戴望云："'波'为'播'之假字，言水播荡而上，尽其动摇而复下也。" 〔9〕夫妇：指男女。 〔10〕功：俞樾云："'功'当作'贡'。《说文·贝部》'贡，献功也'。"译文从俞说。 〔11〕束布：安井衡云："'束布'，一束布也。" 〔12〕让：俞樾云："两'让'字，并当为攘窃之'攘'。""谓不敢攘窃刑赏之权也。"译文从俞说。治：同"司"。 〔13〕坟（墳）：陈奂云："'坟（墳）'当为'𡸁'字之误。"𡸁，柔貌。译文从陈说。

【译文】

国家之所以成为国家，是由于以百姓为本；君主之所以成为君主，是由于实行了赏罚。行赏过分就会财力匮乏，行罚过分就会法令暴虐，财力匮乏，法令暴虐，就会失去百姓拥护。因而明君谨慎实行居处方面的教化，使百姓居处安定，征战制胜，防守坚固。赏赐过重，君主就无法供给；刑罚过虐，百姓就无法信从。因而明君整饬宴饮、吊丧方面的礼节，就会使百姓亲近。用八种官职来勉励他们，用各品服饰来表彰他们，用国家俸禄来奉养他们，用君主禁令来显贵他们，这样百姓就亲近君主，可以为君主所用，百姓可用，天下就会归心。君主行君道，天下就归顺；君主不行君道，天下就不会归顺。这就如同波浪波动而上，竭力摇荡之后又重新落下，这是水势自然如此。因而施恩德使百姓怀念，施威势使百姓畏惧，这样天下就会归顺。治国有道的君主，发布号令，男男女女都归顺亲附君主；颁行宪法，贤人众士都向君主贡献才能。这样千里范围之内，一束布的处罚，一亩地的赋税，君主都会知晓。掌管斧钺的人不敢独揽刑罚之权，掌管车服的人不敢独揽赏赐之权，百姓顺从得像一个父亲的儿子、一个家庭的情形，这是由于礼义分明的缘故啊！

夫下不戴其上，臣不戴其君，则贤人不来；贤人不来，则百姓不用；百姓不用，则天下不至。故曰：德侵则君危，[1]论侵则有功者危，[2]令侵则官危，[3]刑侵则百姓危。[4]而明君者，审禁淫侵者也。上无淫侵之论，则下无异幸之心矣。[5]

【注释】

〔1〕侵：侵夺。此处四侵皆指君主权力被侵夺。德：指施行德政。 〔2〕尹知章云："论议侵理，则功过不明，故有功者危。" 〔3〕尹知章云："令侵则法不行，故官危也。" 〔4〕尹知章云："刑侵则无辜受戮，故百姓危也。" 〔5〕异幸：宋本作"冀幸"。译文从"冀幸"。

【译文】

百姓不拥戴君上，臣下不拥戴君主，贤人就不来辅佐；贤人不来辅佐，百姓就不被使用；百姓不被使用，天下就不会归顺。因此说，君主施行德政的权力遭到侵夺，君主就危险；论功行赏的权力遭到侵夺，有功之臣就危险；发号施令的权力遭到侵夺，百官就危险；制订刑法的权力遭到侵夺，百姓就危险。英明的君主能谨慎地禁止这类滥施侵夺权力的行为。上面没有滥施侵夺的议论，下面就没有妄想侥幸的心思。

为人君者，倍道弃法，[1]而好行私，谓之乱。为人臣者，变故易常，而巧官以谄上，[2]谓之腾。[3]乱至则虐，腾至则北。[4]四者有一至，[5]败，敌人谋之。则故施舍优犹以济乱，[6]则百姓悦。选贤遂材，而礼孝弟，则奸伪止。要淫佚，[7]别男女，则通乱隔。贵贱有义，伦等不逾，[8]则有功者劝。国有常式，故法不隐，则下无怨心。此五者，兴德、匡过、存国、定民之道也。

【注释】

〔1〕倍：同"背"。〔2〕官：王引之云："'官'当为'言'。"译文从王说。〔3〕腾：尹知章云："腾谓凌驾于君。"〔4〕北：王念孙云："'北'与'背'同，言不忠之臣，必背其君也。"〔5〕四：郭沫若云："'四'殆'两'字之误。"译文从郭说。〔6〕"则故"句：安井衡云："'则'字衍。"王念孙云："'优犹'即'优游'。"济，止也。施舍以厚之，优游以畜之，则可以止乱矣。〔7〕要：约束。〔8〕伦等：等级。

【译文】

做君主的违背君道，抛弃法制，而好徇私情，这称为混乱。做臣子的，改变旧制，更易常规，而花言巧语谄媚君主，这称为凌驾。混乱到极点就会暴虐，凌驾到极点就会背叛。两者中有了一种，国家就会败亡，敌人就会乘机。所以，君主宽厚大度地广行施舍，防止祸乱，百姓就会高兴。选用贤才，优礼孝悌，奸诈虚伪的行为就会得到制止。禁止佚乐淫荡，严格男女大防，私通淫乱的行为就会隔绝。贵贱有别，不越等级，有功的人就会得到勉励。国家有常法，向百姓公开，民众就没有怨恨之心。这五项，就是倡导德行、匡正过错、保存国家、安定百姓的办法。

夫君人者有大过，臣人者有大罪。国所有也，民所君也，有国君民而使民所恶制之，[1]此一过也。民有三务，不布其民，非其民也。[2]民非其民，则不可以守战，此君人者二过也。夫臣人者，受君高爵重禄，治大官，倍其官，[3]遗其事，穆君之色，[4]从其欲，阿而胜之，此臣人之大罪也。君有过而不改，谓之倒；臣当罪而不诛，谓之乱。君为倒君，臣为乱臣，国家之衰也，可坐而待之。是故有道之君者执本，相执要，大夫执法，以牧其群臣，群臣尽智竭力，以役其上。四守者得则治，易则乱，故不可不明设而守固。[5]

【注释】

〔1〕民所恶:张佩纶云:"'民所恶'指奸伪。……言以民所恶之人制民。" 〔2〕"民有"三句:尹知章云:"三务谓春、夏、秋务。农人不务三则馁饿成变,故民非其民也。" 〔3〕倍其官:倍,同"背",指背弃职守。 〔4〕穆:尹知章云:"穆犹悦也。" 〔5〕"故不"句:尹知章云:"明设上四法,固而守之。"丁士涵云:"疑当作'明设而固守'。"

【译文】

做君主的会有大过错,做臣子的会有大罪行。国家为君主所有,百姓受君主所治,拥有国家、统治百姓,却使百姓受所憎恶之人的管制,这是君主的第一个过错。百姓有春、夏、秋三季农事,君主不及时发布政令而耽误了农时,使百姓不成其为百姓,这样也不可能执行守卫或征战的任务,这是君主的第二个过错。臣子领受了君主赐予的高贵爵位和优厚俸禄,担任了大官,却背弃自己的职守,丢下自己的职事,一味取悦君主的颜色,顺从君主的私欲,巧言令色奉承君主进而控制君主,这是臣子最大的罪行。君主有过错不改正,称为"倒";臣子有罪行不诛杀,称为"乱"。君主成了"倒君",臣子成了"乱臣",国家的衰亡马上就会到来。因此有道的君主要执掌治国的根本,宰相要执掌治国的纲要,大夫则执掌具体的法令,来统治好所有臣下,臣下则要竭尽智谋和才力来侍奉君主。做到这四项职守,国家就能治理,毁弃了国家就会混乱,因而不可不明确规定和严格遵守。

昔者,圣王本厚民生,审知祸福之所生。是故慎小事微,违非索辩以根之。[1]然则躁作、奸邪、伪诈之人,不敢试也。此礼正民之道也。[2]

【注释】

〔1〕违:丁士涵云:"'违'字疑'韪'之误。《说文》'韪,是也'。"译文从"韪"。根之:指追根穷源。 〔2〕"此礼"句:尹知章云:"制礼者用此道以正人也。"疑"礼"上脱"制"字。

【译文】

　　古时候,圣王将提高百姓生活作为治理天下的根本,慎重地了解祸福产生的原因。因而对于关涉民生的微小事情也谨慎对待,认真办理,并努力辨明是非,追根穷源。这样,那些躁进、奸邪、伪诈的小人就不敢做坏事。这就是制订礼法匡正百姓的方法。

　　古者有二言:"墙有耳,伏寇在侧。"墙有耳者,微谋外泄之谓也。[1]伏寇在侧者,沉疑得民之道也。[2]微谋之泄也,狡妇袭主之请,[3]而资游嫚也。沉疑之得民也者,[4]前贵而后贱者为之驱也。明君在上,便僻不能食其意,刑罚亟近也;[5]大臣不能侵其势,比党者诛,明也。为人君者,能远谗谄,废比党,淫悖行食之徒无爵列于朝者,[6]此止诈、拘奸、厚国、存身之道也。

【注释】

　　[1]微谋:机密的谋划。 [2]沉疑:郭沫若云:"沉谓阴险,疑谓僭拟。"之道:即之谓。 [3]"微谋"二句:丁士涵云:"'袭'者密取之意,狡妇密取主之情,谋之所由泄也。'请'与'情'通。" [4]者:丁士涵云:"'者'字涉下文而衍。" [5]亟:猪饲彦博云:"亟,急也。言刑罚先加于近臣。" [6]行食之徒:尹知章云:"行食,游食。"指说客辩士一类人。

【译文】

　　古时候有两句话:"墙上有耳朵,身旁有暗藏的敌人。"墙上有耳朵,是说机密的谋划会被泄露;身旁有暗藏的敌人,是说阴险僭拟的大臣会得民心。机密的谋划被泄露,是由于狡猾的妇人刺探君主的内情,去帮助奸邪之徒;阴险僭拟的大臣得民心,是由于那些先前贵幸后来失宠低贱的人愿被他驱使。英明的君主在位,宠幸的近臣不能伺察他的心思,这是因为刑罚先加于近臣;掌权的大臣不能侵夺他的权势,这是因为结党营私者必被诛杀是明白无疑的。做君主的,能做到斥退谗佞谄媚之流，废除结党营私之辈，淫邪悖逆的游食之徒就不会混入朝廷大臣之列，这就是防止伪诈、限制奸邪、巩固国家、保全自身的方法。

为人上者，制群臣百姓，通中央之人和。[1]是以中央之人，臣主之参。制令之布于民也，必由中央之人。中央之人，以缓为急，急可以取威；以急为缓，缓可以惠民。威惠迁于下，则为人上者危矣。贤不肖之知于上，必由中央之人；财力之贡于上，必由中央之人。能易贤不肖而可威党于下，[2]有能以民之财力上唉其主，而可以为劳于下。[3]兼上下以环其私，[4]爵制而不可加，则为人上者危矣。先其君以善者，侵其赏而夺之实者也；[5]先其君以恶者，侵其刑而夺之威者也；讹言于外者，胁其君者也；郁令而不出者，[6]幽其君者也。四者一作，而上下不知也，[7]则国之危，可坐而待也。

【注释】

〔1〕"通中"句：猪饲彦博云："'通'当作'道'，由也。'和'字疑衍。"译文从之。中央之人指接近君主之臣。 〔2〕威：王念孙云："'威'当作'成'，谓成朋党于下也。"译文从王说。 〔3〕陶鸿庆云："'有'与'又'同。'上'乃衍字。'为劳于下'，'下'当为'上'字之误。谓取民财以唉主，而遂自以为功也。"译文从陶说。 〔4〕王念孙云："环之言营也，谓兼上下以营其私也。'营'与'环'古同声而通用。" 〔5〕实：丁士涵云："'实'当作'惠'。"译文从丁说。 〔6〕郁：尹知章云："郁，塞也。" 〔7〕古本无"下"字。王念孙云："'一'者皆也。"

【译文】

做君主的统治群臣百姓，是通过左右的近臣来进行的，因而近臣是君主和大臣之间参与沟通的人。君主要制订法令向百姓颁布，一定要通过近臣。近臣将缓办的命令改为急办，就可以对百姓取得权威；将急办的命令改为缓办，就可以对百姓显示恩惠。君主的权威和恩惠都转移到近臣手里，这样做君主的就危险了。君主要了解臣下的贤能或不肖，一定要通过近臣；地方的财赋、民力要贡献给君主，也一定要通过近臣。近臣能颠倒臣下的贤能或不肖，从而与下面结为私党；又能用百姓的财力诱惑君主，从而为自己邀功；这样在上下之间谋取私利，爵禄的限制对他不起作用，这样做君主的就危险了。比君主先施行奖赏，是侵夺君主的赏赐之权和恩惠；比君主先施行惩罚，是侵夺君主的刑罚之权和权威；在外面制造谣言，是威胁君主；扣压命令不颁布，是禁闭君主。这四种情况同时发生，君主还不知道，那么国家的危亡就会马上到来。

神圣者王，仁智者君，武勇者长，此天之道、人之情也。天道人情，通者质，[1]宠者从，[2]此数之因也。是故始于患者不与其事，[3]亲其事者不规其道。是以为人上者患而不劳也，百姓劳而不患也。君臣上下之分素，[4]则礼制立矣。是故以人役上，以力役明，以刑役心，[5]此物之理也。心道进退，而刑道滔赶。[6]进退者主制，滔赶者主劳。主劳者方，主制者圆。圆者运，运者通，通则和。方者执，执者固，固则信。君以利和，[7]臣以节信，则上下无邪矣。故曰：君人者制仁，臣人者守信，此言上下之礼也。

【注释】

〔1〕质：尹知章云："质，主也。"〔2〕宠：丁士涵云："'宠'当为'穷'，'通穷'犹尊卑也。"译文从丁说。〔3〕始：于省吾云："'始'应读作治。""治与'司'通。""司，主也。言主其患而不参与其事也。"何如璋云："患谓思患。"〔4〕分素：许维遹云："'分素'犹分定也。"〔5〕刘绩云："'以人役上'，自君臣言。'以力役明'，自等类言。'以刑役心'，自一身言。'刑'乃'形'字讹，下同。"〔6〕刘师培云："'赶'系'迁'讹。……'滔赶'当作'滔迁'……

滔义同流，滔迂、流迂之谊，约与屈伸、拘放相当。……谓心运进退于无形，体呈屈伸于有形也。"译文从刘说。 〔7〕利：郭沫若云："'利'当是'制'字之误。"译文从"制"。

【译文】

神圣的人可以当帝王，仁智的人可以当君主，威武勇猛的人可以当官长，这就是天道人情。按照天道人情，通显的当主上，穷卑的当臣仆，这是天数决定的。因而主管思虑谋划的人不参与具体事务，亲身参与事务的人不考虑制订原则。因此君主劳心而不劳力，百姓劳力而不劳心，君臣上下的职分确定，那么礼制也就建立起来。所以百姓服事君上，劳力服事贤人，形体服事心灵，这是事物的道理。心灵的功能是考虑进退，形体的功能是实现屈伸。考虑进退的主管号令，实现屈伸的付出劳力。付出劳力要求方正，主管号令要求圆通。圆的易转动，转动能变通，变通就和谐。方的易执持，执持能稳固，稳固就可信。君主以号令求和谐，臣子以守节为可信，这样上下关系就没有偏差了。因此说：君主要实行仁德，臣子要恪守信义，这就是上下之间的礼制。

君之在国都也，若心之在身体也。道德定于上，则百姓化于下矣。戒心形于内，[1]则容貌动于外矣。正也者，所以明其德。知得诸己，知得诸民，从其理也。知失诸民，退而修诸己，反其本也。所求于己者多，故德行立；所求于人者少，故民轻给之。故君人者上注，[2]臣人者下注。[3]上注者，纪天时，务民力；下注者，发地利，足财用也。故能饰大义，审时节，上以礼神明，下以义辅佐者，明君之道。[4]能据法而不阿，上以匡主之过，下以振民之病者，[5]忠臣之所行也。[6]

【注释】

〔1〕王念孙云："'戒'当为'成'字之误也。'成'与'诚'通。"

"所谓'诚于中,形于外'也。"译文从王说。 〔2〕"故君"句:尹知章云:"上注谓注意于上天,故纪要天时,务全人力也。" 〔3〕"臣人"句:尹知章云:"下注谓注意于下地,故发兴地利,足于财用也。" 〔4〕古本"道"下有"也"字。 〔5〕"下以"句:安井衡云:"'振',救;'病',患也。" 〔6〕所:丁士涵云:"'所'字衍。"

【译文】

君主在国都的地位,就像心脏在身体中一样。君主在上面树立起道德的榜样,百姓在下面受到普遍的教化。诚信之心形成于体内,就会在容貌举止上表现出来。所谓正民的意思,就是显明君主的德行作为典范。知道从自己身上能得到什么,也就知道从百姓身上能得到什么,这是顺从常理推论的结果。知道从百姓身上会失去什么,就回头修正自己的言行,这是返回到根本的方法。要求自己的多,因而德行就可树立;要求别人的少,因而百姓就有能力供给。因此君主注意于上天,臣子注意于地下。注意于上天,因而就把握天时,发动民力;注意于地下,因而就兴发地利,充足财用。所以,能做到整饬治国纲要,研究四时节气,对上以礼敬奉神明,对下以义善待辅臣,这就是明君的治国之道。能依据法令办事而不阿谀逢迎,对上匡正君主的过失,对下拯救百姓的病苦,这就是忠臣的行为准则。

明君在上,忠臣佐之,则齐民以政刑,[1]牵于衣食之利,[2]故愿而易使,[3]愚而易塞。[4]君子食于道,小人食于力,分民。[5]威无势也无所立,事无为也无所生。若此则国平而奸省矣。

【注释】

〔1〕"则齐"句:郭沫若云:"谓有政以导其勤,有刑以警其惰也。" 〔2〕牵:牵系。 〔3〕愿:朴实。 〔4〕塞:尹知章云:"塞,止也。易用法止也。" 〔5〕分民:猪饲彦博云:"'分民'疑当作'分也'。"译从。

【译文】

明君在上位,有忠臣辅佐,就可以用政教和刑罚来引导和整齐百姓,使他们关心穿衣吃饭的切身利益,因而百姓就会朴实而易被役使,愚昧而易被禁止。君子靠推行治道谋生,小人靠付出劳力谋生,这是各自的本分。没有权势,威望就难以树立;没有作为,事业就难以生成。百姓各依本分,国家就会安定,奸邪就会减少。

君子食于道,则义审而礼明。[1]义审而礼明,则伦等不逾,虽有偏卒之大夫,[2]不敢有幸心,则上无危矣。齐民食于力则作本,作本者众,农以听命。是以明君立世,[3]民之制于上,犹草木之制于时也。故民迁则流之,民流通则迁之。[4]决之则行,塞之则止。虽有明君,[5]能决之,又能塞之。决之则君子行于礼,塞之则小人笃于农。君子行于礼,则上尊而民顺;小民笃于农,则财厚而备足。上尊而民顺,财厚而备足,四者备体,顷时而王不难矣。

【注释】

〔1〕"则义"句:郭沫若云:"当同作'礼审而义明'。"下同。译文从之。 〔2〕"虽有"句:俞樾云:"'偏'者车数,'卒'者人数。……《司马法》曰'百人为卒,车九乘为小偏,十五乘为大偏',是也。"盖谓大夫之家有车徒者耳。 〔3〕世:郭沫若云:"'世'殆'事'字之声误。"译文从"事"。 〔4〕通:猪饲彦博云:"'通'字衍。" 〔5〕虽:戴望云:"'虽'与'唯'同。"

【译文】

君子靠推行治道而谋生,那么礼制就要详备,义理就要彰明。礼制详备,义理彰明,就没有人能超越等级,即使拥有战车和士卒的大夫,也不敢存有侥幸作乱之心,这样,君主就没有危险了。平民靠付出劳力而谋生，因而从事本业，从事本业的人众多，就都听从命令。因此明君建立政治，百姓受君主控制，就像草木受天时制约一样。所以百姓过分迂曲保守就要使他们开通流动，百姓过分开通流动就要使他们迂曲保守。对于百姓，开通就流动，堵塞就停止，只有明君既能使他们开通，又能使他们堵塞。开通能使君子遵行礼仪，堵塞能使小民专心务农。君子遵行礼仪就会君主尊严，百姓顺从；小民专心务农就会财富丰厚，储备充足。君主尊严，百姓顺从，财富丰厚，储备充足，这四项全都具备，短时间内成就王业也就不难了。

四肢六道，[1]身之体也；四正五官，[2]国之体也。四肢不通，六道不达，曰失；四正不正，五官不官，曰乱。是故国君聘妻于异姓，设为侄娣、命妇、宫女，[3]尽有法制，所以治其内也。明男女之别，昭嫌疑之节，所以防其奸也。是以中外不通，谗慝不生，妇言不及官中之事，而诸臣子弟无宫中之交，此先王所以明德圉奸、昭公威私也。[4]

【注释】

〔1〕四肢六道：尹知章云："四肢谓手足也，六道谓上有四窍，下有二窍也。" 〔2〕尹知章云："四正谓君、臣、父、子，五官谓五行之官也。" 〔3〕侄娣：古代诸侯嫁女，本国或同姓国侄女和妹妹从嫁的称侄娣。命妇：有封号的妇女，此指嫔妃。 〔4〕威：丁士涵云："'威'乃'威'字误。""威，灭也。"译文从丁说。

【译文】

四肢六道，是人体的组成部分；四正五官，是国体的组成部分。四肢不关联，六道不通畅，称作失调；四正不端正，五官不称职，称作混乱。因此国君从异姓国家娶妻后，还要设立侄娣、命妇、宫女数等，都按一定法制，用来治理内官。明确男女的分别，宣示避嫌的礼节，用来防止奸情。所以，宫中、宫外不得相通，谗言、丑事不得发生，妇人说话不准涉及朝廷政事，群臣子弟不准来与宫中交往，这都是先王用来彰明德行、防止奸邪、昭示公道、除灭私欲的措施。

明立宠设，[1]不以逐子伤义；礼私爱欢，势不并伦，[2]爵位虽尊，礼无不行。选为都佼，[3]冒之以衣服，旌之以章旗，所以重其威也。然则兄弟无间郄，[4]谗人不敢作矣。

【注释】

〔1〕明：王念孙云："'明'犹尊也。"　〔2〕并伦：谓庶子与嫡子地位平等。　〔3〕选为都佼：郭沫若云："'选'殆'適'字之误。""'都佼'犹言首要……"適，同"嫡"。　〔4〕间郄：隔阂。

【译文】

君主可以尊立女宠，但不可废去嫡长子而伤害义理；君主可以优礼自己喜爱的庶子，但不可让他与嫡子地位平等。庶子的爵位虽然尊贵，但嫡庶的礼制不可不遵行。嫡长子是国家最重要的，要用华美的衣服来装饰，要用纹彩的旗帜来旌表，这都是提高他的威望。这样嫡庶兄弟间就没有隔阂，谗佞小人就不敢挑拨。

故其立相也，陈功而加之以德，论劳而昭之以法，参伍相德而周举之，[1]尊势而明信之。是以下之人无谏死之讳，[2]而聚立者无郁怨之心。[3]如此，则国平而民无慝矣。其选贤遂材也，举德以就列，不类无德；[4]举能以就官，不类无能。以德弇劳，[5]不以伤年。[6]如此，则上无困而民不幸生矣。

【注释】

〔1〕"参伍"句：尹知章云："其谓国相则功德两兼，劳法获美，于此四者参验伍偶，相与俱得。"德：同"得"。 〔2〕忌：同"忌"，畏惧。 〔3〕聚立：郭沫若云："'聚'读为鲰或媰，小而卑贱也。'立'读为位。" 〔4〕尹知章云："举有德者以就列位，不以无德之人为类。" 〔5〕弇（yǎn掩）：掩蔽。 〔6〕不以伤年：尹知章云："苟有德，虽年未至而亦将用之，不以年少为之伤也。"

【译文】

君主确立宰相时，既要罗列他的功绩，还要考虑他的德行；既要论定他的劳绩，还要证明他的合法。多方考核，德才兼备，然后才举用他，推尊他的权威，坦诚地信任他。因而，手下的臣子就没有进谏致死的畏惧，位卑的小吏也没有抑郁怨恨的心理。这样，国家就可以安定，百姓就没有邪恶了。君主选拔贤才加以任用时，要举拔有德行的人进入高位，而排斥无德行之人；要举拔有才能的人担任官职，而排斥无才能之辈。把德行的标准放在功劳之上，不因资历年限而有所限制。这样，君主治国就没有困难，百姓就不会侥幸偷生了。

国之所以乱者四，其所以亡者二。内有疑妻之妾，[1]此宫乱也。庶有疑适之子，[2]此家乱也。朝有疑相之臣，此国乱也。任官无能，此众乱也。[3]四者无别，主失其体。群官朋党，以怀其私，则失族矣。[4]国之几臣，[5]阴约闭谋以相待也，则失援矣。失族于内，失援于外，此二亡也。故妻必定，子必正，相必直立以听，[6]官必中信以敬。[7]故曰：有宫中之乱，有兄弟之乱，有大臣之乱，有中民之乱，[8]有小人之乱。五者一作，则为人上者危矣。宫中乱曰妒纷，[9]兄弟乱曰党偏，大臣乱曰称述，[10]中民乱曰眷谆，[11]小民乱曰财匮。财匮生薄，[12]眷谆生慢，称述、党偏、妒纷生变。

【注释】

〔1〕疑：宋翔凤云："'疑'读儗，僭也，比也。下两'疑'字同。"译文从。 〔2〕适（適）：同"嫡"。 〔3〕众：指百官。 〔4〕失族：安井衡云："失宗族之心也。" 〔5〕几臣：安井衡云："谓掌机要之臣。" 〔6〕直立：张佩纶云："'直立'当作'正直'。"译文从"正直"。 〔7〕中：猪饲彦博云："'中'当作'忠'。"译文从"忠"。 〔8〕中民：尹知章云："谓百吏之属也。" 〔9〕郭沫若云："五'曰'字当训为'于'……此言由于也。"译从。 〔10〕尹知章云："各称述其己德之长而不相让，则乱也。" 〔11〕颜昌峣云："'谆'当为'啍'……《家语·五仪》'啍啍诞也'，'謦'，《说文》读摺，与'慴'同，此言以诈诞相恐慑也。"译文从颜说。 〔12〕薄：薄德，无礼。

【译文】

国家动乱的原因有四种，灭亡的原因有两种。宫内有僭越嫡妻的宠妾，这是宫中的乱。庶子中有僭越嫡子的，这是家中的乱。朝廷中有僭越宰相的大臣，这是国中的乱。官吏中有没有能力的庸才，这是百官的乱。这四种情况不能辨别，君主就丧失了他的体统。群官结党营私，君主就会失去宗族的拥护；机要大臣阴谋策划，与君主对立，君主就会失去百姓的支持。内部失去宗族的拥护，外部失去百姓的支持，这就是国家灭亡的两种原因。因此，嫡妻必须确定，嫡子必须正名，宰相必须正直听政，百官必须忠信敬业。所以说，有宫中的乱，有兄弟的乱，有大臣的乱，有百官的乱，有小民的乱。五种动乱一齐发作，君主的地位就危险了。宫中的乱是由于嫉妒纷争，兄弟的乱是由于结党偏私，大臣的乱是由于各称己德不肯相让，百官的乱是由于相互以诈诞相恐吓，小民的乱是由于财用匮乏。财用匮乏就不讲礼义，诈诞相恐就怠慢职事，各自称德、结党偏私、嫉妒纷争就产生变乱。

故正名稽疑，刑杀亟近，则内定矣。[1]顺大臣以功，[2]顺中民以行，顺小民以务，则国丰矣。审天时，物地生，[3]以辑民力；[4]禁淫务，[5]劝农功，以职其无事，[6]则小民治矣。上稽之以数，下十伍以征；近其罪伏，以固其意；[7]乡树之师以遂其学；官之以其能，及年而举，则士反行矣。称德度功，劝其所能，若稽之以众风，[8]若任以社稷之任，若此，则士反于情矣。[9]

【注释】
〔1〕"故正"三句：尹知章云："正嫡庶之名，稽妻妾之疑，不正者之党，数取其逼近者而刑杀之，如此，则党偏、妒纷之变息，故内定。"〔2〕顺：郭沫若云："顺谓次第之也。"〔3〕物地生：猪饲彦博云："'物'如'物土方'之物，相也。'地生'，地之所生也。"〔4〕辑：协调。〔5〕禁淫务：尹知章云："绣文刻镂淫务。"〔6〕"以职"句：尹知章云："无事者皆令得职也。"〔7〕"近其"二句：郭沫若云："此乃就士而言……皆含劝勉之意。……'罪伏'殆'巽升'之讹。""'巽'假为'选'。""如使选升之期缩短，则士受鼓舞。"〔8〕俞樾云："两'若'字并当训'乃'。"丁士涵云："'风'与'讽'同。'众讽'犹众议。"译文从之。〔9〕情：郭沫若云："情者诚也。"

【译文】
所以，端正嫡庶的名分，稽查妻妾的嫌疑，诛杀欺诈的近臣，这样，宫内就可安定了。按功绩排列大臣的位次，按行事能力排列百官的位次，按努力程度排列小民的位次，这样，国家就可丰足了。审察天时，考察物产，来协调百姓的劳力；禁止奢侈，奖励农耕，使无业游民都有职事，这样，小民就可得到治理了。君主核定需要的人数，下达到什伍去征集人才；缩短选升时间，来稳定士人的思想；每乡设立导师，来满足士人学习的要求；按士人的才能授职，到一定年限就予以荐举；这样，士人就可返归德行了。评定他们的德行和功绩，鼓励他们的才能，再考察众人的议论，然后将国家的重任委任给他们，这样，士人就可返归于诚实了。

小称第三十二

【题解】

尹知章注："称，举也。小举其过，则当权而改之。"故所谓"小称"，即指管仲稍举桓公的过错，目的在于督促其改正。

本篇分为两部分。前一部分论述君子修身之道，强调"身不善之患，毋患人莫己知"，要求"有过反之于身，有善归之于民"，并倡导"恭逊敬爱之道"。这部分内容与篇名不符，或疑其为《修身》篇佚文。后一部分记述管子谏桓公远易牙、竖刁等小人及桓公不听忠言、终至亡国之事，切合题意。末节记述了鲍叔牙关于"居安思危"的祝词。

管子曰："身不善之患，毋患人莫己知。[1]丹青在山，民知而取之；美珠在渊，民知而取之。是以我有过为，而民毋过命。[2]民之观也察矣，[3]不可逭逃以为不善。故我有善则立誉我，我有过则立毁我。当民之毁誉也，则莫归问于家矣。故先王畏民。[4]操名从人，无不强也；操名去人，无不弱也。[5]虽有天子诸侯，民皆操名而去之，则捐其地而走矣。故先王畏民。在于身者孰为利？气与目为利。[6]圣人得利而托焉，故民重而名遂。我亦托焉。圣人托可好，我托可恶，以来美名，[7]又可得乎？我托可恶。[8]爱且不能为我能也。[9]毛嫱、西施，天下之美人也，盛怨气于面，不能以为可好。[10]我且恶面而盛怨气焉，怨气见于面，恶言出于口，去恶充，以求美名，[11]又可得乎？甚矣！百姓之恶人之有余忌也。[12]是以长者断之，短者续之，满者洫之，[13]虚者实之。"

【注释】

〔1〕"身不"二句：尹知章云："言但患身之不善耳，无患人不知己也。" 〔2〕过命：错误的评定。 〔3〕察：明察，明显。 〔4〕"故先"句：尹知章云："民之毁誉，必当其过善，故畏之。" 〔5〕金廷桂云："此承上'有善誉我，有过毁我'而言。君有善名而从人者无不强也，有恶名而去人者无不弱也。"人，即民也。 〔6〕"气与"句：郭沫若云："当作'耳与目为利'……"译文从郭说。 〔7〕来：王念孙云："'来'当为'求'。"译文从王说。 〔8〕宋本此句在"以来美名"句上。译从。 〔9〕爱：张佩纶云："'爱'谓亲爱我者。"张文虎云："下'能'字……义与'得'同。" 〔10〕戴望云："宋本无'可'字。" 〔11〕俞樾云："'恶充''美名'，相对成文。……'充者实也'。……'恶充'者恶实也，正与美名相对。"姚永概云："'去'即'弆'之缺字，弆，藏也。" 〔12〕余忌：多余的猜忌。 〔13〕洫：张佩纶云："'洫'当作'泄'。"译文从张说。

【译文】

管子说："只怕自身行为不善，而不怕别人不了解自己。丹青在深山，百姓了解并取用它；美珠在深渊，百姓了解并取用它。因而我可能有错误的行为，而百姓不会有错误的评定。百姓的洞察力是明白无误的，不可能逃避它而去做不善之事。因此我有善行，人们就会马上赞誉我；我有过错，人们就会马上指责我。对百姓的指责或赞誉，不必再回去询问家人。所以先王敬畏百姓。持有善名而且顺从百姓，没有不强盛的；持有恶名而且背离百姓，没有不衰弱的。即使是天子诸侯，如果百姓都因其持恶名而离去，那么他也只能捐弃领地而出走了。所以先王敬畏百姓。人体上什么器官最为敏锐？耳和目最为敏锐。圣人得有耳目的敏锐并依托它治国，因而百姓敬重，功成名就。我也想依托它。但圣人依托它行善，我依托它行恶，我依托它行恶以求取美名，又怎能得到呢？毛嫱、西施是天下的美女，但脸上充满怨气，也不能当作美。我颜面丑恶并充满怨气，怨气表现在脸上，恶言出自于口中，要想掩藏丑恶的实际而求取美名，又怎能得到呢？百姓是多么厌恶人有多余的猜忌啊！因此长的要截短它，短的要接长它，满的要泄平它，虚的要充实它。"

管子曰："善罪身者，民不得罪也；不能罪身者，民罪之。故称身之过者，强也；治身之节者，惠也；[1]不以不善归人者，仁也。故明王有过则反之于身，有善则归之于民。有过而反之身则身惧，有善而归之民则民喜。往喜民，来惧身，[2]此明王之所以治民也。今夫桀、纣不然，有善则反之于身，有过则归之于民。归之于民则民怒，反之于身则身骄。往怒民，来骄身，此其所以失身也。故明王惧声以感耳，[3]惧气以感目，[4]以此二者有天下矣，可毋慎乎？匠人有以感斤欘，[5]故绳可得断也；[6]羿有以感弓矢，故彀可得中也；[7]造父有以感辔策，故遬兽可及，[8]远道可致。天下者，无常乱，无常治。不善人在则乱，善人在则治，在于既善，[9]所以感之也。"

【注释】

〔1〕惠：丁士涵云："'惠'与'慧'通。" 〔2〕"往喜"二句：尹知章云："善往则人喜也，过来则惧身也。" 〔3〕"故明"句：尹知章云："人以恶声惧己耳闻而感，则心不敢念非。" 〔4〕尹知章云："人以恶气惧己目见而感，则身不敢造恶。" 〔5〕斤欘（zhú 竹）：斧头。欘为斧柄。 〔6〕明刻本"断"作"料"。料，量也。 〔7〕彀（gòu 够）：张满弓弩。 〔8〕遬：同"速"。 〔9〕既：尹知章云："既，尽也。"

【译文】

管子说:"善于责备自身的,百姓不会责备他;不能责备自身的,百姓才会责备他。因而承认自身的过失是有力的表现,修治自身节操是智慧的表现,不把不善归于别人是仁爱的表现。所以明君有过失就自身承担,有善行就归功百姓。有过失自身承担,自身就戒惧;有善行归功百姓,百姓就喜悦。归善使百姓欢喜,招过使自身警惕,这就是明君能治理百姓的道理。至于夏桀、商纣就不是这样。有善行就归功自身,有过失就推给百姓。推给百姓,百姓就愤怒;归功自身,自身就骄横。推过使百姓激怒,揽善使自身骄纵,这就是他们身败名裂的原因。因此明君戒惧恶声影响耳听、恶气影响目视,因为这二者都影响取得天下,能不谨慎对待吗?工匠有办法影响斧斤,因而引绳能量得木料;后羿有办法影响弓箭,因而张弓能射中目标;造父有办法影响辔鞭,因而能追上快兽,达到远途。天下不会常乱,也不会常治。坏人当政就乱,善人当政就治。因为善人本身尽善,所以就影响到他的治理天下的事业。"

管子曰:"修恭逊、敬爱、辞让、除怨、无争,以相逆也,则不失于人矣。尝试多怨争利,相为不逊,[1]则不得其身。大哉!恭逊敬爱之道。吉事可以入察,凶事可以居丧。大以理天下而不益也,小以治一人而不损也。尝试往之中国、诸夏、蛮夷之国,[2]以及禽兽昆虫,皆待此而为治乱。泽之身则荣,[3]去之身则辱。审行之身毋怠,[4]虽夷貉之民,可化而使之爱。审去之身,[5]虽兄弟父母,可化而使之恶。故之身者,[6]使之爱恶;名者,使之荣辱。此其变名物也,如天如地,[7]故先王曰道。"

【注释】

〔1〕"尚试"二句:丁士涵云:"'尝试'二字,涉下'尝试往之中国'而衍。'多怨争利'承上'除怨无争'言之。'相为不逊'承上'修恭逊敬爱辞让'言之。" 〔2〕"尝试"句:于省吾云:"'中国'就

京师言……诸夏就全国言。此文言中国、诸夏、蛮夷三者,系由近以及远,层次井然。"〔3〕泽:何如璋云:"'泽'犹润也。"〔4〕行:郭沫若云:"'行'当作'泽'。"译文从郭说。审:确实。〔5〕张佩纶云:"'审去之身'下,夺'毋泽'二字。"译文从张说。〔6〕俞樾云:"'身'上衍'之'字。"〔7〕"此其"二句:尹知章云:"言恭逊敬爱可以变化爱恶、荣辱、名物之善恶,如天地之生杀也。"

【译文】

　　管子说:"讲求恭顺谦逊、忠敬仁爱、推辞谦让、宽容少怨、与人无争,这样同人交往,就不会失去人心。相反,狭隘多怨、逐名争利、相互不讲谦让,就难以保住自身。恭逊敬爱的品德真是太重要了!遇到吉庆之事可以凭它主持祭礼,遇到凶丧之事可以凭它度过丧期。大到用它治理天下而不必增加,小到用它修养自身而不能减损。试之于京都、中国和蛮夷邻国,以至于禽兽昆虫,都靠它来决定治乱。浸润这种品德就荣耀,抛弃这种品德就耻辱。真正用它润泽自身不懈怠,即使是不开化的百姓,也可使他们受感化而相爱;真正抛弃它而不顾及自身,即使是兄弟父母之间,也可使他们被毒化而相恶。因此,对待恭逊敬爱这种品德的不同态度,可以使人的本性变爱或变恶,可以使人的声名变荣或变辱。它变化名物的作用,真如同天地一样,所以先王称它为'道'。"

　　管仲有病,桓公往问之曰:"仲父之病病矣,[1]若不可讳而不起此病也,仲父亦将何以诏寡人?"[2]管仲对曰:"微君之命臣也,故臣且谒之。[3]虽然,君犹不能行也。"公曰:"仲父命寡人东,寡人东;命寡人西,寡人西。仲父之命于寡人,寡人敢不从乎?"管子摄衣冠起,对曰:"臣愿君之远易牙、竖刁、堂巫、公子开方。夫易牙以调和事公,[4]公曰:'惟烝婴儿之未尝。'[5]于是烝其首子而献之公。人情非不爱其子也,于子之不爱,将何有于公?公喜宫而妒,[6]竖刁自刑而为公治内。人情非不爱其身也,于身之不爱,将何有于公？公子开方事公，十五年不归视其亲，齐卫之间，不容数日之行。[7]臣闻之，务为不久，[8]盖虚不长。其生不长者，[9]其死必不终。"桓公曰："善。"管仲死，已葬。公憎四子者废之官。逐堂巫而苛病起兵，[10]逐易牙而味不至，逐竖刁而宫中乱，逐公子开方而朝不治。桓公曰："嗟！圣人固有悖乎！"乃复四子者。处期年，四子作难，围公一室不得出。有一妇人，遂从窦入，得至公所。公曰："吾饥而欲食，渴而欲饮，不可得，其故何也？"妇人对曰："易牙、竖刁、堂巫、公子开方，四人分齐国，途十日不通矣。公子开方以书社七百下卫矣，[11]食将不得矣。"公曰："嗟兹乎！圣人之言长乎哉！死者无知则已，若有知吾何面目以见仲父于地下！"乃援素幭以裹首而绝。[12]死十一日，虫出于户，乃知桓公之死也。葬以杨门之扇。[13]桓公之所以身死十一日，虫出户而不收者，以不终用贤也。

【注释】

〔1〕"仲父"句：戴望云：当"作'仲父之疾病矣'，郑君注《论语·子罕篇》曰'疾甚曰病'"，译文从戴说。 〔2〕诏：指告诉。 〔3〕"故臣"句：王引之云："当作'臣故且谒之'，故与固同。" 〔4〕和：孙星衍云："《群书治要》'和'作'味'。"译文从"味"。 〔5〕烝：同"蒸"。 〔6〕喜宫：王引之云："喜宫"当作"喜内"。译文从之。 〔7〕王念孙云："此下脱'于亲之不爱，焉能有于公'十字，《群书治要》有。"译文从王说。 〔8〕为：王引之云："'为'即'伪'字也。" 〔9〕长：戴望云："'长'当作'良'，声之误。"译文从之。 〔10〕猪饲彦博云："《吕氏春秋》无'兵'字。高诱曰'苛病，鬼魂下人病也'。"指精神错乱。 〔11〕"公子"句：尹知章云："古者群居二十五家则共置社，谓以社数书于策。谓用此七百之书社降下于卫也。"

〔12〕幭(miè 灭)：头巾，手帕。　〔13〕尹知章云："谓用门扇以掩尸也。"尹桐阳云："杨门，《水经注》作阳门，谓南门也。"译从。

【译文】

　　管仲得了病，桓公前去慰问他，并说："仲父的病已很重，如不讳言此病不能康复，仲父还有什么话要告诉我？"管仲回答说："您即使不问我，我本来也要进谒您。不过，恐怕您还做不到。"桓公说："仲父要我往东我就往东，要我往西我就往西。仲父要我做的，我敢不听从吗？"管仲整衣冠起身回答说："我希望您避开易牙、竖刁、堂巫、公子开方四人。易牙用烹调侍奉您，您说：'只有蒸婴儿的味道没有尝过。'于是易牙就把自己的长子蒸了献给您。从人情来说没有人不爱自己儿女的，易牙对自己儿子尚且不爱，难道会爱您吗？您喜好女色而且嫉妒，竖刁自施宫刑为您管理内宫。从人情来说人没有不爱自己身体的。竖刁对自己的身体尚且不爱，难道会爱您吗？公子开方侍奉您，十五年不回家看亲人，齐国和卫国之间，不过数日行程，公子开方对自己的亲人尚且不爱，难道会爱您吗？我听说，作假不会持久，掩盖虚伪也不会长远。活着不做好事，死了也不得善终。"桓公说："好。"管仲死后，丧葬结束。桓公憎恶四人并废除了他们的官职。但驱逐了堂巫，桓公精神错乱；驱逐了易牙，桓公饮食无味；驱逐了竖刁，宫中混乱；驱逐了公子开方，朝政混乱。桓公说："哎，圣人的话本来就错了吧！"于是就恢复了四人的官职。过了一年，四人发难，将桓公困在屋内不准离开。有一个妇人，从墙洞钻进去，找到了桓公的住所。桓公说："我饿了要吃饭，渴了要喝水，却没人送来，这是为什么？"妇人回答说："易牙、竖刁、堂巫、公子开方四人已瓜分了齐国，道路已有十天不通了。公子开方已把七百社的人口带往卫国了。你将得不到吃的东西。"桓公说："原来是这样！圣人的话真是有远见。死了没有知觉还好，如有知觉的话，我有什么面目到地下去见仲父啊！"于是拿过白头巾裹头而死。桓公死后十一天，蛆虫从门内爬出，别人才发现他死了。有人用南门的门板盖住了桓公的尸体。桓公之所以死后十一天，蛆虫爬出而无人收尸，这是因为不能最终使用贤人啊！

　　桓公、管仲、鲍叔牙、宁戚四人饮。饮酣，桓公谓鲍叔牙曰："阖不起为寡人寿乎？"[1]鲍叔牙奉杯而起曰："使公毋忘出如莒时也，[2]使管子毋忘束缚在鲁也，使宁戚毋忘饭牛车下也。"[3]桓公辟席再拜曰：[4]"寡人与二大夫能无忘夫子之言，则国之社稷必不危矣。"

【注释】
　　[1]《艺文类聚》等引"阖"作"盍"。许维遹云："寿"读为"祝"。　[2]出如莒：指出奔莒国。与下"束缚在鲁"均可参见《大匡》。　[3]饭牛车下：据《吕氏春秋·举难》载，宁戚穷困无以自达，喂牛车下，击牛角悲歌，桓公闻而载归，任之以事。　[4]辟：同"避"。

【译文】
　　桓公、管仲、鲍叔牙、宁戚四人一同饮酒。饮到兴浓时，桓公对鲍叔牙说："为什么不起身为我祝酒？"鲍叔牙捧杯起身说："希望您不要忘记出奔莒国的时候，希望管仲不要忘记被监禁在鲁国的时候，希望宁戚不要忘记在车下喂牛的时候。"桓公离席拜谢说："我和二位大夫能够不忘您的忠言，齐国就必定没有危险了。"

四称第三十三

【题解】

尹知章注:"谓称有道之君、无道之君、有道之臣、无道之臣,以戒桓公。"故"四称"即指列举四种君臣的表现来警诫桓公。本篇通篇用桓、管问答形式,分四节分别阐述了有道之君、臣和无道之君、臣的种种表现,正反对照,十分鲜明。

桓公问于管子曰:"寡人幼弱惛愚,不通诸侯四邻之义,仲父不当尽语我昔者有道之君乎?吾亦鉴焉。"[1]管子对曰:"夷吾之所能与所不能,尽在君所矣,君胡有辱令?"[2]桓公又问曰:"仲父,寡人幼弱惛愚,不通四邻诸侯之义,仲父不当尽告我昔者有道之君乎?吾亦鉴焉。"管子对曰:"夷吾闻之于徐伯曰:昔者有道之君,敬其山川、宗庙、社稷。及至先故之大臣,[3]收聚以忠,[4]而大富之。固其武臣,宣用其力。圣人在前,贞廉在侧,竞称于义,上下皆饰。[5]形正明察,[6]四时不贷,[7]民亦不忧,五谷蕃殖。外内均和,诸侯臣伏,[8]国家安宁,不用兵革。受其币帛,[9]以怀其德,昭受其令,以为法式。此亦可谓昔者有道之君也。"桓公曰:"善哉!"

【注释】

〔1〕张文虎云:"此第一问不当云'亦',盖'以'字之误。"译从。〔2〕有:吴汝纶云:"'有'读又。"〔3〕先故之大臣:尹知章云:"先故之臣,谓祖考时旧臣也。"〔4〕忠:张文虎云:"'忠'疑'悳'字之误。"悳即德之古字。〔5〕饰:安井衡云:"'饰'读为饬。饬,修治也。"〔6〕古本"形正"作"刑政"。〔7〕贷:猪饲彦博云:"贷、忒同。"忒指差错。〔8〕古文"伏"作"服"。〔9〕受:同"授"。下"昭受其令"之"受"同。

【译文】

桓公问管子说:"我自幼孱弱愚笨,不懂与四邻诸侯交往的道理,仲父不该把从前有道之君的行为都告诉我吗?我好有所借鉴。"管子回答说:"我能做到的和不能做到的,您全都了解,您为什么还要我说呢?"桓公再次对管子说:"仲父,我自幼孱弱愚笨,不懂与四邻诸侯往的道理,不也该把从前有道之君的行为都告诉我?我也好作为借鉴。"管子回答说:"我听徐伯说过:从前的有道之君,都崇敬山川、宗庙和国家。对先故的大臣,用恩德招聚他们,使他们富裕。巩固武将的地位,发挥他们的能力。以圣人在前作榜样,以贞廉之士在旁作辅佐,相互倡导行义,上下都得修治。刑法政令公开宣布,四时安排不出差错,百姓没有忧虑,五谷得以繁殖。外交内政均衡发展,诸侯各国臣服,国内安宁和平,长年不动兵器。将布帛授予邻国,使其感怀恩德,将政令宣示邻国,让其作为典范。这也可称作从前的有道君主了。"桓公说:"说得好!"

桓公曰:"仲父既已语我昔者有道之君矣,不当尽语我昔者无道之君乎?吾亦鉴焉。"管子对曰:"今若君之美好而宣通也,[1]既官职美道,[2]又何以闻恶为?"桓公曰:"是何言邪?以缋缘缋,[3]吾何以知其美也?以素缘素,吾何以知其善也?仲父已语我其善,而不语我其恶,吾岂知善之为善也?"管子对曰:"夷吾闻之于徐伯曰:昔者无道之君,大其宫室,高其台榭,良臣不使,谗贼是舍。[4]有家不治,[5]借人为图,政令不善,墨墨若夜,辟若野兽,[6]无所朝处。[7]不修天道,[8]不鉴四方,有家不治,辟若生狂,众所怨诅,希不灭亡。进其谀优,[9]繁其钟鼓,流于博塞,[10]戏其工瞽,[11]诛其良臣,敖其妇女,[12]獠猎毕弋,[13]暴遇诸父,[14]驰骋无度,戏乐笑语。式政既辁,[15]刑罚则烈,内削其民,以为攻伐,[16]辟犹漏釜,岂能无竭?此亦可谓昔者无道之君矣。"桓公曰:"善哉!"

【注释】

〔1〕宣通:许维遹云:"'宣通'犹明通。"宣,明也。 〔2〕官职:许维遹云:"'官职'犹明识。"官之言宣,职、识古字通。 〔3〕缁:王念孙云:"缌"为"缁"之讹,"素"与"缁"正相对。缁,黑色。缘:缘饰,衣服沿边。 〔4〕舍:尹知章云:"舍,止也。谓止谗贼于其旁,与之近也。" 〔5〕有家:疑当为"有国"。 〔6〕辟:同"譬"。下同。 〔7〕朝处:郭沫若云:"当依《元龟》作'就处',野兽无所归宿即乱也。"译文从郭说。 〔8〕修:王念孙云:"'修'当为'循'。"译文从之。 〔9〕古本作"俳优"。指演剧艺人。 〔10〕流于博塞:安井衡云:"'流'犹溺也。博塞,局戏。"指古代的赌博游戏。 〔11〕工瞽:指乐工和乐师。古代乐师多盲人。 〔12〕敖:调戏。《广雅·释诂》:"敖,戏也。" 〔13〕獠猎毕弋:日夜狩猎,以尽猎物。獠,夜猎。弋,此指猎物。 〔14〕诸父:古代对同姓长辈多尊称父。 〔15〕式:《尔雅·释言》:"式,用也。"辁:弯曲。 〔16〕"以为"句:尹知章云:"反以削生为伐功也。"指自以为功。

【译文】

桓公说:"仲父既然已告诉我从前有道之君的行为,难道不该把从前无道之君的行为都告诉我吗?我也好作为借鉴。"管子回答说:"像您如此的美好而明智通达,既已明白了美好的治道,为什么还要听恶道呢?"桓公说:"这是什么话?用黑色为黑衣饰边,我怎样看得出它的美呢？用白色为白衣饰边，我怎样看得出它的好呢？仲父已对我说了善道，而不告诉我恶道，我怎么知道善道之所以为善呢？"管子回答说："我听徐伯说过：从前的无道之君，扩建他的宫殿，增高他的台榭，不去使用良臣，反而留用小人。他不好好治国，依靠他人谋划，不好好发布政令，国家漆黑如夜，又如野兽乱窜，没有归宿之处。他不遵循天道，又不借鉴四方，不去好好治家，好像发作狂病，百姓怨恨诅咒，因此少有不亡。他招进戏子艺人，增设钟鼓乐器，沉溺博塞游戏，玩赏乐工，诛杀良臣，调戏妇女，日夜狩猎，粗暴对待长辈，整天戏乐笑语，荒淫无度。他施政既然邪曲，刑罚更加酷烈，对内侵削百姓，还自以为功劳，就如釜有漏洞，怎能没有枯竭之时？这也就可称作从前的无道君主了。"桓公说："说得好！"

桓公曰："仲父既已语我昔者有道之君与昔者无道之君矣，仲父不当尽语我昔者有道之臣乎？吾以鉴焉。"管子对曰："夷吾闻之徐伯曰：昔者有道之臣，委质为臣，[1]不宾事左右，君知则仕，不知则已。若有事，必图国家，遍其发挥。循其祖德，辩其顺逆，[2]推育贤人，谗慝不作。事君有义，使下有礼，贵贱相亲，若兄若弟。忠于国家，上下得体，居处则思义，语言则谋谟，[3]动作则事，[4]居国则富，处军则克，临难据事，虽死不悔。近君为拂，[5]远君为辅，义以与交，廉以与处，临官则治，酒食则慈。[6]不谤其君，不毁其辞，[7]君若有过，进谏不疑，君若有忧，则臣服之。[8]此亦可谓昔者有道之臣矣。"桓公曰："善哉！"

【注释】
〔1〕委质：委身下拜以示敬奉。〔2〕辩：同"辨"。〔3〕张文虎云："上下文三十句皆四字句有韵，此二句独五字不相叶。盖'义''谟'字后人妄增。"译从。〔4〕事：郭沫若云："'事'同'倳'，

《释名·释言语》'傳,立也'。" 〔5〕拂:安井衡云:"拂,弼也。矫过曰拂。" 〔6〕慈:刘绩云:"'慈'一作'辞'。" 〔7〕宋本"毁"作"讳"。讳,避也。 〔8〕服:尹知章云:"服,行之。"指担忧。

【译文】

桓公说:"仲父既然已告诉我从前有道之君和无道之君的行为,难道不该把从前有道之臣的行为告诉我吗?我好有所借鉴。"管子回答说:"我听徐伯说过:从前有道之臣,委身下拜奉君,不去讨好近臣,君主了解他就任职,不了解就作罢。国家如果有事,一定为国谋划,充分发挥力量。遵循祖先德行,辨明政令顺逆,推举培育贤才,抑制逸佞奸小。侍奉君主有义,役使下人有礼,贵贱使之亲近,相处如同兄弟。忠于国家利益,上下关系得体,平居多加思考,言谈屡经谋虑,行动必有所立,治国必使富强,治军必使克敌,面临危难突变,即使牺牲也不悔。在朝为君矫正,在野为君辅佐,以义与人交往,以廉为国处事,为官认真治民,酒食必加推辞。从不诽谤君主,从不隐瞒主张,君主如有过失,进谏从不迟疑,君主如有忧虑,主动为君分担。这也可称作从前的有道之臣了。"桓公说:"说得好!"

桓公曰:"仲父既以语我昔者有道之臣矣,不当尽语我昔者无道之臣乎?吾亦鉴焉。"管子对曰:"夷吾闻之于徐伯曰:昔者无道之臣,委质为臣,宾事左右,执说以进,[1]不蕲亡己,[2]遂进不退,假宠鬻贵。[3]尊其货贿,[4]卑其爵位,进曰辅之,退曰不可,以败其君,皆曰非我。不仁群处,以攻贤者,见贤若货,[5]见贱若过。贪于货贿,竞于酒食,不与善人,唯其所事。倨敖不恭,[6]不友善士,谗贼与斗。[7]不弥人争,[8]唯趣人诏,[9]湛湎于酒,[10]行义不从。[11]不修先故,[12]变易国常,擅创为令,[13]迷或其君,[14]生夺之政,保贵宠矜。[15]迁损善士,[16]捕援货人,[17]入则乘等,出则党骈,[18]货贿相入,酒食相亲,俱乱其君,君若有过,各奉其身。[19]此亦谓昔者无道之臣。"桓公曰:"善哉!"

【注释】

〔1〕执说以进:尹知章云:"执佞说以进于君。" 〔2〕亡:王念孙云:"'亡'当为'正',字之误也。"译文从之。 〔3〕鬻贵:贩卖尊贵的身份。 〔4〕货贿:泛指货物财富。 〔5〕见贤:丁士涵云:"'贤'当为'贵','见贵'与'见贱'对文。"此谓见贵者则趋之若财货。 〔6〕宋本"敖"作"傲"。 〔7〕斗:赵用贤云:"'斗',一本作'通'。" 〔8〕弥:张文虎云:"'弥'与'弭'古通。""'弥人争'即为人解纷争也。" 〔9〕王念孙云:"'趣'读为'促','诏'当为'讼',字之误也。"译文从王说。 〔10〕湛湎:沉湎,耽迷。湛,同耽。 〔11〕义:于省吾云:"义、仪字通。""盖醉酒则行不检而仪不饬,故云'行仪不顺'。" 〔12〕修:王念孙云:"'修'当为'循'。"先故指旧法。 〔13〕为:许维遹云:"'为'即'伪'字。" 〔14〕古本"或"作"惑"。 〔15〕郭沫若云:"当为'保贵矜宠'……"译文从郭说。 〔16〕迁损:戴望云:"'损'当为'捐'字之误,'迁'犹去也。"译文从之。 〔17〕捕:郭沫若云:"'捕'乃'辅'字之误耳。"译文从之。 〔18〕"人则"二句:于省吾云:"'乘等'与'党骈'异义。《周语》'乘人不义',《注》'乘,陵也'。""此言入则陵越等次,出则私党骈植也。" 〔19〕"君若"二句:郭沫若云:"'过'当为'祸','奉'者保也。"译文从郭说。

【译文】

桓公说:"仲父既然已告诉我从前有道之臣的行为,不该把从前无道之臣的行为都告诉我吗?我也可作为借鉴。"管子回答说:"我听徐伯说过:从前无道之臣,委身下拜奉君,专门讨好近臣,以邪说求进升,不求端正自身,只求进不知退,恃宠显示尊贵,只重珍宝财货,看轻爵位身份,进朝辅佐君主,退朝又说不可,败坏国君名声,还说非我所为。结交不仁之辈,专门攻击贤者,遇贵如逐财货,逢贱如同路人,财货贪得无厌,酒食竞相争吃,不去亲近善人,专门亲近同伙。为人傲慢不敬,不愿结交善士,私下勾结小人。不去排解纷争,一味鼓动诉讼,整天沉湎饮酒,行为仪容不端。不循祖先旧法,更改国家常规,擅自发布伪令,迷惑蒙蔽君主，夺取君主政权，保持尊贵恩宠。捐弃贤才善士，援引市侩门徒，入朝陵越等次，出朝结党营私，互赠财货相交，互请酒食相亲，都来惑乱君主，君主一旦有祸，人人各保自身。这也可称作从前的无道之臣了。"桓公说："说得好！"

侈靡第三十五

【题解】

　　侈靡指奢侈靡费，是本书中提出的一种独特的消费观念，本篇即以此名篇。

　　本篇广泛地论及政治、哲学、经济等多方面问题，包括怎样使用臣下、举用贤能、治理百姓、对待邻国、守护边疆、成就王业，以及阴阳盈虚、五德相胜、适时应变、祭祀神鬼等方面内容。其中最具特色的是侈靡消费的观点。文章从时代的变革论证侈靡消费的必然性，提出"故贱粟米而敬珠玉，好礼乐而贱事业，本之始也"。文章又从百姓欲望的角度论证侈靡消费的合理性，提出"尝至味""罢（疲）至乐""雕卵然后瀹之，雕橑然后爨之"。文章认为，侈靡消费可以促进生产，"不侈，本事不得立"；可以促进就业，"富者靡之，贫者为之"。从侈靡消费出发，文章还充分肯定了商人在社会生活中的作用："商人于国，非用人也。不择乡而处，不择君而使，出则从利，入则不守。""故上侈而下靡，而君臣相（得）上下相亲，则君臣之财不私藏，然则贫动肢而得食矣。"因此，商人的"徙邑移市"也是治国的方法之一。这些看法，与传统的崇尚节俭的消费观念相对立，成为古代经济思想史上独树一帜的资料。

　　本篇多错简，脱误难读，《艺文类聚》等类书中尚有佚文可证。全篇基本为桓公、管子问答形式，但省略颇多，文意亦不连贯，尚待进一步整理。

　　问曰："古之时与今之时同乎？"[1]曰："同。""其人同乎不同乎？"[2]曰："不同。""可与政其诛？"[3]

"佸尧之时,^[4]混吾之美在下,^[5]其道非独出人也。山不童而用赡,^[6]泽不弊而养足,^[7]耕以自养,以其余应良天子,^[8]故平。牛马之牧不相及,人民之俗不相知,不出百里而来足,^[9]故卿而不理,^[10]静也。其狱一踦腓一踦屦而当死。^[11]今周公断指满稽,断首满稽,断足满稽,^[12]而死民不服,^[13]非人性也,敝也。^[14]地重人载,^[15]毁敝而养不足,事末作而民兴之,^[16]是以下名而上实也。^[17]圣人者,省诸本而游诸乐,大昏也,博夜也。"^[18]

【注释】

〔1〕时:指天时。 〔2〕人:指人事。 〔3〕古本无"其"字。张佩纶云:"'可','何'之省。'何与',问辞。""'诛'当为'殊'。"译文从张说。 〔4〕佸尧:同"喾尧",指帝喾、帝尧。本文以"佸尧之时"为古,"周公"之时为今。 〔5〕"混吾"句:孙诒让云:"'混吾'疑即'昆吾'。'美'谓美金也。《山海经·中山经》云'昆吾之山,其上多赤铜'。……此言帝喾与尧之时崇尚俭朴,弗贵美金,故在下也。" 〔6〕童:尹知章云:"山无草木曰童。" 〔7〕弊:尹知章云:"弊,竭也。" 〔8〕"以其"句:俞樾云:"'良'疑即'养'之坏字,'应'之言承也。""'应养'犹'奉养'也。"译文从俞说。 〔9〕来:猪饲彦博云:"'来'当作'求'。"译文从之。 〔10〕"故卿"句:尹知章云:"虽立公卿,不理其事。" 〔11〕"其狱"句:猪饲彦博云:"'腓'当作'扉',同'菲',草屦也。"译文从之。尹知章云:"诸侯犯罪者,令着一只屦以耻之,可以当死刑。" 〔12〕稽:郭沫若云:"'稽'当假为'阶'。"译文从之。 〔13〕俞樾云:"此本作'而民死不服',言民至死不服也。"译文从之。 〔14〕敝:指极端贫困。 〔15〕猪饲彦博云:"'载'字当在'地'字下。载,事也。租税重,故人毁敝。"译文从之。 〔16〕末作:指生产和买卖奢侈品。 〔17〕下名而上实:指轻名而重实。 〔18〕大昏:日暮。博夜:深夜。此谓夜以继日。

【译文】

桓公问道:"古今的天时相同吗?"管子说:"相同。""人事是否相同呢?"管子说:"不同。""那么,古今的政治有什么区别呢?""帝喾、帝尧之时,昆吾的赤铜地位低下,它的价值并不引人注目。这是因为山上的木材不用伐光就已够用,泽中的水产不用捕尽就已够食,百姓自耕自足,用余粮奉养天子,因而天下太平。放牧牛马互不遭遇,百姓习俗互不交流,不出百里就能满足需求,因而虽设公卿而无事可办,因为社会安定。诸侯犯罪也只是让他穿一只草鞋以示羞辱来代替死刑。如今周公之时,满阶都是断指、断头、断足的罪犯,百姓至死不驯服,这不是人性变恶,而是生活极端贫困所致。由于租税繁重,百姓家毁人贫,不足维持生计,而从事工商末业却能使百姓振兴,因而百姓都不顾虚名,看重实际。贤明的君主也有减本业,转而享乐,以至于夜以继日。"

问曰:"兴时化若何?"[1]"莫善于侈靡。[2]贱有实,敬无用,则人可刑也。[3]故贱粟米而如敬珠玉,好礼乐而如贱事业,[4]本之始也。珠者,阴之阳也,故胜火;[5]玉者,阴之阴也,故胜水。[6]其化如神。故天子臧珠玉,诸侯臧金石,大夫畜狗马,百姓臧布帛。不然,则强者能守之,智者能牧之,[7]贱所贵而贵所贱。不然,鳏寡独老不与得焉。均之始也。"

【注释】

〔1〕兴:陶鸿庆云:"'兴'盖'与'字之误。与时化者,与时为变。"译文从陶说。 〔2〕侈靡:尹知章云:"侈靡谓珠玉之用也。管氏以为珠玉者,饥不可食,寒不可衣,然时共贵之。" 〔3〕刑:何如璋云:"'刑'通'型'。型者铸器之法。……言人可陶铸。" 〔4〕如:猪饲彦博云:"'如'字疑衍。"事业:指物质生产。 〔5〕"珠者"三句:王念孙云:"珠生于水,为阴,而其形方,故曰'阴之阳'。"水能克火。 〔6〕阴之阴:王念孙云:"'阴之阴'当作'阳之阴'。""玉生于山,为阳,而其形方,故曰'阳之阴'。"土(山)能克水。译文从之。 〔7〕牧:王念孙云:"'牧'当为'收'。谓强者能以力守之,智者能以

术收之也。"译文从之。

【译文】

桓公问道:"怎样顺应时势而变化呢?""没有比实行侈靡消费更好的了。轻贱实用的东西,敬重无用的东西,这样就能使人们就范。因而轻贱粮食而珍重珠玉,爱好礼乐而轻视生产,这是从事本业的开始。珠是阴中的阳物,因而能克火;玉是阳中的阴物,因而能克水。其中的变化十分神妙。因而天子收藏珠玉,诸侯收藏金石,大夫畜养狗马,百姓储藏布帛。不然的话,强者就能用强力控制它们,智者就能用智术收集它们,使贵重的降价,轻贱的涨价。不然的话,鳏夫寡妇、孤独老人就得不到赈济。因而,这是平均财富的开始。

"政与教孰急?"管子曰:"夫政教相似而殊方。若夫教者,摽然若秋云之远,[1]动人心之悲;蔼然若夏之静云,乃及人之体;[2]鹍然若讁之静,[3]动人意以怨;荡荡若流水,使人思之,人所生往。[4]教之始也,身必备之,辟之若秋云之始见,[5]贤者不肖者化焉。敬而待之,爱而使之,若樊神山祭之。[6]贤者少,不肖者多,使其贤,不肖恶得不化?今夫政则少则,[7]若夫成形之征者也。[8]去,则少可使人乎?"

【注释】

〔1〕摽然:尹知章云:"高举貌。" 〔2〕蔼:尹知章云:"蔼,油润貌。……夏云之起,油然含润,将降其泽,及人之体。" 〔3〕"鹍然"句:郭沫若云:"'鹍'字或即'鸾'字之异。'讁之静'殆本作"皜月之静"。鸾然,深邃貌。 〔4〕生往:郭沫若云:"'生'与'性'通,'生往'犹言神往或心向往之。"译文从郭说。 〔5〕辟:同"譬"。 〔6〕"若樊"句:许维遹云:"盖坛位营以篱落而祭之,意亦恐人犯之也。" 〔7〕则:刘师培云:"下'则'字疑当作'别'。"译文从刘说。 〔8〕"若夫"句:郭沫若云:"当作'若夫威,形(刑)之征者也'。""政

刑必相联，此与教之重在感化有别。"译文从郭说。

【译文】

"政令和教化应该哪个为先？"管子说："政令和教化有相似之处，但方法不同。所谓教化，就像秋云般高举远扬，能触发悲伤的情感；像夏云般娴静含润，将把霖雨洒遍人体；像皓月般静谧深邃，触激起哀怨的情思；像流水般长流不绝，发人深思，引人神往。教化的初始，君主必须身教为先，就像秋云刚开始出现，无论贤者或不肖者无不受到感化。敬重地对待教化的对象，充满爱心地使用他们，像在祭祀的神山四周筑起樊篱般地保护他们。虽然世上总是贤者少而不肖者多，但重用贤者，不肖者怎会不被感化？现今的政令则与此不同，强权和刑罚成为它的特征，除去这些，政令还能驱使任何人吗？"

"用贫与富，何如而可？"曰："甚富不可使，甚贫不知耻。[1]水平而不流，无源则遬竭；[2]云平而雨不甚，无委云，[3]雨则遬已；政平而无威则不行，爱而无亲则流。[4]亲左有，[5]用无用，则辟之若相为有，[6]兆怨。上短下长，[7]无度而用，则危本。不称而祀谭，次祖。[8]犯诅渝盟，[9]伤言。[10]敬祖祢，[11]尊始也。齐约之信，论行也。[12]尊天地之理，所以论威也。薄德之君之府囊也，[13]必因成形而论于人。[14]此政行也，可以王乎！"

【注释】

〔1〕"用贫"四句：张文虎云："此四句与上下文意义不属，当是它处错简。"今存而备考。 〔2〕遬：同"速"。 〔3〕委云：指积雨云。 〔4〕"爱而"句：尹知章云："但行泛爱，无所偏亲，则其爱流漫，贤者不尽力。" 〔5〕有：张文虎云："'有'疑当作'右'。"译文从"右"。 〔6〕郭沫若云："'有'乃'盲'字之误。亲左右，用无用，则犹如盲以导盲，必使人生怨。"译文从郭说。相：指扶助盲人者。 〔7〕上短下长：上同"尚"。谓用短弃长。 〔8〕次祖：郭沫若云："'次祖'者越

趑……"指行走困难。 〔9〕诅：盟誓。渝：背弃。 〔10〕伤言：许维遹云："疑'言'为'信'之坏，'伤信'犹'毁信'也。"译文从"信"。 〔11〕祖祢(mí)：祖先。 〔12〕许维遹云："'约'下'之'字衍。"论，明也。 〔13〕郭沫若云："原文当为'薄德，人群之府囊（腐壤）也'……'府囊'读为腐壤。犹言'粪土之墙'。" 〔14〕宋本"形"作"刑"。郭沫若云："'成'乃'威'之误。"译文从之。

【译文】

"怎样使用贫者和富者呢？"管子说："过于富有就难以支使，过于贫困就不知羞耻。水面平稳，水就不会流动，因为没有源头，很快就会枯竭；云低平坦，雨就不会太大，因为没有雨云，很快就会停歇；政令平和，没有威势，就难以推行；用人泛爱，不分亲疏，就导致流散。亲信左右小人，起用无用之辈，就好像以盲导盲，必然招致怨恨。用人之短，弃人之长，使用没有法度，必然危及根本。位不相称而祭神，寸步难行。背弃盟约誓言，是毁损信用。敬奉祖先，是为了尊重血亲之根；恪守信约，是为了显明德行；尊奉天尊地卑的道理，是为了昭示权威。缺德之人，是人群中的粪土，必然依据强权和刑罚被众人论处。这样的政令得以推行，可以算成就王业了吧！"

"请问用之若何？"[1]"必辨于天地之道，然后功名可以殖。[2]辩于地利，[3]而民可富；通于侈靡，而士可戚。[4]君亲自好事，[5]强以立断，仁以好任人。君寿以政年，[6]百姓不夭厉，[7]六畜遮育，五谷遮熟，[8]然后民力可得用。邻国之君俱不贤，然后得王。"

【注释】

〔1〕"请问"句：尹知章云："问用政何如也。" 〔2〕殖：立。 〔3〕辩：同"辨"。 〔4〕戚：尹知章云："戚，亲也。贵珠玉以赏士，故士可亲也。" 〔5〕自：吴汝纶云："'自'当为'目'。"译文从之。 〔6〕"君寿"句：郭沫若云："'政'当为'致'……'寿'当读为祷……'年'谓丰年也。"译文从郭说。 〔7〕厉：尹知章云："厉，疫

疾也。"　〔8〕遮：洪颐煊云："遮、庶古字通用。"

【译文】

"请问怎样运用政令呢？""必须懂得天地自然的规律，才能确立功名。懂得地利，百姓可以致富；懂得侈靡消费，士人可以亲近。君主要亲临治政，以果敢断事，以仁爱用人。君主要祈祷丰年，百姓就不会因疫疾夭亡，六畜蕃育，五谷丰登，这样民力才可以调用。如果再加上邻国的君主都不贤明，这样就可以成就王业。"

"俱贤若何？"曰："忽然易卿而移，[1]忽然易事而化，变而足以成名。承弊而民劝之，[2]慈种而民富，[3]应言待感，[4]与物俱长。故日月之明，[5]应风雨而种，[6]天之所覆，地之所载，斯民之良也。[7]不有而丑天地，[8]非天子之事也。民变而不能变，是梲之傅革，有革而不能革，[9]不可服。"

【注释】

〔1〕卿：猪饲彦博云："'卿'疑当作'乡'，同'向'，谓变所趋向而移易之。"译文从"乡"。　〔2〕"承弊"句：丁士涵云："'承'当作'拯'，言拯救其弊。"刘师培云："之"字衍，与下对文。译文从之。〔3〕慈：丁士涵云："'慈'读曰滋，《说文》'兹，草木多益'，'滋，益也'。种植繁茂，故民富。"　〔4〕应言待感：尹知章云："应物而后言，待感而后动，所谓应天顺人者也。"　〔5〕故：俞樾云："'故'疑'放'字之误。"译文从"放"。　〔6〕种：张文虎云："'种'疑当作'动'。"译文从"动"。　〔7〕"斯民"句：尹知章云："君人者，德苞天地，首出庶物，有生莫能逾，故曰'人之良'。"　〔8〕丑：猪饲彦博云："'丑'疑当作'配'。"译文从"配"。　〔9〕丁士涵云："'梲'当为'兊'。""兊之言脱也。"'傅'与'附'同，'革'犹皮也。……民之变化，辟若鸟兽之脱毛。变而不能变，辟若鸟兽所脱之毛仍附于其皮。其皮不能去旧更新，所谓有革而不能革也。上'革'字指皮革言，下'革'字指革更言。"译文从丁说。

【译文】

"如果邻国的君主都很贤明又该怎么办?"管子说:"要么改变施政方向而转移,要么改变政令政事而变化,总之只有变革才能成就王业。拯救时弊能使百姓勤勉,种植繁茂能使百姓富裕,应天顺人,才能与万物共同生长。放出日月般明光,顺应风雨而变动,拥有天覆地载之德,这才是明君啊!没有功业而要比配天地,这不是天子所当为。百姓要变革,君主不能变,就像鸟兽脱毛仍附于皮革,这叫有皮革而不能变革,这是不能使百姓信服的。"

"民死信,诸侯死化。[1]请问诸侯之化弊。"[2]"弊也者,家也。家也者,以因人之所重而行之。[3]吾君长来猎,君长虎豹之皮;[4]用功力之君,上金玉币;[5]好战之君,上甲兵。甲兵之本,必先于田宅。[6]今吾君战,则请行民之所重。"

【注释】

〔1〕死化:郭沫若云:"古死、尸通用。尸者主也,守也。'化'同'货'。"译文从郭说。 〔2〕化弊:张文虎云:"'化'亦读为货,'弊'与'币'古通。"译文从张说。 〔3〕家:郭沫若云:"'家'读为稼。《广韵》'稼、家同',《注》'稼,家事也'。古者钱币多取耕具形。""故以稼穑事解之。其所以者,以稼穑为人所重,故因之以铸币而通行焉。"译文从郭说。 〔4〕"君长"句:尹知章云:"君好虎豹皮,故来猎。" 〔5〕上金玉币:以金玉币为上。 〔6〕"甲兵"二句:尹知章云:"有田宅,然后可以充甲兵之赋。"

【译文】

"百姓要守信用,诸侯要掌握货币。请问关于诸侯货币的问题。""货币的形状,是与稼穑有关,由于人们重视稼穑,因此用有关的形状铸币通行。我们君主来打猎,是因为他喜好虎豹之皮;而喜好费用功力的君主,则重视金玉货币;喜好打仗的君主,则重视铠甲、兵器。而铠甲、兵器的来源,首先在于田宅的赋税。现在君主要打仗,就请实行百姓所重视的事情。"

"饮食者也，佾乐者也，民之所愿也。[1]足其所欲，赡其所愿，则能用之耳。今使衣皮而冠角，食野草，饮野水，孰能用之？伤心者不可以致功。故尝至味而，[2]罢至乐而，[3]雕卵然后瀹之，[4]雕橑然后爨之。[5]丹沙之穴不塞，则商贾不处。[6]富者靡之，贫者为之。[7]此百姓之怠生，百振而食，[8]非独自为也。为之畜化。"[9]

【注释】

〔1〕"饮食"三句：张佩纶云："当作'饮食者民之所欲也，佾乐者民之所愿也'。"译文从张说。 〔2〕而：语助词。下同。 〔3〕罢至乐而：刘绩云："别本《注》'罢至乐，谓耳倦丝竹也'。" 〔4〕瀹（yuè跃）：煮。 〔5〕橑：柴薪。 〔6〕"丹沙"二句：郭沫若云："商贾贵在流通，利源不塞故商贾不呆滞也。" 〔7〕"富者"二句：郭沫若云："此言为政者当使富者消费，使贫者就业。" 〔8〕"此百"二句：猪饲彦博云："'怠'当作'息'。息生犹养生也。'百振'当作'相振'，谓相救也。"译文从之。 〔9〕化：猪饲彦博云："'化'当作'货'。"译文从之。

【译文】

"饮食是百姓的欲求，佾乐是百姓的愿望。满足他们的欲求和愿望，就能使用他们。如果只给百姓穿兽皮、戴兽角、吃野草、饮生水，谁能使用他们呢？欲望不满足的人们是不能成就功业的。因此要尝最好的滋味，要听最美的音乐，蛋卵要雕画了然后煮食，柴薪要镂刻了然后焚烧。不要堵塞丹砂的矿洞，商人就会贩运流通不断。让富人靡费，使穷人就业，百姓的养生，应该是富人穷人相助得食，不是一方单独能实现的。为此就要积蓄财货。"

用其臣者，予而夺之，使而辍之；徒以而富之，[1]

父系而伏之;[2]予虚爵而骄之,收其春秋之时而消之;[3]有杂礼我而居之,[4]时举其强者以誉之。强而可使服事,[5]辩以辩辞,智以招请,[6]廉以摽人。[7]坚强以乘六,[8]广其德以轻上位,[9]不能使之而流徒,此谓国亡之郤。[10]故法而守常,[11]尊礼而变俗,上信而贱文,好缘而好驵,[12]此谓成国之法也。

【注释】

〔1〕徒以:猪饲彦博云:"'以'当作'予'。"徒予指白送、白给。 〔2〕父系:郭沫若云:"'父'乃'斧'之初文。""'系'谓缧绁。'父系'犹刑戮,故言'伏之'也。" 〔3〕时:丁士涵云:"'时'当为'利'。"译文从丁说。 〔4〕"有杂"句:俞樾云:"'有'当为'肴','我'当为'义'。""'肴'读为殽。"相杂错也。郭沫若云:"'礼义'者,礼仪也。""'肴杂'云者多为繁文缛礼之谓。"译文从之。居:困居,受约束。 〔5〕"强而"句:尹知章云:"服,行也。强者服事事必成。"下三句句式同而省略,即为"辩而可使辩辞,智而可使招请,廉而可使人"。 〔6〕招请:朱长春云:招,召而谋论。请,如请示、请问。 〔7〕古本"摽"作"标"。标人,指为人楷模。 〔8〕六:俞樾云:"'六'乃'下'字之误","言坚强以陵下也"。译文从俞说。 〔9〕广其德:广同"旷"。谓缺乏德行。 〔10〕国亡之郤:俞樾云:"当依《注》作'亡国之郤'。"郤,同隙。指空隙、漏洞。 〔11〕故:郭大痴云:"故、固古通。" 〔12〕好驵:丁士涵云:"缘,顺也。驵,犹粗也。下'好'当为'弃'。"译文从之。

【译文】

使用臣下的原则是:要能给予,又能剥夺;要能任用,又能废止;要能白送赏赐让他富有,又能运用刑戮使他驯服;赐予空头爵位让他骄横一时,收敛春秋财利让他减少收入;要用繁文缛礼来约束他,又常列举强者来称誉他。对于能力强的可派他办事,口才好的可派他辩说,多智的可供咨询,廉洁的可为楷模。至于生性强悍而欺凌百姓、缺乏德行而轻慢君主的人,都不能使用,还要迁流外地,这些人都是亡国的祸根。

巩固成法而恪守常规，尊崇礼仪而变革习俗，重视信用而轻贱文饰，爱好顺从而摒弃粗暴，这些都是立国的法则。

为国者，反民性，[1]然后可以与民戚。[2]民欲佚而教以劳，民欲生而教以死。劳教定而国富，死教定而威行。圣人者，阴阳理，[3]故平外而险中。[4]故信其情者伤其神，[5]美其质者伤其文。化之美者应其名，变其美者应其时，[6]不能兆其端者，菑及之。[7]故缘地之利，承从天之指，[8]辱举其死，[9]开国闭辱知其。[10]缘地之利者，所以参天地之吉纲也；[11]承从天之指者，动必明；辱举其死者，与其失人同，公事则道必行；[12]开其国门者，玩之以善言；[13]奈其罘。[14]辱知神次者，[15]操牺牲与其珪璧，以执其罘，[16]家小害，[17]以小胜大。员其中，辰其外，[18]而复畏强长其虚，[19]而物正以视其中情。[20]

【注释】

〔1〕反民性：指违反民性进行教育。 〔2〕戚：亲。 〔3〕阴阳理：尹知章云："言法阴阳之理。" 〔4〕平外而险中：外与中对举，平与险对立。 〔5〕信：张佩纶云："信读为伸。" 〔6〕其：猪饲彦博云："'其'当作'之'。"译文从之。 〔7〕"不能"二句：尹知章云："来事之端，不知其兆者，常失于几，故灾及之也。"菑：同"灾"。 〔8〕指：尹知章云："指，意也。当承顺天之意也。" 〔9〕辱举其死：郭沫若云："'辱'通'蓐'，训为厚……在此为隆重之意。'死'与'尸'通，尸者祭祀之尸也。" 〔10〕"开国"句：俞樾云："以下文证之……本作'开其国门，辱知神次'。"译文从俞说。 〔11〕吉纲：尹桐阳云：吉纲，纪纲也。 〔12〕"与其"二句：郭沫若云：先误为"失"。"公事则"谓祭祀之事合乎礼节。译文从郭说。 〔13〕"开其"二句：尹知章云："有善言可玩，故开国以纳之。" 〔14〕奈其罘：俞樾云：三

字"并衍文,即下文'执其斝'之误而衍者"。译文从俞说。 〔15〕神次:神之位次。知神次指祈祷众神。 〔16〕斝(jiǎ甲):酒器。〔17〕家:郭沫若云:"家"读为嫁。谓移去小害不使成为大害也。〔18〕辰:郭沫若云:"'辰'疑'廉'之坏字。""所谓'志欲圆而行欲方'也。"译文从"廉"。 〔19〕郭沫若云:"'畏'下当脱一'其'字。""'畏'与'威'通,长者尚也。"译文从郭说。 〔20〕"而物"句:郭沫若云:"'以'当读为已。""物谓客观事物,包括臣民而言。谓臣民乃得其正,而坦示其内心也。"

【译文】
　　治国的君主,要敢于违反百姓习性进行教化,然后才能与百姓亲近。百姓追求佚乐,就要教育他们勤劳;百姓贪生怕死,就要教育他们献身。勤劳的教育深入人心,国家便可富强;献身的教育深入人心,国威便可发扬。圣明的君主,效法阴阳之理,因而外表平和而内心起伏。所以申发性情要损伤精神,修养内质要损伤外表。而善于变化的要适应名分,善于革新的要顺应时势,不能及时预测变化的端倪,就会招来灾祸。因此,要善于凭借地利,承顺天意,隆重祭祖,开放国门,祈祷众神。凭借地利,因而能参知天地的规律;承顺天意,因而能行动必明方向;隆重祭祖,因而能与先人相通,祭祀合礼,道义必行;开放国门,因而能参考国外的高妙言论;祈祷众神,因而能用操持牺牲、珪璧和酒器,来避开小害,不使成为大祸。总之,心志要圆通,外行要方正,再加上能威慑强悍,崇尚谦虚,这样,臣民就会归于正道,并坦示他们的内心。

　　公曰:"国门则塞,百姓谁敢敖,[1]胡以备之?""择天下之所宥,[2]择鬼之所当,[3]择人天之所戴,[4]而亟付其身,[5]此所以安之也。""强与短而立齐,国之若何?"[6]"高予之名而举之,[7]重予之官而危之,[8]因责其能以随之,犹俴则疏之,毋使人图之;[9]犹疏则数之,毋使人曲之,[10]此所以为之也。"[11]

【注释】

〔1〕"敢"宋本作"衍",谓"敢"字当衍。丁士涵云:"谁"乃"谨"之误。谨,喧哗也。敖,喧噪也。译文从丁说。 〔2〕"择天"句:王念孙云:当作"天之所宥",天与人、鬼对文,不当有"下"字。"宥"读为祐。译文从王说。 〔3〕当:王念孙云:"'当'宜为'富'。……《郊特牲》曰'富也者,福也',故尹《注》云'为神所福助'。"译文从王说。 〔4〕"择人"句:尹知章云:"谓为人所戴仰者也。"天字衍。 〔5〕付其身:指委以重任。 〔6〕陶鸿庆云:"正文'之若何'本作'若之何'。……'强与短'皆指大臣之才识言,'立'读为位,位齐者,位相等也。"译文从陶说。 〔7〕举:许维遹云:举,扬也。此谓予以高名而美扬之。 〔8〕危:许维遹云:"危"与"诡"通。诡,异也。此谓予以重官而显异之。译文从许说。 〔9〕犹臧:陶鸿庆云:"'犹'与'由'同,'臧'与'戚'同。"言此受任之大臣若由贵戚进者,其势易逼君,当戒其燕昵,则人不得图论之矣。译文从陶说。 〔10〕曲:陶鸿庆云:"'曲'读为'局'。……若由疏逖进者,其情易隔,君当勤与延纳,则人不得拘局之矣。" 〔11〕为:陶鸿庆云:"为,犹助也,皆所以助之成功也。"

【译文】

桓公问:"国门闭塞,百姓喧闹不安,该怎样防备呢?""选择上天保佑、鬼神福助、百姓仰戴的良臣,迅速委以重任,就可以安定民心了。""可是朝廷中识高才强的和识短才弱的臣子地位相等,该怎么办呢?""对于良臣,可以给予崇高的声名进行褒扬,也可以封予重要的官职使他显异,这要根据他的才能区别对待。由贵戚进身的,君主要显得疏远,不要让人背后议论;由疏远提拔的,君主要多与亲近,不要使他拘束局促。这都是用来扶助良臣成功的方法。"

"大有臣甚大,[1]将反为害,[2]吾欲优患除害,[3]将小能察大,为之奈何?""潭根之毋伐,[4]固事之毋入,[5]深鬻之毋涸,[6]不仪之毋助,[7]章明之毋灭,[8]生荣之毋失。十言者不胜此一,虽凶必吉,[9]故平以满。"

【注释】

〔1〕"大有"句：安井衡云："上'大'当为'夫'。"译文从之。〔2〕将反为害：郭沫若云："……非大臣将为害于国，乃大臣将为人所谗害也。"〔3〕优：许维遹云："'优'当作'櫌'。"櫌，摩平也。引申为平。译文从许说。〔4〕潭：丁士涵云："'潭'与'覃'通。"覃，延长也。此谓延续其根而不要砍伐。〔5〕张佩纶云："'事'当作'蒂'。……'入'当作'乂'。"乂又同刈伐。蒂指枝干。〔6〕郭沫若云："黧"殆"黎"字之异，读为犁，言深犁之无使涸。译文从郭说。〔7〕"不仪"句：郭沫若云："'不仪'当为'丕峨'，'毋助'读为'毋锄'。""言使之高大而不加以翦锄。"译文从郭说。〔8〕灭：与明相对。明指阳光，灭指昏暗。〔9〕十：郭沫若云："古'甲'字作'十'……'甲'假为'狎'，言便辟亲昵者之言不能胜此所陈六事之一，则虽凶亦吉也。"译文从郭说。

【译文】

"大臣的势力过大，反倒将受逸害，我打算去除这一祸患，并即小见大，该怎样做呢？""这要像爱护大树一样，延续它的根基而不加砍伐，加固它的枝干而不加艾刈，深犁树下泥土不使干涸，增高上面树梢不加剪除，使它沐浴阳光而避免了阴暗，让它生长繁茂而不受损伤。小人的逸言不能胜过上述六项措施中的一项，因此，必然会逢凶化吉，平和圆满。"

"无事而总，[1]以待有事，而为之若何？""积者立余日而侈，[2]美车马而驰，多酒醴而靡，千岁毋出食，[3]此谓本事。县人有主，[4]人此治用，[5]然而不治，积之市。一人积之下，一人积之上，[6]此谓利无常。百姓无宝，以利为首。一上一下，唯利所处。[7]利然后能通，通然后成国。利静而不化，观其所出，从而移之。"

【注释】

〔1〕总：尹知章云："总谓收积也。"〔2〕宋本"日"作"食"。

尹知章云："积谓富而积财者。"译文从"食"。 〔3〕"千岁"句：李哲明云："此似言积财之多，虽至千岁，可不必出而求食。" 〔4〕县人有主：尹知章云："县谓系属也。言欲系属于人，必有所主，主于财。" 〔5〕人此治用：尹知章云："官既积财，人则于官取之，以理其器用也。" 〔6〕积之下：指越积越少。积之上：指越积越多。 〔7〕唯利所处：尹知章云："利积多者，百姓则从而归之。"

【译文】

"无事之时收积财货，以备有事之用，该怎样做呢？""积财者应该用余粮进行侈靡消费，装饰车马尽情奔驰，多酿美酒尽情享用，这样一千年也不会贫困乞食，这就叫积财的根本。要控制百姓就要利用财货，百姓用财货去置备器用，如果不备器用，就要将财货投入市场赢利。有人会越积越少，有人会越积越多，这叫做赢利无常规。百姓没有别的宝物，只以财利为重。财利有多有少，百姓就唯多是从。有财利然后有流通，有流通然后国不亡。财利静止而不畅通，就要观察它的流失之处，从而转移投入方向。"

视其不可使，因以为民等。[1]择其好名，因使长民。好而不已，是以为国纪。[2]功未成者，不可以独名；[3]事未道者，[4]不可以言名。成功然后可以独名，事道然后可以言名。然后可以承致酢。[5]

【注释】

〔1〕等：齐，等同。 〔2〕国纪：国之经纪，指治国之才。 〔3〕独名：刘绩云："别本《注》'独擅名誉'。" 〔4〕道：治理。 〔5〕承：受。酢：尹桐阳云："'酢'同'胙'，祭福肉也。"指君主赐大臣的祭肉。

【译文】

对待臣子，见到不能使用的，就将他降为一般百姓。选择声名卓著的，就任用他为百姓的官长。声名历久不衰的，就可作为治国的人才。

功业未成，不可以独擅声名；政事未治，不可以谈说名誉。功业成就，然后可以独擅声名；政事得治，然后可以谈说名誉。从此后可以接受君主赐予的祭肉。

先其士者之为自犯，后其民者之为自赡。[1]轻国位者国必败，疏贵戚者谋将泄。毋仕异国之人，是为失经。毋数变易，是为败成。大臣得罪，勿出封外，是为漏情。毋数据大臣之家而饮酒，是为使国大消。[2]三尧在，[3]臧于县，返于连，[4]比若是者，[5]必从是嚻亡乎！[6]辟之若尊谭，[7]未胜其本，亡流而下不平。[8]令苟下不治，[9]高下者不足以相待，此谓杀事。[10]

【注释】

〔1〕"先其"二句：郭沫若云："'赡'当读为'黵'，《说文》云'大污也'。""此所谓先后当以士民为对待，谓当先民而后士，本篇之宗旨如此。" 〔2〕"毋数"二句：尹知章云："饮酒于臣家，则威权移焉。物不两盛，故臣强则国消也。" 〔3〕三尧：郭沫若云："'三'字当是上文'消'字之重文符。""'消尧'者，逍遥也。""在"当读为哉。译文从郭说。 〔4〕郭沫若云："'县'字当是'荒'字之误……'荒'与'连'对文，即流连荒亡之意，承上文'饮酒'言。"译文从郭说。 〔5〕比若是者：姚永概云："每每若是也。" 〔6〕嚻：宋翔凤云："即'𠽢'字，犹言败亡也。" 〔7〕尊谭：张佩纶云："'尊谭'当为'尊斝'。"指酒器。 〔8〕丁士涵云："'未'当作'末'，'亡'当为'上'。"指酒器口大底小。 〔9〕古本作"下苟令不治"。 〔10〕许维遹云："'事'字当重，'此谓杀事'句。""'杀'与'弑'古通。尹《注》'此谓弑君之事'。"

【译文】

君主治国，事事让士大夫占先，这是自己犯错；时时将百姓置后，这是自己抹黑。看轻君位，国家必然败亡；疏远贵戚，谋略必然泄露。

不要让异国之人入仕,那是背离常道。不要屡屡更改政令,那是转成为败。大臣治罪,不要驱逐出境,那是泄漏国情。不要常在大臣家饮酒,那是大减国威。逍遥自在,流连往返,每每如此,国家必定由此败亡!就比如一个酒器,口大底小,注酒时上面流溢而下部不稳。根基如果治理不好,上下关系就难以处理好,这就将酿成弑君之事。

"事立而坏,何也?兵远而畏,[1]何也?民已聚而散,何也?辍安而危,何也?""功成而不信者,殆;兵强而无义者,残;不谨于附近而欲来远者,兵不信;[2]略近臣合于其远者,立。[3]亡国之起,[4]毁国之族,则兵远而不畏。国小而修大,仁而不利,犹有争名者,累哉是也。乐聚之力,[5]以兼人之强,以待其害,虽聚必散。大王不恃众而自恃,[6]百姓自聚,供而后利之,[7]成而无害。疏戚而好外,企以仁而谋泄,[8]贱寡而好大,此所以危。"

【注释】

〔1〕兵远而畏:陶鸿庆云:"当作'兵远而不畏'。""'畏'与'威'通。""言虽勤兵于远而不能威敌也。"译文从陶说。 〔2〕李哲明云:"'兵'字涉上下文而衍,此言政事,于兵无与。"译文从李说。 〔3〕刘绩云:"此文当作'事立而坏'。"译文从刘说。 〔4〕起:张佩纶云:"'起'当作'纪'。"译文从"纪"。 〔5〕之:张文虎云:"'之'字盖'己'之讹。"译文从"己"。 〔6〕张文虎云:"无由阑入'大王',疑是'人主'二字之讹。"郭沫若云:"'恃'当是'待'字之误,待者戒备也。'不待众'即亲民,'自待'即克己。"译文从之。 〔7〕供:何如璋云:"'供'乃'仁'之讹。"译文从何说。 〔8〕何如璋云:"'企'字衍。""'仁'乃'人'之讹,谓用人不慎也。"译文从何说。

【译文】

"事业成功而又被毁,为什么?军队远征而又无威,为什么?百姓安居而又流散,为什么?安宁中断而又危急,为什么?""事业成功而不讲信用,是危险的;军队强大而不讲仁义,是残暴的;不谨慎对待近臣而想招引远者,是不讲信用;疏远近臣而亲近远者,这就会造成事业成功而又被毁。流失治国的人才,毁灭一国的宗族,这就会造成军队远征而又无威。国小而有野心,只讲仁义而不给利益,还要竞争名声,这是自取其累。热衷聚集百姓力量,还想兼并其他列强,终受祸害,这就会造成百姓纵然聚扰起来而必然还会流散。君主亲近百姓,克制自身,百姓自会归附,实行仁义,然后给予利益,就会事业成功,没有祸害。疏远亲戚而亲近外人,用人不慎而泄露谋略,轻贱小事而好大喜功,这就会造成国家危急。"

"众而约,[1]实取而言让,行阴而言阳,利人之有祸,言人之无患,[2]吾欲独有是,若何?""是故之时,[3]陈财之道可以行;[4]今也,利散而民察,必放之身然后行。"[5]公曰:"谓何?""长丧以黜其时,[6]重送葬以起身财,[7]一亲往,一亲来,所以合亲也。此谓众约。"[8]问:"用之若何?""巨瘗培,[9]所以使贫民也;美垄墓,所以文明也;[10]巨棺椁,所以起木工也;多衣衾,所以起女工也。犹不尽,故有次浮也,有差樊,有瘗藏。[11]作此相食,然后民相利,守战之备合矣。"[12]

【注释】

〔1〕姚永概云:"虽众而故示以约也。" 〔2〕言:王念孙云:"'言'当为'害'。""谓所利在人之有祸,所害在人之无患也。" 〔3〕故:王引之云:"'故'读为古。" 〔4〕陈财之道:尹知章云:"陈设致财之道。" 〔5〕郭沫若云:"'身'字不当有。""即'财散则民聚'之意。"译文从郭说。 〔6〕何如璋云:"黜字疑乃'毁'之误。谓设为三年之丧以毁其时也。"译文从何说。 〔7〕"重送"句:重送葬指

厚葬。丁士涵云："'身'疑'其'字误。"译文从"其"。〔8〕李哲明云："似指丧家亲故之往来。言不吝财费，往来繁数。""故云'众约'。"〔9〕尹知章云："瘗培谓圹中埋藏处深暗也。"〔10〕郭沫若云："'明'当为'萌'……'文萌'谓画工雕工之类耳。……'文萌'上当脱一'使'字。"译文从郭说。〔11〕次浮：何如璋云："次浮，次谓次第，浮当为捊，'捊'与'抔'通。""言于墓域捊聚土壤，筑墙周之，如城之有郭郭也。'差樊'者，垄外植木为樊，而制其广狭之差也。'瘗藏'者明器之属。"译文从何说。〔12〕本节答非所问，疑有错简。

【译文】

"实为多而反说少，实欲取而言谦让，行动秘密而说话公开，欢喜别人有祸，只怕别人无患，我的思想中自有这些念头，该怎么办？""古时候，君主的招财方法可以实行；如今，财利分散，百姓都看得见，一定要实行放散财利的方法才行。"桓公问："这是什么意思？""对于富者，要用漫长的丧期耗费他们的时间，用隆重的葬礼耗费他们的财产，加上亲故往来，借机会亲，这叫约定俗成。"桓公问："该怎么做呢？""尽量扩大墓圹，让贫民都有活做；尽量装饰墓室，让画工、雕工都有活做；尽量讲究棺椁，让木工都有活做；尽量多置衣被，让女工都有活做。这还不够，还要聚土筑墙，植木作篱，随葬明器等。兴办这些厚葬之事，以使百姓都有饭吃，并相互得利，而国家的防守或征战的准备也可由此得益。"

乡殊俗，国异礼，则民不流矣；不同法，则民不困；乡丘老不通睹，〔1〕诛流散，则人不眺。〔2〕安乡乐宅，享祭而讴吟称号者皆诛，〔3〕所以留民俗也。断方井田之数，〔4〕乘马甸之众，〔5〕制之；陵溪立鬼神而谨祭；皆以能别以为食数，〔6〕示重本也。

【注释】

〔1〕"乡丘"句：洪颐煊云：丘读为区。老不通正所谓"老死不相往

来"。〔2〕眺：洪颐煊云："'眺'即'逃'之借字。"〔3〕"享祭"句：张佩纶云："'皆诛'当作'皆殊'。"译文从"皆殊"。"讴吟称号"指享祭时所唱颂歌和所呼称名。〔4〕断：断定，确定。方井田之数：指赋税之数。〔5〕甸：同"田"。乘马田之众指军赋之数。〔6〕"皆以"句：尹知章云："人之大小皆各有材，能多者食众……能少者食寡。"

【译文】

保存各乡不同的习俗、各国不同的礼节，百姓就不会流散；保存不同的法制，百姓就不会贫困；各乡区老死不相往来，诛伐流民，百姓就不会外逃。安居乐业，享祭祖先时所歌和称名都允许不同，这是为了保存各地的民俗。确定赋税和军赋之数，使它成为定制，谨慎地祭祀高山深谷的鬼神；对各种人都以才能大小分别确定粮食标准，这些都是表示重视本业。

故地广千里者，禄重而祭尊。其君无余地与他若一者，从而艾之。[1] 君始者艾若一者，从乎杀。[2] 与于杀若一者从者艾艾若一者，从于杀。[3] 与于杀若一者从无封始。[4] 王事者上。[5] 王者上事，霸者生功，[6] 言重本，是为十禺。[7] 分免而不争，[8] 言先人而自后也。

【注释】

〔1〕"其君"二句：郭沫若云："君"字不当有，"他"当作地。地若一者谓地未经垦辟如原始者然。"从而艾之"谓从而垦辟之也。译文从郭说。〔2〕"君始"二句：郭沫若云："谓国君始从事于垦辟原始地者，则禄之重、祭之尊，视地广千里者有所减杀。"〔3〕"与于"二句：郭沫若云："上若一者"当为"者一若"，并衍一"艾"字。"言禄之从减义又如其君之始辟草莱者然，于其家臣之禄与祖先之祭复从减。"译文从郭说。〔4〕"与于"句：郭沫若云："若一者"当为"者一若"。家臣之禄从减者几于与无禄者同。译文从郭说。〔5〕王事者上：郭沫若云："'王事者上'乃衍文……"译文从之。〔6〕生：郭沫若云：

"'生'疑'先'字之误。"译文从"先"。〔7〕"言重"二句:郭沫若云:"十,古甲字,禺读为寓。所谓'寓兵于农'也。"译文从郭说。〔8〕免:丁士涵云:"'免'疑'地'字误。"译文从"地"。

【译文】
　　拥有千里沃土的君主,对臣下的禄赏丰厚,对祖先的祭祀隆重。没有余地而只有未垦荒地的君主,只能从事开垦,对这些刚从事垦荒的君主,他们禄赏和祭祀的规格,当然只能减少。禄赏被减少的臣下,又同他们的君上一样,对其家臣的禄赏和对其祖先的祭祀的规格,再进行杀降。到禄赏被减少的家臣,就几乎与没有俸禄的庶人相同。成就王业的以农事为上,成就霸业的以战功为先,这是说要重视本业,这也就是要寓兵于农。分封土地而不争抢,这是说要先人后己。

　　官礼之司,昭穆之离,先后功器,[1]事之治,尊鬼而守故;[2]战事之任,高功而下死;[3]本事,食功而省利;[4]劝臣,上义而不能与小利。[5]五官者,人争其职,然后君闻。[6]

【注释】
　　〔1〕张佩纶云:此节明言五官之职掌。"'官礼之司,先功而后器',此司徒兼太宰也。"器:指标志名位的器物。　〔2〕"尊鬼"句:张佩纶云:"'昭穆之离,尊鬼而守故',此宗伯职也。"昭穆:古代宗庙位次,左为昭,右为穆。离:尹知章云:"谓次位之别也。"　〔3〕"战事"二句:张佩纶云:"'战事之任高功而下死',此司马职也。"　〔4〕"本事"二句:张佩纶云:"'本事'当作'本事之治'。上'事之治',虽杂厕于前,而两事字犹可证明。'食功而省利',此司空职也。"食功省利指酬赏有功、省察实利。译文从张说。　〔5〕"劝臣"二句:张佩纶云:"当作'劝臣之义,上能而慎刑'。'与小'二字乃'慎'字之坏。""'利'当为'刑'字,此司寇职也。"译文从张说。　〔6〕"五官"三句:尹知章云:"官争理职则国治,故君名闻于天下。"

【译文】

　　掌管百官的礼仪,要先论功绩而后定名位。排定昭穆的位次,要尊重鬼神而恪守旧制。审定战功的高低,要倡导立功而贬低拼命。抓好本业的治理,要酬赏有功而注重实利。勉励臣下的原则,要奖赏能人而慎用刑罚。以上五官的职掌,可以使人人争尽其职,这样,君主的声名就会闻于天下。

　　祭之,时上贤者也,[1]故君臣掌,君臣掌则上下均,[2]此以知上贤无益也,其亡兹适。上贤者亡,而役贤者昌。上义以禁暴,尊祖以敬祖,聚宗以朝杀,[3]示不轻为主也。

【注释】

　　[1]"祭之"二句:郭沫若云:"'祭之'当是'察之'之误,'时'读为恃。言人君尚小察,乃自恃其贤。"译文从郭说。　[2]"故君"二句:郭沫若云:"上恃贤则君臣同掌,于是上下无别。"　[3]朝杀:章炳麟云:"'朝'当借为'昭'。""言聚族人于宗室以昭亲疏之杀也。"杀,等差。

【译文】

　　君主亲自察问小事,是自恃贤能的表现,这样就造成了君臣共掌小事的局面,君臣共掌就形成上下地位均平,因此可知自恃贤能没有好处,正可造成君主地位的危亡。因而,君主自恃贤能的国家危亡,役使贤能的国家盛昌。至于崇尚仁义而禁止残暴,尊荣祖先又敬奉祖宗,聚合宗族而昭明等差,掌管这些大事才表明君主地位的重要。

　　载祭明置。[1]高子闻之,以告中寝诸子,[2]中寝诸子告寡人,[3]舍朝不鼎馈。[4]中寝诸子告宫中女子曰:"公将有行,故不送公?"[5]公言:"无行,女安闻之?"曰:"闻之中寝诸子。"索中寝诸子而问之:"寡人无行，女安闻之？""吾闻之先人，诸侯舍于朝不鼎馈者，非有外事，必有内忧。"公曰："吾不欲与汝及若,[6]女言至焉，不得毋与女及若言。吾欲致诸侯，诸侯不至若何哉？""女子不辩于致诸侯，自吾不为污杀之事人,[7]布织不可得而衣。故虽有圣人，恶用之？"

【注释】

〔1〕载祭明置：尹知章云："载，行也。言公将为行祭至明，而置之欲人不知也。"本节内容与《戒》篇中"桓公外舍而不鼎馈"一节略同，故人多疑其为错简。可参阅《戒》篇。 〔2〕中寝诸子：《戒》篇作"中妇诸子"，指宫中内官。 〔3〕本句疑衍，故译文略去。 〔4〕舍朝：即《戒》篇"外舍"义，下"舍于朝"同。 〔5〕故：王念孙云："'故'当为'胡'。"是。 〔6〕猪饲彦博云："'若'下脱'言'字。"尹知章云："不欲与汝论此言也。"若言即此言。 〔7〕污杀：疑即《戒》篇之"持接"。

【译文】

桓公将通宵出行祭祀，又不想让人知道。高子听说了，告诉内官，君主准备宿于宫外，不再列鼎进食。内官对官女说："君主将出行，为什么不去侍从？"桓公说："我不出行，你从哪里听来的？"官女说："从内官那里听来的。"桓公找来内官问道："我不出行，你从哪里听来的？""我从先人那里听到，诸侯宿于宫外，不列鼎进食，不是有外患，就是有内忧。"桓公说："我不打算同你谈论这件事，但你既已谈及此事，我不得不告诉你了。我打算召集各国诸侯，但如果诸侯不来，该怎么办？""一个女子不该谈论召集诸侯的方法，但如果我不做一些侍奉别人之事，别人就不会织布给我做衣穿。因此即使有圣人，又有什么用呢？"

"能摩故道新道,[1]定国家，然后化时乎？""国贫而鄙富，苴美于朝市国；国富而鄙贫，莫尽如市。[2]市也者，劝也。劝者，所以起本善。[3]而末事起，不侈，本事不得立。"

【注释】

〔1〕"能摩"句：张文虎云："'摩'读如'揣摩'之'摩'，谓揣摩于新故间而用之。" 〔2〕"国贫"四句：陶鸿庆云："'苴'当为'莫'之坏字，'市国'二字涉上下文而衍，'尽'当为'善'字之误。""盖朝所以聚鄙邑之财，市所以通都会之财，四句反义相对。"译文从陶说。 〔3〕善：猪饲彦博云："'善'当作'事'。"译文从"事"。

【译文】

"能够在旧法新法间斟酌，安定国家，然后顺应时势变化吗？""城市贫穷而边境富裕，没有比朝廷聚敛财富更有利的了；城市富裕而边境贫穷，没有比市场流通财货更有利的了。市场能起到劝勉引导的作用，劝勉引导的方向就是发展农业，但工商业也要发展，不实行侈靡消费，农业也就不能立住根本。"

选贤举能不可得，恶得伐不服用？[1]百夫无长，不可临也；[2]千乘有道，不可修也。[3]夫纣在上，恶得伐不得？[4]钧则战，[5]守则攻。百盖无筑，千聚无社，[6]谓之陋，一举而取。天下有一事之时也，[7]万诸侯钧，万民无听，上位不能为功更制，其能王乎？

【注释】

〔1〕用：郭沫若云："'用'字疑'耶'字之坏残而致误者也。"译文从"耶"。 〔2〕"百夫"二句：张佩纶云："当依下句例作'百夫有长，不可临也'。有长虽百夫不可临。"译文从张说。 〔3〕"千乘"二句：张佩纶云："'修'当作'侵'。有道虽千乘不可侵。"译文从张说。 〔4〕猪饲彦博云："'不得'当作'不服'，言纣既无道，故不得伐不服。"译文从之。 〔5〕钧：同"均"。 〔6〕"百盖"二句：丁士涵云："百盖"犹"百室"。"千聚"疑当为"十聚"。译文从丁说。 〔7〕李

哲明云：“言万诸侯势力均同，莫能相尚，即万民无适听从。”古本"有"下无"一"字。

【译文】
　　不能得到贤能之士的辅佐，又怎能讨伐不服统治的人呢？百名役夫，有一首领，就不可加以轻视；千乘之国，治理有方，就不可贸然侵犯。像商纣这样的暴君执掌朝政，又怎能讨伐不服统治的人呢？双方力量相当就可对阵，一方防守另一方就可进攻。上百的房屋都被毁坏，十聚之内难寻神社，这就叫衰败，这样的国家可以一举攻克。天下发生战事，各国诸侯势均力敌，百姓无所适从，君主不能乘机建立功勋，更新旧制，还能成就王业吗？

　　"缘故修法，[1]以政治道，[2]则约杀子吾君，[3]故取夷吾谓替。"[4]公曰："何若？"对曰："以同。其日久临，可立而待。[5]鬼神不明，囊橐之食无报，明厚德也。[6]沉浮，示轻财也。[7]先立象而定期，则民从之，故为祷，[8]朝缕绵，明轻财而重名。"[9]公曰："同临？"[10]"所谓同者，其以先后智渝者也。[11]钧同财争，依则说，[12]十则从服，万则化。成功而不能识，而民期，然后成形而更名则临矣。"[13]

【注释】
　　〔1〕缘故修法：张佩纶云："言循故以修新法。"　〔2〕以政治道：李哲明云："谓正其治国之道。"　〔3〕"则约"句：张佩纶云："'约'当作'钧'，'子'当作'于'，'均杀于吾'，言诸侯均不及吾。"译文从张说。　〔4〕"故取"句：李哲明云："君故取夷吾为之伐筹治国。替者代也，'谓'当作'为'。"　〔5〕"其日"句：李哲明云："'同'谓同德，言君臣以同德相济也。""言其日久临，制诸侯可立而待其治也。"〔6〕"鬼神"三句：李哲明云："鬼神之道幽，幽故不明。囊橐之食指祭品。""言君子谨祭鬼神，非望其报，所以报本反始，明厚德之意也。"

〔7〕"沉浮"二句：何如璋云："'沉浮'宜作'浮沉'。《尔雅》'祭川曰浮沉'。川祭投玉，故云'示轻财'。"译文从何说。 〔8〕"先立"三句：许维遹云："'象'为'法象'。""此谓先设神像而定祷期，于是民从之，乃为祷焉。" 〔9〕"朝缕"二句：许维遹云："缕绵为招魂之具……'朝'可训召。言以缕绵招其魂也。'名'与'命'通。"自"鬼神不明"至此数句与上下不合，疑错简。 〔10〕同临：李哲明云："疑当作'何临'。盖公承上'久临'而问。"译文从李说。 〔11〕"所谓"二句：李哲明云："'同者'当作'临者'。""'渝'当作'逾'。""惟先后之智相逾越故得而临之也。"译文从李说。 〔12〕"钧同"二句：猪饲彦博云："'同'字衍，'财'当作'则'，言势均则不相下。'依'疑当作'倍'。"译文从之。 〔13〕"然后"句：郭沫若云："'成形'谓成王业，'更名'犹正名……"

【译文】

　　"依循旧制，修订新法，拨正治国之道，这方面诸侯都不如我们君主，因此君主要用我夷吾来代为筹划。"桓公问："这该怎么办？"管子回答说："凭借同心同德。那么今后的君临天下，就可指日而待。鬼神之道幽暗不明，奉献的祭品不求回报，这是表明崇尚德义。用沉玉祭川，这是表示看轻财物。先设立神像而后确定日期，百姓都跟随进行祈祷，用缕绵招魂，这是表明看轻财物而重视命运。"桓公问："怎样才能君临天下？""所谓君临天下，这是以先后双方才智相超越为基础的。双方才智均衡则相互争斗，某方超过一倍则对方悦服，超过十倍则对方服从，超过万倍则对方归化。完成功业而不被察觉，百姓翘首期待，然后成就王业并正名即位，这样就君临天下了。"

　　"请问为边若何？"对曰："夫边日变，不可以常知观也。民未始变而是变，是为自乱。请问诸边而参其乱，任之以事，因其谋。〔1〕方百里之地，树表相望者，〔2〕丈夫走祸，妇人备食，内外相备。春秋一日，败曰千金，称本而动。〔3〕候人不可重也，唯交于上，〔4〕能必于边之辞。〔5〕行人可不有私？不。有私所以为内因也。使能者有主,矣而内事。"[6]

【注释】

〔1〕古本"任之以事"下有"而"字。李哲明云:"'问'当为'伺'。""言备边之计不当自乱,须伺察四边而参验其变乱之萌,乃急修边事,因其乱而谋之。" 〔2〕树表相望:指树立标识以备了望报警。〔3〕古本"败"下有"事"字。丁士涵云:"'事曰'二字乃'费'字之坏。"郭沫若云:"'春秋一日'谓终岁事边如一日,不懈怠也。'败费千金',言破费之多耳。'称本而动'者犹言举国而动。" 〔4〕"候人"二句:郭沫若云:"'重'亦'动'字。""言斥候之人不可擅离其岗位。'交于上'谓通报边情于上。" 〔5〕"能必"句:许维遹云:"'能'犹'而'也,'必'与'毕'古通用。""辞"即"治"。言尽职于边境之事。 〔6〕"使能"二句:郭沫若云:"'有主'谓有所职司。'矣'乃'俟'之坏字。俟,待也,备也,治也。'而'读为尔。"

【译文】

"请问怎样守卫好边境?"管子回答说:"边境地区形势多变,不可用常理来观察判断。边民没有变乱而看作已经变乱,这是自乱阵脚。要伺察四周而参验变乱的迹象,安排好边境的治理,准备好平乱的谋略。方圆百里之内,树立标识相互联络,男子奔走应变,妇女准备粮食,内外都要有所防备。终年如一日,不可懈怠。边境费用动辄千金,要举国共同担负。侦察人员不得擅离岗位,要及时向上级通报情况,恪尽职守。外交人员能否有私心呢?不能,如果有私心,就会泄露内情。要派干练的官员掌管此事,整治好边境守备。"

万世之国,必有万世之实。[1]必因天地之道,无使其内使其外,[2]使其小毋使其大。[3]弃其国宝使其大,[4]贵一与而圣;[5]称其宝使其小,[6]可以为道。能则专,专则佚。[7]橡能逾,则橡于逾。[8]能宫则不守而不散。[9]众能,伯;不然,将见对。[10]

【注释】

〔1〕古本"实"作"宝"。译文从"宝"。 〔2〕"无使"句：俞樾云：此当作"使其内无使其外"，与下句一律。译文从俞说。 〔3〕使：郭沫若云："四'使'字均当为'事'，言当务内治，不必好大喜功。"译文从郭说。 〔4〕大：张文虎云："'大'当作'外'。"译文从"外"。〔5〕"贵一"句：郭沫若云："'贵一'当是'遗'字，误析为二。'圣'当为'败'，与'外'为韵。'遗与而败'者谓失去与国而招致失败也。"译文从郭说。 〔6〕"称其"句：郭沫若云"'称'乃'摄'字之误"。当作"摄其宝事其小"。"摄其宝"者谓珍藏其国宝。译文从郭说。〔7〕"能则"二句：郭沫若云："谓能者则专任之，专任之则为上者逸而不劳。" 〔8〕"椽能"二句：张文虎云"'椽'当为'掾'"，读如缘。郭沫若云："'逾'读为愉，于犹与也。""谓因任能者则愉，所因任者亦与之同愉也。"译文从张说。 〔9〕能宫：丁士涵云："'能'即贤能之能。'宫'乃'官'字误。"译文从丁说。 〔10〕"众能"四句：郭沫若云："人众皆能则霸，不然则得其反。霸之对谓削弱乃至危亡也。"

【译文】

能传万世的国家，必有能传万世的国宝。这就是顺应天地的规律，治理好国内而不要向外扩张，从小事做起而不要好大喜功。如果丢弃这个国宝向外扩张，将失去与国而招致失败；如果珍藏这个国宝做好小事，最终可以治理好国家。对能臣就要专任，君主专任能臣就会逸而不劳。任用能臣会带来愉悦，被任用者也会同样愉快。任用能者为官，即使掌管不好，也不至于散乱。能臣多，就可成霸业；否则，国家必将削弱以至危亡。

君子者，勉于纠人者也，非见纠者也。[1]故轻者轻，重者重，前后不慈。[2]凡轻者操实也，以轻则可使，[3]重不可起轻，[4]轻重有齐。[5]重以为国，轻以为死。[6]毋全禄，贫国而用不足；毋全赏，好德恶亡使常。[7]

【注释】

〔1〕纠(糺)：郭沫若云：为"乿"讹。"'乿'字乃'司'字之

异……'司人'者谓官人也。'见'是'身'字之误,'身司'者自执其事也。"译文从郭说。 〔2〕章炳麟云:"'慈'借为'戴',相当值谓之戴。此盖以衡之悬物为喻,轻者自轻,重者自重,则衡之前后,必有低昂,不相当值矣。译文从章说。 〔3〕"以轻"句:郭沫若云:"盖'轻'者谓权也,权虽不容于一握,而可以起千斤之重。" 〔4〕"重不"句:郭沫若云:"谓过重之物不便操纵以起他物。" 〔5〕轻重有齐:郭沫若云:"轻重之间大有分剂存焉……"分剂指比例。 〔6〕为死:郭沫若云:"'为'通'谓','死'通'尸',即祭祀之尸。""今国者重器也,然以权操之则易举。"尸指用晚辈活人或孺子代死者受祭。 〔7〕恶亡:张佩纶云:"'恶亡'之'亡'衍,言赏为好德,恶使民以为掌。"译文从张说。

【译文】

君主要善于管制臣民,而不被臣民管制。比如用秤,轻的一头自轻,重的一头自重,前后就不平衡。轻的一头可操纵重物,因为只有轻才便于搬弄,而重物不便于搬弄来称量轻物,因而轻重之间有一定的比例。把重的一头比作国家,那么轻的一头就像祭祀仪式中的代受者。俸禄不要过高,否则使国家贫困、财用不足;赏赐不要过滥,否则使君主好德流为形式。

"请问先合于天下而无私怨,〔1〕犯强而无私害,为之若何?"对曰:"国虽强,令必忠以义;〔2〕国虽弱,令必敬以哀。〔3〕强弱不犯,则人欲听矣。先人而自后而无以为仁也,加功于人而勿得,〔4〕所橐者远矣,〔5〕所争者外矣。〔6〕明无私交,则无内怨。与大则胜,私交众则怨杀。"

【注释】

〔1〕合:会合、会盟。 〔2〕令:指辞令。 〔3〕哀:李哲明云:"'哀'读为爱,古字通。" 〔4〕得:丁士涵云:"'得'与'德'同。"译文从"德"。 〔5〕橐:包容。 〔6〕外:郭沫若云:"'外'亦犹

远也。"

【译文】

"请问要率先会合天下各国而不结私怨,冒犯强国而不遭私害,该怎样才能做到呢?"管子回答说:"虽遇强国,辞令一定要既诚心又合道义;虽遇弱国,辞令一定要既恭敬又含爱心。强国弱国都不冒犯,各国就愿意听从了。先人后己,不自以为仁,归功他人,不自以为德。做到这样,所包容就十分广阔,所争取就十分远大。表明自己没有私交,内部就不会生怨。与国多就会胜利,私交多就会招来怨恨以至杀伐。"

夷吾也,如以予人财者,不如无夺时;如以予人食者,不如毋夺其事。此谓无外内之患。事故也,[1]君臣之际也;礼义者,人君之神也。且君臣之属也,[2]亲戚之爱,[3]性也。使君亲之察同索,属故也。使人君不安者,属际也。[4]不可不谨也。

【注释】

[1]事故也:郭沫若云:"'事故'二字当是'忠敬'之讹。"李哲明云:"'也'当为'者'。"译文从之。 [2]李哲明云:"'属'下当夺'义'字。"故译文补出。 [3]亲戚:此指父母。 [4]"使君"四句:郭沫若云:"'察'与'际'互讹,'敬'误为'故'。意谓使君亲之际同法,则以君臣相敬也;使人君不安于位,则以君臣相察也。"译文从郭说。索:指法度。察:指戒备。

【译文】

夷吾啊,假如你给人财物,不如不耽误人家农时;假如你给人食粮,不如不使人家失业。这就不会有内忧外患。忠敬是君臣之间关系的准则,礼义是君主用以治国的神明。君臣的关系是道义,父母的抚爱是天性。使君臣关系相仿于父子关系,就要求君臣相互敬重。最使君主不安于位的,就是君臣相互戒备。这是不可不慎重对待的。

贤不可威，能不可留，[1]杜事之于前，易也。[2]水鼎之汨也，[3]人聚之；壤地之美也，人死之。[4]若江湖之大也，求珠贝者，不令也。[5]逐神而远热，交觯者不处，[6]兄遗利夫？[7]事左中国之人，[8]观危国过君而弋其能者，[9]岂不几于危社主哉？[10]

【注释】

〔1〕"贤不"二句：何如璋云："威，制也，凌蔑也。留，止也，淹滞也。"　〔2〕"杜事"二句：李哲明云："谨之于前，以杜塞后虑，为道甚易。"　〔3〕鼎：张文虎云："'鼎'当为'泉'。"译文从"泉"。〔4〕郭沫若云："谓生于是，死于是，终身不移也。"　〔5〕令：洪颐煊云："'令'当作'舍'，谓舍而去之。"译文从"舍"。　〔6〕"逐神"二句：郭沫若云："'远热'当为'远爇'，谓逐神时燃火炬而传远也。"当此之时，饮酒者亦停杯而往追逐之。译文从郭说。　〔7〕兄：刘绩云："'兄'古'况'字。"　〔8〕"事左"句：郭沫若云："'事'读为'使'，'左'乃'在'字之坏。'中国之人'谓国中之人……"译文从郭说。　〔9〕"观危"句：李哲明云："'危国过君'即与中国左戾者。"许维遹云："'弋'即'雉'字……引申为'射'，'射其能'犹显出其能也。"　〔10〕社主：指社稷之神。

【译文】

对贤者不可以威势要挟，对能人不可淹滞不使用，杜绝祸患于事前是容易的。有泉水流淌，人们都来聚居；有肥壤沃土，人们生死不离；再大的江湖水面，采集珍珠的人们也不肯舍弃。举行逐神仪式要点燃火炬传送，这时连饮酒的人也起身追逐，何况是面对实际利益呢？使国内的人们观看四夷君主呈现他们的能力，岂不要危及国家吗？

利不可法，故民流；神不可法，故事之。[1]天地不可留，故动，化故从新。是故得天者高而不崩，得人者卑而不可胜。是故圣人重之，人君重之。故至贞生至信,至言往至绞。[2]生至自有道,[3]不务以文胜情,不务以多胜少。不动则望有廥,[4]旬身行。[5]

【注释】
〔1〕郭沫若云:金文"以'法'为'废'字,此两'法'字均当读为废"。译文从郭说。 〔2〕"至言"句:猪饲彦博云:疑当作"至信生至交"。译文从之。 〔3〕"生至"句:郭沫若云:当为"生至贞有道"。译文从之。 〔4〕"不动"句:尹知章云:"君子俨然不动,则望者如墙焉。"廥同"墙"。 〔5〕旬身行:尹知章云:"旬,均也。君子身行,必令均平正直。"

【译文】
利不可废止,因而百姓迁流追逐;神不可废止,因而百姓供奉祭礼。天地运行不可停留,因而万物变动不居,去旧布新。所以得天道者位高而不会崩溃,得人心者位卑而不可战胜。圣人重视这个道理,君主也重视这个道理。因此最大的正直可以产生最高的信任,最高的信任可以产生最深的交情。而产生最大的正直的条件,是不求以文采胜过真情,不求以多数胜过少数。君子俨然不动,望者如墙,是因为他立身行事,都能均平正直。

法制度量,王者典器也。[1]执故义道,畏变也。[2]天地若夫神之动。化变者也,天地之极也。能与化起而王用,[3]则不可以道山也。[4]仁者善用,智者善用,非其人则与神往矣。[5]

【注释】
〔1〕"王者"句:尹知章云:"理国之常器也。" 〔2〕"执故"二句:安井衡云:"故、古通。坚执古之义与道,是畏世变者也。" 〔3〕王:安井衡云:"'王'当为'善'。"译文从"善"。 〔4〕山:丁士涵云:"'山'乃'止'字误。"译文从之。 〔5〕"仁者"三句:李哲

明云："此言唯仁智善用其化，非智者仁者则不能格乎天地，化与神俱往矣。"

【译文】

法制度量是君主治国的常用工具。坚守古代的仪法、法道，这是畏惧世道的变革。天地如同神一般变动，流动变化是天地的极致。能顺应变化而善于运用变化的，不可中途停滞。仁者是善用变化的，智者也是善用变化的，不是仁者、智者就不能因时应变而与神俱去了。

衣食之于人也，不可以一日违也，亲戚可以时大也。[1]是故圣人万民艰处而立焉。[2]人死则易云，[3]生则难合也。故一为赏，再为常，三为固然。其小行之则俗也，[4]久之则礼义。[5]故无使下当，[6]上必行之然后移。

【注释】

[1]"亲戚"句：郭沫若云："'大'乃'失'字或'去'字之误。""'亲戚'谓父母。父母有时而离别，父母死则大别矣。"译文从郭说。[2]万民：戴望云："'万民'二字当衍。"译文从戴说。 [3]"人死"句：俞樾云："云训有，即相亲有也。……'易云'者，易亲也，古人族葬，故有'死则易云'之说。" [4]俗：颜昌峣云："'俗'疑'欲'字之误，言愿欲也。"译文从"欲"。 [5]"久之"句：郭沫若云："'义'当读为俄，倾昃之意，谓久则礼崩也。" [6]"故无"：郭沫若云："言行赏无使下以为当然……"

【译文】

衣食对于人是一日不可相离的，而父母到一定时候也总会离去。因而圣人总是在艰难的困境中以求自立。人死后易亲近，活着却难相处。比如上对下行赏，第一次被看作恩赏，第二次就被看作常规，第三次更被看作理所当然。偶然行赏使人满意，长久行之礼数崩坏。因此不要使在下者视行赏为当然，在上者必须在行赏之后就改用其他方式。

商人于国，非用人也。[1]不择乡而处，不择君而使，[2]出则从利，入则不守。国之山林也，则而利之。[3]市尘之所及，[4]二依其本。[5]故上侈而下靡，而君臣相上下相亲，则君臣之财不私藏，[6]然则贪动枳而得食矣。[7]徙邑移市，亦为数一。

【注释】
〔1〕用人：郭沫若云："'用'读为庸……"庸人指无为之人。〔2〕使：张佩纶云："'使'当作'事'。"译文从"事"。 〔3〕则：丁士涵云："'则'当为'取'。"译文从丁说。 〔4〕"市尘"句：孙星衍云："'尘'当作'廛'。"郭沫若云："'及'疑'得'字之误。"译文从之。 〔5〕依：丁士涵云："'依'乃'倍'字误。"译文从丁说。〔6〕郭沫若云："'君臣相'下所脱一字疑当是'得'。下'君臣'之'君'当是'群'字之误。"译文从郭说。 〔7〕贪动枳：张佩纶云："'贪'当作'贫'。'枳'当作'肢'（肢即肢）。译文从张说。

【译文】
商人对于国家，并不是无所作为之人。他们不选择乡土而居处，不选择君主而侍奉。卖出为谋利，买入不囤积。国家的山林，他们拿来就使它生利。他们使市场的税收增加二倍。由于有了商人，国中侈靡成风，君臣关系融洽，上下相亲相近，群臣财产不私自隐匿，贫民只要劳动就有饭吃。因此，使商人在都邑、市场中移徙行商，也是治国的方法之一。

问曰："多贤可云？"[1]对曰："鱼鳖之不食咡者，[2]不出其渊；树木之胜霜雪者，不听于天；士能自治者，不从圣人。岂云哉？夷吾之闻之也，不欲，[3]强能不服，智而不牧。[4]若旬虚期于月，[5]津若出于一，[6]明然，则可以虚矣。[7]故厄其道而薄其所予，则士云矣。不择人而予之，谓之好人；[8]不择人而取之，谓之好利。审此两者，以为处行，则云矣。"

【注释】

〔1〕多贤可云：张佩纶云："《尔雅·释诂》'多，众也'。'可'，'何'省。"云，亲近。下同。 〔2〕咡：孙星衍云："'咡'当作'饵'。"译文从孙说。 〔3〕不欲：张佩纶云："中无所欲也。"〔4〕"强能"二句：王引之云："'能'亦'而'也。'强能不服'，言强而不服于上也。""'牧'，治……'智而不牧'，言智而不受治于上也。" 〔5〕旬虚：猪饲彦博云："'旬'当作'盈'，盈虚即下虚满也。"译文从之。 〔6〕津若：郭沫若云："'津若'乃'律吕'之误……"译文从郭说。 〔7〕虚：何如璋云："'虚'当作'处'。"译文从何说。 〔8〕好人：即"好仁"。郭沫若云："'好'当训为空。""周济不及富。故不择人而予为空仁。竭泽而渔，后必有殃，故不择人而取为空利。"

【译文】

桓公问："怎样与众贤亲近呢？"管子回答说："不吃鱼饵的鱼鳖，不会游出深渊；不怕霜雪的树木，不会畏惧天时；能够自立的贤士，不肯盲从君主。这还怎样亲近呢？夷吾听说，人没有欲求，强者就不服君主，智者也难以治理。如同月亮的盈虚有一定周期，音乐的乐律有一定法式。懂得了这个道理，就可以处理好关系了。因而让士人从政困难，禄赏菲薄，这样他们就会亲近君主。不选择对象而给予禄赏，这叫白给式的仁义；不选择对象而实行掠取，这叫滥取式的得利。审察这两种情况，作为处理行事的准则，就会达到亲近众贤的目的。"

不方之政，[1]不可以为国；曲静之言，不可以为道。[2]节时于政，与时往矣。[3]不动以为道，齐以为行，[4]避世之道，不可以进取。

【注释】

〔1〕方：张佩纶云："《广雅·释诂》'方，正也'。" 〔2〕曲静：

张佩纶云："《释名·释言语》'曲，局也'，道该动静，局于静，则非道矣。" 〔3〕"节时"二句：尹知章云："凡为节度，当合于时，所施政教，与时俱往。" 〔4〕"不动"二句：郭沫若云："'不动'谓无为。'齐以为行'者，如田骈、慎到'齐万物以为首'，如庄周齐生死之类。故此乃反对黄老之术。"齐指顺从自然。

【译文】

邪曲不正的政治，不能用来治国；局限静止的理论，不能作为大道。法度要合于时势，政教要适时变化。以无为作为大道，以顺从自然作为行为准则，这种消极避世的态度，不能用来求得进取。

"阳者进谋，几者应感，[1]再杀则齐，[2]然后运。可请也？"[3]对曰："夫运谋者，天地之虚满也，合离也，春秋冬夏之胜也。然有知强弱之所尤，然后应诸侯取交。[4]故知安危国之所存，以时事天，以天事神，以神事鬼，故国无罪而君寿而民不杀。[5]智运谋而杂櫜刃焉。"[6]

【注释】

〔1〕阳：李哲明云："'阳'与'几'对文。'阳'之言显也，'几'之言微也。" 〔2〕杀：郭沫若云："'杀'假为'试'。""言有所谋画，试之至再而效果齐一，然后用之。"译文从郭说。 〔3〕可请：郭沫若云："'可请'二字疑本作'何谓'。"译文从"何谓"。 〔4〕"然有"二句：李哲明云："'有'当读又。""言运谋者上揆之天时，然又当下度之人事。'强弱所尤'谓人力之殊异也。天顺人服然后可以应诸侯而取天下之交。" 〔5〕"故国"句：郭沫若云："'国无罪'者谓国无灾荒也。""'杀'殆'疫'字之误。"译文从郭说。 〔6〕"智运"句：郭沫若云："'杂'当依一本作'离'，言智者运谋则可免争战之祸。"译文从郭说。櫜(tuó)：盛弓箭的囊。刃：兵刃。

【译文】

"对显明之事,而进用谋略;对隐微之事,要有所感知。经过一再试验而效果齐一,然后谋略可用。这是为什么呢?"管子回答说:"运用谋略,要懂得天地盈虚、合离的变化和四时的交替相胜,又要了解各国强弱的特殊情况,然后才能应对诸侯,得以交往。因而,知道了国家安危的关键所在,就要按时节祭祀上天,因上天进而祭祀天神,因天神进而祭礼人鬼,这样,国家没有灾荒,君主长寿,百姓免于疫病。因此,智者运用谋略就可避免战争的灾祸。"

其满为感,其虚为亡,满虚之合,有时而为实,时而为动。[1]地阳时贷,[2]其冬厚则夏热,[3]其阳厚则阴寒。是故王者谨于日至,[4]故知虚满之所在,以为政令。已杀生,其合而未散,可以决事。[5]将合,可以禺其随行以为兵,[6]分其多少以为曲政。[7]

【注释】

〔1〕"其满"五句:郭沫若云:"'感'读为减,'亡'读为萌。满者损之始,虚者生之基。方生方死,方死方生,盈虚相合,因是而为实有,因是而为进化。" 〔2〕地阳时贷:丁士涵云:"当作'阴阳时贷','贷'与'代'通。"译文从丁说。 〔3〕"其冬"句:尹知章云:"厚谓过于寒热。" 〔4〕日至:指夏至、冬至两至日。 〔5〕"已杀"三句:尹桐阳云:"'已杀生'谓秋时也。秋时天气尚和同,故曰'合而未散'。'决事',断狱也。" 〔6〕"可以"句:郭沫若云"'禺'与'分'为对",读为偶。"'随行'与'多少'当为同类语,是则'随行'殆谓兴废或动静,'随'假为'堕'也。" 〔7〕"分其"句:郭沫若云:"军制亦称'部曲',则'曲政'犹军政矣。"

【译文】

满是减损的开始,虚是萌生的基础,满和虚相会,因此而成为实有,因此而成为进化。阴阳时常相互交替,冬天大寒则夏天热,阳气极盛则阴气寒。因而君王谨慎地对待夏至、冬至两个时节,了解虚、满的状况,并据以发布政令。到了肃杀的深秋，秋气聚合而不散，可以判刑断案。秋气方将凝合的初秋，则可以结合边境的动静考虑用兵，部署兵力的多少安排军政。

"请问形有时而变乎？"[1]对曰："阴阳之分定，则甘苦之草生也。[2]从其宜，则酸咸和焉，[3]而形色定焉，以为声乐。[4]夫阴阳进退，满虚亡时，其散合可以视岁。[5]唯圣人不为岁能，[6]知满虚，夺余满，补不足，以通政事，以赡民常。地之变气，应其所出；[7]水之变气，应之以精，受之以豫；[8]天之变气，应之以正。[9]且夫天地精气有五，[10]不必为沮其亟而反其重。[11]硋动毁之进退，[12]即此数之难得者也，此形之时变也。"

【注释】

〔1〕"请问"句：尹知章云："谓岁年多吉凶之变可知。"联系下文可知此句乃问年成因天时而变化否。形，指年成的征兆。　〔2〕甘苦之草：指甘草和苦草。　〔3〕"从其"二句：尹知章云："谓从四时之宜，以酸咸之味和而食焉，若春多酸、冬多咸是也。"　〔4〕"而形"二句：尹知章云："酸色青，咸色黑。青声角，黑声羽。言定色而生声。"〔5〕"夫阴"三句：尹知章云："言阴阳、满虚、散合可视知岁之丰荒也。"　〔6〕能：郭沫若云："'能'乃'罢'之坏字，罢者困也。"译文从郭说。　〔7〕"地之"二句：尹知章云："谓地见灾变之气，应其所出之处设法以禳之。"　〔8〕"水之"三句：尹知章云："水见灾变之气，则当应之以精诚，其祥不弭当受之者，须预有所防备之也。"　〔9〕"天之"句：尹知章云："天见灾变之气，唯守正以应之也。"　〔10〕"且夫"句：郭沫若云："此言'天地精气有五'，即指五行之气……"〔11〕"不必"句：郭沫若云："谓五气运行，胜者相代，不应阻其气运之极者而反其动向，'重'古用为'动'。"　〔12〕硋：郭沫若云："'硋'当为'核'，言审核也。"译文从郭说。

【译文】

"请问年成因天时而变化有什么征兆吗?"管子回答说:"阴阳的成份一定,就会生出甘草或苦草。顺从四时所宜,就会酸咸之味调和,颜色从而确定,声音因而相生。阴阳二气消长变化,或满或虚没有定时,从它分散或聚合的迹象中可以看出年成的丰歉。只有圣人不被年成的丰歉困扰,因为他能预知阴阳的或满或虚,裁夺余满,补充不足,用来通达政事,用来满足民用。地出现灾变之气,可以在发现处祈祷禳灾;水出现灾变之气,可以用精诚之气对待,并对水灾有所防备;天出现灾变之气,可以坚守正道来对付。天地间正常运行的有五行之气,不必人为地阻碍其运动,改变其动向。能审核五气运动、毁损的消长迹象,即很难得到的,这也就是年成因天时而变化的征兆。"

"沮平气之阳,[1]若如辞静?[2]余气之潜然而动,爱气之潜然而哀,胡得而治动?"[3]对曰:"得之衰时,位而观之,[4]佁美然后有辉。[5]修之心,其杀以相待,[6]故有满虚哀乐之气也。[7]故书之帝八,神农不与存,为其无位,不能相用。"

【注释】

〔1〕"沮平"句:郭沫若云:"'平气'谓正气。正气方兴,在上者每思有以'沮'之。"沮,阻也。 〔2〕若如辞静:郭沫若云:"'若如'当为'若为',如何也。"'辞'亦治也。'静'即上之阻力,问如何而后可以抗其阻力也。"译文从郭说。 〔3〕"余气"三句:郭沫若云:"'余气'谓气数已尽者之残余。'爱'假为'薆',隐也。'余气'当隐而不愿退位,犹思蠢动,如此则将何以制其动。" 〔4〕"得之"二句:郭沫若云:"谓德于主气既衰之时,依五行之位而观审之。" 〔5〕郭沫若云:"'佁'乃'信'字误耳。……"译文从之。 〔6〕"修之"二句:郭沫若云:"谓潜修其相胜之德以相对待。"杀:指五行相胜。 〔7〕满虚哀乐:指由满发展为虚,由哀发展为乐。联系前文,这是由减损到萌生的趋势。

【译文】

"正气方兴,即受阻碍,如何对抗这种静止的阻力?残余的邪气暗中活动,隐蔽的邪气暗中哀伤,怎样才能制止这种蠢动?"管子回答说:"主气衰弱之时,应依照五行的位次进行审察,确实合于五行相胜之德,必生光辉。潜心修治此德,用相胜之理来对待,因而呈现出由满转虚、由哀转乐的正气。所以典籍记载的八个帝王中没有神农氏,因为五德之中没有他的位置,不能用五德相胜之理决定位次。

问:"运之合满安臧?"[1] "二十岁而可广,十二岁而聂广,百岁伤神。[2]周郑之礼移矣,则周律之废矣,[3]则中国之草木有移于不通之野者。[4]然则人君声服变矣,[5]则臣有依骊之禄,[6]妇人为政,铁之重反旅金,[7]而声好下曲,[8]食好咸苦,则人君日退。亚则溪陵山谷之神之祭更,应国之称号亦更矣。"[9]

【注释】

〔1〕运:指国运。臧:同"藏"。尹知章云:"问自今之后,运之合满何所藏隐,可得知之乎?" 〔2〕"二十"三句:尹知章云:"从今之后二十岁,天下安宁,德义可广;又十二岁,代将乱而摄其广;又百岁之后,天下分崩,鬼神之祀绝矣。"李哲明云:此下究言齐国之运,因及天下大势。齐自是后二十年霸业浸成,故云"可广"。晋文嗣兴,距仲、桓之后适十二岁,故云"摄广",言代齐霸也。再及百年,齐公室弱,大夫田氏始大,姜氏子孙,守府而已,祖宗威灵弥见销歇,故云"伤神"矣。 〔3〕"则周"句:戴望云:"当作'则周之律废矣'。"译文从戴说。 〔4〕"则中"句:李哲明云:"'不通之野'盖指吴越言。""草木"犹言英华。 〔5〕声服:指声乐、服饰。 〔6〕依骊:张佩纶云:"'依骊'无义,当是'千驷'之误。"译文从张说。 〔7〕旅金:丁士涵云:"'旅'疑'于'字误。"译文从"于"。金指青铜。 〔8〕下曲:下里、巴人之曲,指通俗乐曲。 〔9〕更:尹知章云:"更,改也。国衰则神之祀改,其所应祭国之称号亦更矣。"

【译文】

桓公问:"今后国运完满应在什么时候?""二十年后齐国称霸,德广天下;再过十二年,晋代齐霸,德广天下;再过百年,姜齐衰弱,祖宗神伤。此时天下大乱,周郑的礼仪变易了,周朝的律法也废除了,中原的英华渐渐转移到闭塞不通之地。于是君王的声乐、服饰有了变化,臣下有了千乘的厚禄,妇人也能执政,铁的价值反超过青铜,而且声乐喜好下里巴人之曲,饮食喜好咸苦之味,君主的地位一天天减弱。乱到极点连祭祀的溪流山谷之神也发生变更,所应祭国家的称号也发生变更。"

视之亦变,[1]观之风气。古之祭,有时而星,有时而星熺,有时而炕,有时而朐。[2]鼠应广之实,阴阳之数也;华若落之名,祭之号也。[3]是故天子之为国,图具其树物也。[4]

【注释】

〔1〕亦:俞樾云:"'亦'乃'天'字之误。"译文从俞说。〔2〕"有时"四句:俞樾云:此四句,皆以天象言,谓方祭之时,天象不同如此。"星者,《释文》引《韩诗》曰'星,晴也'。次句'星'字,涉上句而衍。""'熺''熹',一字耳,郑注《礼记》'熹犹蒸也'。""'朐'者,'昫'字之误,《说文·日部》'昫,日出温也'。"尹知章云:"炕,热甚也。"〔3〕"鼠应"四句:俞樾云:"'应'字'若'字皆衍文也。""华、落对文,鼠、广疑亦对文。《汉书·五行志》曰'鼠盗窃小虫',意者以鼠喻小,故与广对欤?""小大之实",指祭祀的实效有大小。华落亦即盛衰,"华落之名"指祭祀的称名有盛衰。(用赵守正说)〔4〕树物:朱长春云:"'图具树物',树是山川坛埠封树之变,三社松、柏、栗之类;物是文章服色之易,三代青白赤之尚。此皆世代之更,改步改物之谓也。"

【译文】

祭祀要察看天象的变化,观测风云气候。古代的祭祀,有时在晴空万里时进行,有时在云气蒸腾时进行,有时在酷热的天气进行,有时在温暖的天气进行。祭祀的成效有大小，这是阴阳的定数；祭祀的称名有盛衰，这是祭祀的名号。因此历代天子治国，都希图具备自己特定的封树和服色，以供祭祀之用。

心术上第三十六

【题解】

心术,唐成玄英疏:"术,能也。心之所能,谓之心术也。"古人以为心是思维的器官,是主宰身体其他器官的,所以文中把心比作君,把其他器官比作百官。《心术》分上、下两篇。本篇为上篇,论述心的功能和心的修养,涉及治国处世等内容。主张以虚静无为之道治心处世,文中说:"心术者,无为而制窍者也。"与下篇以及《白心》《内业》的观点大致一样,是宣扬道家学说的哲学论文,体现了战国时期道家学派的发展趋势。

本篇分前后两部分,前经后解。前半篇经文概括地论述虚静无为的作用,后半篇解文是对经文的解释和补充。

心之在体,君之位也;九窍之有职,[1]官之分也。心处其道,九窍循理。嗜欲充益,[2]目不见色,耳不闻声。故曰:上离其道,下失其事。毋代马走,使尽其力;毋代鸟飞,使弊其羽翼;[3]毋先物动,以观其则。[4]动则失位,静乃自得。

【注释】

〔1〕九窍:指眼耳鼻口等器官。 〔2〕充益:王念孙云:"'充益'当作'充盈',字之误也。"译文从王说。 〔3〕弊:衰退,退化。这里用其反义,意为增强、强化。 〔4〕则:规则,规律。

【译文】

　　心在人体之中,正像国君的地位;九窍的功能,正像百官的职能各有区分。心以道相ься,九窍就能按各自的功能起作用。心里充满嗜好和欲望,眼就不能看见色彩,耳就听不到声音。所以说,君主背离了道,臣下就失去了职事。不要代替马去跑,要使马能尽自己的力;不要代鸟去飞,要使鸟能增强自己的羽翼;不要先于物而动,以便观察物的发展规律。动就失去了君主的位置,静才自有所得。

　　道不远而难极也,[1]与人并处而难得也。虚其欲,神将入舍。[2]扫除不洁,[3]神乃留处。人皆欲智而莫索其所以智乎。[4]智乎,智乎,投之海外而无自夺。[5]求之者不得处之者。[6]夫正人无求之也,故能虚。[7]

【注释】

〔1〕极:穷尽。〔2〕神:即道。〔3〕不洁:不洁之物,指嗜欲。〔4〕索:求。乎:王念孙云:智下不当有"乎"字。〔5〕无:同"毋"。〔6〕俞樾云:"下'之者'二字,衍文也,'求之者不得处',谓不得其处也。"译文从俞说。〔7〕"夫正"二句:据王念孙云,应为"夫圣人无求也,故能虚"。"正"与"圣"音近而误。"求之"因上句有"求之"而衍"之"字。译文从王说。

【译文】

　　道离人不远却难以达到,与人在一块儿却难以获得。虚空自己的欲望,道就能进入心室;扫除不洁的杂念,道才能留下来安居。人都希望聪敏却不去探索使自己聪敏的办法。聪敏呀,聪敏呀,把聪敏投到海外去而不要自去强求。强求的人得不到聪敏的办法。圣人不追求聪敏,所以能做到虚空。

　　虚无无形谓之道,[1]化育万物谓之德,君臣父子、人间之事谓之义,登降揖让、[2]贵贱有等、亲疏之体谓之礼，简物小未一道，[3]杀僇禁诛谓之法。

【注释】

〔1〕虚无无形：王念孙以为本为"虚而无形"。"虚无"下文均言"虚"，不言"虚无"。据《文选·游天台山赋注》等均作"虚而无形"。译文从之。　〔2〕登降揖让：宾主相见的礼仪。《荀子·乐论》："三揖至于阶，三让以宾升，拜之，献酬，辞让之节繁。"　〔3〕"简物"句：墨宝堂本"未"作末。郭沫若案："丁士涵谓'末疑大之误'，可从。'简物小大一道'者言不问事之繁简、物之大小，其本一也。"译文从郭说。

【译文】

虚空又无形体的叫作道，能变化养育万物的叫作德，使君臣父子、人间之事各得其宜的叫作义，使宾主有别、贵贱有等、亲疏有分的体制叫作礼，不论事之繁简、物之大小都统一于道，用杀戮禁诛来规范叫作法。

大道可安而不可说。[1]直人之言，[2]不义不顾，[3]不出于口，不见于色。四海之人，又孰知其则？

【注释】

〔1〕安：道虚而无形，不可见，不可及，但有神可得、可感，故"安"为可得、可感之义，相当于体会、意会的意思。　〔2〕直人：猪饲彦博云："直"当作"真"（下同）。真人，得道之人。　〔3〕不义不顾：章炳麟云："此即后世所谓'不偏不倚''发而中节'之意。'义'与'顾'意相近。'义'借为'俄'，《诗经·宾之初筵》笺：'俄，倾貌。'"译文从之。

【译文】

大道可意会而不能以言说。真人的思想，不偏不倚，不从口里说出来，不表现在脸上。天下的人，谁又能知道它的准则？

天曰虚，地曰静，乃不伐。[1]洁其宫，开其门，去私毋言，神明若存。纷乎其若乱，静之而自治。强不能遍立，智不能尽谋。物固有形，形固有名，名当谓之圣人。故必知不言、无为之事，[2]然后知道之纪。[3]殊形异执，不与万物异理，[4]故可以为天下始。

【注释】
〔1〕伐：张佩纶云："'伐'当作'忒'。"忒，过差。 〔2〕王念孙云："'不言'下脱'之言'二字。"译文从王说。 〔3〕纪：头绪，纲要。 〔4〕"殊形"二句：何如璋云："言事物之蕃变，形势虽殊，其理则一。"执，同"势"。

【译文】
　　天是虚空的，地是宁静的，于是不会有过错。扫净房间，敞开大门，去掉私心，默默无言，神明就好似存在了。世务千头万绪好似混乱，静止下来就自然理出头绪。用强力不能把什么东西都树立起来，用智力不能把什么事都谋划好。万物本有形体，形体本有名称，能使名称与万物相当的人就叫圣人。所以必须懂得无须说的话、无须做的事，然后才能懂得道的纲要。千变万化的形势，仍与万物同理，所以可作治理天下的出发点。

　　人之可杀，以其恶死也；其可不利，以其好利也。是以君子不怵乎好，[1]不迫乎恶，恬愉无为，[2]去智与故，[3]其应也非所设也，其动也非所取也。过在自用，罪在变化。是故有道之君，其处也若无知，其应物也若偶之，[4]静因之道也。[5]

【注释】
〔1〕怵：王念孙云："下解作'怵'，是也。"怵（chù 触），诱惑。

〔2〕恬(tián 甜)：安闲。 〔3〕故：欺诈，巧诈。许维遹云："'故'犹诈也。" 〔4〕偶之：自然而然的配合。 〔5〕静因之道：虚静循理之道，按自然行事。

【译文】

人可用杀戮来作警诫，是因为人害怕死；人可用不利来作惩罚，是因为人贪图利。所以君子不为所好之利诱惑，不被所恶之死胁迫，安闲愉悦，无所作为，放弃才智，不用欺诈，他应对事务时没有计划，他有行动时没有追求。有时错在于自以为是，有罪过在于妄作变化。所以有道的国君，他在日常生活中好像毫无才智，他在应对事务的时候好像是无意间相遇。这就是以虚静的态度顺应万物之理的道。

"心之在体，君之位也；九窍之有职，官之分也。"耳目者，视听之官也，心而无与于视听之事，则官得守其分矣。夫心有欲者，物过而目不见，声至而耳不闻也。故曰"上离其道，下失其事"。故曰心术者无为而制窍者也。[1]故曰"君"。"无代马走"，"无代鸟飞"，[2]此言不夺能能，不与下诚也。[3] "毋先物动"者，摇者不定，趮者不静，[4]言动之不可以观也。"位"者，谓其所立也。人主者立于阴，阴者静，故曰"动则失位"。阴则能制阳矣，静则能制动矣，故曰"静乃自得"。

【注释】

〔1〕无为：虚静无为，心无嗜欲，不与视听之事。制：控制，统率。〔2〕无：这二句中两个"无"字，上文均作"毋"。 〔3〕能能：能者的职能。诚：张文虎云："'诚'乃'试'字之讹。"试，比试。 〔4〕趮：同"躁"，急躁。

【译文】

"心在身体之中,正像国君的地位;九窍的功能,正像百官的职能各有区分。"这就是说,耳目就像司视听的官,心不参与视听的事务,那么视听之官就能守住他们的职分了。如果心中存有欲念,那么有物经过视而不见,有声传来充耳不闻。所以说"君主离开了道,臣下就失去了职事"。所以说,心术就是指心虚静无为而统率九窍的事。所以把心比作"国君"。"不要代马去跑","不要代鸟去飞",这是说不要夺走臣下的职能,不要与臣下去比试才干。"不要先于物动",是因为摇动就不安定,急躁就不安静,是说心动就不能观察事物的规律了。"位",是指君立的地方。人君立在阴的地方,阴的地方虚静,所以说"动就失去了君位"。阴能控制阳,静能控制动,所以说"静才自有所得"。

道在天地之间也,其大无外,其小无内,故曰"不远而难极也"。虚之与人也无间,唯圣人得虚道,故曰"并处而难得"。世人之所职者精也。[1]去欲则宣,[2]宣则静矣;静则精,精则独立矣;独则明,明则神矣。神者至贵也,故馆不辟除,则贵人不舍焉。故曰"不洁则神不处"。"人皆欲知而莫索之",其所以知,[3]彼也;其所以知,此也。不修之此,焉能知彼?修之此,莫能虚矣。[4]虚者,无藏也。故曰去知则奚率求矣?[5]无藏则奚设矣?无求无设则无虑,无虑则反覆虚矣。[6]

【注释】

〔1〕职:主也。精:专一。《尚书·大禹谟》:"唯精唯一。"孔颖达疏:"汝当精心,惟当一意。" 〔2〕宣:通达。 〔3〕"人皆"二句:王念孙云:此当作"人皆欲知而莫索其所以知,其所知"。"人皆欲知"云云是复述上文也,"其所知"云云乃释上文之词。译文从王说。 〔4〕能:张文虎云:"'能'读为而,而、如古通用。" 〔5〕王念孙云:"'故'下衍'曰'字,'奚'下不当有'率'字,此即'奚'字之误而衍者。'去知则奚求,无藏则奚设',相对为文,则无'率'字明矣。"

译文从王说。 〔6〕覆：张文虎云："'覆'当为'复'，篇末云'复所于虚'。"

【译文】

　　道在天地的中间，它大得外无边际，它又小得无孔不入，所以说"不远而难以到达"。虚与人没有间隔，但只有圣人才能得到虚，所以说"与人在一块儿却难以获得"。世人所注重的是心意精一。弃掉嗜欲就能做到通达，做到通达就能虚静，虚静就能精心一意，精心一意就能超世而独立；超世而独立就能明察万物，明察万物就进入神的境地。神是最可贵的，所以馆舍不打扫洁净，贵人就不来居住。所以说"不清洁神就不来居住"。"人都希望聪敏而不去探索使自己聪敏的办法"，聪敏是彼，使自己聪敏的办法是此。不探索此，怎么能获得彼？探索此，就不如使自己虚空。虚空就是一无所藏。所以说放弃了聪敏还追求什么呢？一无所藏还计谋什么呢？没有追求没有计谋就没有忧虑了，无忧无虑就返回到虚空的境地了。

　　天之道，虚其无形。[1]虚则不屈，无形则无所位赶。[2]无所位赶，故遍流万物而不变。德者，道之舍。[3]物得以生生，知得以职道之精。[4]故德者得也；得也者，其谓所得以然也。以无为之谓道，[5]舍之之谓德，故道之与德无间，故言之者不别也。间之理者，谓其所以舍也。义者，谓各处其宜也。礼者，因人之情，缘义之理，而为之节文者也。[6]故礼者谓有理也；理也者，明分以谕义之意也。故礼出乎义，义出乎理，理因乎宜者也。[7]法者所以同出，[8]不得不然者也，故杀僇禁诛以一之也。故事督乎法，[9]法出乎权，权出乎道。

【注释】

　　〔1〕其：犹"而"。上文云"虚而无形谓之道"。　〔2〕位赶：王引

之云："'位'当为'低'（下同），低赶，即抵牾也。"抵触的意思。
〔3〕道之舍：道的施舍。施舍，化育万物之意。　〔4〕职：通"识"。
〔5〕俞樾云："'以'字衍。"　〔6〕节文：节度，条文。泛指制度。
〔7〕宜：郭沫若云："'道'因形近误为'宜'耳。"译文从"道"。
〔8〕同出：郭沫若云："此释'简物小大一道'。'出'谓参差，'同出'谓统一其参差。"　〔9〕督：督察。

【译文】
　　天道是虚空而无形的。虚空就不会穷尽，无形就不会有阻挡。没有阻挡，所以天道在万物中遍流而不变。德，是道施舍的。万物得而生成，智力得而认识道的精神。所以德就是得的意思，所谓得，大概是说所得的已经得到了。无为叫做道，以道施舍的叫做德，故道与德浑然一体没有差距，所以说道德的人是不加区别的。要把道与德分开来的话，只能说道是用来施舍的。义，是说各处于合宜的地方。礼，是按照人的感情，遵照义的道理，而为此规定的制度条文。所以礼就是有理。所谓理，是用明确职分来说明义的意思。所以礼是从义产生出来的，义是从理生出来的，理是依照道的。法是为了统一世务，而不得不这样做的，所以用杀戮禁诛来规范人们。所以用法来督察世事，法经过权衡制订出来，权衡要根据道来进行。

　　道也者，动不见其形，施不见其德，万物皆以得，然莫知其极，故曰"可以安而不可说"也。"莫人"，言至也。[1]"不宜"，言应也；[2]应也者，非吾所设，故能无宜也。"不顾"，言因也；因也者，非吾所顾，[3]故无顾也。"不出于口，不见于色"，言无形也。"四海之人，孰知其则"，言深囿也。[4]

【注释】
　　〔1〕莫人：王念孙云：当为"真人"，真、莫，二形相似。言至也：郭沫若云："'至'下当夺一'人'字，即'真人，言至人也。'"译文从之。　〔2〕不宜：宜与"义"通。不宜，即上文"不义不顾"中的

"不义",即不偏。〔3〕顾:俞樾云:应为"取"。"非吾所取"与上文"非吾所设"相对成文,据以下"其应也非所设也,其动也非所取也"等,也均以"所设""所取"相对成文。〔4〕囿:古代帝王养禽兽的园林。深囿,尹知章云:"不知深浅之囿城也。"

【译文】
  所谓道,运动的时候看不见它的形态,施舍的时候看不见它的恩德,万物都已有所得,但没有人知道它的究竟。所以说"道可意会而不可说"。"真人",是说最有道的人;"不偏",是说应。所谓应,不是我设计好的,所以能做到不偏。"不倚",是说因;所以因,不是我要追求的,所以能做到不倚。"不从口里说出来,不表现在脸上",这是说他的思想是无形的。"天下的人,谁能知道他的准则",这是说他的思想像一座幽深的园林。

  天之道虚,地之道静。虚则不屈,静则不变。不变则无过,故曰"不伐"。"洁其宫,阙其门":[1]"宫"者谓心也,心也者,智之舍也,故曰"宫"。"洁之"者,去好过也。[2]"门"者,谓耳目也。耳目者,所以闻见也。"物固有形,形固有名",此言不得过实,[3]实不得延名,姑形以形,以形务名,督言正名,故曰"圣人"。"不言之言",应也。应也者,以其为之人者也。执其名,务其应所以成之,之应之道也。[4]"无为之道",[5]因也。因也者,无益无损也。以其形因为之名,此因之术也。名者,圣人之所以纪万物也。人者立于强,务于善,[6]未于能,[7]动于故者也。[8]圣人无之,无之则与物异矣。[9]异则虚,虚者万物之始也,故曰"可以为天下始"。

【注释】

〔1〕阙其门：根据上文应为"开其门"。 〔2〕好过：丁士涵云：好过当作"好恶"。根据上文"是以君子不怵乎好，不迫乎恶"改。译文从"好恶"。 〔3〕王念孙云："不得过实"前，当有"名"字。译文从之。 〔4〕"务其"二句：据王引之说，"务其应所以成之"应为"务其所以成"。尹《注》曰"物既有名，守其名而命合之（合盖令之讹），则所务自成"，则正文作"务其所以成"明矣。之应之道也：张佩纶云："当作'此应之道也'，与下一律。"译文从之。 〔5〕道：张佩纶云："'道'当作'事'，涉上文'应之道也'而误。"译文从之。 〔6〕善：通"缮"。修补，修治，引申为粉饰。 〔7〕未：安井衡云："未，味也。玩味于才能。" 〔8〕动于故：动作出手小聪敏。故，即上文"去智与故"的"故"，尹桐阳云："计术也。" 〔9〕与物异：郭沫若云："随物而异也。"

【译文】

天道虚空，地道宁静。虚空就不会穷尽，宁静就不变动。不变动就没有过错，所以说"不忒"。"扫尽房间，打开大门"："房间"是指心，心是智慧的住房，所以称作"房"。"扫净房间"，是指去掉好利和恶死的杂念。"门"是指耳目。耳目是用来听视的。"万物本有形体，形体本有名称"，这是说名称不得超过实际，实际不得虚诞名称。以形体的实际来说明形体，以形体的实际来确定名称，督察言论，辨正名称，所以叫做"圣人"。"无须说的理论"，指的是要顺应自然的实际。要顺应自然的实际，是因为可说出来的理论都是人为的。根据万物本有的名称，务必使它们与形成的实际规律相适合，这就是顺应自然实际的理论。"无须做的事业"，指的是要依照自然的发展。要依照自然的发展，就是不要去为它增加什么或者减少什么，根据它的实际形势确定名称，这就是依照自然发展的方法。名称是圣人用来记录万物的。人们总是勉强立名，专务修饰，一味逞能，动用故巧。圣人就没有这种缺点，没有这种缺点就能承认万物的差异。承认万物的差异就能达到虚空的境地，虚空的境地就是万物的原始境地，所以说"可用作治理天下的出发点"。

人迫于恶，则失其所好；怵于好，则忘其所恶，非道也。故曰"不怵乎好，不迫乎恶"。恶不失其理，欲不过其情,故曰"君子"。"恬愉无为,去智与故",言虚素也。[1]"其应非所设也,其动非所取也",此言因也。因也者,舍己而以物为法者也。感而后应,非所设也;缘理而动,非所取也。"过在自用,罪在变化",自用则不虚,不虚则忤于物矣;[2]变化则为生,[3]为生则乱矣,故道贵因。因者,因其能者言所用也。"君子之处也若无知",言至虚也。"其应物也若偶之",言时适也,若影之象形,响之应声也。故物至则应,过则舍矣。舍矣者,言复所于虚也。

【注释】
〔1〕素:白色,引申为"洁"。 〔2〕忤(wǔ 午):同"忤"。抵触,违逆。 〔3〕为:同"伪"。

【译文】
　　人们常常为厌恶的刑罚所逼迫,就损失了他们喜好的利;或者为喜好的利所诱惑,就忘掉了他们厌恶的刑罚。这都是不符合道的。所以说"不为利诱,不迫于所恶"。厌恶之情不失去常理,喜好之心不超过常情,所以把做到这样的人称为"君子"。"安闲愉悦,无所作用,放弃才智,不用欺诈",这说的是要虚空纯洁。"他应对事务时没有计划,他有行动时没有追求",这指的是要顺应自然的发展。所谓要顺应自然的发展,就是要放弃自己的打算而以事物的发展为法则。受感动而后反应,不是事先计划的;依事理而后行动,不是有追求的目标的。"有过错在于自以为是,有罪过在于妄作变化",是因为自以为是就是不虚心了,不虚心就违背了事物的规律;妄作变化就产生虚假,产生虚假就一片混乱了。所以道注重顺应自然的发展。顺应自然的发展,就是要依据事物的功能来说它的作用。"君子在日常生活中好像毫无才智",这是说他非常的虚心。"他在应对事务的时候好像是无意间相遇",这是说他能随时适应事务,正像影子同形体一样,回响跟着发声。所以事物一到就能应对,事物过去就舍去了。所谓舍去,说的是返回到虚空的境地。

心术下第三十七

【题解】

《心术》下篇并非是接着前面的上篇的，无论从内容或结构看，都不相关联；而与本书《内业第四十九》篇却有关系，其中有许多重复或相似的文字，只是《内业》篇完整严密，而《心术》下篇简略又有些凌乱。所以学者们认为它是《内业》篇的写作提纲或别本，而又有散失，只留下了中段，是编书者错编于此。

本篇论述心的修养时，强调专心一意。文中除运用道的概念外，还引进了气、意气、精气等概念，它们互为通用。

形不正者，德不来；[1]中不精者，[2]心不治。正形饰德，[3]万物毕得。翼然自来，[4]神莫知其极。昭知天下，通于四极。[5]是故曰：无以物乱官，[6]毋以官乱心，此之谓内德。[7]是故意气定，然后反正。气者，身之充也；[8]行者，正之义也。[9]充不美，则心不得；行不正，则民不服。是故圣人若天然，无私覆也；若地然，无私载也。私者，乱天下者也。

【注释】

〔1〕德：即下文的"内德""精气"，都与"道"通用。尹知章注："有诸内必形于外，故德来居中，外形自正。" 〔2〕中：内心。中不精，《内业》篇作"中不静"。 〔3〕饰：通"饬"，整饬。正形饰德，《内

业》篇作"正形摄德"。饰德、摄德同意。 〔4〕翼然：鸟飞的样子。《广雅》："翼，飞也。" 〔5〕四极：四方极远的地方。 〔6〕无：一作"毋"。官：指眼耳鼻口。 〔7〕内德：一作"内得"。《内业》作"中得"。 〔8〕"气者"二句：尹知章注："气以实身，故曰身之充也。" 〔9〕义：同"仪"。仪表，外形。

【译文】

外形不端正，是因为精气没有来；内心不虚静，是因为嗜欲没有节制。端正外形，整治内心，万物全为我内心所得。这正如鸟张着翅膀飞来，神都不知其究竟。就能明察天下，智通到四方之极。所以说，不要让外物扰乱五官，不要让五官扰乱内心，这就叫做内有所得。所以内心意气安定，这样外形就恢复端正。气，是充实身体的；行为，是人的外形端正的仪表。充气不美，心就不能虚静；行为不端正，百姓就不服。因此圣人就像天一样，无私地掩盖在万物之上；像地一样，无私地装载万物。私心，是扰乱天下的根源。

凡物载名而来，[1]圣人因而财之，[2]而天下治；实不伤，[3]不乱于天下，而天下治。

【注释】

〔1〕载：同"戴"。物载名而来，与《心术上》中的"物固有形，形固有名"同一意思。 〔2〕财：刘绩云：财同"裁"，裁定。 〔3〕郭沫若云："'实不伤'上当夺一'名'字，'伤'犹爽也。"意谓名实一致。

【译文】

万物都是随带着名称来到人间，圣人根据万物的实际和名称裁定它们，天下便安定了；名实一致，天下不混乱，天下便安定了。

专于意，一于心，耳目端，知远之证。[1]能专乎？能一乎？能毋卜筮而知凶吉乎？[2]能止乎？能已乎？能毋问于人而自得之于己乎？故曰：思之，思之，不得，[3]鬼神教之；非鬼神之力也，其精气之极也。一气能变曰精，一事能变曰智。慕选者所以等事也，[4]极变者所以应物也。慕选而不乱，极变而不烦。执一之君子，执一而不失，能君万物，[5]日月之与同光，天地之与同理。

【注释】

〔1〕知远之证：许维遹案："'之'犹若也。'证'当作'近'。""'知远之近'，犹知远若近也。"《内业篇》作'一意抟心，耳目不淫，虽远若近'。字异而义同，是其证。" 〔2〕卜筮（shì事）：古时用龟甲占卜称卜，用蓍草占卜称筮，合称卜筮。 〔3〕丁士涵云："当以'思之思之'句，'不得'上又脱'思之'二字。《内业篇》曰：'思之思之，又重思之，思之而不通，鬼神将通之'，以彼证此，可知其有脱字矣。" 〔4〕慕：郭沫若云："当以作'募'为是。'募选'谓广求而选择之，所以等第事物也。" 〔5〕君：统治，治理。

【译文】

心意专一，耳目就能端正，了解远方的事就如在近旁一样容易。能专心吗？能一意吗？能不用占卜而知事的凶吉吗？能想止就止吗？能想完就完吗？能不用向人求教而靠自己有所得吗？所以说，要思考，要思考，思考而无所得，鬼神就会来教他；不是鬼神的力量，那是精气的极妙作用。专于气而能变得通达的叫精，专于事物而能变得通达的叫智。广求而又选择是为了安排事物的等次，想尽变通的办法是为了应对事物。广求选择不能混乱，想尽办法不能烦琐。坚持专一的君子，坚持专一而不放，他就能统领万物，就能与日月同光，就能与天地同理。

圣人裁物，不为物使。心安，是国安也；心治，是国治也。治也者心也，安也者心也。治心在于中，治言出于口，治事加于民，故功作而民从，[1]则百姓治矣。

所以操者非刑也，所以危者非怒也。民人操，百姓治，道其本至也。至不至无，[2]非所人而乱。[3]凡在有司执制者之利，[4]非道也。圣人之道，若存若亡，援而用之，殁世不亡。与时变而不化，应物而不移，日用之而不化。[5]

【注释】
〔1〕功作：功业振兴起来。〔2〕至不至无：郭沫若云："'不'读为丕。'至丕至无'，犹言道之为物'至大无外，至小无内'。"〔3〕而：能。〔4〕利：郭沫若云："'利'当是'制'字之误……"译文从郭说。〔5〕化：安井衡云："'化'疑当作'伤'。"伤，损。

【译文】
　　圣人能裁定万物，而不为万物所支配。国君的心安定了，这样国家也就安定了；国君的心治理了，这样国家也就治理了。国家的治理在于国君的心，国家的安定也在于国君的心。治心在内，治言就会从口里说出来，好事就会施加到百姓身上，所以功业就会兴旺，百姓就会顺从，那么百姓也就安定了。用来统治百姓的办法不是刑罚，用来使百姓害怕的态度不是威严。治理百姓，使百姓安定，运用道是根本的。道是最伟大的，又是最微小的，不是人能扰乱的。大凡官府各部门在执行的制度，并不是道。圣人的道，好像存在又好像不存在，拿来运用它，永远不会消亡。它随时变化而不消失，它随物发展而不转移，每日使用它不会受损伤。

　　人能正静者，筋肕而骨强，[1]能戴大圆者，体乎大方，镜大清者，视乎大明。[2]正静不失，日新其德，昭知天下，通于四极。金心在中，[3]不可匿。[4]外见于形容，可知于颜色。善气迎人，亲如弟兄；恶气迎人，害于戈兵。不言之言，[5]闻于雷鼓。金心之形，明于日月，察于父母。[6]昔者明王之爱天下,故天下可附;暴王之恶天下,故天下可离。故货之不足以为爱,[7]刑之不足以为恶。货者爱之末也,刑者恶之末也。

【注释】

〔1〕朋:同"韧"。 〔2〕《内业》作"乃能戴大圆而履大方,鉴于大清,视于大明"。译文从之。古人以为天圆地方,所以大圆指天,大方指地,大明指日月。 〔3〕金心:当从《内业》作"全心"。 〔4〕不可匿:当从《内业》作"不可蔽匿"。 〔5〕不言之言:当从《内业》作"不言之声"。 〔6〕察于父母:比父母了解子女还看得更清楚。 〔7〕货:当作"赏"。《内业》云:"赏不足以劝善,刑不足以惩过。"赏、刑相对而成文。

【译文】

人能端正虚静,就筋韧骨强,就能头顶苍天,脚踏大地,明察如清水,目光如日月。只要不失端正虚静之心,就能日日更新德行,明察天下,智通四方之极。全心在内,不能遮掩。在外面,表现在他的身姿容貌上,也可在他的颜面色泽上发现。善气迎人,相亲如弟兄;恶意迎人,相害如刀兵。没有说出来的话语声,比雷霆战鼓的声音还响亮。全心的外形,比日月之光还明亮,比父母了解子女更清楚。从前圣明之王爱天下,所以天下的百姓都来归附;暴君恶天下,所以天下的百姓都叛离。所以赏赐不足以表现爱心,刑罚不足以表示恶意。赏赐是爱心的微小表现,刑罚是恶意的微小表现。

凡民之生也,必以正平。所以失之者,必以喜乐哀怒。节怒莫若乐,节乐莫若礼,守礼莫若敬。外敬而内静者,必反其性。岂无利事哉?我无利心;岂无安处哉?我无安心。心之中又有心。[1]意以先言,意然后形,形然后思,思然后知。凡心之形,过知失生。是故内聚以为原,[2]泉之不竭,表里遂通;泉之不涸,四支坚固。

能令用之，被服四固。[3] 是故圣人一言解之，[4] 上察于天，[5] 下察于地。

【注释】
〔1〕心之中又有心：犹言心中有精气。 〔2〕原：当为"泉原"。《内业》作"内藏以为泉原"。 〔3〕被服四固：王念孙云：当作"被及四圉"。圉通"圍"，边疆。 〔4〕一言解之：当从《内业》篇作"一言之解"。一言，一字，即"道"字。 〔5〕察：至。

【译文】
　　大凡人的生命，一定依靠端正平和。之所以失去端正平和，一定是因为喜乐哀怒。节制怒气最好用音乐，节制淫乐最好讲究礼，遵守礼仪最好讲究恭敬。外行恭敬而内抱虚静，就一定能恢复到端正平和的本性。哪里是没有好事可做？只是因为我没有做好事的心；哪里是没有可安之处？只是因为我没有安定的心。心中还有一个心。这个心的心意先生于心的名称，有了心意然后才有心的形体，有了心的形体然后才有思虑，有了思虑然后才有智慧。大凡心的形体里，存有过多的智慧就会失去生机。因此心内心意的聚合才是生命的泉源，泉源不枯竭，表里才能相通；泉源不干涸，四肢才能坚固。能使心运用这个泉源，就能通向四面八方了。因此圣人用一个道字解释它，上通于天，下达于地。